ERINNERUNG
das zeitzeugen-archiv in text und bild
ALS VERANTWORTUNG

Parthas edition zeitzeugen

ERINNERUNG
das zeitzeugen-archiv in text und bild
ALS VERANTWORTUNG

KATALOG – HERAUSGEGEBEN VON THOMAS GRIMM

Meinen Eltern Margit und Horst Grimm gewidmet.

Danksagung

Das Zeitzeugen-TV-Projekt konnte durch die Initialunterstützung von Rolf Schnieders, Paul Stutenbäumer und Werner Schweizer eine solch erfolgreiche Entwicklung nehmen. Ihnen sei an dieser Stelle von ganzem Herzen und nachdrücklich gedankt. Gabriele Funke, unserer Diplom-Bibliothekarin, gebührt höchste Anerkennung für ihre maßgebliche Arbeit an diesem Katalog, der ohne sie wohl nie fertig gestellt worden wäre. Dank an die langjährigen Mitarbeiter bei Zeitzeugen-TV Ina Seidel und René Mosgraber sowie an James-A. Wehse, der weit über 1000 Videobilder aussuchte und digitalisierte. Für die Gestaltung des Kataloges und die Bearbeitung der Abbildungen danken wir Pina Lewandowsky. Ein besonderes Dankeschön geht vor allem an die vielen Zeitzeugen, die mit ihren Erinnerungen das Projekt mit Leben erfüllten.

Thomas Grimm, Berlin 2003

VORWORT

Im vorliegenden Band erscheint erstmalig eine Auswahl aus dem Bestand des Zeitzeugen-TV-Archivs. Die Videoaufzeichnungen präsentieren 2500 Stunden Erinnerungen an das »Jahrhundert der Extreme«, wie der englische Historiker Eric Hobsbawm das 20. Jahrhundert genannt hat. Aus den Selbstzeugnissen von Menschen, die Kriege und Revolutionen, Exil und Konzentrationslager erlitten, ersteht ein einrucksvolles, facettenreiches Bild der Epoche.

In emotionaler, oft widersprüchlicher Weise wird auch der Beginn des Kalten Krieges und das Ringen um die Einheit Deutschlands beschrieben. Vertreter und Gegner der DDR kommen zu Wort, die aus eigenem Erleben die Entwicklung ihres Staates ebenso anschaulich schildern wie den Prozess der deutschen Wiedervereinigung und das unerwartete Auseinanderbrechen der Sowjetunion. Oft geben sie uns dabei Einblick in die Geschichte der kommunistischen Weltbewegung von ihrem Beginn in den zwanziger Jahren bis zu ihrem Ende in dem bewegten Jahr 1989.

Das Profil der Zeitzeugenreihe hat sich erst allmählich, im Gleichklang gewissermaßen mit der Firma Zeitzeugen TV selbst herausgebildet. Während die Reihe 1987 mit Persönlichkeiten wie Walter Markov, Jürgen Kuczynski, Freia Eisner, Hans Mayer und Rudolf Schottlaender begann, die aus ihren Jahrhundertbiografien erzählten, kamen später vor allem Menschen zu Wort, die auf herausragende politische, wissenschaftliche oder künstlerische Leistungen zurückblicken konnten wie Richard von Weizsäcker, Rudolf Bahro, Wolf Jobst Siedler, Gitta Sereny, Bernhard Heisig und Harry Belafonte.

Mit der Etablierung einer eigenen wöchentlichen »Zeitzeugen«-Sendung auf dem Sender Fernsehen aus Berlin (FAB) wurden seit 1991 auch Lesungen, Vorträge und Diskussionsveranstaltungen einbezogen. Durch Filmproduktionen für arte, ARD, DFF, MDR, ORB und Spiegel TV wurde das Spektrum auch international erweitert. Seit über zehn Jahren werden, mit freundlicher Unterstützung der Bertelsmann AG, die »Berliner Lektionen« aufgezeichnet, die das Archiv durch einzigartige Dokumente bereichern.

In einer Zeit, da die Gesellschaft von audiovisuellen Medien mit immer fragmentarischer werdenden Produkten überhäuft wird, bedarf es einer Filmarbeit, die sich dem individuellen Lebenslauf als ganzes widmet. Dies versucht Zeitzeugen TV zu tun, indem es wertvolle Zeugnisse menschlicher Erfahrungen aufzeichnet. Es versteht sich als eine audiovisuelle Quelle autobiografischen Erinnerns. Gerade die filmische Autobiografie vermag das Verständnis von Geschichte nachhaltig zu befördern, da sie die Reflexion von Erlebtem mit der emotionalen Authentizität des im bewegten Bild auftretenden und sprechenden Zeitzeugen verbindet. Sobald die Geschichte ihre Protagonisten hinter sich gelassen hat, droht sie ihren emotionalen Gehalt zu verlieren. Zwischen der »erlebenden« und der »nacherlebenden« Generation entsteht eine Gefühlskluft, die zu überbrücken eine der vornehmsten Aufgaben von Zeitzeugendokumentationen ist. Das Resultat unserer jahrelangen Arbeit liegt in diesem Katalog in zwei Kapiteln auswahlweise aufbereitet vor: »Zeitzeugen von A bis Z« und »Filme und Sachdokumente«.

Seinen Archivbestand hat Zeitzeugen TV mit rein privaten Mitteln und ohne öffentliche Gelder geschaffen. Die Pflege des Archivs und seine künftige Erweiterung werden durch Lizenzverkäufe finanziert werden müssen. Und nicht zuletzt soll diese Veröffentlichung potenzielle Zeitzeugen dazu anregen, ihre Erinnerungen in unser Archiv einzubringen oder durch Zuwendungen am Aufbau einer »Stiftung Zeitzeugen« mitzuwirken.

Thomas Grimm, Berlin 2003

ZEITZEUGEN VON A BIS Z

Adam, Ken eigtl. Klaus Adam (1921)
Filmarchitekt; geboren in Berlin; bürgerlich-jüdischer Herkunft; Emigrant; Architekturstudium; lebt in London

Ich arbeite als Production Designer, das heißt, ich entwerfe das visuelle Konzept, den Stil eines Films. Natürlich immer in der Zusammenarbeit mit dem Regisseur und öfter auch mit dem Produzenten. Meine Arbeit beginnt mit dem Drehbuch, das ich ins Visuelle umsetzen muss. Ich bin verantwortlich für das Art Department, das auch die Ausführung der Konstruktionen beaufsichtigt. Ein guter Film ist für mich das Resultat totaler Zusammenarbeit verschiedener künstlerischer Gruppen. Der Regisseur ist der Kapitän eines Schiffes, und ich fungiere gewissermaßen als sein Auge.

Über Kindheit und Eltern; jüdisches Leben im Berlin der 20er und 30er Jahre; über Antisemitismus; 1934 Emigration nach London; Studium an der Bartlett School of Architecture; im II. WK Kampfflieger; erste Filmarbeiten 1947; künstlerischer Durchbruch mit *In achtzig Tagen um die Welt* unter der Regie von Stanley Kubrick; Szenenbild für *Dr. Seltsam*; Mitarbeit in *Ben Hur, Barry Lyndon* und zahlreichen James-Bond-Filmen; Arbeit in Hollywood, New York und Kanada

Die Cabinets des Dr. Caligari (Berliner Lektionen). 1998. 45 min.

1998. 100 min.

Alten, Jürgen von (1903–1994)
Schauspieler, Autor, Theater- und Filmregisseur, Theaterleiter und Intendant; geboren in Hannover; entstammt einer alten deutschen Adelsfamilie; 1922/23 Schauspieler in Allenstein (Ostpreußen); ab 1926 im Berliner Theater am Kurfürstendamm; 1930 Gründung eines Kabaretts in Paris; 1933 Rückkehr nach Deutschland, zunächst Übernahme der Komödie in Dresden, dann Intendant des Berliner Schiller-Theaters; 1943 Wehrmacht; nach 1945 Eröffnung der Kammerspiele in Hannover; ab 1969 Schauspielarbeit am Berliner Hebbel-Theater; 1971 Gründung des Schauspielstudios in Berlin; einer der ersten Fernsehregisseure Deutschlands, 26 Spielfilme und 46 Kurzfilme

Es klingt etwas merkwürdig, aber wir haben als Schauspieler eigentlich ein Reich für uns. Und wir werden nur gestört durch die Umstände, die entstehen, unter politischen Aspekten. Dass heißt, wenn die Kommunisten das Theater insofern störten, dass die Zuschauer nicht rein konnten. Oder die Nazis so laut brüllten, dass sie uns bei der Probe gestört haben. Vielleicht ist das ein Negativum für uns Schauspieler, aber es ist eine andere Welt. Wir leben in unserer Welt und können nur durch äußere Dinge gestört werden.

Im Gespräch mit ▸ Jürgen Klauß über Kindheit, Elternhaus und die Berufsentscheidung, Schauspieler zu werden; Studentenzeit in Heidelberg; I. WK; Volontärszeit; Engagements in Allenstein, Gera und Berlin; über die Weimarer Republik, die »Goldenen Zwanziger« und das Romanische Café; das Renaissance-Theater, Vorsprechen bei Max Reinhardt und Beurteilung durch Arthur Kahane; Zusammenarbeit mit Max Pallenberg; über den aufkommenden Nationalsozialismus und »unpolitisches Künstlertum«; Bertolt Brecht; *Berliner Lieder* und Zusammenarbeit mit Valeska Gert; Szene-Kreis im Kabarett Die Lunte; über die Arbeit als Theater- und Filmschauspieler in Berlin während der Weltwirtschaftskrise; über Expressionismus und Jazz; selbstverfasste Gedichte und die Gründung eines literarischen Kabaretts in Paris am Place Denfert-Rochereau; über das Wiener Burgtheater; Verhältnis zu jüdischen Mitbürgern; über Gründe für Feigheit und Opportunismus; Arbeit des Preußischen Theaterausschusses; Komödienhaus in Dresden; Begegnung mit Gustav Gründgens; Bekanntschaft mit Erich Kästner; Mord-Episode im Café des Westens; Arbeit als Intendant des Schiller-Theaters in Berlin; Künstler und Politik, über Kommunismus und Faschismus, Veit Harlan und Heinrich George; über Adolf Hitler; Wahrnehmung der Emigration von Kollegen; Bekanntschaft und Episode mit Hans Albers; Gustav Gründgens' Gespräch mit Göring; 1935 Bekanntschaft und Zusammenarbeit mit seiner Frau Hilde Seipp; über amerikanischen Film und jüdischen Witz; Beginn der Filmkarriere mit dem UFA-Kurzfilm *Die letzten Grüße von Marie*; über die Filme *Stärker als Paragraphen* und *Togger*; Reise nach New York und Eindrücke von Amerika; Erinnerung an die sogenannte Reichskristallnacht; Kriegsanfang und Wehrdienst; das »Künstlertum« als Grund der intellektuellen Verführbarkeit; ausländische Filmkunst während des Dritten Reiches, Filmästhetiken, Stilfragen, Sondervorführungen und Beeinflussung der eigenen Filmkunst; über Arbeitsverhältnisse beim Film; über Ufa und Tobis; Kriegsende, Lazarett, englische Kriegsgefangenschaft und Vernehmungen durch Anna Freud; Heimkehr; über drei erfolglose Kino-Filme in der Nachkriegszeit, z.B. *Die Herren vom Söldnerhof*; dann Theater statt Kino und Neubeginn zunächst mit *König Lear* in Celle; Theaterarbeit als Schauspieler und Regisseur in der Nachkriegszeit in verschiedenen Gastspielen; über den Filmstoff *Florian Geyer*: Kontakte zur DEFA und zu Albert Wilkening, Treffen mit dem Sohn von Gerhart Hauptmann in Berlin und Gründe für das Scheitern des Projektes; 1960 Rückkehr nach Berlin; zu den Kurzspielfilmen *Foxy* und *Die Geige*; Rückkehr zur griechischen Philosophie als Altersbeschäftigung – bevorzugt Heraklit –, Stellung und Bedeutung der Beschäftigung mit der Philosophie für sein praktisches Leben; über Heimatgefühl und Beziehung zu Deutschland; Lebensresümee; über sein Demokratieverständnis

Adel verpflichtet. Ein Leben für Film und Theater. Jürgen von Alten. 1903–1994
Teil 1. Kinder- und Jugendjahre.
1999. 45 min.
Teil 2. Berliner Leben ums Romanische Café.
1999. 48 min.
Teil 3. Schauspieler auf allen Brettern.
1999. 45 min.
1993. 480 min.

Aly, Götz (1947)
Journalist, Politikwissenschaftler, Historiker; geboren in Heidelberg; Deutsche Journalistenschule; Studium der Politischen Wissenschaften und Geschichte; Promotion und Habilitation; ab 1997 Redakteur bei der Berliner Zeitung

Benutzung des Berlin Document Center (BDC); Einschätzung des deutschen Archivwesens; über Personalakten und Findmittel; Archivmaterial über Nürnberger Prozesse; über Sozialdatensammlung und Rentenklärung mittels Personenakten aus der Zeit des Dritten Reiches; die politische Funktion des BDC und eventuelle Benutzungseinschränkungen; zunehmende Bedeutung des BDC und wachsendes Interesse daran; Rolle der Intelligenz; über das Bundesarchivgesetz und Einhaltung des Datenschutzes
Interview: Hass
1994. 68 min.

Ardenne, Manfred Baron von (1907–1997)
Physiker; geboren in Hamburg; Vater Offizier; Studium in Berlin; 1928–1945 Aufbau und Leitung eines privaten Forschungsinstituts in Berlin-Lichterfelde, 1945–1956 Arbeit in der Sowjetunion am russischen Atom-

bombenprojekt von Berija; 1955 Gründer und Leiter eines eigenen Forschungsinstituts in Dresden

Im Gespräch mit Klaus Bölling über seine Großmutter; wie er zur Radiotechnik kam; Erläuterungen zur Sauerstoff-Mehrschritt-Therapie, Wirkung und Anwendungsgebiete; Kostenvorteile durch Präventivtherapie; Einsatz in der Krebsbehandlung; Gründe für die Übersiedlung aus der UdSSR in die DDR; über seine Arbeit in der Sowjetunion und in Berlin-Lichterfelde; Umgang mit Funktionären; zum »Gleichgewicht des Schreckens«; Ausstieg aus der Kernenergie, Bedeutung der Kernfusion und alternativer Energiequellen; Abrüstung und finanzieller Rüstungsaufwand; staatliche Subventionen zur Umprofilierung der Wirtschaft; Umweltschutz als zukunftssicheres Thema für die Jugend; wie der ideale sozialistische Staat aussehen sollte; politische Entwicklung in der Sowjetunion

Manfred von Ardenne im Gespräch mit Klaus Bölling (Berliner Lektionen). 1987. 85 min.

Arnett, Peter (1934)

Amerikanischer Fernsehjournalist, Kriegsberichterstatter; geboren in Neuseeland; Staatsbürger der USA; seit den 50er Jahren Reporter in verschiedenen Krisengebieten der Welt; Arbeit für CNN; Kriegsberichterstatter im Vietnamkrieg; interviewte Saddam Hussein und Osama Bin Laden

Verantwortung und Aufgabe der Medien; über Erfahrungen im Vietnamkrieg und Malcolm Brownes Handbuch *Some Pointers on Covering a Guerrilla War*; Misstrauen zwischen US-Regierung und Medien seit dem Vietnamkrieg; über die Berichterstattung aus dem Vietnamkrieg und zunehmende Kontrolle der Medien durch das Pentagon; Gefahren, Inhalte und Wahrheit in der Kriegsberichterstattung; über Emotionen, Patriotismus und Objektivität bei Reportern; Ted Turner und CNN; Erfahrungen während der Bombardierung von Bagdad; über Interviews mit Saddam Hussein und Osama Bin Laden; über Berichterstattung aus Afghanistan und weltweites Vorenthalten von Informationen; über die Lage in Afghanistan; weitere mögliche Entwicklung des Terrorismus, z.B. im Irak und in Syrien; Beziehung von Medien und Regierung in den USA; über den Missbrauch der Medien als »Bodyguard der Lügen« (Winston Churchill), die die Wahrheit nur umwickeln; gegen Zensur in der Berichterstattung und über nötiges Vertrauen von Öffentlichkeit und Medien gegenüber der Regierung

Peter Arnett, amerikanischer Kriegsberichterstatter. Harte Zeiten für die Medien der Welt (Berliner Lektionen). 2001. 41 min.

2001. 61 min.

Asher, George Harry (1907)

Geboren und aufgewachsen in Wien; dann Übersiedlung in die Tschechoslowakei; Verhaftung; 1939 Flucht nach Frankreich und 1941 Emigration in die USA

Über die Wurzeln seines »legalen Namens« in Amerika; Kindheit in Wien; Übersiedlung in die Tschechoslowakei (Prag, Brünn); Asylsuche in der französischen Botschaft in Prag; 1933 Kennenlernen von Oskar Maria Graf in Brünn; wie er in Prag den Einmarsch der deutschen Truppen in Österreich erlebt hat; Unterschiede des Lebens in Wien

und Prag Ende der 30er Jahre; sein Weg zum Kommunismus durch Literatur, z.B. durch das *Kommunistische Manifest*; über seine spätere Abkehr vom Kommunismus durch die sowjetischen Schauprozesse; über ein englisches Radioprogramm und einen Bücherfund bei seiner Verhaftung durch die SS; Haft bei den Nazis; Mitte 1939 Flucht nach Frankreich; Arbeit u.a. als Holzfäller in den Pyrenäen; legale Einwanderung in die USA mit Hilfe von Oskar Maria Graf und Eleanor Roosevelt; 1941 Ankunft in New York und seine ersten Eindrücke; wie 1943 der Stammtisch entstand; Hans Sahls Streit mit Oskar Maria Graf; über die deutsche Emigranten-Zeitschrift Der Aufbau; Leben im Exil, Beziehungen zu anderen Flüchtlingen und zu Amerikanern; Arbeit in einer Werbeagentur; vom »amerikanischen Traum«, von Erwartungen und Enttäuschungen; die politische Schuld der Deutschen, das Nichterkennen des Hitler-Schwindels und ihr Hereinfallen auf nationalsozialistische Propaganda; über den Freund Oskar Maria Graf, der »seine Zeit durch Lebensumstände und Exil verplempert hat«; Bertolt Brecht und ein Foto, auf dem dieser zusammen mit Graf abgebildet ist; Gedanken zum gegenwärtigen Zustand der Welt nach dem Scheitern der kommunistischen Idee
Interview: Grimm
1996. 123 min.

Avnery, Uri (1923)
Journalist; 1933 Auswanderung nach Israel; führte als erster israelischer Staatsbürger ein Gespräch mit Jassir Arafat; war Mitglied des israelischen Parlaments; aktiv in der israelischen Friedensbewegung tätig
Das ist ein typisch israelischer Beschluss: Herauszugehen und dazubleiben.
Zum gegenwärtigen Friedensprozess; zu frühen Gesprächen mit der PLO und Arafat; als Jugendlicher bis zur Staatsgründung Israels 1948; seine Zeit als Soldat 1948; zur Motivation, sich für Versöhnung zwischen Israel

und Palästina einzusetzen; Rudolf Augstein als Schulkamerad und über ein Wiedersehen mit ihm in den 50er Jahren; Tätigkeit als Journalist und damit verbundene Angriffe auf ihn und seine Zeitschrift; Zustand und Krise der israelischen Friedensbewegung
50 Jahre Israel. Uri Avnery im Gespräch mit Horst Edler. 1998. 33 min.

Bahr, Egon (1922)
Journalist, Politiker; geboren in Treffurt; 1948–1950 Korrespondent des Tagesspiegels; danach Chefredakteur des Senders RIAS Berlin; 1960 Leiter des Presse- und Informationsamtes in Berlin; 1966 Sonderbotschafter im Auswärtigen Amt; 1969 Staatssekretär im Bundeskanzleramt und Bundesbevollmäch-

tigter für Berlin; 1972–1990 MdB; 1976 Bundesgeschäftsführer der SPD; Abrüstungsexperte, beteiligt an der Aushandlung des Grundlagenvertrages zwischen beiden deutschen Staaten; Mitarbeit an der Neukonzeption der deutschen Ostpolitik »Wandel durch Annäherung«; 1984–1994 Direktor des Instituts für Friedensforschung und Sicherheitspolitik Hamburg

Über Schwierigkeiten bei der deutschen Wiedervereinigung; Angleichung und Anpassung von Ost und West; Ursachen für alte und neue Probleme; Aussöhnung als Schlüssel für die Einheit; Pakt der Einheit und Buch der Geschichte der letzten 60 Jahre; über die deutsch-deutsche Geschichte; Ungerechtigkeiten bei der Aufarbeitung der SED-Diktatur und Überlegungen zu einer Amnestie; (Un)möglichkeit juristischer Aufarbeitung erlittenen DDR-Unrechts; Ost- und Westdeutsche im Prozess der Annäherung; gegenwärtige Situation der Gesellschaft; über strukturelle Arbeitslosigkeit und neue Sinnfragen des Lebens; Aufgaben der aktuellen Politik; die Politik der USA, die NATO und ihre Mitgliedstaaten; über den Umgang mit den Staaten der GUS – In einer von Josef Joffe und Giovanni di Lorenzo moderierten Podiumsdiskussion mit ▸ Henry Kissinger und Valentin Falin über die Entspannungspolitik zwischen Ost und West in Europa ab Ende der 60er Jahre; über die vorbereitenden Gespräche und Verträge zum Vier-Mächte-Abkommen 1971

Wandel durch Annäherung. Henry Kissinger, Valentin Falin und Egon Bahr. 1993. 53 min.

Egon Bahr (Weimarer Reden). 1997. 56 min.

Buchzeit. Szenen aus dem Buchmarkt 1996. 53 min.

Bahro, Rudolf (1935–1997)
Philosoph, Redakteur, Sozialökologe; geboren in Bad Flinsberg (Schlesien); bis 1959 Studium der Philosophie an der HU Berlin; Mitarbeiter der Zeitschrift Das Forum; 1973–1976 Manuskript *Die Alternative*; 1977 Verhaftung wegen des Verdachtes »nachrichtendienstlicher Tätigkeit« gegen die DDR und 1978 Verurteilung zu acht Jahren Freiheitsentzug; 1979 nach internationalen Protesten Abschiebung in die BRD; 1979–1985 Mitglied der Partei Die Grünen, Arbeit als freier Publizist; 1987 *Logik der Rettung*; 1989 Rückkehr in die DDR; 1990 Rehabilitierung; Professor für Sozialökologie an der HU Berlin; engagierte sich für Verbindung ökologischer und sozialistischer Zielvorstellungen

Ich glaube, dass wir Glück haben. Dass die Katastrophe [das Ozonloch] noch »Salami-Taktik« mit uns spielt. Das heißt, dass sie uns noch Scheibe für Scheibe bei ihrem Eintreffen erneut Gelegenheit gibt, nachzudenken, was wir da machen könnten. Wir gehen ja auch einem Zusammenbruch des ökonomischen Systems im Weltmaßstab entgegen. Die Menschen werden in der Lage sein, sich noch mal zu fragen: »Haben wir nicht doch noch eine Reserve, das Ding zu wenden?«

Über Möglichkeiten und Hoffnung, die Welt zu verbessern; Motive, 1952 Kandidat der SED zu werden; über die Zeit um 1956 und ▸ Wolfgang Harich und Georg Lukács; über Ernst Bloch; Gründe der Verdrängung politischer Vorgänge zur damaligen Zeit; Bau der Mauer; Zeit in Greifswald; über die allge-

meine Angst, nach Nationalsozialismus und II. WK, Unzulänglichkeiten zuzugeben; FDJ-Mentalität; 1965 Mitarbeit an der Zeitschrift Das Forum unter Horst Nahke; über Klaus Hilbig; Abdruck von Volker Brauns *Die Kipper*; seit dem Einmarsch von Truppen des Warschauer Vertrages in Prag 1968 kritische Auseinandersetzung mit der Politbürokratie der DDR; Arbeit in der Industrie; Dissertation und *Die Alternative*; über seinen Kritiker und Lehrer Wolfgang Heise; Veröffentlichung der *Alternative* in der BRD und Verurteilung wegen Geheimnisverrats; über die Vernehmung und ein »mildes« Urteil; Freikauf durch die BRD; über den Schock des Zusammenbruchs der DDR; Wende 1989; Gründe für die Rede auf dem Gründungsparteitag der SED-PDS und Illusion von einem reformierbaren Land DDR mit ökologischer Grundorientierung; *Logik der Rettung*; über das Prinzip Analyse, zwei Erfahrungen und das neue Ziel, die »industrielle und militärische Abrüstung«, Lösung der Probleme sozialer Gerechtigkeit im Hinblick auf das ökologische Thema nur im Rahmen einer schrumpfenden Ökonomie und über eine »andere große Koalition von Rechts bis Links«; Ökosystem und Industriesystem, über Macht, Konsum, Karriere; westliche Zivilisation, entfesselter Machtkampf der Individuen und die angstgetriebene Gier; über Spiritualität und Begrenzung der Angst als Chance; Suche nach Möglichkeiten, Bedürfnisse der Menschheit zu befriedigen ohne dabei unterzugehen; über den Intellektuellen und damaligen sächsischen Ministerpräsidenten ▸ Kurt Biedenkopf; die große gesellschaftliche Unordnung seit der Renaissance und fehlende Ruhe, Spiritualität und Ganzheitsbezug; heutige Rolle der Kirchen; die Unmöglichkeit unendlicher Geldvermehrung in einer endlichen Welt; Notwendigkeit der Emanzipation des Menschen im Einklang mit der Natur; über Informationsaustausch und menschliche Kommunikation; Rolle der Medien; das Ozonloch und die Gefahr des

ökonomischen und ökologischen Zusammenbruchs; Öko- und Erziehungsdiktatur als Ausdruck des Crashs; über Buddhismus; Möglichkeit der Selbsterfahrung und Erfahrung der Ruhe durch Meditation; über das menschliche Ego, Entspannung und den Abbau von Aggressionen; Forderung nach einer neuen politischen Struktur mit Richtlinienkompetenz für eine gerechte Weltordnung, für den begrenzten Verbrauch der Ressourcen und Rückbau des Industriesystems – In einer Vorlesung *Wege zur reinen menschlichen Natur* über die zukünftige Existenz der Menschheit; Haben oder Sein; Wege und Irrwege der Selbsterfahrung; zu Erich Fromm und *Vom Haben zum Sein: Wege und Irrwege zur Selbsterfahrung*; Sigmund Freud; *Der Stern der Ungeborenen* von Franz Werfel; »Einheit des Ganzen« als Einheit von Innen- und Außenwelt des Menschen; über den »Kreis« der Menschheit von der Geburt bis zum Tod; Stufen des »Kreises«: vom unbewussten Wissen des Universums über das Ratio-Ich zu Bewusstsein und Weisheit; über Angst und Schmerz, Autorität und Narzissmus; bewusstes Selbst der Menschheit als Spiegel des Universums; äußere Veränderungen in der Umwelt fordern Raum für innere Entwicklungen; Selbsterfahrung und Selbstentfremdung; über Hannah Arendt und ihr *Vita activa oder Vom tätigen Leben*; über Weltent-

fremdung – Im Diskurs mit ▸ Gerd Irrlitz zur Rationalität, Irrationalität; Sozialökologie und über Energieressourcen
Interview: Grimm
Schlafen mit offenen Augen oder Die Überwindung der abendländischen Kosmologie (Kunst und Geschichte im 20. Jahrhundert) 1995.
Teil 1. 57 min.
Teil 2. 48 min.
Wege zur reinen menschlichen Natur. Rationalität als Hoffnung? 1993. 51 min.
1993–1995. 51 min.

Baker, James A. (1930)
US-amerikanischer Politiker; geboren in Houston; unter Ronald Reagan Stabschef im Weißen Haus; 1988 Leiter des Wahlkampfes von George Bush; 1989 Außenminister der USA unter George Bush
Wenn ich mich an den Freudentaumel jener Tage erinnere, muss ich sagen, dass ich mich zwischen unterschiedlichen Gefühlen hin- und hergerissen fühlte. Als Amerikaner überkam mich eine überwältigende Euphorie über den Triumph unserer tief empfundenen Grundsätze, die wir gemeinsam mit unseren Verbündeten im Westen verteidigten. Aber als Staatsmann wollte ich den Wandel diplomatisch, fast klinisch willkommen heißen, denn der Präsident und ich waren entschlossen, uns nicht übermäßig emotional zu geben, damit ▸ Gorbatschow und Schewardnadse nicht das Gefühl bekommen würden, dass wir jetzt noch Salz in die Wunde reiben.
Rückblick auf seine Amtszeit als Außenminister; über den 9. November 1989, ein bewegendes Telefongespräch am Tag danach mit ▸ Hans-Dietrich Genscher und dessen Sekretärin; Euphorie über den »Sieg der Freiheit« und Rücksicht gegenüber der UdSSR; Wiedervereinigung Deutschlands als einmalige Gelegenheit und ihre Auswirkungen auf Europa; Standpunkt der USA dazu; Vorschläge für Wege zur deutschen Wiedervereinigung; Begründung des Zwei-plus-Vier-Konzeptes und warum es nicht Vier-plus-Zwei-Verhandlungen hieß; Beruhigung der UdSSR; über die Verbindung US-amerikanischer und bundesdeutscher Werte
Drei Jahre, die die Welt veränderten. 1996. 29 min.

James Baker und Hans-Dietrich Genscher

Balden, Theo (1904–1995)
Bildhauer, Grafiker; geboren in Blumenau (Brasilien); Vater Maler; Kindheit und Jugend in Berlin; Studium am Bauhaus Weimar, 1935–1939 Exil in Prag, danach bis 1947 in England; Rückkehr nach Deutschland; 1948–

1950 Mitarbeit an der Satirezeitschrift *Ulenspiegel*; 1950–1958 Lehrtätigkeit an der Kunsthochschule Berlin-Weißensee; ab 1959 freischaffend

Denn die Kunst wird vom Menschen, für den Menschen gemacht. Das ist mindestens die elementare Botschaft der Kunst. Und auch die ganz moderne wird es ja wahrscheinlich wollen. Aber wenn es nur gemacht wird, um recht viel Geld herauszuholen, dann bin ich der Meinung: Es ist sinnlos.

Exil in England; Rückkehr nach Deutschland; von West- nach Ostberlin; Skepsis gegenüber den West-Emigranten im Osten; Kunstdebatten in den ersten Jahren der DDR; Bedeutung Karl Liebknechts; Walter Ulbricht und die Monumentalplastiken: Beispiel Luckau; Studium am Bauhaus Weimar bei Lászlo Moholy-Nagy und Oskar Schlemmer; Lehrtätigkeit an der HS für Bildende und Angewandte Kunst in Berlin-Weißensee; über Kleinplastik und große Gemälde; über den Unterschied zwischen freier und Auftragskunst; Wirken, Aufgaben und Sinn der Kunst; über »DDR-Kunst« und Kunst in der DDR

Interview: Grimm

Auftragskunst in der DDR. 1995. 86 min.

1994. 110 min.

Barasch, Moshe (1920)

Professor für Kunstgeschichte; geboren in Czernowitz; lehrt an der Hebräischen Universität Jerusalem

Bildende Kunst als Wissensvermittlung; das Bild als Vermittlung von medizinischem Wissen; Struktur des Körpers bzw. Körperbau; Darstellung der Bewegung, sichtbarer Krankheit, seelischer Krankheit (Melancholie und Epilepsie) durch das Zeigen ungewöhnlicher Bewegungen des Menschen; Erläuterungen anhand einiger ausgewählter Kunstwerke: *Herkules, die Himmelssphäre darstellend*; *Herkules* von Albrecht Dürer; *Embryo im Mutterleib* von Leonardo da Vinci; Raffaels *Synoptische Evangelien* (Matthäus, Markus, Lukas) von 1519/20 und *Mondsüchtiger Knabe*; *Melancholia* (Holzschnitt 1583 aus Frankfurt); Giovanni Bellinis *Stigmatisierung des Hl. Franziskus* (um 1600); Caravaggios *Bekehrung des Heiligen Paulus*; die traditionelle Figur des Kaisers in der römischen Antike; über die Darstellung *Tanzende Frau* und die Verkörperung der Asymmetrie; *Fortuna oder Das unbeständige Schicksal*, ein Holzschnitt aus dem frühen 16. Jh.; Tizians *Pieta*

Das Vorbild in der religiösen Kunst. Formen der Wissensvermittlung. 1994. 45 min.

Beck, Ulrich (1944)

Sozialwissenschaftler; geboren in Stolp (Pommern); aufgewachsen in Hannover; Studium der Soziologie, Philosophie, Psychologie und Politikwissenschaft; Professor an den Universitäten Münster und Bamberg, seit 1992 Direktor des Soziologischen Instituts der Universität München; 1995/96 zum Distinguished Research Professor der University of Wales/College of Cardiff berufen; 1996 Ehrendoktor an der Universität Jyväskylä in Finnland und mit dem Kulturpreis der Stadt München ausgezeichnet; Forschungsschwerpunkte sind die Theorie der Moderne, Soziale Ungleichheit, Arbeit und Ökologie

Für mich signalisiert der Globalisierungsdiskurs den Übergang zweier Epochen, genauer: die Differenz zwischen der ersten, der nationalstaatlich-klassenzentrierten, später wohlfahrtspolitisch gebändigten, und der zweiten, weltgesellschaftlich-transnationalen Moderne.

Bedeutung eines globalen Informationsnetzwerks; Rolle der globalen Kommunikation beim Zusammenbruch der DDR; Globalisierung als neue ökonomische Ideologie; weltgesellschaftliche und wirtschaftliche Dynamik; wer die »Global Player« sind; Unterschiede zwischen »Organisationsmacht« und »Entzugsmacht«; transnationale Boykotte überwinden nationale Gesetze; Gegensatz zwischen Wohlstands- und Verelen-

dungsregionen; globale Umweltverschmutzung; »Weltrisikogesellschaft« führt zu öffentlichen Rechtfertigungen politischen und ökonomischen Handelns; das Leben und Denken in staatsgesellschaftlichen Räumen und Identitäten verliert an Bedeutung; Debatte in Globalität, Globalisierung und Globalismus zu ordnen; Privilegierung des nationalen Raums und seiner Bevölkerung erodiert; »Transnationalstaaten« als Antwort auf die Globalisierung am Beispiel europäischer Staaten; deren wirtschaftspolitische, nicht geopolitische Ausrichtung; pessimistische Zukunftsvision: Übernahme der Handlungsmacht durch transatlantische Konzerne, völlige Bedeutungslosigkeit des Staates
Was ist Globalisierung? (Bertelsmann-Gespräche). 1997. 44 min.

Becker, Jurek (1937–1997)
Schriftsteller; geboren in Lodz; Vater Angestellter; aufgewachsen im Ghetto und in den Konzentrationslagern Ravensbrück und Sachsenhausen; 1957–1960 Philosophiestudium an der HU Berlin; freier Schriftsteller; 1962–1977 DEFA-Drehbuchautor; veröffentlichte 1968 seinen Roman *Jakob der Lügner*; 1973 *Irreführung der Behörden*; 1976 *Der Boxer*; 1977 Übersiedelung in die BRD; 1986 *Bronsteins Kinder*; Drehbuchautor von Filmen und Fernsehserien (*Liebling Kreuzberg*)
Ich glaube, dass die folgenreichste Folge der Zensur in der DDR nicht darin bestand, dass pro Jahr drei oder vier Bücher verboten wurden – mehr waren es ja gar nicht – sondern, dass hundert nicht geschrieben wurden.
Unter der Gesprächsleitung von ▸ Wolfgang Thierse in einer Sitzung der Enquête-Kommission des Deutschen Bundestages Charakterisierung eines Zensors; Folgen der Zensur in der DDR; wer Bücher schrieb, welche die Zensur nicht interessierte, stand im (Selbst)verdacht, sich vor ihr zu drücken, daher Politisierung der DDR-Literatur; »laute Literatur« nur wegen des Vorhandenseins der Zensur; Leser achteten mehr auf politische als auf literarische Qualität; über die eigene Nichtwahrnehmung des Baus der Mauer in Berlin und Suche nach Argumenten für deren Rechtfertigung; Loyalität zum Staat wegen der KZ-Erfahrung; über Zensur bei Film, Fernsehen und in der Literatur; Proteste gegen die Biermann-Ausbürgerung als »Anfang vom Ende der DDR«; Einmarsch in die Tschechoslowakei als »Herzenswunsch der Parteiführung«; Protest gegen die Biermann-Ausweisung als identitätsstiftendes Moment für junge Leute; über die eigene Loslösung von der Protestbewegung wegen der Übersiedelung in den Westen; über Widerstandswillen in Ost und West
Aufarbeitung von Geschichte und Folgen der SED-Diktatur in Deutschland. Eine Sitzung der Enquête-Kommission des Deutschen Bundestages im Gebäude der ehemaligem AdK der DDR. 5. Mai 1993. Zeitzeugen zur kulturpolitischen Situation 1961–1976. Teil 2. 1993. 55 min.

Bednarz, Klaus (1942)
Journalist; geboren in Berlin; 1971–1977 ARD-Korrespondent in Warschau, 1977–1982 in Moskau; 1984–2002 Leiter des Fernseh-Magazins Monitor
Es ist die bis heute unbegreifliche Erfahrung des Korrespondenten Klaus Bednarz, dass er in den mehr als dreißig Jahren, die er dieses Land Russland nun bereist, nicht einen Menschen getroffen hat, der ihm als Deutschem feindselig begegnet wäre; dass es gerade die Menschen waren, die unter den Deutschen am meisten gelitten haben, die oft den ersten Schritt auf ihn zu machten.
Arbeit als erster deutscher Fernsehkorrespondent in Polen; über eigene polnisch-masurische Wurzeln, seine Lebens- und Verhaltensweise in Polen; über Begegnungen zwischen Polen und deutschen Vertriebenen in Ostpreußen; Vertriebene und Vertriebenenfunktionäre; zu Hitlers »Polenpolitik«; Zitat aus Himmlers Denkschrift über die ge-

planten Schulen in Osteuropa; Entschädigung von Zwangsarbeitern; über die Zugehörigkeit Polens, Tschechiens und Ungarns zu Ost-Mitteleuropa; zukünftige Rolle Polens in Europa, Aufnahme in EU und NATO; über seinen ersten Besuch in Weimar; die Bedeutung Herders und dessen humanistischer Kulturbegriff; Herders Einfluss auf die polnische Literatur; politische und kulturelle Beziehungen zwischen Deutschland und Polen; Herders Traum, Reformator Russlands und Verbreiter der Aufklärung zu werden; Zusammenhänge zwischen deutscher und russischer Kultur; Zeit als Korrespondent in Moskau; Erinnerungen an die eigene Kindheit und an russische Besatzungssoldaten; Studium der russischen Literatur und Auseinandersetzung mit der Geschichte des II. WK; über den ersten Tag in Moskau; Beispiele für die Zusammenarbeit mit Russland; Zukunftsmöglichkeiten und Bedeutung Russlands für Europa; über eine neue Ostpolitik
Klaus Bednarz (Weimarer Reden). 1997. 56 min.

Begley, Louis (1933)
Schriftsteller; geboren in Polen; Vater Arzt; 1954 Anglistikexamen, anschließend bis 1959 Jurastudium in Harvard; Wirtschaftsanwalt in Paris und New York; beginnt 1990 mit der Arbeit am Roman *Lügen in Zeiten des Krieges*
Einfluss Deutschlands auf seine Kindheit; Amerika zwischen Berlin-Blockade und Mauerfall als »unerledigtes Geschäft«; Arbeit als Flüchtlingskind in den USA; Angst vor einem Konflikt mit der Sowjetunion; Beginn des Studiums; über den Koreakrieg; Rassismus in den USA, Antisemitismus in Harvard und an der Wall Street; Krawalle in den sechziger Jahren; Wohnungssuche und Religionsfrage in New York; Tätigkeit als Rechtsanwalt; über Emanzipationsbewegungen und Änderungen in den zwischenmenschlichen Beziehungen als Modeerscheinung oder langfristige Errungenschaft; über Quellen linker und rechter Gewalt; Ursprung des Reagen-Konservatismus; linker Idealismus und weißer Neo-Konservatismus; Einfluss der Politik auf seinen Berufswechsel; über menschliches Handeln und Zukunftserwartungen
Unerledigtes (Berliner Lektionen). 1998. 36 min

Bender, Peter (1923)
Althistoriker, Journalist; geboren in Berlin; Vater Seeoffizier; 1945 amerikanische Kriegsgefangenschaft; Geschichtsstudium in Hamburg; 1954–1988 Redakteur und Kommentator beim SFB und WDR; 1973–1975 ARD-Korrespondent (Hörfunk) in Warschau; zahlreiche Bücher zu Ost-West-Fragen

Der Mauerbau war für mich – aber er war für alle, die eine Neue Ostpolitik entwickelt haben, sich darüber Gedanken gemacht haben – das entscheidende Datum.
Über Konrad Adenauer und Walter Ulbricht; Kalter Krieg in Berlin; Tätigkeit beim SFB in den 50er Jahren; Situation in Berlin und Mauerbau; zur Neuen Ostpolitik unter ▸ Willy Brandt; Bekanntschaft und Kontakte mit ▸ Egon Bahr als Berater von Willy Brandt; Benders Publikationen zum Thema Entspannung und Neue Ostpolitik; Herbert Wehner und dessen Verhältnis zu Brandt und zur Entspannungspolitik; Diskussionen zur Anerkennung der DDR in den 60er und 70er

Jahren; Treffen mit verschiedenen DDR-Persönlichkeiten: Klaus Gysi; ▸ Joachim Herrmann, Herbert Häber; ▸ Karl-Eduard von Schnitzler; zu den Ereignissen im November 1989; Korrespondententätigkeit in Warschau
Interview: Grimm, Engelberg
2002. 120 min.

Bentzien, Hans (1927)
Gesellschaftswissenschaftler, Fernsehintendant, Verlagsleiter; geboren in Greifswald; 1946–1948 Neulehrer; 1948–1950 Geschichtsstudium in Greifswald und Jena, 1955–1958 Studium an der Parteihochschule Moskau; 1955–1968 Mitglied der Kulturkommission beim ZK der SED; 1961–1965 Minister für Kultur; 1965 Ablösung aus dem Amt; 1966–1975 Direktor des Verlages Neues Leben; 1975–1978 Leiter der Hauptabteilung Funkdramatik beim Staatlichen Komitee für Rundfunk und stellvertretender Vorsitzender des Staatlichen Komitees für Fernsehen; 1979 Absetzung; 1989/90 Generalintendant des Fernsehens der DDR bzw. des DFF
Über seine Tätigkeit als Redakteur für Geschichte beim DFF; Berufungsgründe und -umstände für die Intendanz des DFF im Herbst 1989; Arbeit als Intendant des DFF; DDR-Fernsehen in den 80er Jahren, die Jugendsendung Elf 99; Fernsehen und Bürgerbewegung; über Sicherheitsbedenken, Probleme und Wahlvorbereitungen zu den letzten Volkskammerwahlen; zur Sendung des *Harich*-Films im DFF; historischer Exkurs zum Charakter der DDR; Hintergründe, Verlauf, Auswirkungen und Bedeutung des 11. Plenums der SED; Diskussion um die Veröffentlichung von Solschenizyns *Ein Tag im Leben des Iwan Denissowitsch* in der DDR und Auswirkungen der Nichtveröffentlichung; über seine Ablösung als Kulturminister; die Zeit danach: Krankengeschichte, Arbeit im Verlag Neues Leben, beim Rundfunk und Fernsehen der DDR; Ablösung von der Intendanz des DFF: Hintergründe, Verlauf; Archive des DFF; Stellung der Regierungsparteien zum DFF; Einfluss der ehemaligen SED/PDS im DFF; Treffen mit den Bürgerbewegungen vor der Volkskammerwahl; Betrachtungen und Einschätzung zur deutschen Wiedervereinigung; zur Auseinandersetzung um Kunst, Künstler und Kulturpolitik der DDR; Medienpolitik der Regierung unter ▸ Lothar de Maizière; zur Entwicklung einer sozialistischen Nationalkultur; Vorbereitung und Intentionen des Bitterfelder Weges; Rolle der Kunstausstellungen der DDR; über sozialistischen Realismus; Exkurs zur Biografie: von der Nachkriegszeit bis zur Berufung als Kulturminister, Kulturarbeit in der FDJ, Studium an der Friedrich-Schiller-Universität bei Georg Klaus, Kulturassistenz bei Carl Zeiss Jena, Landesleitung der SED Thüringen, 1. Kreissekretär in Jena; Parteihochschule in Moskau; über den XX. Parteitag der KPdSU; zur Geschichte der Rinderoffenställe in der DDR; über Alexander Dubček; zum Bau der Berliner Mauer; über die Beziehung zwischen Kulturministerium und AdK der DDR; Staatliches Komitee für Fernsehen und Biermann-Affäre: Wolf Biermanns Auftritt in Köln, Kampagne, Resolution; Abnahmepraxis beim DDR-Fernsehen; antifaschistische Tradition der DDR; Motivation und Selbstverständnis nach dem II. WK. – Unter der Gesprächsleitung von ▸ Wolfgang Thierse in einer Sitzung der Enquête-Kommission des

Deutschen Bundestages zur kulturpolitischen Situation in der DDR 1961–1976. – Über Indianerliteratur in der DDR und Gründe, Bücher von Karl May erst Anfang der 80er Jahre zu verlegen
Interview: Grimm
Aufarbeitung von Geschichte und Folgen der SED-Diktatur in Deutschland. Eine Sitzung der Enquête-Kommission des Deutschen Bundestages im Gebäude der ehemaligem AdK der DDR. 5. Mai 1993. Zeitzeugen zur kulturpolitischen Situation 1961–1976. Teil 2. 1993. 55 min.

Berggruen, Heinz (1914)
Kunsthändler und -sammler, Journalist; geboren in Berlin-Wilmersdorf; 1932 Abitur in Berlin; Studium der Kunstgeschichte und französischen Literatur in Paris; 1934 mit Stipendium nach Kalifornien; Arbeit als junior curator im Kunstmuseum San Francisco; Arbeit für Diego Rivera; im II. WK mit der US-Armee Rückkehr nach Deutschland; Mitherausgeber der illustrierten Wochenzeitschrift Heute in München; anschließend ein Jahr Arbeit bei der UNESCO in Paris; dann Einstieg in den Kunsthandel; lebt in Berlin
Über Picassos *Liegender Akt* von 1942: Dieses Bild ist für mich ein eindeutiges Symbol der Schrecken des Krieges. Ich wollte dieses Bild unbedingt für Berlin haben. Und das habe ich ja auch gegen sehr harte Konkurrenz im Bieterkampf geschafft.
Über die Machtergreifung der Nazis; Olympiade 1936; Auswanderung in die USA auf einem Luxusliner und die spätere Emigration der Eltern; Diego Rivera und Frida Kahlo; Liebesverhältnis zu Frida Kahlo; ein gescheiterter Film; wie er amerikanischer Offizier wurde; ein Bild von Paul Klee im Tornister; Rückkehr nach Deutschland; die Zeitschrift Heute; Paris 1947 und die erste Galerie; Begegnungen mit Picasso, Matisse, Miró u.a.; Bilderläuterung *Liegender Akt* von Picasso; was zeichnet einen bedeutenden Sammler, einen großen Kunsthändler aus; die Bedeutung des Bilderrahmens; das Vertragsunwesen; das »absolute Auge«; zweite Rückkehr nach Berlin; die Sammlung *Picasso und seine Zeit* kommt 1996 in den Stülerbau; Erläuterungen vor Kunstwerken von Picasso, Matisse und Giacometti; über das geplante Holocaust-Denkmal in Berlin
Interview: Engelberg
Ein Berliner Kunsthändler in Frankreich (Berliner Lektionen). 1996. 39 min.
1996; 2002. 200 min.

Bethge, Eberhard (1909)
Pfarrer, Biograf Dietrich Bonhoeffers; Mitglied der Bekennenden Kirche; überlebte SS-Haft in Berlin; 1953 Pfarrer der beiden Londoner Gemeinden; nach Lehr- und Forschungstätigkeit in den USA leitete er von 1962 bis zu seiner Pensionierung 1976 das Pastoralkolleg der Evangelischen Kirche im Rheinland
Als das erste Semester im Predigerseminar zu Ende ging, das war im Herbst 1935, sagte Bonhoeffer: »Ich habe ja den Auftrag, das Seminar zu leiten, aber ich mache nur weiter, wenn der preußische Bruderrat mir eine Mannschaft erlaubt.« Und er hat dann den Antrag für die Errichtung eines Bruderhauses mit zunächst fünf Kandidaten beantragt und auch die Erlaubnis dafür bekommen, und ich war einer von denen, die er fragte, ob sie noch dableiben würden.

Tagesablauf im Predigerseminar, Beispiel Zingst; Meditationsanweisungen Bonhoeffers; Bonhoeffers Reaktion auf die Einführung der Allgemeinen Wehrpflicht 1935; klosterähnliches Leben im Bruderhaus Finkenwalde; Einzug in ein Zimmer in Bonhoeffers Elternhaus; Vorhersage von Hitlers Ende durch Freunde aus der Konspiration; Gestapo durchsucht das Zimmer, Bonhoeffer kommt nie wieder ins Elternhaus; Bonhoeffers Tage von Depression und Zweifel, Anlässe dazu; wie geheime Nachrichten von Bonhoeffer aus dem Gefängnis geschmuggelt wurden; Traubrief für ihn und seine Frau Renate Bethge-Schleicher, Nichte von Dietrich Bonhoeffer; Eindrücke der beiden dazu; starke Frauen in Bonhoeffers Familie; Nachricht von Bonhoeffers Tod
Interview: Edler
Dietrich Bonhoeffer. Ein Heiliger, der konspiriert. 1992. 45 min.

Beyer, Frank (1932)
Film- und Fernsehregisseur; geboren in Nobitz (Thüringen); 1952 Studium an der Fakultät für Regie der Filmhochschule Prag; 1957 Regie-Debüt mit *Zwei Mütter*: 1963 *Nackt unter Wölfen*, *Karbid und Sauerampfer*; 1966 für *Spur der Steine* strenge Rüge von der SED, der Film wird abgesetzt und erst 1989 wieder aufgeführt; 1969–1990 Arbeit für das Fernsehen der DDR; 1974 Verfilmung von Jurek Beckers *Jakob der Lügner*, der erste und einzige Film aus der DDR, der für einen Oscar nominiert wurde; protestiert 1976 gegen Wolf Biermanns Ausbürgerung; 1980 Ausschluss aus der SED, seit 1981 auch Fernsehfilme in der BRD, nach 1989 vor allem für ARD und ZDF

Nach meiner Meinung ist DDR-Kulturpolitik nur zu verstehen, wenn man sie in Beziehung setzt zu sowjetischer Kulturpolitik. Unter der bekannten Losung »Von der Sowjetunion lernen, heißt siegen lernen« wurde – mit einer gewissen zeitlichen Verschiebung – alles übernommen, was in der Sowjetunion stattfand, von den Rinderoffenställen bis zu den ideologischen Diskussionen.
Zum Film *Jakob der Lügner* nach dem Roman von ▸ Jurek Becker; Zusammenhang von DDR- und sowjetischer Kulturpolitik in den 50er Jahren; Erinnerungen an die ersten Jahre bei der DEFA; warum er die Aufstände 1953 in der DDR und 1956 in Ungarn nur »wie durch irgendeine Art von Schleier« wahrnahm; stark beeindruckt durch Bücher wie *Ein Tag im Leben des Iwan Denissowitsch* und Filme wie *Die Kraniche ziehen* und *Klarer Himmel* aus der Sowjetunion; 1965/1966 Filmverbote als dritte Krise ohne Lösung; Zerfall der DDR-Kulturszene in zwei Richtungen seit der Biermann-Ausbürgerung; seine Empfindungen über die Ausbürgerung; warum er froh war, dass er nicht zum Einmarsch der Truppen des Warschauer Vertrages in Prag 1968 befragt wurde; *Geschlossene Gesellschaft* als letzter Film mit Gegenwartsbezug; über die Unterschiede, Meinungen im Film und Kabarett zu äußern; drei Methoden, gegen einen Film vorzugehen; Filmverband als verlängerter Arm der Partei; Scheitern der sozialistischen Gesellschaft wegen Reformunfähigkeit; Hoffnung auf Dubčeks Sozialismus als Vorbild für das eigene Land; über Uneinigkeiten zwischen Filmemachern und Kulturfunktionären; unterschiedliche Verhaltensweisen bei der Aufführung von *Spur der Steine*

– Unter der Gesprächsleitung von ▸ Wolfgang Thierse in einer Sitzung der Enquête-Kommission des Deutschen Bundestages zur kulturpolitischen Situation in der DDR 1961–1976 – Über Dreharbeiten mit ▸ Rolf Hoppe und die eigene Arbeitsweise
Aufarbeitung von Geschichte und Folgen der SED-Diktatur in Deutschland. Eine Sitzung der Enquête-Kommission des Deutschen Bundestages im Gebäude der ehemaligem AdK der DDR. 5. Mai 1993. Zeitzeugen zur kulturpolitischen Situation 1961–1976.
Teil 1. 1993. 56 min.
Teil 2. 1993. 55 min.
Babelsberger Elegie. Deutsche Kinoklassiker aus den 60ern (Kinozeit). 2002. 35 min.
1992. 30 min.

Biedenkopf, Kurt Hans (1930)
Jurist, Politiker; geboren in Ludwigshafen; 1967–1969 Rektor der Universität Bochum, 1971–1973 Mitglied der zentralen Geschäftsführung des Henkel-Konzerns Düsseldorf; 1973–1977 CDU-Generalsekretär; 1976–1980 und 1987–1990 MdB, ab 1977 Direktor des Instituts für Wirtschafts- und Gesellschaftspolitik; 1990–2002 Ministerpräsident des Freistaates Sachsen
Es gibt keine Bemessung in unserer Gesellschaft, die nicht expansiv denkt, das heißt, wir können in dieser Weise nur leben, wenn wir ein Privileg in Anspruch nehmen. Jetzt unterstellen wir mal, wir nehmen unsere Grundsätze ernst und alle auf der Erde sollen genauso viel zu essen und zu trinken haben, dann müssen wir uns begrenzen. Das heißt, wir müssen lernen, an die Stelle materieller Expansivität andere Expansivitäten zu stellen, immaterielle; zum Beispiel die Expansivität in das Denken, in die Kunst, in die Musik.
Im Gespräch mit ▸ Kurt Masur über seine Liebe zur Musik; Kultur und Kirche als Schutzräume in der DDR; im Osten Deutschlands intensivere Kunstrezeption als im Westen; »Kunst am Bau« als Beispiel für »additive« Kulturpolitik; Musik als essenzielles Bedürfnis; Verbreiterung des Kulturlebens als Alternative zur Verbreiterung materieller Expansivität – Einleitung zur Dresdener Rede von ▸ Fritz Stern: Biografisches; die Emigranten als Brückenbauer zwischen den USA und Deutschland; Fritz Sterns Bedeutung für Deutschland; die Entwicklung Deutschlands seit dem Westfälischen Frieden
Kultur und Politik. Kurt Masur im Gespräch mit Kurt Biedenkopf (Berliner Lektionen). 1990. 52 min.
1999. 90 min.

Bill, Max (1908–1994)
Maler, Bildhauer, Designer, Architekt und Publizist; geboren in Winterthur; 1924–1927 Studium in Zürich, bis 1929 Architekturstudium am Bauhaus Dessau; dann hauptsächliches Wirken in Zürich; ab 1951 Rektor der HS für Gestaltung in Ulm; 1967–1974 Professor

für Umweltgestaltung in Hamburg; entwickelte Form- und Farbsysteme, die auf mathematisch-logischen Konzepten beruhen; Vertreter der konkreten Kunst
Meine intensive Beschäftigung sowohl mit dem Prinzip der Bauhaus-Idee und der Bauhaus-Erziehungsmethode als auch mit

den Persönlichkeiten, die am Bauhaus maßgebend wirkten, zeigt allein schon, dass ich diese noch immer für aktuell halte.

ⓘ Die technologisch-funktionelle Architektur des Bauhaus-Gebäudes in Dessau; politische Radikalisierung des Bauhauses Anfang der 30er Jahre; Übernahme durch Mies van der Rohe; die Weiterentwicklung des *Roten Quadrats* von 1946; seine Bauhaus-Zeit in Dessau und was ihm seine Malerei bedeutet; die Gruppe abstraction-création 1932/36; Beziehung zu Paris; plastisches Werk und dessen Stellenwert damals und heute; über Gebrauchsgrafik; die Verbindung von Kunst und Mathematik; erste internationale Ausstellung zur konkreten Kunst 1944 in Basel; Zeitschrift Abstrakt-Konkret; das *Weiße Quadrat*; über *Farbquanten*, *Rotation und sich ausdehnendes Weiß*; das Möbius-Band als Plastik; Tanz auf der Bühne nach Gret Palucca mit Kommentierung

Interview: Grimm, Grüning

Die Fortsetzung der Lehre der Humanisten. 1992. 39 min.

1988. 170 min.

Blüm, Norbert (1935)

Politiker; geboren in Rüsselsheim; Studium der Philosophie und Germanistik in Köln und Bonn; 1977–1987 Bundesvorsitzender der Sozialausschüsse der CDA; ab 1969 Bundesvorstand der CDU; 1972–1981 MdB; 1987–1999 Landesvorsitzender der CDU in Nordrhein-westfalen; 1983–1998 Bundesminister für Arbeit und Sozialordnung; 1998–2002 MdB

ⓘ Warum er nicht mehr für den Bundestag kandidiert; über die rot-grüne Regierung unter Gerhard Schröder; warum er (Kinder)bücher schreibt; die Macht der Medien; über das Volk der Deutschen, das eigentlich ein fröhliches ist; über langweiliges Schlaraffenland und darüber, wie wir mit unserer Erde umgehen; warum er einmal jährlich die Internationale singt; über die Auseinandersetzungen zwischen Israel und Palästina und den Umgang mit diesem Konflikt in Deutschland;

über sein Verhältnis zu Gott und zur Bibel; über den Verlust für die Kulturstadt Berlin durch den Holocaust und über heutige Verantwortung diesbezüglich; der Heilige Franziskus; über sein Buch *Unverzagt und unverblümt. Menschliches und Allzumenschliches*; über seinen und den Umgang der Kirche mit Suiziden; über seine Reisen nach Afghanistan und in die Nubaberge im Südsudan; über einen Kronleuchter, der einst von ihm als gelernter Werkzeugmacher gefertigt wurde und der heute noch in der Türkei hängt; über Rentenpolitik; darüber, wie und wo er den Fall der Mauer erlebt hat; was es bedeutet, Träger des Ohrenordens zu sein; über die Bedeutung der Arbeit in unserer Gesellschaft und das Glück, das so selten als gesellschaftliches Ziel angestrebt wird

Interview: Bienert

Unverzagt und unverblümt. 2002. 40 min.

70 min.

Blumenthal, W. Michael (1926)

Bankier, Diplomat; geboren in Berlin; 1939 Emigration über Italien nach Shanghai, später in die USA; deutsch-amerikanischer Manager und Finanz-Fachmann; Präsidenten-Berater und Minister unter John F. Kennedy und James E. Carter; Direktor des Jüdischen Museums in Berlin

Einen Schlussstrich wird es nie geben. Die Welt wird die Shoah nie vergessen. Die Frage ist also nicht – und wird es auch nie sein –, ob man sich erinnert, sondern nur, wie man sich erinnert.

Geschichte der Berliner Juden als Teil der Gesamtgeschichte deutscher Juden: erste Einwanderungen, Außenseitertum, religiöse Vorurteile und Rechtlosigkeit der jüdischen Einwanderer; Kampf um Anerkennung ihrer bürgerlichen Rechte; Bedeutung der Berliner Juden in Wissenschaft, Kultur und Wirtschaft; Gründe, warum damals die Diskriminierung nie wirklich überwunden werden konnte; Holocaust; das heutige Verhältnis deutscher Juden zu ihren Mitbürgern; Schmerz, Vorsicht und Misstrauen in der heutigen Zeit; Schuld und Verantwortung, Erbe und Lehren aus der Vergangenheit; die besondere Mission und Aufgabe des Jüdischen Museums als wichtiger Bestandteil der nationalen Erinnerung

300 Jahre Juden in Berlin – was nun? (Berliner Lektionen). 1999. 45 min.

1999. 48 min.

Bölke, Ruth (1935)

geboren in Groß Lindow; lebt seit 1950 in Stalinstadt, dem späteren Eisenhüttenstadt; Ausbildung zur Facharbeiterin; 1954–1961/62 Serviererin im Aktivist; seit 1961 Leiterin des Lesecafés; Stadtverordnete

Ich war eine junge Frau, ehrlich, resolut, draufgängerisch und voller Ideale. [Ich habe] immer das Gute im Menschen gesehen und ich musste mich auch immer mit einmischen, aber nicht um zu stören, sondern um zu helfen und vorwärts zu kommen. Und heutzutage stehe ich eher passiv da und kann mich nur wundern und nicht verstehen, vieles nicht verstehen. ... [Das] kann aber nicht nur eine Altersfrage sein, [es] ist auch meine Einstellung zu dieser Marktwirtschaft.

Einige biografische Anmerkungen; Einkommen und Preise um 1950; Eindrücke von der »Wohnstadt des EKO«; eigene Wohnung, Wohn- und Lebensbedingungen zur damaligen Zeit; Wilhelm Piecks Äußerungen zu den ersten kleinen Wohnungen; Arbeit als Serviererin in der Vorzeige-Gaststätte »Aktivist«, dem kulturellen Treffpunkt von Eisenhüttenstadt; über Stadtklatsch, Gäste und Feste, Betriebsfeiern, Jugendweihen und Taufen im Aktivist; kulturelles Leben, Friedrich-Wolf-Theater, Lesecafé und Bitterfelder Weg; »Wir-Gefühl« und der Traum vom Aufbau eines sozialistischen Landes; 17. Juni 1953; 13. August 1961 Bau der Mauer; über Standesdünkel und unterschiedliches Lohngefüge; Rolle der Gewerkschaften; über Heimatgefühle und Vorurteile gegenüber der Stadt; über die »erste sozialistische Stadt« als »Marktwirtschaftsstadt«

Interview: Kolano

Wolfsburg – Eisenhüttenstadt: Beiträge für die Ausstellung im DHM. 1996. 80 min.

Wolfsburg – Eisenhüttenstadt. Heimat vom Reißbrett. 1997. 45 min.

1997. 57 min.

Bollhagen, Hedwig (1907–2001)

Keramikerin; geboren in Hannover; Besuch der Kasseler Kunstakademie und der Fachschule für Keramik Höhr-Grenzhausen; 1934 Übernahme der ehemaligen Hael-Werkstätten für Künstler-Keramik in Marwitz (bei Velten, Mark Brandenburg) als HB-Werkstätten

für Keramik; 1972 Verstaatlichung des Betriebes; seit 1976 gehörte die Werkstatt für Keramik Marwitz zum Staatlichen Kunsthandel der DDR; 1990 Reprivatisierung und Weiterführung als HB-Werkstätten; Entwurf und Herstellung von preiswertem Gebrauchsgeschirr in schlichter, zeitloser Form; in den 70er und 80er Jahren auch baukeramische Objekte und Umsetzung von Entwürfen

ⓘ Im Gespräch mit ▸ Lothar de Maizière über die Verwandtschaftsbeziehungen de Maizière/Bollhagen; Verstaatlichung privater Handwerksbetriebe 1972 in der DDR; Reprivatisierung nach 1990; über Mitglieder der Familie de Maizière; Westreisen; Export von Exponaten durch den Staatlichen Kunsthandel der DDR; über komplizierte Erbschaftsregelungen der DDR bei Erben im westlichen Ausland

1999. 56 min.

Bonner, Jelena (1923)

Kinderärztin, Publizistin, Bürgerrechtlerin; geboren in Turkmenistan; Vater Personalchef, beide Eltern 1937 Opfer stalinistischer »Säuberungen«; freiwillige Soldatin im II. WK; heiratete 1971 den Bürgerrechtler Andrej Sacharow

ⓘ Im Gespräch mit Gerd Ruge über Verbindungen zwischen »Russländern« und Deutschen; nach dem II. WK ähnliche gesellschaftliche Probleme aber verschiedene Lösungen; UdSSR als »Imperium der Lüge«; Alltagsprobleme in Russland; Wunsch der Bevölkerung nach Rückkehr zur alten Wirtschaft ohne Aufgabe der neuen Freiheit; Wahlverhalten in Russland; Ende der Unterdrückung aber Staatsmacht als »Räuberhöhle«; falsche Demokraten; Hoffnung der Jugend auf eine starke Hand; Enttäuschung über das Machtstreben der intellektuellen Elite; westliche Tolerierung des Tschetschenien-Krieges; Nationalismus und Antisemitismus in Russland; Arten des Patriotismus; Streben nach »geistigem Gleichgewicht« nirgendwo auf der Welt mit Erfolg; Hoffnung für die Zukunft Russlands; über Helmut Kohl, Boris Jelzin, Wladimir Schirinowski

Jelena Bonner im Gespräch mit Gerd Ruge. (Berliner Lektionen).
1995. 96 min.

Bontjes van Beek, Mietje (1922)

Tochter von Olga und Jan Bontjes van Beek, Schwester von Cato Bontjes van Beek

ⓘ Kindheitserinnerungen; Charaktere der Geschwister; Wechsel nach Berlin 1940; über Cato Bontjes van Beeks Entlassung aus dem Arbeitsdienst und anschließende Lehrausbildung; illegale Beschäftigung von Juden in der Werkstatt des Vaters Jan Bontjes van Beek; über die zwischenmenschlichen Beziehungen während der Zeit des Faschismus und den Umgang der Menschen miteinander; Catos Berufs- und Lebensträume; die »Rote Kapelle«; über Catos konspirative Arbeit und deren Motivationen des Widerstandes; erste Begegnung mit Libertas Schulze-Boysen und Beginn der Freundschaft zwischen beiden; Begegnung mit französischen Kriegsgefangenen in Berlin und spontane Kontakte; Flucht vor dem Arbeitsdienst; die letzten Begegnungen mit Cato in Berlin und Fischerhude in der Freiheit; familiäre Konflikte Catos um Heinz Strehlow; Differenzen zwischen Harro Schulze-Boysen und Cato/Strehlow; Cato und Ulrich Modersohn; über Catos Verhaftung; Besuch im Gefängnis; künstlerische und geistige Atmosphäre in der Familie; Verhältnis zum Faschismus; die politische Haltung der Familie Bontjes van Beek; Zeit des Faschismus aus der Retrospektive; über den Rehabilitierungsprozess Catos; Catos Charakter, Verhältnis zu Menschen, ihr Verhalten in der Haft; Nachricht von der Hinrichtung Cato van Beeks; Reaktionen der Bevölkerung; Verhaftung des Pfarrers, der für Cato die Totenglocke läutete

Interview: Griebel, Grimm

Ihr redet alle, aber keiner hört zu.
Cato Bontjes van Beek. 1990. 54 min.

1989. 127 min.

Bontjes van Beek, Olga (1896–1995)
Tänzerin, Malerin; begann ihre Karriere in der Weimarer Republik als avantgardistische Ausdruckstänzerin; nach der Geburt ihrer Kinder wandte sie sich der expressionistischen Malerei zu; ihre älteste Tochter Cato wurde 1943 22jährig als Mitglied der Widerstandsgruppe »Rote Kapelle« hingerichtet
ⓘ Über Kindheit und Familienklima; Freundeskreis der Familie und Verhältnis zur Bevölkerung; Theodor Lessing als Freund und der junge Helmut Schmidt als Gast der Familie; Erziehung der Kinder und deren »Ausnahmestellung« im Ort; Einfluss der Erziehung auf Catos späteren aktiven Widerstand; Charakter Catos; geistig-künstlerische Einflüsse in der Kindheit; Konflikt zwischen traditioneller und moderner Kunst; Catos Lehre bei ihrem Vater; über den Vater Jan Bontjes van Beek; Wechsel Catos nach Berlin; Erlebnis des damaligen Berlin; die Beziehung Cato und Ulrich Modersohn; Cato und Heinz Strehlow; Stellung der Familie zu dieser Verbindung; Konflikt mit Harro Schulze-Boysen; Einschätzung des heraufziehenden Faschismus; erste Kenntnisnahme von der Widerstandstätigkeit der Tochter in der »Roten Kapelle«; Nachricht von der Verhaftung und Reaktion der Familie; die erste Besuchserlaubnis; Catos Haftzeit; Kontakte während der Haft; erste Begegnung mit Röder: Vorsprache wegen der Gnadengesuche; Urteilsverkündung; letzte Begegnung mit Cato; Nachricht von der Hinrichtung; Aufnahme von Catos Hinrichtung in der Bevölkerung; über die Verhaftung des Pfarrers wegen des Läutens der Totenglocke für Cato; die letzten Jahre bis Kriegsende; Catos Rehabilitierungsprozess: Anlass, Hintergründe; zweite Begegnung mit Röder nach dem Krieg im Zusammenhang mit dem Rehabilitierungsprozess; zur Frage der Emigration; die ersten Jahre nach der faschistischen Machtübernahme in Fischerhude; über einen Besuch Frau Dr. Pauls bei Bontjes van Beeks nach dem Krieg; zur eigenen Person: künstlerische Tätigkeit und eigenes Weltbild; über die Geschichte der Entstehung eines Aquarells; die Gestaltung einer Plastik zu Engels durch ▸ Mietje Bontjes van Beek; über den Einfluss von Catos Schicksal auf das eigene Schaffen
Ihr redet alle, aber keiner hört zu.
Cato Bontjes van Beek. 1990. 54 min.
1989. 170 min.

Bontjes van Beek, Tim (1923)
Sohn von Olga Bontjes van Beek, Bruder Cato Bontjes van Beeks
ⓘ Die Jahre in Berlin; Kinder- und Jugendzeit, Verhältnis der Geschwister Cato, Tim und ▸ Mietje Bontjes van Beek untereinander; politische (Nicht)dienstbarkeit als Kinder und Jugendliche; Kunst in der Kindheit, das geistig-künstlerische Klima im Elternhaus und in der Verwandtschaft; erzählerischer Ausflug in den Familienstammbaum; Erinnerung an den Vater; die Fischerhuder Kunstkeramik; Persönliches über sich selbst; Schulwechsel nach Salem am Bodensee; Catos Charakter und ihr Unrechtsbewusstsein als Wurzel des politischen Widerstandes; Kriegsbeginn II. WK; seine Einberufung zum Wehrdienst, Ausbildung, Einsatz in Frankreich und an der Ostfront; Nachricht von Catos Verurteilung; Urlaubsgesuch und Besuch im Gefängnis; Gnadengesuch; Nachricht von der Hinrichtung Catos; Rückzug der Ost-

front; Kriegsverwundung; gescheiterte Bemühungen um ein Studium; erneut Ostfront; über Widerstandkampf; erste alliierte Luftangriffe auf Dresden; Zusammenbruch des Dritten Reiches; über den der Familie aufgenötigten Rehabilitierungsprozess; Verhältnis der Bevölkerung zur Familie nach dem Krieg
Interview: Griebel, Grimm
Ihr redet alle, aber keiner hört zu.
Cato Bontjes van Beek. 1990. 54 min.
1989. 87 min.

Borgelt, Hans (1914–2000)
Journalist, Kritiker, Filmautor, Romancier und Stückeschreiber; in Osnabrück geboren; 1935–1940 Studium der Germanistik, Musikwissenschaften, Zeitungswissenschaften und Filmkunst in Berlin; 1940–1945 Kriegsberichterstatter; 1950–1951 Musik- und Filmredakteur der Berliner Zeitung; ab 1951 freier Journalist; seit den 60er Jahren Autor, Regisseur und Filmpublizist; 1953–1958 Pressechef der Berliner Filmfestspiele; zu seinen bekanntesten Werken gehören *Der lange Weg nach Berlin. Eine Jugend in schwieriger Zeit* (1991) und *Die UFA – ein Traum* (1993)
Ursachen seiner Faszination für das Kino in der Kindheit; Kleinstadtkinos und ihr Konkurrenzkampf; über Emil Skladanowski und eine Begegnung mit ihm; deutscher Film; 1917 UFA-Gründung; künstlerische Leitung durch Erich Pommer; deutscher expressionistischer Film; Ausstattung der Filmpaläste; 1926 im UFA-Palast Berlin Erlebnis der Weltpremiere von *Metropolis*; *Der letzte Mann* von Fritz Lang; Begegnungen mit Lilian Harvey; Rückzahlung der staatlichen Beteiligung durch UFA; 1925 UFA-Krise, Beteiligung des Hugenberg-Konzerns; der neue Produktionschef Ludwig Klitsch; Aufkommen des Tonfilms und dessen negative Auswirkung für Schauspieler; Entstehung des Namens UFA; die UFA in der Welt; über Greta Garbo, Emil Jannings und den Film *Die freudlose Gasse*; politische Auseinandersetzungen im Kino; über Willy Fritsch, Heinrich George, Käthe Dorsch und Wolfgang Liebeneiner; Hitlers Machtübernahme und die UFA; Abwanderung von Künstlern; Einfluss von Joseph Goebbels auf die UFA; über jüdische Einzelschicksale: Kurt Gerron, Renate Müller, Joachim Gottschalk; Folgen des Krieges und Nachkrieges für die UFA; Verstaatlichung der UFA unter Hitler; *Der ewige Jude* und Veit Harlan; Einsatz und Reaktion der Bevölkerung; über seine Zeit als Kriegsberichterstatter in Frankreich; UFA-Wochenschau; Kriegsende; Anekdote zur *Fledermaus* (DEFA); Studienzeit in Berlin und Babelsberg; Olympiade in Berlin 1936 und über Leni Riefenstahl; politische Studieninhalte; über *Kolberg*; journalistische Arbeit für verschiedene Zeitungen und Reisen; über eine Balkan-Reise in der Jugend; Tätigkeiten als Pressechef; Gründung der Berlinale; über sein eigenes Wunsch-Film-Projekt
Interview: Dura
1994. 283 min.

Bork, Hugo (1907)
Gewerkschafter und Kommunalpolitiker; seit 1939 in Wolfsburg; nach abgebrochener Lehre Tätigkeit in einer Baumwollspinnerei; Arbeit in einem Rüstungsbetrieb in Wolfsburg; SPD; Arbeit bei VW Wolfsburg; Gewerkschafter; 1951–1971 Betriebsratsvorsitzender; 1953 Aufsichtsrat; 1956–1976 Wolfsburger Stadtverwaltung

Seit 1925 SPD; Vorsitzender des Reichsbanners Schwarz-Rot-Gold und Vorsitzender der SPD der Gemeinde Gronau; 1934 Auflösung beider Organisationen; Verhaftung; Anklage wegen Vorbereitung zum Hochverrat; »mildes« Urteil unter Anrechnung der Untersuchungshaft; danach wieder im alten Textilbetrieb tätig; drei Bombenangriffe auf das VW-Werk; Wolfsburg nach dem Krieg und der Mangel an Rohstoffen; Aufträge für Reparaturarbeiten im Flugzeugbau; danach wieder in den Betrieb; zunächst Reparaturaufträge der britischen Armee; Arbeit im Getriebebau; schlechter baulicher Zustand der Werkhallen; Arbeitskräftesituation; sein Werdegang zum Betriebsratsvorsitzenden: Gewerkschaftsvertrauensmann, im Wahlvorstand für den Betriebsrat, 1951 Betriebsratsvorsitzender; Tätigkeit in Gewerkschaft und im Betriebs- und Aufsichtsrat; Gestaltung moderner Sozialpolitik bei VW; 1949 erste Begegnung mit Heinrich Nordhoff; Wiederaufbau und VW-Werk; Eigentumsrechte für das Werk; Währungsreform; Export von Volkswagen in die USA; der Streit um Transportwege, Bundesbahn oder Straße; Autoproduktion in Brasilien; 1955 Feier des einmillionsten Volkswagens; über das Wirtschaftswunder, weiteren wirtschaftlichen Aufschwung und einstige soziale Errungenschaften der Gewerkschaft; Privatisierung des VW-Werkes; Volksaktie; über Kommunalpolitik und Gewerbesteuer; seine Doppelfunktion als Gewerkschafter und Ratsmitglied

Interview: Grimm

Die Stadt Wolfsburg in der Zeit des Wirtschaftswunders. 1996. 67 min.

Wolfsburg – Eisenhüttenstadt: Beiträge für die Ausstellung im DHM. 1996. 80 min.

1995. 78 min.

Brandes-Brilleslijper, Janny (1916)

Holländische Widerstandsaktivistin; überlebte die Konzentrationslager von Auschwitz und Bergen-Belsen; Mitgefangene von Anne Frank

... und weiter haben wir beim Standesamt die Papiere gefälscht, die Personalien von Leuten, die gestorben sind. Die Leute vom Standesamt haben uns geholfen in vielen großen Städten, nicht in allen, aber in vielen.

Frühe Vorahnung des Überfalls auf Holland; Holland als Zufluchtsland für Emigranten; Unterbringung von Flüchtlingen; Kennzeichnungen der Pässe von Juden; Kooperation des Jüdischen Rates mit den Besatzern; Argumentationsbeispiele von Leuten, die niemanden aufnahmen; wie Menschen im Widerstand Papiere für »Illegale« besorgten und Leute versteckten; über den Transport mit ihrer Schwester ins Sammellager Westerborg; erste Begegnung mit Anne Frank; Transport nach Auschwitz; viele Gespräche mit Anne Frank; über Krankheiten im Lager und den Tod vieler Häftlinge; wie Kinder ins Lager Bergen-Belsen kamen und warum sie nicht ermordet wurden; Versorgung der Kinder durch Häftlinge; über die Aufseherinnen; gegenseitige Hilfe als Überlebensstrategie; über Lebensbedingungen nach der Rückkehr nach Amsterdam; antisemitische Sprüche nach dem Krieg; Wiederaufbau; Unfähigkeit, in den ersten Jahren das Erlebte zu schildern; der Anlass, zum ersten Mal über ihre Erlebnisse in der Haft zu sprechen

Interview: Edler

Janny Brandes-Brilleslijper. 1995. 38 min.

Brandt, Willy
eigtl. Herbert Ernst Karl Frahm (1913–1992)
Politiker, Journalist; geboren in Lübeck; 1933 Exil in Norwegen; Studium der Geschichte in Oslo; 1937 Journalist in Spanien; 1940 norwegische Staatsbürgerschaft; Flucht nach Schweden; 1947 Norwegischer Presseattaché in Berlin; 1948 Wiedereinbürgerung; 1949–1957 und ab 1969 MdB; 1957–1966 Regierender Bürgermeister von Berlin (West); 1958–1962 Vorsitzender der Berliner SPD; 1966–1969 Außenminister in der Großen Koalition unter Kiesinger; 1969–1976 Bundeskanzler; 1971 Friedensnobelpreis; ab 1976 Vorsitzender der Sozialistischen Internationale und ab 1977 Vorsitzender der Nord-Süd-Kommission
Mit der neuen sowjetischen Führung habe ich inzwischen die europäischen Dinge ein gutes Stück in die Zukunft erörtern können. Dass die deutschen Entwicklungen mit Einschluss Berlins hiervon nicht losgelöst sind, habe ich auf diese Weise bestätigt gefunden. Aber neuen Illusionen nachzujagen halte ich nicht für sinnvoll, auch nicht auf höherer Ebene.
Aufenthalte in Berlin 1933 und 1936; erste deutsche Wegmarke: 1919 »Legende von der drohenden bolschewistischen Gefahr«; Zweck dieser Legende; Zerstrittenheit der Linken und Mangel an Wirklichkeitssinn; Schwächen und Versäumnisse 1918/19 als Ursachen für Hitlers Machtübernahme; über Karl Radek, Felix Wolf, Ernst Reuter und Rosa Luxemburg; zweite deutsche Wegmarke: Glaube an Wiedervereinigung als »Lebenslüge«; Ansichten der Siegermächte zu einem ungeteilten Deutschland; Teilung als Provisorium ist Illusion; Akzeptanz der Verfassung und Unterschiede zwischen Bonner und Weimarer Republik; über Möglichkeiten zur Wiedervereinigung des deutschen Volkes; dritte deutsche Wegmarke: Mauerbau; Erinnerungen an die Berlin-Blockade; warum die Westmächte den Mauerbau nicht verhinderten; neue städtische Aufgaben unter den veränderten Bedingungen; warum selbst er nicht den Einsatz der Amerikaner forderte und Chruschtschow die Mauer als Kompromiss akzeptierte; Reaktionen auf den Mauerbau
Deutsche Wegmarken (Berliner Lektionen). 1988. 70 min.

Bräuer, Heinz (1916)
Pfarrer; nach Banklehre Theologiestudium; 1954 Hilfsprediger, dann Pfarrer; zehn Jahre Pfarramt in Fürstenwalde; Pfarrer in Fürstenberg/Eisenhüttenstadt
Erfahrungen als Pfarrer, über Kirchenarbeit und Gemeinde; Zeit der 50er und 60er Jahre; über das Verhältnis von Stadt und Kirche und den Gemeindeaufbau; ab 1952 Kirchenarbeit und Gottesdienste in einem Evangeliumswagen, Zelt oder Saal; 1953 Umbenennung der Stadt Fürstenberg in Stalinstadt; Walter Ulbrichts Rede; Kontakte zum stellvertretenden Ministerpräsidenten Otto Nuschke; über den 17. Juni 1953: Zerstörung einer Baracke für Gottesdienste; später Genehmigung zur Aufstellung neuer Baracken und am 3. Oktober 1954 Einweihung; über die Ausgrenzung der Kirche und die große Kirchenaustrittsbewegung 1958; 1976 Genehmigung für Massivbau im Rahmen des Sonderbauprogrammes für sozialistische Städte und Siedlungen; 31. Mai 1981 Einweihung des Gemeindezentrums in der Robert-Koch-Straße 37 durch Bischof Albrecht Schönherr; über Jugendweihe und Konfirmation; Eisenhüttenstadt als Heimat
Interview: Kolano
Wolfsburg – Eisenhüttenstadt: Beiträge für die Ausstellung im DHM. 1996. 80 min.
Wolfsburg – Eisenhüttenstadt: Heimat vom Reißbrett. 1997. 45 min.
1997. 67 min.

Brüne, Gudrun (1941)
Malerin; geboren in Berlin; Evakuierung in die Lüneburger Heide; Schule in Leipzig; Mutter Russischlehrerin aus St. Petersburg; Studium an der HS für Grafik und Buchkunst

Leipzig; Studium bei Heinz Wagner (Plakat), später bei Bernhard Heisig; danach freischaffende Künstlerin; Lehrauftrag an der HS Burg Giebichenstein Halle

Für mich bleiben Bildnis und menschliche Figur das ausdrucksstärkste Objekt in der Malerei. Die Arbeit daran erfordert Disziplin und Genauigkeit und solches anzustreben und zu machen ist meine Faszination von dieser Kunst.

Biografisches; »ihre Puppen« und Funktionen der Maske; ihre Kunst und Bilder; Beziehung zu ▸ Bernhard Heisig als dessen Schülerin und gegenseitige Einflüsse im künstlerischen Schaffen; das neue Lebensgefühl in der Wendezeit durch die Demonstrationen in Leipzig; zur Auftragskunst in der DDR; Gewandhausbild; Projekt Galerie im Gewandhaus und Eröffnung; Kunstausstellungen der DDR im Dresdener Albertinum
Interview: Grimm

Auftragskunst in der DDR. 1995. 86 min.
Gudrun Brüne. 1995. 8 min.
1994. 35 min.

Brüning, Elfriede (1910)
Erzählerin, Kinderbuch- und Fernsehspielautorin; geboren in Berlin, Vater selbstständiger Tischler, Mutter Näherin; erste Veröffentlichungen u.a. im Berliner Tagblatt und in der Vossischen Zeitung; 1930 KPD; 1932 Mitglied im Bund Proletarisch-Revolutionärer Schriftsteller; 1942 Evakuierung; 1946 Rückkehr nach Berlin; Redakteurin der Wochenzeitung Sonntag, seit 1950 freie Journalistin und Autorin

Ich habe ja schon mit 22 Jahren mein erstes Buch geschrieben, das war die Geschichte meines Vaters, also eines kleinen Handwerksmeisters, der mehr und mehr verproletarisierte und zuletzt stempeln gehen musste. Ein bisschen *Kleiner Mann was nun?*, das lag damals in der Luft. Das Buch hatte ich im Winter 32/33 geschrieben. Als es fertig war, war Hitler an der Macht, das Buch konnte nicht mehr erscheinen. Es war zu pessimistisch.

Zusammen mit ▸ Fritz Teppich im Gespräch mit Marina Achenbach über das Leben ihrer Familie in den 20er Jahren im Berliner Wedding; von politischen Diskussionen in der Leihbücherei der Mutter, in denen die Arbeiter »Arbeiterliteratur« forderten; über das Lesen von Arbeiterliteratur und ihr da-

durch gewachsenes politisches Interesse; Solidaritätserfahrungen durch die drohende Kündigung der Bücherei; Umzug der Bibliothek und Entwicklung zum illegalen Treffpunkt; eigene journalistische und schriftstellerische Anfänge; über den Umgang der Zeitungen in der Weimarer Republik mit

Journalisten und Autoren; Kunst als Waffe; illegale Treffen und journalistische Arbeit; Neue Deutsche Blätter in Prag als Sprachrohr der Emigration; 1942 Evakuierung aus Berlin; über ihr Unbehagen, als Sozialistin auf dem Schloss des Ehemannes, des Schriftstellers und Lektors Joachim Barckhausen, zu wohnen; die Übersiedlung in den Osten Berlins nach dem Krieg und Arbeit als Journalistin; über Wilhelm Pieck, Walter Ulbricht und Wieland Herzfelde; warum für sie die Vereinigung von SPD und KPD in der DDR richtig war; über Hilde Coppi (1949); über ihr Buch... *damit du weiterlebst*; von Gesprächen mit Frauen, die unter Stalin verfolgt worden sind; die »Büchervernichtung« nach der Wende

Berliner Geschichten. (Kunst und Geschichte im 20. Jahrhundert). 1995. 58 min.

Brussig, Thomas (1965)
Autor; verbrachte Kindheit und Jugend im Ostteil Berlins; verschiedene Jobs; 1991 unter Pseudonym erster Roman *Wasserfarben*; 1995 *Helden wie wir*; seit 1999 Soziologie- und Dramaturgiestudium; 1999 *Am kürzeren Ende der Sonnenallee*

Die Berliner Sonnenallee hatte 411 Hausnummern. Ganze 32 davon im Osten. Die am kürzeren Ende wohnten, kamen vielleicht ein bisschen zu kurz, aber sie wussten sich immer zu helfen.

Über seine Kindheit im Prenzlauer Berg und in Berlin-Mitte; Schule und Berufsausbildung; über Erich Kästner; die Neigung zur Literatur und erste Schreibversuche; Wehrdienst bei der Bereitschaftspolizei; Entwicklung oppositioneller Ideologie; Anekdoten vom Wehrdienst; über seine Jobs als Möbelträger, Museumspförtner, Fabrikarbeiter und Hotelportier; die Wende – Lesung und Vorstellung des Buches *Am kürzeren Ende der Sonnenallee*
Interview: Maizière

Am kürzeren Ende der Sonnenallee (Buchzeit; Berliner Salon). 1999. 45 min.

1999. 105 min.

Bruyn, Günter de (1926)
Schriftsteller; geboren in Berlin, Vater Handlungsgehilfe; 1960 erste Erzählungen; 1963 Roman *Der Hohlweg*, 1964 Heinrich-Mann-Preis; 1972–1982 Präsidium des PEN-Zentrums DDR; seit 1980 Mitherausgeber der Reihe *Märkischer Dichtergarten*; Romane *Preisverleihung* (1972) und *Buridans Esel* (1975); *Märkische Forschungen* (1978); kritische DDR-Parabel *Neue Herrlichkeit*; 1996 Literaturpreis der Konrad-Adenauer-Stiftung; 1997 Jean-Paul-Preis

Wer nicht an Gott glaubt, glaubt an alles mögliche andere. Und wer von einer politischen Utopie – von denen es mehr gibt als den Kommunismus – enttäuscht wurde, dem kommt die nächste gerade recht.

Wechselndes Deutschlandbild; Selbstbezichtigung als typisch deutsch; wider die Theorie, Nationales sei veraltet; warum Entlarver von Mythen keinen Ausweg aus dem Problem der Deutschen mit ihrer Vergangenheit weisen, sondern nur ihre eigenen Mythen produzieren; Geschichte als Last und Geschichtslosigkeit als Gefahr; Bedeutung der Französischen Revolution; verschiedene Züge des Nationalismus; Auswirkung der Nazizeit als einerseits sensibles Reagieren auf Nationalismus, andererseits Fixierung auf diese Zeit; Vergangenheitsbetrachtung unter dem Aspekt des Präfaschismus; verschiedene Nationalbegriffe, z.B. der des 18. Jh.; Begriffsgeschichte »Deutsch« und »Deutschland«; Idee der Kulturnation; deutsche Kulturtradition als Gegenbild zum Dogma der zwei deutschen Staaten; Gründe für die negativ geprägte Diskussion zur nationalen Verbundenheit und Gegenargumente; wofür sich die Ostdeutschen mit dem Beitritt zur Bundesrepublik entschieden haben; Psychiater-Haltung der Westdeutschen; sächsisch-preußische Spannungen 1871; Carlo Schmids Verständnis von deutscher Zusammengehörigkeit; über Hans-Ulrich Wehler – Einleitende Gedanken zum Buch *Sieben Jahre, sieben Brücken* von ▸ Manfred Stolpe

Günter de Bruyn (Dresdner Reden). 1997. 46 min.

Buchholz, Horst (1933)
Schauspieler; geboren in Berlin; nach der Rolle in *Die Halbstarken* (1956) internationale Film- und Theaterkarriere

Und wir drehten am 10./11. August 1961 am Brandenburger Tor. Dann wollten wir Montag, den 14. dort weiterdrehen. Aber, wie alle hier wissen, ging es am Sonntag, dem 13. August los mit der Mauer. Ich sehe noch, wie Billy Wilder und ich dastanden. Wir wollten es gar nicht glauben. Wir dachten, es sei ein Witz, wie Billy ja sowieso alles immer ein bisschen sarkastisch und zynisch nimmt. Er sagte: »Die machen Spaß, die machen irgendeine Übung«.

Im Gespräch mit Will Tremper über seine Berliner Herkunft; Anfänge am Theater, frühe Filme; über das Hebbel-Theater; warum er kein Trinker wurde; seine Motivation zu spielen; über England nach Hollywood; Treffen mit ▸ Billy Wilder; wie er seine Rollen in *Fanny* und *Die glorreichen Sieben* bekam; über Dreharbeiten für die Filme *Monpti*, *Eins-zwei-drei* und *Robinson*; seine Beziehung zu Romy Schneider; verschiedene Treffen mit Marlene Dietrich; Sternstunden und Überlebenszeiten von Schauspielern; Auszeichnungen;

»Qualität« des Theaterpublikums, Festlegung auf Rollentypen; über Sammy Davis jr. und Martin Held

Nur nicht stehenbleiben (Berliner Lektionen). 1992. 45 min.

Buggel, Edelfried (1928)
Pädagoge; 1945–1947 Waldarbeiter; 1947–1949 Neulehrer, danach Studium der Köpererziehung und Biologie an der Pädagogischen HS Leipzig; 1953 Assistent, 1954–1956 wissenschaftlicher Aspirant an der Deutschen HS für Körperkultur und Sport in Leipzig; 1966–1975 Vizepräsident des DTSB; ab 1975 Stellvertretender Staatssekretär für Körperkultur und Sport; Mitarbeiter im Amt für Jugend und Sport beim Vorsitzenden des Ministerrats der DDR

Zusammen mit ▸ Günter Erbach vor dem Untersuchungsausschuss Sport der Volkskammer

1990. 135 min.

Bülow, Victor Christoph Karl von (Loriot) (1923)
Karikaturist, Autor, Regisseur, Schauspieler; geboren in Brandenburg/Havel; ab 1950 Cartoons für die Zeitschriften Stern und Quick; 1962–1972 TV-Serie *Cartoon*; ab 1976 TV-Sketche *Loriot*; 1987 Spielfilmdebüt *Ödipussi*; 1991 Spielfilm *Papa ante portas*

ⓘ Laudatio auf Roman Herzog: Über die Räumlichkeiten der Festveranstaltung, die Karriere Roman Herzogs, Selbstverwirklichungsliteratur bei Bertelsmann und die Verkörperungen von Bescheidenheit und Weisheit

Ansichten eines Präsidenten. 1998.
43 min. Enth.: Laudatio von Victor von Bülow. 8 min.

Bürger, Annekathrin (1937)
Schauspielerin und Chanson-Interpretin; geboren in Berlin; Vater Pressezeichner; Ausbildung zur Werbegestalterin, Bühnenbildassistentin; Ausbildung an der Filmhochschule Potsdam-Babelsberg; 1990–1997 Vorsitzende der Nationalen Bürgerbewegung

Film ist irgendwo meine Heimat. Theater ist für mich eine Herausforderung, aber eine schöne, und es ist für mich ganz wichtig, nach wie vor. Vor allen Dingen die Ensemblearbeit möchte ich nicht missen.

ⓘ Über ihre Familie und den Vater Heinz Rammelt, künstlerische Anregungen, antifaschistische Traditionen und frühe humanistische Prägung; Erlebnisse am Ende des II. WK, Flucht und Befreiung; erste Kinoerlebnisse; Schulzeit und Ausbildung als Gebrauchswerberin; Bühnenbildassistentin; Requisiteuse; ihre erste Rolle; Besetzung in der *Berliner Romanze* und Arbeit mit Gerhard Klein; über ihre Schauspielausbildung an der Filmhochschule in Potsdam-Babelsberg; Begegnung mit Rolf Römer; erste Rolle im DEFA-Film *Spur in die Nacht* (1957) mit Ulrich Thein und Eva-Maria Hagen; über Friedrich Gnas; Zusammenarbeit mit Slátan Dudow in *Verwirrung der Liebe*; Arbeit am DT bei Wolfgang Langhoff; über Rolf Ludwig; seit 1963 beim Fernsehen der DDR; 1965 Berliner Volksbühne unter Benno Besson; über Kurt Maetzig und seine Filme *Septemberliebe* und *Schlösser und Katen*; über *Fünf Tage – Fünf Nächte* und das Ende ihrer »großen DEFA-Zeit« mit *Königskinder* (1962, Regie: ▸ Frank Beyer); Rolle der Petra Ledig in *Wolf unter Wölfen* (Regie: Hans-Joachim Kasprzik); »Filmstar« in der DDR; Arbeit mit Egon Günther in *Abschied*; über Dreharbeiten mit Wolf Biermann und zu *Wenn du groß bist, lieber Adam*; Theater, Lesungen, Chansonabende und Liederprogramme; Rückkehr zum Kino durch Rolf Römer mit *He, Du!* und *Hostess*; über Rolf Römers Regiedebüt, Probleme mit dem Filmstoff und einen Termin bei ▸ Margot Honecker; der Einzelkämpfer Rolf Römer und ein Vietnam-Stoff, den er nicht durchsetzen konnte; über Römers vergebliche Versuche, einen weiteren Film zu drehen und sein Berufsverbot; Mitwirkung in der TV-Reihe *Polizeiruf 110*; Zusammenarbeit mit Bodo Fürneisen in *Der Rest, der bleibt*; Annekathrin Bürger als politischer Mensch und ihre Motivation, sich zu engagieren; über ▸ Hans Bentzien und Hans-Joachim Hoffmann; ihr Eintreten für ▸ Charlotte von Mahlsdorf und deren Gründerzeitmuseum; Engagement gegen den Abriss des Bürgerhauses Große Meißner Straße 15 in Dresden und ein Brief an ▸ Erich Honecker; zur Ausbürgerung von Wolf Biermann und über dessen Bekanntschaft mit Margot Honecker; die Wende 1989 und die Demonstration am 4. November auf dem Alexanderplatz; über Johanna Schall, die die Demonstration im BE organisierte; *Genosse Stalin*, ein Lied, das sie für Charlotte und ▸ Wal-

ter Janka gesungen hat; Jutta Wachowiak; über eine »verrückte Zeit« und Schwierigkeiten in der Arbeit nach der Wende; *Vier im Konzert*, zusammen mit B. Kellerbauer, U. Brüning, C. Nossek, G. Nether; ein überfülltes Konzert, Brecht-Lieder und ernste Monologe; über ihr Engagement für ein Waisenhaus im Kreis Rostow am Don und den Verein Kinder vom Don; über Rolf Römers Dokumentarfilm *Die Kinder vom Don* (um 1996)
Interview: Hanisch
2001. 146 min.

Büttner, Siegfried (1936)
Historiker, Archivar; Vizepräsident des Bundesarchivs Koblenz; Leiter des Bundesarchivs Potsdam
Anlässlich der Übergabe des Berlin Document Center (BDC) an das Bundesarchiv Koblenz, Standort Potsdam 1994; über die Gründung des BDC unter amerikanischer Leitung; auseinandergerissene Provenienzen der Akten; sach- und personenbezogene Akten, z.B. die der Reichskulturkammer; Konkordanzen, die zwischen beiden Formen hergestellt wurden; zu Finanzfragen; über Prioritäten in der Bearbeitung der Archivalien; Stellungnahme zu Befürchtungen der New Yorker Staats-Zeitung zur Gefahr des Verschwindens von Akten; Diskussionen in Washington zur Übergabe des Archivs und über sein Verständnis für das Misstrauen betroffener Opfer
1994. 17 min.

Cardenal, Ernesto (1925)
Priester, Politiker, Lyriker; geboren in Granada; stammt aus begüterter Patrizierfamilie spanischer Herkunft; Philosophiestudium; 1957 Eintritt ins Trappistenkloster Gethsemany in Kentucky (USA); Theologiestudium; 1965 Weihe zum Priester in Nicaragua; Gründung der Kommune von Solentiname; 1977 Exil nach Costa Rica; Engagement in der Sandinistischen Befreiungsfront; nach dem Sturz Somozas 1979 Kulturminister und Initiator einer Alphabetisierungskampagne in

Nicaragua; 1985 Suspendierung vom Priesteramt und Austritt aus der Sandinistischen Befreiungsfront
Wenn es niemals einen Irrtum gegeben hätte und alles immer perfekt gewesen wäre, dann hätte es nie etwas anderes als Mikroben gegeben, und niemals diesen Schritt von der Amöbe zur Kieselalge, zum Reptil, zum Affen und zu uns.
Über Evolution; Universum; Urknall; Entstehung des Lebens; über seinen *Kosmischen Gesang*; Sonne, Mond, Erde, Sterne; die Elemente Wasserstoff und Sauerstoff; die Unterschiede der Evolution im Tierreich und beim Menschen; über Instinkt und Verstand; die Entwicklung des Homo sapiens: aufrechter Gang, Gehirn, Denken, Feuer, Hände, Sprache; Einfluss des Lebensraumes auf Entwicklung der Sinne; anatomische Besonderheiten des Menschen im Vergleich zum Tierreich; über die Fähigkeiten, zu lachen und zu sprechen; Bewusstsein und das Vermögen, sich zu erinnern oder die Zukunft zu planen; über den Tod
Wir sind Sternenstaub
(Berliner Lektionen). 1995. 56 min.
1995. 68 min.

Carow, Heiner (1929–1997)
Film- und Theaterregisseur, Drehbuchautor; geboren in Rostock; 1950–1952 Regieklasse im DEFA-Nachwuchsstudio; 1952–1956 DEFA-

Studio für populärwissenschaftliche Filme; ab 1957 Regisseur bei der DEFA; Kinder- und Jugendfilme, z.B. *Sie nannten ihn Amigo* (1958), *Die Reise nach Sundevit* (1965); Gegenwartsfilme, darunter *Die Legende von Paul und Paula* (1973) und *Coming Out* (1989); Mitglied und Vizepräsident der AdK; 1996 Direktor der Abteilung Film- und Medienkunst der AdK Berlin-Brandenburg; gestorben in Berlin

Meine Haupt-DDR-Erfahrung beim Filmemachen ist: Wenn du dich mit dem Publikum verbündest, dann bist du der Sieger, da kann keiner dagegen an.

Die Legende von Paul und Paula, Entstehungsbedingungen und Premiere; über Klischeevorstellungen vom sozialistischen Menschen; zur Resonanz des »ersten Pornofilms« der DEFA; Carows Einstellung zur Erotik; zur heutigen Vereinzelung der Menschen; über den Film *Bis das der Tod euch scheidet* und seinen Autor Günther Rücker; über den Film *Coming out*; zum Verhältnis Gesellschaft und Individuum und zum Umgang mit Homosexualität in der DDR; Reaktionen auf den Film *Coming out*; über heutige Probleme von Schwulen, Prüderie und über die mögliche Zerstörung der sexuellen Identität durch die Gesellschaft; über eine fehlende Ars erotica im Alltagsleben

Interview: Kolano

o.J. 34 min.

Carret, Philip L. (1896–1998)

Finanzfachmann; geboren in Lynn; Schule in Cambridge; Chemiestudium an der Harvard University; anschließend ein Jahr Harvard Business School; I. WK: Überführungspilot bei der französischen Armee; dann Arbeit als Wirtschaftsjournalist; 1928 Anfänge des Pioneer Fonds; Autor von *Über die Kunst des Spekulierens*

Nehme niemals einen Kredit auf. Wenn man kein Geld aus guten Käufen machen kann, sollte man den Kopf nicht einfach in die Schlinge stecken, um Geld zu leihen.

Anfänge und Entwicklung von Pioneer Fonds; Wesen der Spekulation; Kriterien für Investitionsentscheidung; das Beispiel IBM; Inspektionsfahrt mit der Missouri Pacific Railroad; die Stabilität von Pioneer Fonds; Einfluss politischer Ereignisse auf das Investieren; ein Abendessen mit Bill Clinton; zur

heutigen Marktlage und allgemeine Empfehlungen für Investoren; das 20. Jh., Demokratie, die Deutschen; neue Anlage-Strategien; seine Beziehung zu Geld; American-Ice-Company-Geschichte; über Renten, Aktien und Verkaufszeitpunkte; über seinen Arbeitstag und Freunde; die Begegnung mit seiner Frau

Interview: Grimm

Philip L. Carret – eine Wall-Street-Geschichte. 1997. 30 min.

1997. 147 min.

Corvalán, Luis (1921)
Vorsitzender der Kommunistischen Partei Chiles; kam nach Pinochets Putsch ins Exil in die Sowjetunion; lebt heute in Santiago de Chile

Über seine Haft unter Pinochet; seine Freilassung durch einen Gefangenenaustausch mit einem sowjetischen Dissidenten; über den Tod seines Sohnes infolge von Folterungen durch die Putschisten; seine Besuche in der DDR und Begegnungen mit ▸ Erich Honecker; über das Ende des sozialistischen Weltsystems; über ▸ Michail Gorbatschow; zu dem gemeinsamen Buch mit ▸ Margot Honecker *Gespräche mit Margot Honecker über das andere Deutschland*, über seine Arbeit an einem Buch über Salvatore Allende; über die Geschichte Chiles
Interview: Grimm
Die Honeckers in Chile. 2002. 29 min.
70 min.

Craig, Gordon A. (1913)
Historiker; geboren in Glasgow (Schottland); 1925 mit der Familie Übersiedlung in die USA; Hauptwerk *Deutsche Geschichte von 1866 bis 1945*; ab 1962 Professor an der FU Berlin
In einem gewissen Sinn lässt sich sagen, dass die Luftbrücken-Erfahrung der amerikanischen Außenpolitik so etwas wie eine Zwangsjacke überstreifte und ihr die Handlungsfreiheit raubte, die sie normalerweise hatte. Während die Sowjets eine Drohung auf die andere häuften, blieb der US-Regierung keine andere praktische, moralische und politische Wahl, als fest zu bleiben und den Sowjets zu sagen: »Wenn ihr versucht, Berlin zu nehmen, werden wir euch mit Gewalt entgegentreten.« Tatsächlich lag der Schlüssel für den Erfolg der amerikanischen Berlin-Politik wohl darin, auf die Sowjets so glaubwürdig zu wirken, dass diese es nicht wagten, die möglicherweise leere Drohung der Amerikaner auf die Probe zu stellen.
Berlin in Vergangenheit und Gegenwart; historischer Exkurs über das Verhältnis Berlin-USA; die Friedrich-Wilhelm-Universität zu Berlin und amerikanische Akademiker, wie z.B. Andrew Dickson White aus dem Staat New York oder William Edward Burghardt DuBois, Bürgerrechtler und Mitbegründer der National Association for the Advancement of Colored People; über Shepard Stone und die Freie Universität; Berlin unter den Alliierten, Verteidigung Westberlins gegen die Blockade; Berliner Luftbrücke; die Rolle Ernst Reuters; Westberlin in den Jahren nach 1948/49; der »Sputnik-Schock«; der Kalte Krieg zwischen Sowjetunion und USA; John F. Kennedys Besuch in Berlin 1963
Amerika entdeckt Berlin (Berliner Lektionen). 1998. 45 min.
1998. 76 min.

Cullen, Michael S. (1939)
Historiker, Arbeit im BDC; geboren in New York City; Studium der Slawistik, Philosophie, Geschichte und Musik; lebt seit 1962 in der BRD, seit 1964 in Berlin; u.a. zahlreiche Recherchen zum Reichstagsgebäude, dazu Vorträge und Schriften
Beruflicher Werdegang; politische Funktion des Berlin Document Center (BDC); BDC als von der NSDAP hinterlassenes Parteiarchiv; Vergleich mit DDR-Archiven; BDC als Machtinstrument der Amerikaner; über Neuorganisation des BDC und Brisanz des aufbe-

wahrten Materials; Veränderung der Zugangsregelungen nach Übernahme der Archivbestände durch das Bundesarchiv in Potsdam und über nötige Kooperationen mit Koblenz; Mikroverfilmung des Bestandes und verbesserte Bestandserschließung; über einheitliche Zugangsbedingungen für alle Nutzer; über deutsche Datenschutzregelungen im Vergleich zum amerikanischen Recht
Interview: Hass
1994. 71 min.

Dalai Lama, 14. eigtl. Tanchu Dhondup, Mönchsname Tenzin Gyatzu (1935)
Geistliches und weltliches Oberhaupt der Tibeter; 1939 ausgewählt und 1940 als 14. Dalai Lama inthronisiert; seit 1959 im Exil in Dharamsala im Himalaja (Nordindien); kämpft für die Unabhängigkeit seines Landes von den Chinesen; 1989 Friedens-Nobelpreis

Wenn es Hoffnung gibt, dann liegt diese in den kommenden Generationen, jedoch nur dann, wenn – und zwar weltweit – die Erziehung einen gründlichen Wandel erfährt.
Frieden durch Toleranz; Worte der Ermutigung und der Zuversicht; von der Kraft und Würde des Menschen auch in Zeiten gesellschaftlicher Krisen
Friedensgespräche. 1993. 61 min.

Daschitschew, Wjatscheslaw I. (1925)
Schriftsteller; Vater Offizier der zaristischen und später der Roten Armee; 1943 eingezogen; Militärschule und Front; 1945 Studium der Germanistik, Geschichte und internationalen Beziehungen in Moskau; Autor verschiedener Publikationen: *Der Fall Barbarossa, Die Strategie Deutschlands im Zweiten Weltkrieg* (1973); Arbeit für die Militärgeschichtliche Zeitung; 1967 Entlassung aus der Armee; bis 1972 Arbeit im Institut für Weltwirtschaft und internationale Beziehungen der AdW, 1972–1990 Institut für sozialistische Länder, Aufbau und Leitung der Abteilung für außenpolitische Probleme; Diplomatische Akademie
Vielleicht musste man bei der Ausarbeitung der grundlegenden Akten der deutschen Regelungen besondere Zustände in beiden Ländern berücksichtigen und entsprechende Maßnahmen vorsehen, um die Prozesse des Zusammenwachsens nicht so schwer und nicht so peinlich für viele Bevölkerungsschichten zu machen. Das wurde nicht getan. Vielleicht ist das auch ein Fehler von Gorbatschow – und von mir, ja.
Biografisches; Erfahrungen als Aufklärer an der Front; über seine Motivation Geschichte zu studieren: Ursachen von Kriegen zu erforschen und Möglichkeiten zu finden, diese zu verhindern; über die Strategien Deutschlands im II. WK; Ursachen für »heiße« und »kalte« Weltkriege; die Dolchstoß-Legende; Sowjetunion unter Stalin; wichtige Perioden der Geschichte Russlands: Lenin, Stalin, ▸ Michail Gorbatschow, Jelzin; Verhältnis zwischen DDR und Sowjetunion; Politik unter Breschnew, Andropow und Gorbatschow; Gründe für den Zerfall der Sowjetunion; über Gorbatschows Fehler, z.B. in der Kader- und Personalpolitik; über den Putsch und die Machtergreifung 1991 durch Boris Jelzin; Ursachen für das Scheitern der Politik der Sowjetunion und der DDR; Möglichkeiten der Reformierung des Sozialismus zu einem demokratischen Sozialismus; Fall der

Mauer 1989; die »Geheimreise« ▸ Valentin Falins in die DDR; Gespräche zwischen Kohl und Gorbatschow, der Zehn-Punkte-Konföderationsplan und Gründe für die Zurückweisung dieses Planes durch Gorbatschow; persönliche Begegnung mit Gorbatschow; Politik Honeckers und dessen mögliche Ablösung durch ▸ Markus Wolf; eigenes Erleben des Zusammenbruchs der Sowjetunion; über das Zusammenwachsen der beiden deutschen Staaten; NATO-Mitgliedschaft des wiedervereinigten Deutschlands

Wjatscheslaw I. Daschitschew im Gespräch mit Achim Engelberg und Thomas Grimm. 2001. 42 min.

2001. 137 min.

De Luis, Caroline eigtl. Gerda Zeebe (1922) Schaupielerin, Autorin; geboren in Hannover; aufgewachsen bei den Großeltern; 1940–1942 Schauspielschule Braunschweig; 1948 nach Berlin; Volontärin beim Berliner Rundfunk; später Referentin der Sektion Dichtkunst und Sprachpflege der AdK; Abitur an der ABF und Philosophiestudium an der HU Berlin; 1954 Ausreise aus der DDR

Warum der junge Wolfgang Harich einen Russenkittel getragen hat: Na ja, das war so seine Art. Erstens mal hat er damit die russische Revolution geehrt. Er war ja sehr russenfreundlich. Und dann auch, um die Leute zu provozieren, denn wenn man im Westen äußerlich zeigte, dass man für die Russen war, das war ja 'ne ganz schlimme Geschichte.

Nachbarschaft zu den alliierten amerikanischen Besatzungsoffizieren; gefühlsmäßige Zuwendung zur Sowjetunion und zum Kommunismus; Erfahrungen mit Abhörtechniken der CIA im Berlin der Nachkriegszeit; Kennenlernen von ▸ Wolfgang Harich und über einige seiner Lebensansichten; über Mitglieder und Formen des Widerstandes der Gruppe Ernst; Existentialismus und Sartres *Fliegen*; Atmosphäre in Berlin zur Zeit der Währungsreform und der Luftbrücke; Wohnortwechsel von Westberlin in den Osten und sozialer Kreis in Groß Glienicke: Uhse, Kantorowicz, Leo Bauer, Geßner; Gründung der DDR und der BRD, Stimmung in der Bevölkerung und persönliche Einstellung dazu; Bodo Uhse, Krankheit und Melancholie; Alfred und Fridel Kantorowicz; Gründung und Arbeit in der DAK; Arnold Zweig; Heinrich Mann und das Heinrich-Mann-Archiv; die Zeitschrift Sinn und Form; Harichs Artikel zu Friedrich Nietzsche; Harichs Hegel-Auffassung; Begegnungen mit Bertolt Brecht; Diskussion über Thomas Mann; Besucher und geistige Atmosphäre im Künstlerklub Die Möwe; Brecht und die Frauen: Helene Weigel, Ruth Berlau, Elisabeth Hauptmann; Kulturbund und Klub der Kultur-

schaffenden; über Johannes R. Becher und dessen 60. Geburtstag; wie sie unfreiwillig zur Informantin der Stasi wurde; Unterschriftensammlung für die Einheit Deutschlands; zur Kulturpolitik der SED; Beweggründe für ihre Kandidatur zum SED-Mitglied und die Zeit als Kandidatin; Studium an der ABF; Philosophiestudium bei Wolfgang Harich; über Wolfgang Harichs Bildungspotential und seinen täglichen Arbeitsrhythmus; ihre Beziehung zu Harich nach der Trennung; der 17. Juni 1953 und das Wirtschaftssystem der DDR; Charakterisierung Alexander Vogels, ihre Beziehung zu ihm und über das Verhältnis Harich – Vogel; über die Verhaftung Wolfgang Harichs; eigenes Verlassen der DDR und Harichs Motive, in den Westen zu gehen; über den Versuch, verschiedene linke Gruppen in der BRD im politischen Kampf zu vereinen; Beratung und Hilfe Wolfgang Harichs im Prozess gegen Egon Krenz
Interview: Grimm

Erinnerungen an Wolfgang Harich. 1998. 37 min.

1998–2000. 397 min.

Deschner, Karlheinz (1924)
Literaturwissenschaftler, Theologe, Schriftsteller; geboren in Bamberg, Mitglied des PEN-Zentrums der BRD; Ehrenmitglied im Bund für Geistesfreiheit Nürnberg und im Internationalen Bund der Konfessionslosen und Atheisten Berlin; Bücher u.a. *Kriminalgeschichte des Christentums* (1986–2002; 7 Bd.)

Die christliche Großkirche hatte gegenüber Staaten und sogenannten Obrigkeiten praktisch überhaupt kein Prinzip, außer dem, und das gilt noch heute: »Taktisch immer mit der nützlichsten Macht!« Sie ließ sich bei allen Staatsakten und Kontrakten nur von einem leiten, von ihrem Vorteil.

Über Unabhängigkeit seiner Bücher von Trends; das Interesse an seinen Büchern, besonders von den Konfessionslosen, und Ehrungen in seiner CSU-Heimatstadt Haßfurt; zu historischen Epocheneinteilungen; die Bedeutung von Byzanz; Aufstieg der Bischöfe Roms zur Macht; Bruch des Papsttums mit Byzanz; über Vernetzung von Staat und Kirche; Handlungsprinzipien der Kirche; Vorteil einer Metaphysik; Lehre von den zwei Gewalten, Lehre von den zwei Schwertern (Papst Gelasius I.); Bekämpfung monarchischer Einheit in Deutschland und Italien; über das Streben der Papstkirchen nach politischer Weltherrschaft; Paulinische Lehre von der göttlichen Einsetzung der Obrigkeit; Machtpolitik Papst Gregors VII.; Widerspruch zwischen den Worten Jesu und der Weltlichkeit der Kirche; Richteranspruch der Päpste; über Fälschungen im Christentum und Rechtfertigungen der Lüge

Die Kriminalgeschichte des Christentums. 1994. 35 min.

Detmers, Ihno (1924)
Vorarbeiter, Meister und stellvertretender Abteilungsleiter bei VW Wolfsburg; geboren in Ostfriesland; seit dem 14. Lebensjahr beim VW-Werk

Sein erster Tag im Volkswagenwerk; Grundsteinlegung des Werkes; Grundsteinlegung und Stadtgründung von Wolfsburg als »Stadt des KDF-Wagens bei Fallersleben«; Lehrling im Vorwerk Braunschweig; 1941 Fertigstellung des Werkes, zunächst Produktion für die Rüstungsindustrie; 1941 Bau der ersten Autos; über die Auszeichnung »Goldene Fahne«; Arbeitszeit und Schichtarbeit; das Besondere des »legendären« Kübelwagens; erster Arbeitstag nach der Kriegsgefangenschaft; Produktion von bis zu 6000 Käfern am Tag und ständige Produktionserhöhung; das VW-Werk, Gemeinschaftsgefühl und Hierarchie im Werk, Arbeitgeber, Betriebsrat, Betriebsversammlungen; über die gute Planung im VW-Werk; der eigene berufliche Weg vom Vorarbeiter zum stellvertretenden Abteilungsleiter; Einfluss des VW-Werkes auf das persönliche Lebensgefühl und seine Einstellung zum Werk; über Wolfsburg; über Wohnungswesen und von der Schwierigkeit, eine

Wohnung für die junge Familie zu bekommen; 1952 Einzug und Einrichtung der Wohnung; Eigenschaften und Ausstrahlung des Generaldirektors Heinrich Nordhoff und Vergleich mit dessen Nachfolgern; über die eigene Identifikation mit Wolfsburg und dem VW-Werk; über den engen Zusammenhang des Werkes mit der Stadt; Rolle von Politik im eigenen Leben; über den Befehl, einen Volkswagen zu konstruieren
Interview: Grimm
Wolfsburg – Eisenhüttenstadt: Beiträge für die Ausstellung im DHM. 1996. 80 min.
Die Stadt Wolfsburg in der Zeit des Wirtschaftswunders. 1996. 67 min.
VW – mein Zuhause. Ein Leben mit dem »Käfer«. 1996. 30 min.
1995. 76 min.

Deutschkron, Inge (1922)
Schriftstellerin, Publizistin; geboren in Finsterwalde; Jüdin; Vater Studienrat; 1943–1945 in Berlin versteckt; Kommunistin, später SPD-Mitglied; Sozialistische Internationale; autobiografisches Theaterstück *Ab heute heißt du Sara*; lebt in Tel Aviv und Berlin
Kindheit und Jugend in Berlin; über Adolf Hitler; Nürnberger Rassengesetze; über ihre jüdische Schule; Ausbildung als Kinderpflegerin; Fabrikarbeit bei IG Farben; Bekanntschaft mit Otto Weidt und Büroarbeit in seiner Werkstatt; über die Zeit des Verstecktseins, Leben in der Illegalität; Betreuung von

Freunden; Namensänderung; Kriegsende: Kontakt mit dem Vater per Feldpost mit Hilfe eines englischen Soldaten; Arbeit als Sekretärin in der Zentralverwaltung für Volksbildung in der SBZ; Eintritt in die SPD; Kampf gegen die Kommunisten; drohende Verhaftung durch die SMAD; Aufenthalt in England; Arbeit im Büro der Sozialistischen Internationale in London; 1956 nach Bonn: Arbeit als freie Journalistin und später als Deutschlandkorrespondentin für die israelische Zeitung Maariv; Berichte über Karriere von Nationalsozialisten; ihr Leben als israelische Staatsbürgerin – Zur Einführung der Berliner Lektion liest Cornelia Froboess
Ausgeschlagene Erbschaft.
Eine Deutschstunde mit Inge Deutschkron (Berliner Lektionen). 1992. 54 min.
Ein Todesurteil und vier Leben (Redenreihe Grenzdenker). 2001. 44 min.
2001. 193 min.

Dieckmann, Friedrich (1937)
Schriftsteller, Dramaturg, Essayist; geboren in Landsberg/Warthe; Kindheit in Dresden und Studium in Leipzig; 1972 PEN-Zentrum DDR; 1963–1972 und ab 1976 freischaffend; 1972–1976 Dramaturg am BE; 1991 Beiratsmitglied des Goethe-Instituts München; 1993 Bundesverdienstkreuz; 1996 im Gründungsausschuss der Sächsischen AdK; lebt in Berlin
Auswirkungen des XX. Parteitags der KPdSU 1956; über Ernst Bloch als Lehrstuhlinhaber in Leipzig; zum Inhalt der Forderungen ▸ Wolfgang Harichs, z.B. die Absetzung Walter Ulbrichts; eigener Protest gegen die Verhaftung und die Presse-Vorverurteilung Harichs; über die Wirkung der Zwangsmaßnahmen gegen Bloch auf die jungen Studenten und Dieckmann selbst; Harichs Rolle nach der Entlassung aus der Haft und dessen Aufsatz 1971 zu ▸ Heiner Müllers Bearbeitung des *Macbeth*; Auseinandersetzungen mit Harich als »Opponent der Opposition«; über den »Störenfried« Harich und dessen

Widerspruchsgeist; Harichs Stellung zu Bertolt Brecht und zur Stagnation des Brecht-Theaters; Harichs Einschätzung der »mittelmäßigen Nachkriegsgeneration«; Harichs bürgerliche Herkunft als Komplex gegenüber proletarischer Gesellschaft und ▸ Walter Janka als »proletarischer Guru« Harichs; Gründung der DDR als »Reaktion auf eine andere, vorherige (deutsche) Staatsgründung«; Einstellung der Intellektuellen zur deutschen Einheit in den 50er Jahren; zu Haltungen ▸ Gustav Justs, Walter Jankas und Wolfgang Harichs nach der Wende; Harichs Hang zum Theatralischen und über Ruth Berghaus; das fehlende eigene Werk Harichs, sein Talent zum Journalismus und zur Pointe; über Friedrich Nietzsche – Über die Notwendigkeit der Gründung der Sächsischen AdK in Dresden und Dieckmanns Freude darüber; Aufgaben, Wirken und Rolle von Frauen in der neu gegründeten Akademie

1996; 2000. 51 min.

Dissel, Werner (1912)

Schauspieler; geboren in Köln; Kontakte zur Bündischen Jugend; Umzug nach Berlin; Mitglied im kommunistischen Widerstand zusammen mit Harro Schulze-Boysen; nach dem Krieg Theaterschauspieler in Wiesbaden, dann Übersiedelung nach Berlin und Mitglied des BE

Erste Begegnung mit Harro Schulze-Boysen und sein Verhältnis zu ihm; der damalige Blick auf die Sowjetunion; über den Jungdeutschen Orden; Atmosphäre im damaligen Kreis Der Gegner; erste Begegnung mit Fred Schmidt; über ▸ A. Tuerell; die »Rote Kapelle«; das Ende des Gegner-Kreises

1989–1990. 144 min.

Drodowsky, Manfred (1933)

Diplomingenieur; Schulzeit in Fürstenberg/Oder; 1952 Abitur in Eisenhüttenstadt; Schmelzer am Hochofen im Eisenhüttenwerk; 1953 Studium an der TU Freiberg; ab 1965 Technischer Direktor im Eisenhüttenwerk und im EKO

Getreu des Grundsatzes »So wie die Stimmung im Werk, so die Stimmung in der Stadt, und wie die Stimmung in der Stadt, so die Stimmung im Werk!« haben wir natürlich viel, viel für die Stadt getan.

Über die Anfänge und das ursprünglich landwirtschaftlich geprägte Gebiet; Gründe, hier ein Eisenhüttenwerk anzusiedeln; über den Enthusiasmus der Menschen in der Nachkriegszeit; Anblasen des ersten Hochofens 1950 in Anwesenheit von Otto Grotewohl; Motivation der Menschen und Erkennen politischer Zusammenhänge; Aufbaugeneration und Lebensmittelkarten, Lebens- und Arbeitsbedingungen und der Stolz der Berg- und Hüttenleute; der 17. Juni 1953 und die Roten Hochöfner; 1965 Rückkehr und erste Wohnung in Eisenhüttenstadt; über den ersten Direktor und Generaldirektor des Werkes Erich Markowitsch, Abhängigkeiten zwischen Stadt und Werk; besonderer Status von Eisenhüttenstadt und Konkurrenz zu Frankfurt/Oder; Effizienz des EKO; Kooperation mit westlichen Firmen; Stadt- u. Betriebsfeste und 1. Mai; Eisenhüttenstadts Bedeutung für Stahlproduktion, Konsumindustrie und Export; die Stadt als »Wirtschaftswunder« der DDR; über seine Liebe zu Eisenhüttenstadt

Interview: Kolano

Wolfsburg – Eisenhüttenstadt: Heimat vom Reißbrett. 1997. 45 min.
1997. 60 min.

Drommer, Günther (1941)
Lektor, Herausgeber, Autor; geboren in Ufhoven (Thüringen); Vater Lehrer; Germanistik- und Geschichtsstudium an der HU Berlin; 1971–1974 Dramaturg beim DFF; danach bis 1978 Lektor im Hinstorff Verlag in Rostock; 1978–1994 Lektor und Programmchef im Aufbau-Verlag, Mitbegründer des Aufbau Taschenbuch Verlages (AtV); jetzt freischaffend; u.a. *Des Lebens Spiel. Eine Erwin-Strittmatter-Biografie* (2000); lebt in Berlin
Über Fotos von ADN: Es war uns klar, als wir mit diesen Fotos angefangen haben zu arbeiten, dass die natürlich unter einem bestimmten Gesichtspunkt zu sehen sind. Sie sind so fotografiert, wie die DDR sich selbst sehen wollte. Und vor allem an den Originaluntertiteln, die auch den Bildern in diesem Band *50 Jahre DDR* beigegeben worden sind, wird noch viel besser deutlich, wie man gerne gehabt hätte, dass die DDR ausgesehen hätte. Aber so war sie natürlich nicht.
Unterschiede bei der Arbeit am Fotoband *Schau ins Land* (1989) und *50 Jahre DDR* (1999); Erläuterung des ADN-Archivs; Propagandacharakter der Fotos; Auswahlverfahren und -kriterien der Bilder für *50 Jahre DDR*; Gliederung des Buches; über Wilhelm Pieck, Walter Ulbricht, ▸ Erich Honecker und ihr Verhältnis zu den ADN-Fotografen; Unterschiede zwischen Fotografien von Demonstrationen und Aufmärschen; deutliche Unterschiede zwischen DDR und alter BRD; Sinn der »40 Jahre DDR« für die BRD; zum Restaurant-Kapitel *Sie werden platziert*; über Prominentenbilder und Kuriositäten, z.B. Nachtdrusch; ADN-Fotos, die um die Welt gingen; über ▸ Karl-Eduard von Schnitzler und Manfred Krug
Interview: Grimm
50 Jahre DDR (Buchzeit). 1999. 22 min.
1999. 30 min.

Eberlein, Werner (1919–2002)
Politiker, Dolmetscher; geboren in Berlin; Vater: Hugo Eberlein, Mitbegründer der KPD; 1929–1934 Gymnasium; 1934 Emigration in die UdSSR; infolge der Inhaftierung und Ermordung des Vaters durch das NKWD 1940–1948 Verbannung nach Sibirien; Ausbildung zum Elektriker; 1948 Rückkehr nach Deutschland; 1951–1954 Studium an der Parteihochschule in Moskau; danach Journalist; ab 1960 Mitarbeiter des ZK der SED, u.a. als Dolmetscher; 1981–1989 Mitglied des ZK der SED; 1983–1989 1. Sekretär der SED-Bezirksleitung Magdeburg

Bei der Aufarbeitung der Vergangenheit marschiert man auf einem sehr schmalen Grad: einerseits Verdammung – was ich nicht akzeptieren kann, ich stehe zu meiner Vergangenheit. Andererseits Nostalgie – von der ich auch nichts halte, man soll nicht beschönigen. Ich möchte nicht verklären, sondern klären.
Erinnerungen und Wahrheit: das Problem des Zeitzeugen; das Elternhaus; Jugend im »roten« Berlin; Emigration in die Sowjetunion; Erinnerungen an die Karl-Liebknecht-Schule; Schulkameraden ▸ Markus Wolf, ▸ Moritz Mebel; die Ermordung des Vaters Hugo Eberlein in der Sowjetunion; über den Mord an Sergej M. Kirow 1934; Schauprozesse; Hitler-Stalin-Pakt und die Entwicklung in

der UdSSR; wie er sich damals die Ermordung seines Vaters und seiner beiden Onkel erklärte; Arbeit als Lastträger; Fahrt nach Omsk; Angriff auf die UdSSR; Verbannung; Schauspieler; 1948 Rückkehr nach Berlin; von Britz nach Adlershof, ein Umzug im Kalten Krieg; Dolmetscher; Redakteur beim ND; Stalins Begräbnis; XX. Parteitag der KPdSU und Nikita S. Chruschtschow; Mauerbau; Prager Frühling; 1. Sekretär der Bezirksleitung in Magdeburg; warum er sich ins Politbüro wählen ließ und schwieg; sein 70. Geburtstag am Tag des Mauerfalls; gesundheitlicher Zusammenbruch; über Begegnungen mit Walter Ulbricht, Wilhelm Pieck und
▸ Erich Honecker
Interview: Engelberg
2001. 143 min.

Eckstein, Erna geb. Schloßmann (1895–1998)
Kinderärztin; eine der ersten Frauen, die in Deutschland Medizin studierte; geboren in Dresden; Tochter des bekannten jüdischen Kinderarztes Arthur Schloßmann, Mutter liberale Sozialpolitikerin und Frauenrechtlerin; Exil in der Türkei; Rückkehr nach Deutschland; Lebensabend in Cambridge
Über ein Bild von Käthe Kollwitz; über Karl August Lingner, den Begründer der modernen Zahnhygiene; die ersten Prägungen im Elternhaus; ihr soziales Engagement; beruflicher Werdegang; Ausstellung Gesundheitspflege, soziale Fürsorge und Leibesübungen in Düsseldorf 1926; über Geburtshilfe, Säuglingspflege und Kinderheilkunde; zur Problematik von Schwangerschaftsabbrüchen; Zeit des Nationalsozialismus und Exil in der Türkei; Kampf gegen hohe Kindersterblichkeit in der Türkei; über Kontakte mit der islamischen Kultur; Ablehnung von Kriegen; Rückkehr mit der Familie nach Hamburg – Zusammen mit Gustav Adolf von Harnack im Gespräch über die Zeit in Hamburg; über ihren Alltag in Cambridge; Betrachtungen zum 100., 101. und 102. Geburtstag

Interview: Grimm, G.
Begegnung mit einer Hundertjährigen. Die Kinderärztin Erna Eckstein, geb. Schloßmann. 1999. 30 min.

Eisner, Freia (1907–1989)
Tochter von Kurt Eisner; Exil in Schweden, England, Frankreich; Jüdin, zum Katholizismus konvertiert; Nachkriegszeit in der BRD; ab 1960 aktiv in der Frieden- und Frauenbewegung; letzte Lebensjahre in der DDR
Über Kurt Eisner; die ideologische, antisemitische Hetzkampagne gegen den Vater; der Großvater Joseph Beli; Ermordung des Vaters am 21. Februar 1919; Ausbruch des Bürgerkrieges in Bayern, Flucht und Trennung

von der Mutter; mit 14 Jahren nach Berlin zu einer Freundin der Mutter; über Gustav Landauer und ihre freundschaftliche Beziehung zu ihm; die Ermordung Landauers am 2. Mai 1919; Verfolgung der gesamten Familie Eisner nach der Machtergreifung der NSDAP; Nachricht vom Tod ihres Stiefbruders, der im Konzentrationslager ermordet wurde; Exil in Schweden, England, Frankreich; Konvertierung zum Katholizismus in England; über den Kampf um den Nachlass von Kurt Eisner und seine Rehabilitierung; Übersiedlung in die DDR
Interview: Grimm
1989. 88 min.

Elliger, Heidrun (1938)
Theologin; geboren in Berlin; Redakteurin mit Schwerpunkt Kinder- und Jugendarbeit; seit 1992 Beauftragte für die Gleichstellung von Frauen in der Evangelischen Kirche
Als Nische empfand ich das nicht, aber als Notwendigkeit, einmal im Jahr die DDR zu verlassen. Wir haben gute Freunde in Ungarn, da hebe ich den Blick noch mal von außen. Den braucht man einfach auch.
Im Gespräch mit Jutta Hoffmann-Palowsky über ihre Kindheit in einem Pastorenhaushalt; Verhaftung des Vaters und dessen Internierung im KZ Sachsenhausen; Suche der Mutter nach ihm; keine amtliche Nachricht über seinen Tod; über Repressalien in der DDR, z.B. Verleumdung der Mutter oder Verweigerung eines Studienplatzes; warum sie im Westen Berlins zu studieren begann, aber im Osten blieb; Jugendarbeit in der DDR; Erinnerungen an den Einmarsch von Truppen des Warschauer Vertrages in die Tschechoslowakei 1968; warum eine Theologin keine sowjetischen Bücher im Religionsunterricht benutzen durfte; über die Biermann-Affäre; Schwierigkeiten bei der Verbindung von Kirche und Opposition; Erinnerungen an die Demonstrationen von 1989 und ihre Angst vor einem Militärputsch; über gelebte Zivilcourage
Ich denke, ich bin selber geblieben (Kunst und Geschichte im 20. Jahrhundert). 1995. 54 min.

Ender-Lautenschläger, Ina (1917)
Geboren in Berlin; Vater: Erich Schreier, Bildhauer, Mitbegründer des Spartakusbundes und der KPD; 1933–1936 Schneiderlehre; ab 1937 Arbeit als Fotomodell und Mannequin; Mitglied der Schulze-Boysen/Harnack-Gruppe; Kundschaftertätigkeit und Kurier; 1942 Verhaftung und Verurteilung zu sechs Jahren Zuchthaus; 1945 Befreiung; Eintritt in die KPD; Arbeit in verschiedenen Funktionen, 1965–1967 Abteilungsleiterin an der Fachschule für Außenhandel und 1973–1975 Auslandseinsatz im Irak; lebt in Lehnitz bei Berlin

Der Kundenkreis des Modeateliers interessierte Harro Schulze-Boysen. Da habe ich ihm das erzählt: »Die und die kommen, die Frau von Göring, die vom Außenminister Ribbentrop, von allen höheren und hohen General-Feldmarschällen.« Da sagte Harro: »Das ist eine Informationsquelle. Versuche jetzt rauszukriegen, was du rauskriegen kannst.«
Als erstes Mädchen in der Reformschule Scharfenberg; über ihren sozialdemokratischen »Revoluzzer«-Vater und über Mei-

nungsverschiedenheiten mit ihm; wie sie Mitglied der KP wurde; Verschiedenheit der linken Gruppen; Ablauf der Treffen und Kontakte zu anderen Genossen; über den Kontaktmann Albert Hößler; Eifersuchtsprobleme in der Gruppe; über die Herstellung von Flugblättern; ihre Lehrzeit und Arbeit als Fotomodell und Mannequin; liberale Einstellung Annemarie Heises und über die Tätigkeit in deren Modesalon; Aushorchen der Kundinnen des Modeateliers, u.a. Frauen der Nazi-Eliten und hoher Militärs, wie sie deren Vertrauen gewann und welche Informationen sie erhielt; Hochzeit; Arbeit als Fotomodell und Statistin am Metropol-Theater; Einsatz als Kurier während einer Modenschau in Brüssel; wie sie von Eva Braun den geplanten Termin der Eroberung Moskaus erfuhr; Verhaftung von Hans Coppi; Hausdurchsuchung durch die Gestapo, eigene Verhaftung und Inhaftierung; über Hilfsbereitschaft von Aufseherinnen; Anklage im Februar 1943; Verhaftung ihres damaligen Mannes ▸ Hans Lautenschläger; wie sie ihn im Gefängnis ausfindig machte und ihm einen chiffrierten Brief schrieb; Verhöre durch die Gestapo; Funktionsweise der »Strippenpost«, des Kassiberschmuggels und der Bücherweitergabe; Prozessvorbereitungen; wie 1940 ein Titelfoto mit einem Hitlerbild ihr das Leben rettete; Haft im Cottbusser Zuchthaus; über lebenslang andauernde Freundschaften unter den überlebenden Gefangenen

Interview: Griebel, Grimm

1988. 401 min.

Endler, Adolf Ps.: Edmond Amay; Trudka Rumburg (1930)

Schriftsteller, Lyriker, Essayist; geboren in Düsseldorf; Vater Handelskaufmann; nach abgebrochener Buchhändlerlehre verschiedene Tätigkeiten; in der Friedensbewegung aktiv; nach Anklage wegen »Staatsgefährdung« 1955 Übersiedlung in die DDR und bis 1957 Studium am Literaturinstitut »Johannes R. Becher« in Leipzig; Übersiedlung aus der

BRD in die DDR; seit 1960 literarisch tätig, 1976 Mitunterzeichner der Biermann-Resolution; ab 1983 Förderer der »Prenzlauer-Berg-Literatur«; Mitarbeit bei verschiedenen nichtoffiziellen Zeitschriften

ⓘ Gespräch mit Adolf Endler und seiner Mutter Hilda Hormann: Kindheit und Schulzeit; Ablehnung des Schriftsteller-Berufes durch die Eltern; über Motive des Schreibens; der Cocktail Frozen Margaritas; über den Anti-Nationalsozialismus in der Familie; schriftstellerische Ambitionen in der Familie; über den Vater und den Stiefvater; Teilnahme an der Friedensbewegung in der BRD; Verhör der Mutter; Situation in der DDR; Reise nach Holland; Schikanen an der DDR-Grenze; das Thema »Rolle der Mutter« in seinen Texten; über Mutterliebe; Ess- und Kleidungsgewohnheiten; Motive für die Übersiedlung in die DDR; über seine ehemalige Frau, die Schriftstellerin Elke Erb; damalige und heutige Quellen seiner Themen

Interview: Sebastian

Frozen Margaritas. Lebensgeschichten mit vermischten Texten. 1993. 29 min.

1993. 360 min.

Engelberg, Ernst (1909)

Historiker; geboren in Haslach (Baden); Vater Buchdrucker und Zeitungsverleger; 1927–1934 Studium in Freiburg i.B., München und

Berlin; 1930 KPD; 1934 Promotion; Verhaftung; 1935 Exil in der Schweiz; Stipendiat in Genf bis 1939; 1941–1947 Lektor in Istanbul; ab 1949 Professor an der Universität Leipzig, bis 1960 Direktor des Geschichtsinstituts, 1960–1969 Direktor des Geschichtsinstituts der AdW; 1969–1974 Leiter der Forschungsstelle für Methodologie und Geschichte der Geschichtswissenschaften am ZI für Geschichte der AdW; 1974 emeritiert; Autor einer zweibändigen Bismarck-Biografie (1985–1990)

Wie konnte man solange Kommunist sein? Weil nicht alles falsch war – es war vieles falsch – aber eben nicht alles.

Sozialdemokratische Herkunft; Studienzeit; Kontakt mit Else und Kurt Eisner; Entwicklung zum Kommunisten und Eintritt in die KPD; Wechsel von München nach Berlin; politische Aktivität; Verhaftung; Emigration in die Schweiz; Bekanntschaft mit ▸ Hans Mayer; Emigration in die Türkei; Bekanntschaft mit Ernst Reuter; Kampagne gegen Westemigranten in der DDR in den 50er Jahren; seine Haltung zur politischen Opposition; persönliche Motivation, in der DDR zu arbeiten; warum er in der DDR blieb und über seine wissenschaftliche Arbeit hier; zur »deutschen Frage«; deutsche Sozialdemokratie; zur Situation der intellektuellen Linken; über die Entwicklung der Demokratie; Niedergang der DDR und persönliche Schuldfrage; über historische und persönliche Utopien; die Wiedervereinigung als historische Aufgabe und historischer Kompromiss; über seine Bismarck-Biografie und Otto Fürst von Bismarck; ▸ Wolf Jobst Siedler und die Arbeit am Buch; Siedler Verlag und Akademie-Verlag; Begegnung mit ▸ Willy Brandt

Interview: Grimm

Im Gespräch: Ernst Engelberg, Historiker. 1994. 46 min.

Rückblick auf den Fall der Mauer. 1994. 26 min.

1989; 1994; 2001; 504 min.

Engler, Wolfgang (1952)

Soziologe, Autor; geboren in Dresden; lehrt an der Berliner HS für Schauspielkunst »Ernst Busch«

Das prägende soziale und kulturelle Modell dieser ostdeutschen Gesellschaft – wahrscheinlich in höherem Maße, als in anderen osteuropäischen Gesellschaften – ist das »Arbeiterliche«. Und es ist in der ehemaligen ostdeutschen Gesellschaft in Reinkultur zu beobachten.

Verarbeitung der Kriegs- und Nachkriegsgeschehnisse und prägende Grunderfahrungen der DDR-Bürger; über Spannungsmomente zwischen den Generationen; Reformansätze in den 60er Jahren; soziale Durchmischung der DDR-Gesellschaft und Dominanz der Arbeiterschaft; Spezifik der sozialen Rangordnung in der DDR; Privates und Öffentliches in der DDR; soziale Position der Frauen in der DDR, Sexualität, Partnerschaft; Überwachung in der DDR; Versuch eines Psychogramms der Ostdeutschen; Bemerkungen zum Erscheinen seines Buches *Die Ostdeutschen* – Über die Bedeutung des Kommunistischen Manifestes von Karl Marx; Betrachtung der heutigen Gesellschafts- und Wirtschaftsordnung und Zukunftsprognosen über den Kapitalismus; die heutige Verdrängung des Proletariats durch die fortschreitende technische Entwicklung; Umkehrung der Theorien von Karl Marx seit dem

II. WK – In einer Podiumsdiskussion u.a. mit Karol Modzelewski und ▸ Gregor Gysi zur Frage »Wohin vom Kommunismus aus?«; über die polnische Opposition im Sozialismus und Probleme im heutigen Polen
Interview: Grimm
▭ Wohin vom Kommunismus aus? Polnische Erfahrungen. Podiumsdiskussion mit Karol Modzelewski. 1997. 47 min.
▭ Die Ostdeutschen: Die Kunde von einem verlorenen Land (Buchzeit). 1999. 43 min.
▭ 1998–1999. 87 min.

Eörsi, István (1931)
Dramatiker, Essayist, Lyriker, Übersetzer; geboren in Budapest; Studium der englischen und ungarischen Sprache an der Loránd-Eötvös-Universität; 1953 Diplom; zunächst Arbeit als Lehrer und Journalist; 1956 Aspirant bei Georg Lukács; Beteiligung am Ungarn-Aufstand; Haft, 1960 Amnestierung; lebt heute als freiberuflicher Schriftsteller und Übersetzer in Budapest

„“ Verfolgung nutzt auch den Verfolgten nicht moralisch. Sie macht die meisten Verfolgten moralisch ebenso kaputt wie die Verfolger.
ⓘ Über das Erinnern; Kindheit und Jugend in Budapest; die Judengesetze als groteske Situation; Anekdoten aus dem Faschismus; die Moral der Verfolger und die der Verfolgten; Befreiung durch die Rote Armee; Wandlung von einer befreienden in eine unterdrückende Macht; Ursachen für das Scheitern der sozialistisch-stalinistischen Systeme; Zeit im Gefängnis nach 1956; die »komischen Seiten« der Haft; über János Kádár; über seinen Lehrer Georg Lukács und persönliche Beziehungen zu ihm; zu Lukács' Autobiographie; zwei Beispiele für die Tiefe der Gedanken von Lukács; Lukács beim Einmarsch der Truppen des Warschauer Vertrages 1968 in Prag; der Dramatiker István Eörsi und sein Lukács-Stück *His Masters' Voice*; *Das Verhör* u.a. Theaterstücke; die Rolle des Intellektuellen; aktuelle Konflikte im Drama; über Hoffnung in der Tragödie am Beispiel des Ödipus; das heutige Ungarn als tief gespaltenes Land; Freundschaft zum Dichter und Rebellen Allan Ginsberg; zur gegenwärtigen israelischen Politik und wie er von Ginsberg lernte, diese zu kritisieren; Anmerkungen zur ungarischen Gegenwartsliteratur; wie der ungarische Samisdat nach 1968 als Folge des Prager Frühlings entstand; der Regisseur und Dramatiker George Tabori; Freundschaft zu Danilo Kiš und über dessen Roman *Die Sanduhr*
Interview: Engelberg
▭ Im Gespräch: István Eörsi (Buchzeit). 2002
Teil 1. Der Dramatiker István Eörsi über sein Leben, seine Beziehung zum Philosophen Georg Lukács und zum Dichter Allan Ginsberg. 47 min.
Teil 2. Der Dramatiker István Eörsi über seine Stücke und die ungarische Literatur. 45 min.
▭ 2002. 110 min.

Eppelmann, Rainer (1943)
Pfarrer, Bürgerrechtler, Politiker; geboren in Leipzig; Vater Zimmermann, Mutter Schneiderin; nach der Oberschule 1962–1964 Ausbildung und Arbeit als Maurer; 1966, nach Wehrdienstverweigerung, Haft und Bausoldat; 1969–1975 Theologiestudium; 1974–1989 Hilfsprediger bzw. Pfarrer in Berlin; Mitbe-

gründer des DA (Demokratischer Aufbruch); 1990 Minister in der letzten DDR-Regierung; seit 1990 CDU, ab 1998 Mitglied des Präsidiums der CDU

Wir möchten, dass sich in unserem Land vieles zum Guten wendet. Wir wollen dies mit neuen unverbrauchten und unbelasteten Kräften tun.

Teilnahme an der illegalen Gründungsversammlung des DA; Selbstdarstellung des DA 1989

Rot-grüne Ökologen, gelbe Marktwirtschaftler, schwarze Wiedervereiniger. Ein demokratischer Aufbruch. 1994. 43 min.

1989. 17 min.

Erbach, Günter (1928)

Sportwissenschaftler; 1946 Neulehrer im Kreis Stralsund; 1946–1949 Pädagogikstudium an der Universität Greifswald; danach Aspirant und Lehrbeauftragter in Berlin und Leipzig, ab 1956 Rektor der HS für Körperkultur und Sport in Leipzig; 1973 Staatssekretär für Körperkultur und Sport; Leiter des Amtes für Jugend und Sport beim Vorsitzenden des Ministerrats der DDR

Zusammen mit ▸ Edelfried Buggel vor dem Sport-Untersuchungsausschuss der Volkskammer zur Biografie; Staatssekretariat für Körperkultur und Sport und Unterstellungsverhältnisse; zum DTSB; über Leistungssport und das Verhältnis Leistungssport und Massensport in der DDR; über Ausstattungskosten für das Wassersportweiterbildungszentrum Blossin; Wochenend-Grundstücke in Ahrenshoop und Sellin; über das Büro und den Sonderfonds zur Förderung des Sports; materielle Stimulierung der Leistungssportler der DDR, z.B. Sieg- und Platzprämien oder zusätzliche Zahlungen an Sportler; Verleihung staatlicher Auszeichnungen und über Verwahrkonten; Nutzung des Sonderfonds und Kontrolle durch Finanzrevision; Sportverein Dynamo Berlin; über die Gewährung eines Kredites an Volker Renke, den ehemaligen Vizepräsidenten des DTSB; zum Sonderkontingent PKW; Pressemitteilung über die Haftbedingungen von Regierungs- und ZK-Mitgliedern; über Malerei und Bilder

1990. 135 min.

Faber, Elmar (1934)

Verleger, Publizist, Herausgeber; geboren in Deesbach (Thüringen); Studium der Germanistik, Kunst- und Philosophiegeschichte; ehemaliger Leiter des Aufbau-Verlages; seit 1991 Mitinhaber des Verlags Faber & Faber und der Sisyphos-Presse in Leipzig

Wenn wir die Bücherwelt betrachten, haben wir es eigentlich mit einer zunehmenden Nivellierung des Geschmacks zu tun und damit, dass das Buch Gefahr läuft, von einer in sich geschlossenen Kulturleistung zu einem puren Informationsträger abzusinken.

Briefwechsel zwischen ▸ Christoph Hein und dem Aufbau-Verlag zum Thema »Literatur und Publikum«; über die Praxis des ND 1983 keine Rezensionen über Bücher von ▸ Christa Wolf und Christoph Hein zu veröffentlichen; der »Streit« um Wilhelm Piecks Nase in einer Porträtskizze von Josef Hegenbarth; über Peter Hacks, dessen Historien und Romanzen, einen Zweizeiler über ▸ Heiner Müller und den Briefwechsel dazu; das moderne Verlagswesen, gegenwärtiger Buchmarkt, neue Käuferschichten, schöne Bücher, Buchillustrationen und die heutige Rolle des Buches als Informationsträger
Interview: Grimm

Ist das schöne Buch noch zeitgemäß? (Kunst und Geschichte im 20. Jahrhundert). 1995. 55 min.

1989. 1994. 52 min.

Falkenthal, Wilfried (1942)

Maler, Grafiker, Galerist, Pädagoge; geboren in Baruth/Mark; 1960 Abitur; 1962–1966 Studium der Kunsterziehung und Germanistik in Leipzig; 1966–1971 Studium der freien Malerei und Grafik an der Kunsthochschule Leipzig; seit 1971 freischaffend in Halle; 1993

Kunstpädagoge im Verband Altenkultur e.V.
Es ist eigentlich positiv erstaunlich, dass sie wieder aufgetaucht sind, die Bilder. Nun sind sie katalogisiert und können nicht mehr so ohne weiteres verschwinden, wie es sicher – und das weiß ich – mit anderen Bildern von mir passiert ist. Und auch Bildern von anderen Kollegen. Das ist traurig, das ist sehr traurig.
Entstehungsgeschichte seiner Bildfolge *Mansfelder Land* (1978); über seine Arbeit an den vier Bildern, die er für das Mansfeld-Kombinat fertigte und in denen das Leben der Rohkupferhüttenarbeiter im Mittelpunkt steht; über die Zusammenarbeit mit Arbeitern; über das Drecksschweinfest, eine volkstümliche Variante des Pfingstfestes; über Herzlichkeit, Wärme und Verbundenheit, die er im Mansfeld erfahren hat; über das Kulturhaus Eisleben als Mittler zwischen Maler und Auftraggeber, die dortige Ausstellung des Werkes und über die Diskussionen in einer späteren Einzelausstellung; über seine Erleichterung, dass die Bildfolge *Mansfelder Land* nicht, wie viele andere seiner Bilder, nach der Wende verschollen waren; über das Bild *Brigadebad*, dass nach der Wende nicht mehr auffindbar war; versteckte Systemkritik in seinem Werk; Erläuterung einiger Bilder, z.B. *Kleines Rasenstück*, *Robinson von Haselbach*, *Birgit*, *Petra*; über Umweltzerstörung in den Braunkohlegebieten; Behindertenproblematik; über seine Arbeit in der ehemaligen Künstlergenossenschaft Leipzig und Versuche, kaufbare Kunst zu produzieren; über die Leere, in die er nach 1989 fiel; Hoffnung, dass die DDR-Malerei nicht völlig in Vergessenheit gerät
Interview: Grimm
Auftragskunst in der DDR. 1995. 86 min.
1994. 75 Min.

Falz-Fein, Eduard Baron von (1912)
Journalist, Lobbyist; stammt aus aristokratischer Familie; Exil in Liechtenstein; 1936 Sportreporter; »Bernsteinzimmer-Experte«

Warum er als Russe nach Liechtenstein kam; über seine Arbeit als Sportreporter bei den Olympischen Spielen 1936 in Berlin; über Hitler und dessen Sportförderung, Leni Riefenstahl und ihre Beziehung zu Hitler; die Zeit bei der Mutter in Nizza; über das Bernsteinzimmer und verschiedene Theorien darüber; Fund eines Mosaikbildes und einer Kommode aus dem Bernsteinzimmer durch sowjetische Historiker in Königsberg nach 1945; über die Zusammenarbeit mit Georg Stein und dessen Selbstmord; das Archiv über die Zarenfamilie; die Protokolle über den Hergang der Ermordung der Zarenfamilie 1918; ein Bernsteinkreuz aus dem Bernsteinzimmer
Der Bernsteinzimmer-Mäzen. 1998. 43 min.
1997. 85 min.

Feist, Peter Heinz (1928)
Kunsthistoriker; geboren in Varnsdorf (ČSR); Eltern Ärzte; 1947 Abitur in Wittenberg; Kunstgeschichtsstudium in Halle; 1952–1958 Assistent bzw. Oberassistent; ab 1968 Professor für Kunstwissenschaft, zugleich bis 1981 Instituts-Direktor an der HU Berlin; 1982–1990 Institutsdirektor der AdW der DDR
Ich glaube, man muss sich für die Bedingungen der Gesellschaft in der DDR einen übergeordneten Sinn des Wortes »Auftrag« klarmachen. Danach hatte die Kunst eine

bewusstseinsbildende Funktion in der und für die Gesellschaft. Insofern arbeitete ein Künstler grundsätzlich im gesellschaftlichen Auftrag.

Über das Prinzip der Vergabe von gesellschaftlichen Aufträgen an Künstler; Beispiel Palast der Republik; über Fritz Cremer; Bedeutung, die der bewusstseinsbildenden Funktion der Kunst zugemessen wurde; Bereitstellung der finanziellen Mittel für die Kunst; Forderung nach sozialem Ideengehalt in der Kunst; komplexere wissenschaftliche Behandlung von Geschichte, Kultur und Kunst; über ▸ Jürgen Kuczynski; das Kunstverständnis von SED-Funktionären, z.B. von Kurt Hager und Hans-Joachim Hoffmann; seine persönliche Entscheidung für den Sozialismus; akademische Vorbilder; die Formalismusdebatte in der DDR; Gründung des Instituts für Ästhetik und Kunstwissenschaft; über sozialistischen Realismus; Rolle der kunsthistorischen Erkenntnisse in der Sowjetunion; Aussagen von Marx und Engels; über »Literaturzentrismus« in der DDR und einen größeren Spielraum für die bildende Kunst; über ▸ Willi Sitte und seine Position im VBK der DDR

Interview: Grimm

Was war Auftragskunst in der DDR?
1994. 24 min.

1994. 87 min.

Flechtheim, Ossip K. (1909–1998)

Politikwissenschaftler, Zukunftsforscher; geboren in Nikolajew (Russland); jüdischer Herkunft; 1910 Übersiedlung nach Deutschland; 1927 KPD; 1933 Entlassung als Gerichtsreferendar; 1935 Emigration in die Schweiz; 1939 Übersiedlung in die USA; 1951 Rückkehr nach Deutschland; ab 1961 Professor an der FU Berlin; 1968–1971 Herausgeber der Zeitschrift *Futurum*

Ich glaube, eine der größten Schwierigkeiten, die von allen, die wir uns für eine Form des Sozialismus eingesetzt haben oder einsetzen – das gilt auch schon für die Demokratie – ist, dass es nicht nur um gesellschaftliche Reformen geht. Eine solche Gesellschaft setzt voraus, dass die Menschen reif dafür sind. Und reif heißt nicht nur, dass sie lesen und schreiben können, dass sie alle das Abitur haben, sondern dass sie charakterlich vorbereitet sind, dass sie eine humanistische Erziehung haben.

Zusammen mit Lily Flechtheim zur Entwicklung seines Pazifismus; Eintritt in die KPD; Mitarbeit in der Gruppe Neubeginn; seine Haltung zur russischen Revolution, zur Sowjetunion und innerparteilichen Opposition in der KPD; Zeit des Nationalsozialismus; Promotion; Verhaftung; über Stalinismus und Moskauer Schauprozesse; Emigration in die Schweiz, anschließend in die USA; über die Situation der Emigranten in New York; über Ernst Bloch; erste Arbeit an seiner Futurologie an der Universität Atlanta; 1946 Abteilungsleiter im Amt des US-Hauptanklägers bei den Nürnberger Prozessen und in Berlin Recherchen für die Anklage; Gründe für die Rückkehr nach Westdeutschland 1951; wie er mit westdeutschen Restaurationsbestrebungen umging; über das demokratische System in der BRD; Verantwortung eines Politikwissenschaftlers für die Politik, Entwicklung seiner Theorie der Zukunftswissenschaft; über die 68er-Studentenbewegung und deren Ergebnisse; über ei-

ne These von Rosa Luxemburg; sein Verhältnis zu ▸ Robert Jungk und zu den Grünen; Maxime und Fazit seines Lebens; über ▸ Jürgen Kuczynski; über Marxismus und darüber, wie eine ideale Gesellschaft aussehen müsste; über Wissenschaft, Wunder und die Zukunft der Welt; zum Zusammenbruch des sozialistischen Weltsystems; die Wende 1989; über die Rückkehr nach Deutschland
Interview: Kolano
Hoffen auf ein Wunder. Begegnung mit Ossip und Lily Flechtheim. 1994. 47 min.
1992. 149 min.

Flecken, Wilhelm
Politischer Gefangener in der DDR; Haft von März 1976 bis Dezember 1978
Über die Rückkehr von West- nach Ostberlin zu seiner schwangeren Frau unter Zusicherung von Straffreiheit; Untersuchungshaft in Hohenschönhausen und Strafvollzug in Bautzen; Untersuchungshaft; Rechtsanwalt Wolfgang Vogel; Ausreise über Karl-Marx-Stadt (heute Chemnitz), Berlin-Lichtenberg, den Grenzübergang Invalidenstraße in Berlin-Mitte nach Westberlin; Folgen des Psychoterrors und die ersten Jahre in Freiheit
Interview: Edler
Eingesperrt und freigekauft. Politische Gefangene in der DDR. 1999. 41 min.

Förster, Wieland (1930)
Bildhauer, Grafiker, Schriftsteller; geboren in Dresden; Vater Kraftfahrer; Ausbildung zum technischen Zeichner; 1946 Verhaftung und Verurteilung wegen angeblichen Waffenbesitzes; 1953–1958 Studium an der HS für Bildende Künste Dresden; Meisterschüler bei Fritz Cremer; 1968–1973 Ausstellungsverbot; 1978–1990 Vizepräsident der AdK der DDR; Professur; 1991 Austritt aus der AdK; 1996 Gründungsmitglied der Sächsischen AdK; lebt in Berlin und Wensickendorf
Aber Sie fragen nach dem Sozialismus. Ich würde mehr fragen nach dem Marxismus oder einer sozialen Utopie. Ich hatte damals Mitgefangene, die zum Teil aus dem KZ kamen. Sie gaben mir z.B. Denkaufgaben für sozial-utopische Modelle. Das war schon faszinierend, zumal ich nicht ideologisch indoktriniert, sondern eher vom sozialen Gefühl her verletzt war durch die Gesellschaft in der Nazizeit.

Verhaftung durch die Sowjets, Untersuchungshaft in Dresden, Haftzeit in Bautzen und Zwangsarbeit; über soziale Utopien und Denkmodelle; 1950 Entlassung in die DDR; Kunststudium; enttäuschte Hoffnung wegen der Lustfeindlichkeit dieser Gesellschaft; ca. 1956 Porträt von Bertolt Brecht; Besuch bei Brecht während der Proben zu *Leben des Galilei*; Beschreibung von Brecht und dessen Arbeitsweise; ein Streit zwischen Brecht und Ernst Busch über die Gestaltung der Figur des Galilei; über ▸ Konrad Wolf; über eine gelähmte Nachbarin; Arbeit am Kopf der Gelähmten; Vor- und Nachteile der Arbeit in der DDR; sein »plastisches Grundgefühl und Grundwerte« und künstlerische Arbeitsweise; die »Triebform«, die in allen seinen Plastiken existiert und eine ständige Anwesenheit von Kraft darstellt; Wiederentdeckung der Sächsischen Schweiz und des Elbsandsteingebirges; über (Sand)steine und Vergänglichkeit; der Kunstband *Labyrinth* – Zur Gründung der Sächsischen AdK
Interview: Trabitzsch

Ein stiller Rebell. Der Bildhauer Wieland Förster. 1992. 30 min.
1992. 170 min.

Forsyth, Frederick (1938)
Schriftsteller; geboren in der Grafschaft Kent; Vater Kürschner; ab 1958 Journalist in Paris und Ostberlin, ab 1965 BBC-Radio- und Fernsehreporter; beginnt 1969 mit *The Biafra Story* seine zweite Karriere als Autor
Die massive Skepsis in Großbritannien gegenüber dem, was in Westeuropa geschieht, hat nichts zu tun mit Fremdenhass. Uns geht es darum, dass das, was hier gegenwärtig geschieht, am Ende keine parlamentarische Demokratie zum Ergebnis haben wird.
Geschichtlicher Rückblick auf das demokratische Regierungssystem am Beispiel einer Rede Abraham Lincolns 1863, der Amerikanischen Unabhängigkeitserklärung von 1776 und der Einrichtung des House of Commons in England 1688; warum Forsyth mit dreizehn Jahren nach Deutschland kam und deutsch lernen sollte; über Kaffee, 1952 eine Kostbarkeit in Deutschland; über drei Grundbedingungen für Demokratie: 1. Wahl eines Wahlkreisdelegierten durch die Bürger, 2. Wahlmöglichkeit bei allen großen Themen und Angelegenheiten zwischen Vorschlag und Alternative und 3. lebendige Opposition; über die Einführung des Euro und die Entwicklung einer Nation aus allen Euro-Ländern; Bundesverfassungsgericht als »Wachhund« der deutschen Demokratie; warum die DDR nicht demokratisch war; über die zeitlose Bedeutung der Nürnberger Prozesse
Deutschland – die sterbende Demokratie (Berliner Lektionen). 1998. 42 min.

François-Poncet, Jean (1928)
Jurist, Diplomat, Wirtschaftswissenschaftler; geboren in Paris; Vater Diplomat; 1955 Eintritt in den diplomatischen Dienst; Botschafter in Teheran; 1978 Außenminister; schrieb ein Standardwerk über die deutsche Marktwirtschaft

In unserer Familie gibt es eine gewisse Vertrautheit mit der Geschichte Deutschlands, einschließlich der Entgleisungen, die wir von innen heraus verurteilt und verstanden haben.
Kindheit und Jugend in Berlin; Idee der europäischen Einigung; über den Prozess der deutsch-französischen Aussöhnung bis zur gegenseitigen Freundschaft; Herausforderungen für diese Freundschaft durch die deutsche Wiedervereinigung; Perspektiven für Deutschland und Frankreich als Partner im Rahmen der EU und im Verhältnis zu den Nachbarn
Deutsch-französische Erfahrungen und europäische Perspektiven (Berliner Lektionen). 1996. 49 min.

Friderichs, Hans (1931)
Politiker; geboren in Wittlich; 1964–1969 Bundesgeschäftsführer der FDP; 1972–1974 Bundeswirtschaftsminister; 1978–1985 Vorstandssprecher der Deutschen Bank; 1979–1984 Aufsichtsratsvorsitzender der AEG; 1987 Verurteilung wegen Steuerhinterziehung; 1988 Aufsichtsratsvorsitzender beim europäischen Airbus Konsortium
Es ist die Aufgabe des Staates, die Rahmenbedingungen, die Spielregeln – nicht die einzelnen konkreten Verhaltensweisen – zu kontrollieren. Hier ist z.B. ein Unterschied

auch zur Sozialdemokratie, die eher dazu neigt, auch Verhaltensweisen zu etablieren, während der Liberale sagt: »Ich möchte die Grenzen abstecken, aber innerhalb der Grenzen soll das Individuum selbst entscheiden«.

Liberalismus und die Rolle des Staates; über Familie, Kindheitsmuster und beruflichen Weg; Nationalsozialismus; über Helmut Kohl; die erste Energiekrise und deren Folgen; eigene Erfahrungen mit der DDR; sein Rücktritt als Wirtschaftsminister; über Dresdner Bank und Führungsstil; Privatisierung der Leuna-Werke; Visionen für das Jahr 2000

Interview: Grimm

Hans Friderichs im Gespräch mit Thomas Grimm. 1997. 46 min.

1997. 55 min.

Friedlander, Albert H. (1927)

Jüdischer Theologe, Rabbiner; geboren in Berlin; 1939 Exil in Kuba; Dekan am Leo-Baeck-College in London

Damals, als uns gesagt wurde: »Ihr Juden seid minderwertig, ihr seid nix«, musste ich mich entscheiden. »Haben die Recht oder nicht?« Ich entschied mich: »Nein, wir sind besser!« Und wie wird man besser? Also die beste Möglichkeit wäre wohl, Rabbiner zu werden. Und so beschloss ich – nicht durch den Ruf von Gott, sondern schon als kleines Kind von ungefähr elf Jahren – dass ich »Super-Jew« werden würde, ein Rabbiner.

Im Gespräch mit Stephan Sattler über Kindheit in Berlin; Erinnerung an die »Kristallnacht«; Verhaftungen und Verhöre; Ausreise nach Kuba im Januar 1939; Charakterisierung des Elternhauses; warum er Rabbiner wurde; Unterschiede zwischen orthodoxem, konservativem und Reformjudentum; Wichtigkeit aller drei Gruppen für das Judentum; warum er sich für die letztere entschied; Bekanntschaft mit Leo Baeck; Bedeutung Baecks und seiner Bücher *Über das Wesen des Judentums* und *Dieses Volk*. Bedeutung des Judentums für ihn; Unterschiede zwischen Leo Baeck, Martin Buber, Franz Rosenzweig und Hermann Cohen; Aufgaben Baecks nach Hitlers Machtergreifung; warum er selbst zum Vertreter der Juden in Deutschland gewählt wurde; über Gründe, bis 1939 in Deutschland zu bleiben und es ab 1952 wieder zu besuchen; Glaube an ein Zurückfinden zu den Religionen; über das »gemeinsame Leiden« von Juden und Christen; Parallelen der eigenen Biographie zu der von ▸ Paul Oestreicher; was Leo Baeck immer noch zu sagen hat

Albert H. Friedlander. 1997. 52 min.

Friedman, Michel (1956)

Rechtsanwalt, Moderator, Publizist; geboren in Paris; 1974 Abitur in Frankfurt/Main; seit 1983 Mitglied des Vorstandes der Jüdischen Gemeinde Frankfurt/Main; 1987 Zweites Staatsexamen; seit 1990 Präsidiumsmitglied im Fernsehrat des ZDF; 1994 Promotion; seit 1995 Bundesvorstand der CDU Deutschlands; ab 2001 Moderation der TV-Sendung Michel Friedman trifft ...; seit Oktober 2002 Präsident des Europäischen Jüdischen Kongresses

Zur deutschen Wiedervereinigung; über Verantwortungsbewusstsein und Fähigkeiten von Menschen, Zukunft zu gestalten; Hoffnungen und Träume von Menschen, die keine Angst haben müssen, miteinander zu reden, zu streiten und sich zu entscheiden;

über Freiheit, Frieden und ein einiges Europa als die einzige Möglichkeit, dieses Privileg zu wahren; Demokratie ist Lust, nicht Last; über die Verpflichtung, sich gegen Rassismus, Antisemitismus, Rechtsradikalismus und Gewalt zu engagieren; Familie und Schule als Basis für Liebe und respektvollen Umgang miteinander; für ein multikulturelles Europa und eine Politik des Vertrauens unter Beachtung gemeinsamer Werte und der Menschenrechte; Forderungen der deutschen Staatsangehörigkeit für Kinder, die in Deutschland geboren wurden, und nach kommunalem Wahlrecht für ausländische Mitbürger, die hier leben und arbeiten; für Eigenverantwortung der Bürger und Zivilcourage; über Verführung und Holocaust; persönlicher Dank an Oskar Schindler, der der Familie Friedman und damit ihm selbst das (Über)leben ermöglicht hat

Michel Friedman (Weimarer Reden). 1998. 44 min.

Führer, Christian (1945)

Pfarrer, Bürgerrechtler; aufgewachsen in Langenleuba-Oberhain (Sachs.); Eltern Pfarrer; seit 1980 Pfarrer an der Nikolaikirche in Leipzig; Mitbegründer der Friedensgebete in der Nikolaikirche, die im Herbst 1989 zu den Montagsdemonstrationen führten

Wir hätten sechstausend Menschen in die Kirchen gebracht, aber 70 000 waren gekommen. Und als sich dann die Menschen in Bewegung setzten, entstand plötzlich ein ungeheures Gefühl der Gemeinsamkeit zwischen Freund und Feind, zwischen Gegensätzen. Die Polizei verschwand oder war mittendrin, die Panzer rückten zurück, die Kampfgruppenleute sagten: »Ihr seid nicht unsere Feinde«. Und das Ergebnis war an diesem Abend die ungeheure Erleichterung, dass nicht geschossen wurde. Und das Gefühl für mich persönlich: Es war ein Abend im Geiste Jesu, denn es gab keine Sieger und Besiegten.

Ziele der Friedensgebete; aus der »Diktatur des theoretischen Materialismus-Atheismus« in die Phase des »praktischen, attraktiven Materialismus-Atheismus«; Gefahren von Macht und Geld; Warnung vor »bekannter Revolution« wegen des Auseinanderklaffens der gesellschaftlichen Schere; Veränderungen in den Kirchen in den neuen Bundesländern nach der Wende 1989; Motto: »Für eine Zukunft in Gerechtigkeit und Solidarität« und darüber, wie die Kirche dieses Ziel erreichen möchte; über die Zusammenarbeit mit sozialen Einrichtungen; Gottesdienste als Ruhepunkte; Gefühl der Gemeinsamkeit bei den Montagsdemonstrationen; zur Aufarbeitung der Stasi-Akten; Verständnis für die Opfer; warum er in seiner Kirche Ausreisewillige aufnahm, obwohl er für das »Dableiben« war; über Fürsorge, auch für Stasi-Mitarbeiter

Interview: Edler

Christian Führer – Pfarrer und Bürgerrechtler. 1997. 19 min.

Gauck, Joachim (1940)

Pfarrer; geboren in Rostock, Vater Kapitän; 1958 Abitur; 1958–1965 Theologiestudium in Rostock; ab 1965 verschiedene Funktionen im Dienst der Evangelischen Landeskirche Mecklenburg; 1989 Mitglied und im Sprecherrat des Neuen Forum Rostock; 1990 Vorsitzender des Sonderausschusses zur Kontrolle der Auflösung des Ministeriums für Staatssicherheit (MfS)/Amt für Nationale Sicherheit; 1990–2000 Sonderbeauftragter bzw. Bundesbeauftragter für die Unterlagen des Staatssicherheitsdienstes der DDR (Gauck-Behörde)

Und das ist ein gutes Werk, manche Leute aus manchen Positionen zu entfernen. Das ist eine Fortsetzung von Befreiungsprozessen, zu denen wir während der Revolution keine Zeit hatten.

Zur Personalstruktur des MfS; Vergleich der Effektivität des faschistischen Geheimdienstes und der des MfS; zu den Aufgaben der Aufarbeitung: »wahrnehmen, was ist«, keine exakte Historiografie, sondern »das

Zulassen einer schmerzlichen Begegnungskrise«; über die Dimensionen der Wahrnehmung und verschiedene Ursachen des Schmerzes bei der Aufarbeitung; die »Revolution« von 1989/90; der SED-Staat sowie Struktur und Handlungsweise des MfS; Möglichkeiten für jeden Bürger, die Gauck-Behörde zu nutzen; zum Begriff der »politischen Aufarbeitung« und über historische Aufarbeitung als wesentliche Forderung der Demokratiebewegung; was »seine« Behörde leisten kann und was nicht; Erwartung an Parlament und Institutionen bei der Überprüfung von Personen; Übereinstimmung der »Kultur des Handelns aus Hoffnung« mit der »Kultur des Erfolgs«; zum Beitrag, den die ostdeutsche Gesellschaft für den Westen leisten kann und über seine Gelassenheit gegenüber dem »erfolgreichen Typus des Wirtschaftsdemokraten«

Der Umgang mit Stasi-Akten. 1992.
27 min.

Gaus, Günter (1929)

Journalist, Politiker; geboren in Braunschweig; 1949 Abitur; Studium in München; nach Studienabbruch 1953–1965 journalistische Tätigkeit, u.a. bei der Zeitschrift Der Spiegel, bei der Süddeutschen Zeitung und im ZDF; 1965–1969 Programmdirektor beim Südwestfunk; 1969–1973 Chefredakteur beim Spiegel; 1974–1981 Leiter der Ständigen Vertretung der Bundesrepublik in der DDR; 1981 Wissenschaftssenator in Berlin

Die Grenze zwischen Pragmatismus und Opportunismus ist sehr fließend. Und viele, die sich – gerade auch in der Politik – für Pragmatiker ausgeben, sind in Wahrheit Opportunisten und halten ihr Mäntelchen in den Wind.

Die ZDF-Reihe Zur Person und die Anfänge 1963; über Helmut Kohl; Gaus als jüngster Programmdirektor der ARD, 1965 beim Südwestfunk; Jugend im II. WK und »die Gnade der späten Geburt«; Gründe, nicht Kommunist geworden zu sein; das Wirtschaftswunder; über die Entscheidung, als Journalist tätig zu werden und die Arbeit als Zeitungsredakteur; über die Teilung Deutschlands, den Bau der Mauer und Politik der BRD in den 50er Jahren; die »kreatürliche Kriegsangst« der Deutschen in Ost und West nach dem II. WK; Konrad Adenauer und ein Interview in der Fernsehsendung Zur Person; über ▸ Helmut Schmidt und ▸ Willy Brandt; 1958–1961 Zeit als Chefredakteur beim Spiegel; Spiegel-Affäre und Verhaftung von Rudolf Augstein; die 68er-Bewegung; über Entspannungspolitik gegenüber dem Osten, »Wandel durch Annäherung« zwischen beiden deutschen Staaten und die Möglichkeit, Brandt und ▸ Egon Bahr dabei zu beraten; Brandts Erfurt-Besuch; Akkreditierung und Arbeit in der Ständigen Vertretung der BRD in der DDR ab 1974; über Ausreiseanträge, die Regelung von Erbschaftsangelegenheiten, Klärung von Rechtsfällen; über das Älterwerden und »Desinteressement« der Nachwachsenden; zum Begriff »Nation«; über (bundes-) »deutsche Sportler« und »DDR-Sportler«; Kultur und Kulturnation; über ▸ Rudolf Bahro, Rechtsanwalt Wolfgang Vogel, ▸ Karl-Eduard von Schnitzler; ▸ Christa Wolf

Interview: Grimm

Erzählen zur Person (Kunst und Geschichte im 20. Jahrhundert). 1995
Teil 1. 50 min.
Teil 2. 54 min.

Gebhardt, Manfred (1927)
Journalist; geboren in Ziegelroda (Thüringen); Vater Lokomotivführer, Mutter Verkäuferin; 1962–1979 stellvertretender Chefredakteur der Monatszeitschrift Das Magazin, 1979–1991 Chefredakteur
Gründungsmotive für die Zeitschrift Das Magazin, Namensfindung und Rubriken; inhaltliche Ausrichtung; zum Begriff »Unterhaltung« und seine Bedeutung für das Magazin; Themenvielfalt und Bedeutung der Literatur, vor allem der Kurzgeschichte; über Autoren und Zeichner; Beziehung der Künstler zum Magazin; zum Devisenbudget; warum das Magazin von Artikeln über aktuelle politische Entwicklungen verschont blieb; über Aktfotografie im Magazin, ihre Auswahl und Beachtung; die Titelzeichnungen von Werner Klemke; zur Übernahme durch Gruner+Jahr; über wiedergewonnene Qualität des Magazins nach diversen Besitzerwechseln
1998. 69 min.

Geißler, Heiner (1930)
Politiker, Autor; geboren in Oberndorf/Neckar; 1949 Abitur, anschließend Philosophie- und Rechtswissenschaftsstudium in München und Tübingen; 1967–1977 Sozialminister in Rheinland-Pfalz; 1977–1989 CDU-Generalsekretär; 1962–1985 Bundesminister für Jugend, Familie und Gesundheit; 1991 stellvertretender Vorsitzender der Bundestagsfraktion von CDU/CSU; 2002 aus dem Bundestag ausgeschieden
Gott kann man begegnen aus dem Herzen, aus der Emotion heraus, aber auch mit dem Verstand, indem man überlegt, ob es nicht gute Gründe gibt dafür, dass Gott existiert.
Über sein Buch *Wo ist Gott? Gespräche mit der nächsten Generation*; Hintergründe der Entstehung; das Buch als Hilfestellung für die jüngere Generation; über Gott, unabhängig von einer Religion; über Buddhismus oder Hinduismus; über das Leid und »Gott nach Auschwitz«; über Atheismus, Glaube und ethische Grundsätze; das Beispiel Sozialismus; über Zufall, Notwendigkeit und Hilfe für den Menschen; über den Fall der Mauer und die deutsche Wiedervereinigung
Interview: Grimm, Maizière
Heiner Geißler: Wo ist Gott? 2000. 30 min.
2000. 70 min.

Genscher, Hans-Dietrich (1927)
Politiker; geboren in Reideburg (bei Halle/Saale); 1946 Abitur; Eintritt in die LDPD; 1946–1949 Studium der Rechtswissenschaften und Volkswirtschaft; 1952 Übersiedlung in die BRD; Eintritt in die FDP; 1969–1974 Bundesinnenminister; 1974–1992 Bundesaußenminister
Wenn ich davon spreche, dass wir auf dem europäischen Prüfstand stehen, dann sind keine Unklarheiten erlaubt, dann muss das Bekenntnis zur Einigung Europas klar und unzweideutig sein. Deshalb ist das Ja zur vertrags- und fristgemäßen Einführung der Währungsunion nicht nur von währungs- und wirtschaftspolitischer Bedeutung.
Über den Erfolg des Buches *The troubled partnership* von ▸ Henry Kissinger; Bedeutung der transatlantischen Partnerschaft und Rolle der USA bei der Wiedervereinigung – Über die Schwierigkeit von Zukunftsprognosen; Zusammenarbeit mit Klaus Kinkel; Bedeutung der Festschrift *In der Verantwortung und über Erinnerungen beim Lesen* für Genscher; Maximen seines politischen Handelns; über Gründe, 1969 als Liberaler Bundesinnenminister zu werden; die europäische Verantwortung Deutschlands und warum ein einiges Europa besonders für Deutschland wichtig ist; über die innerdeutsche Wiedervereinigung, Freiheit und Liberalismus – Anlässlich der Buchpräsentation *Drei Jahre, die die Welt veränderten* von ▸ James A. Baker zum deutschen Wiedervereinigungsprozess – Zusammen mit Hanna Renate Laurin über ein Porträt Hans-Dietrich Genschers von ▸ Uwe Pfeifer

Henry Kissinger. Europa und Amerika im 21. Jahrhundert (Berliner Lektionen). 1994. 44 min. Enth.: Einführung von Hans-Dietrich Genscher

Drei Jahre, die die Welt veränderten: Erinnerungen. James A. Baker. 1996. 31 min. Enth.: Einführende Worte von Hans-Dietrich Genscher zum deutschen Wiedervereinigungsprozess

In der Verantwortung. Hans-Dietrich Genscher zum 70. Geburtstag. 1997. 48 min.

1994. 12 min.

Gerber, Wolfgang (1949)
Mathematiker, Unternehmer; geboren in Klein-Kölzig; 1968 Abitur an der ABF Halle; Mathematikstudium in Leningrad; Leichtathletik-Spitzensportler; wissenschaftlicher Assistent an der HU Berlin, Sektion Mathematik; Unternehmensberatung im Außenhandel der DDR; 1990 Gründung eines Unternehmens, der business contact berlin GmbH

Man wusste überhaupt nicht, was da nach 1989 kommt, ob man die richtige Nase hatte, um mal die große Million zu machen. Es war so ein richtig vernebelter Markt.

Über seine familiäre und finanzielle Situation; Bilanz seiner unternehmerischen Versuche und über einzelne Projekte; Enttäuschung über westliche und ostdeutsche Partner; über ursprüngliche Firmenvorstellungen, Software-Management und die business contact berlin GmbH (bcb); aktuelle und perspektivische Projekte; über Korruption, Ideale, Erfolg und Geld; die PDS; Außenhandel und Geschäftsbedingungen in der DDR; Beziehung zur Sowjetunion; über den Versuch, Geschäfte in Russland zu machen; über Kunstmarketing mit russischer Kunst; der russisch-armenische Künstler Spartak Babajan und ein schwimmendes Petersburger Hotelprojekt auf der Newa; über Bemühungen um das Schloss Dammsmühle; Perspektiven und die Zusammenarbeit mit dem »Millionär« Willy Krup (eigtl. Wilhelm Kruppick)
Interview: Grimm

Geboren in Deutschland. Vom Jungpionier zum Yuppie. 1991. 30 min.

Vom Jungpionier zum Yuppie. Beobachtungen einer Karriere zwischen 1989 und 1996. 1996. 29 min.

1990–1991; 1996. 212 min.

Gerlach, Erich (1909)
Bildender Künstler; geboren in Dresden; Lehre als Musterzeichner; 1927–1929 Studium an der Dresdener Kunstgewerbeakademie; 1931–1937 als Grafiker im Hygiene-Museum Dresden tätig; später freischaffend

Für mich war Auftragskunst eine Basis, um existieren zu können, um mich wirtschaftlich sicher zu stellen, damit ich meine andere Arbeit in Ruhe schaffen konnte.

Zeichnung *Auf der Stempelstelle*; über Mongolenschlacht für die Jahrtausendfeier von Breslau; Zeit des Nationalsozialismus, über Arbeits- und Existenzprobleme 1933–1945, Kontakte und künstlerische Praxis; Kunst im Dritten Reich; Kunstausstellung *Entartete Kunst* in Dresden; Wirkungen der Kriegsereignisse auf ihn selbst; Unterschiede in den existentiellen Bedingungen vor 1945 und danach in der DDR; Suche nach neuer künstlerischer Sprache nach 1945; 1949 Formalismusdebatte; konkrete Aufträge: Berufsschulung (1949) und Wandfries am Haus der Ministerien (1952); zur »Wandbildaktion«

1949; wie es zur Zusammenarbeit mit Max Lingner am Wandfries kam; Aufgabenstellung, Verlauf der Arbeit, Wirkung und Aufnahme des Frieses; Konflikte mit Otto Grotewohl; Auseinandersetzungen um das Bildnis Wilhelm Piecks; Bildbeschreibung, seine Intentionen und Probleme bei dessen Gestaltung; über Kunstausstellungen in der DDR; sein Verhältnis zur Auftragskunst in der DDR; Leitmotiv seines Schaffens, Formalismus- und Realismuskonflikte
Interview: Grimm
Auftragskunst in der DDR. 1995. 86 min.
1994. 101 min.

Gerstel, Josef (1927),
Autoschlosser; geboren und aufgewachsen in Galizien; 1939 umgesiedelt; 1944 Kriegsdienst; Kriegsmarine und Infanterie; seit 1946 in Wolfsburg; ab 1953 Arbeit in der Produktion bei VW Wolfsburg, zuerst als Hartlöter, dann Straßenführer, Einrichter und Vorarbeiter bzw. Vizemeister; jetzt im Ruhestand
Ich komm aus Galizien. Ich hatte eine mangelhafte Schulbildung. Ich habe fünf Jahre polnisch und ukrainisch gelernt. Erst als wir dann 'rübergekommen sind, habe ich Deutsch gelernt. Für mich ist alles so ein bisschen schwer und das hat mich so ein bisschen gebremst. Ich war damit zufrieden, so wie es war.

Zusammen mit seiner Frau ▸ Wally Gerstel über das Kennenlernen der beiden; sein erster Arbeitstag und Arbeit als Autoschlosser bei VW; Leben und Bauen in Wolfsburg; Hausbau ab 1951 und Einzug 1953; über Finanzierung des Hauses; Soforthilfen; über den Zusammenhalt der Familien und Nachbarschaftshilfe; damalige Situation der Flüchtlinge; 1948 Währungsreform und Wirtschaftswunder; Heirat, das erste Auto, erster Urlaub; erster Fernseher und Ausgaben für Bekleidung; über Zukunftspläne und dringendste Wünsche nach dem Krieg; ihre Arbeit im Wirtschaftsbetrieb, d.h. in der Küche und typisches Essen in den 50er Jahren; über Heimatgefühle und Galizien; Politik in der Zeit des Wirtschaftswunders und Rolle Konrad Adenauers; Entwicklung der Stadt Wolfsburg und Vergleich zu anderen Städten; Arbeit bei VW und eigene »Karriere«; über Familie und Kinder; über Feste und den einmillionsten Käfer
Interview: Grimm

Wally und Josef Gerstel

Wolfsburg – Eisenhüttenstadt: Beiträge für die Ausstellung im DHM. 1996. 80 min.
Die Stadt Wolfsburg in der Zeit des Wirtschaftswunders. 1996. 67 min.
Wolfsburg – Eisenhüttenstadt: Heimat vom Reißbrett. 1997. 45 min.
1995. 60 min.

Gerstel, Wally (1927)
Wirtschaftshilfe; geboren in Mariahilf; 1939 Umsiedlung; 1945 Flucht nach Waldhof; seit 1949 in Wolfsburg; Arbeit bei VW

Die Familie, die spielt eine ganz große Rolle. Wir haben zusammengehalten und ich war zufrieden mit seinem Tun und er war zufrieden mit meinem Tun, und bis jetzt ging alles sehr gut.

Interview: Grimm

▸ Gerstel, Josef

Geschonneck, Erwin (1906)
Theater-, Film- und Fernsehschauspieler; geboren in Bartenstein (Ostpreußen); Vater Flickschuster; 1909 Umzug nach Berlin; nach Schulabschluss verschiedene Gelegenheitsarbeiten; 1929 Eintritt in die KPD; Mitarbeit in verschiedenen proletarischen Theatergruppen; 1933 Emigration zunächst nach Polen, später in die UdSSR; 1939 in der Tschechoslowakei verhaftet, bis 1945 in verschiedenen Konzentrationslagern; nach 1945 vor allem als Film- und Fernsehschauspieler tätig

Erste Theatereindrücke in der Kindheit; politisch motivierte Emigration nach Polen, dann nach Prag: lebte hier mit John Heartfield zusammen; wegen Theatergründung nach Moskau, wohnte bei Gustav von Wangenheim; 1934 erster Eindruck von Stalin; Theaterarbeit am Deutschen Gebietstheater Dnepropetrowsk; über seine Ausweisung aus der Sowjetunion; 1938 Rückkehr nach Prag; 1939 Verrat und Verhaftung an der polnischen Grenze; Versuch der Nationalsozialisten, ihn als Spitzel zu werben; als politischer Häftling und Blockältester in verschiedenen Konzentrationslagern; nach dem Krieg über das Komitee ehemaliger politischer Häftlinge nach Hamburg, dort Theaterschauspieler; Wechsel nach Berlin zum BE; über die Stücke *Herr Puntila und sein Knecht Matti* (Brecht) und *Katzgraben* (▸ Strittmatter); über Inszenierung und Premiere; Rolle des Don Juan; Beziehung zu Bertolt Brecht; Wechsel zum Film; der 17. Juni 1953, Brechts Haltung dazu und Reaktionen der Schauspieler; Arbeit als Film- und Fernsehschauspieler, z.B. in den Filmen *Leute mit Flügeln* und *Jakob der Lügner* (nach ▸ Jurek Becker) über die DDR und den Sozialismus, vor allem über Kunst- und Kulturpolitik; das 11. Plenum des ZK der SED

Interview: Grimm, Métraux

Sinn und Form. 40jähriges Jubiläum. 1989. 21 min.

Erinnerungen an die DEFA. 1999. 22 min.

Erwin Geschonneck – Schauspieler. 1993. 50 min.

Erwin Geschonneck spricht über Ida Ehre, Helene Weigel und Bertolt Brecht. 1995. 25 min.

1994. 212 min.

Geserick, Gunther (1938)
Gerichtsmediziner; geboren in Berlin; 1956 Abitur, anschließend bis 1962 Studium der Medizin an der HU Berlin; 1967 Facharzt für Gerichtliche Medizin; Oberarzt, Dozent und ab 1987 Direktor des Instituts für gerichtliche Medizin der HU; ab 1992 Professur an der Medizinischen Fakultät Charité der HU; Herausgeber der Zeitschrift Gerichtsmedizin

Und wir finden als »Registratur des Schreckens« in den Archivbüchern auch zunehmend Suizide jüdischer Menschen vermerkt. Wir sehen die jüdische Zugehörigkeit durch die zwangsverordnete Ergänzung des Vornamens durch Israel und Sarah.

Zur Geschichte des Gerichtsmedizinischen Instituts der Charité in Berlin; die Leichenschauhalle für unbekannte Tote als »Ausflugsziel« und ein satirischer Artikel über die *Touristenattraktion Leichenhalle* von Egon Erwin Kisch; Bericht über die Einlieferung der Leichen von Karl Liebknecht und Rosa Luxemburg; internationales Renommee des Instituts; erster gerichtsärztlicher Dienst mit wesentlichen Neuerungen durch Fritz Straussmann; über wichtige Entdeckungen um 1900, vor allem die der Blutgruppen; über Blutgruppenkunde und erste Anwendung der Erkenntnisse in einem Mordfall; Diskriminierung Straussmanns wegen dessen jüdischer Herkunft nach 1933 bis zu seinem Tod 1940; über berühmte Tote im Archiv, z.B. Otto Lilienthal; über Einlieferungsprotokolle, die die Ereignisse der Zeit widerspiegeln, z.B. der Röhm-Putsch, der II. WK oder der 17. Juni 1953; Entwicklung der forensischen Psychiatrie; Wiederaufstieg des Instituts und der Gerichtsmedizin unter ▸ Otto Prokop; Todesfälle an der innerdeutschen Grenze; Identifikationsmethoden bei verstümmelten Leichen; Neuorganisation des Instituts nach der Wende

Vom Leichenschauhaus zum Universitätsinstitut. 110 Jahre Gerichtsmedizin in Berlin-Mitte. 1996. 53 min.

Giebel, Hanneliese (1914)
Sekretärin, Turniertänzerin, Tanzschullehrerin; geboren und aufgewachsen in Hannover; seit 1940 in Wolfsburg; zunächst Sekretärin bei VW Wolfsburg; 1945 Gründung der Tanzschule Giebel

Trotz der schwierigen Zeit sind die Leute gerne zum Tanzen gekommen, denn sie hatten Einiges nachzuholen.

Erster Tag in Wolfsburg; Arbeit als Sekretärin im VW-Werk ab August 1940; über das Werk und die Stadt; von 1940–1943 Beschäftigung in der Finanzbuchhaltung, später in der kaufmännischen Abteilung; über ihren Mann, der seit 1939 bei VW in der Kundendienstabteilung arbeitete; Geburt des Sohnes Bernd Giebel; Kriegseinwirkungen; November 1945 Gründung und frühe Zeit der Tanzschule; Unterschiede zwischen den Tanzstunden der 40er und 50er Jahre und über Gründe, warum die Leute damals so gerne getanzt haben; Teilnahme an Turniertänzen seit den 50er Jahren; 1950 erstes Auto vom Werk; über Abschlussbälle und Tanzschüler, z.B. die Töchter von Heinrich Nordhoff; Bau des ersten eigenen Hauses ab August 1955; über den »Lehrplan« der Tanzschule, Standardtänze der 50er Jahre und damalige Preise; die Aufbruchszeit der 50er Jahre, über Währungsreform, zunehmenden Verdienst und Wohlstand; Paare, die sich in der Tanzschule gefunden haben; Abschlussbälle damals und heute; das »Wir-Gefühl« in Wolfsburg und im VW-Werk; über ▸ Hugo Bork, den »bedeutendsten Bürgermeister« der Stadt; Bau der Tanzschule und Eröffnung im April 1956; über Tanztees, Kleidung der Jugendlichen, Tanzkapellen, Musik und einen Amateurfilm aus dieser Zeit
Interview: Grimm

Die Stadt Wolfsburg in der Zeit des Wirtschaftswunders. 1996. 67 min.

VW - mein Zuhause. Ein Leben mit dem »Käfer«. 1996. 30 min.

1962; 1995. 86 min.

Giscard d'Estaing, Valerie (1926)
Politiker; geboren in Koblenz; 1962–1966 und 1969–1974 Minister für Wirtschaft und Finanzen in Frankreich; 1973–1974 Parteiführer der Unabhängigen Republikaner; 1974–1981 französischer Staatspräsident; ab 1982 Vorsitzender der Union pur la Democratie Française (UDF); seit 1984 Mitglied der Nationalversammlung

Wenn wir auch in der Welt von morgen präsent sein wollen, müssen wir unseren Beitrag leisten, damit sie besser organisiert wird, damit wir Fortschritte machen. Dazu brauchen wir gemeinsame Aktionen, gemeinsame Handlungen zwischen Deutschland und Frankreich.

Im Gespräch mit ▸ Helmut Schmidt über seine Deutschkenntnisse; erster Besuch in Berlin; deutsch-französische Zusammenarbeit, wie sie begann, was erreicht wurde und welche Bedeutung sie bei der europäischen Einigung spielt; Grad der Integration der Mitgliedsländer der EU und föderativer Aufbau; Währungsunion reicht nicht als alleiniger Einigungsmotor; Frage nach Instrumenten für eine gemeinsame Wirtschaftspolitik; über Wehrpflicht und Verteidigungspolitik in Frankreich; Arbeitslosigkeit in Deutschland und Frankreich; Wirtschaftserholung in den USA als Hoffnungszeichen

Vom Kern Europas. Zur deutsch-französischen Zusammenarbeit (Berliner Lektionen). 1996. 56 min.

1996. 161 min.

Glaser-Wallach, Erica (1922–1993)

Sekretärin, Redakteurin und Übersetzerin; Vater Arzt; als Krankenschwester im Spanischen Bürgerkrieg; im antifaschistischen Widerstand; nach Spionagevorwurf Verurteilung und Haft in der Sowjetunion; nach der Haftentlassung Rückkehr in die USA; Verhöre durch die CIA

Ich dachte mir: »Die Russen wissen ganz genau, dass ich keine Agentin bin. Aber wenn ihnen das so wichtig ist: Bitte sehr! Dann müssen sie mir aber auch die Details geben, ich weiß sie doch nicht.« Nach einem Tag habe ich dieses Theaterspiel aufgegeben und widerrufen, gleich am nächsten Morgen. Das hat mir aber auch nichts genutzt. Dafür allein stehen schon 25 Jahre: »Provokation der Staatsorgane«. Im Grunde genommen ist es völlig egal, was man sagt, ob man was sagt oder nichts sagt.

Auswanderung mit den Eltern nach Spanien; Krankenschwester im Spanischen Bürgerkrieg; Bekanntschaft der Eltern mit Noel Field; französisches Exil; Leben bei Herta und Noel Field in der Schweiz; Kurierdienste an der Schweizer Grenze zu Deutschland; Bekanntschaft mit Leo Bauer und Bruno Goldhammer; Verhaftung Leo Bauers durch die Schweizer Polizei wegen Spionageverdachts; nach dem Krieg Besuch bei Franz Dahlem in Berlin-Karlshorst; Austritt aus dem OSS und Eintritt in die KPD; Tätigkeiten bei der KPD in Westdeutschland; Ausreise nach England und Heirat mit Robert Wallach; 1949 Treffen mit Ehepaar Field in Paris; nach dem Verschwinden Noel Fields Versuch der Kontaktaufnahme zu Leo Bauer in Berlin; 1955 Reise nach Berlin und Verhaftung; Prozess und Todesurteil für Erica Glaser-Wallach und Leo Bauer in Deutschland; Überführung nach

Noel Field und Erica Glaser-Wallach

Moskau; über ihre Haft in Moskau und Workuta; über Nachforschungen ihres Ehemannes nach ihrem Verschwinden; Annullierung des Urteils und Ausreise aus der Sowjetunion nach Westberlin; über Erich Mielke, Wilhelm Zaisser und Wolfgang Langhoff; Zeit nach der Haft: Verhöre durch die CIA und in deren Auftrag Treffen mit Leo Bauer; schriftlicher Kontakt zu Noel Field; über Allen Dulles; Rückkehr in die USA; Meinungsäußerung zum Zusammenbruch des sozialistischen Systems und ihre Ablehnung, ihre Lebensgeschichte für antikommunistische Zwecke ausbeuten zu lassen
Interview: Grimm, Schweizer
Verdammte Lügnerin. Eine Begegnung mit der Deutsch-Amerikanerin Erica Glaser-Wallach, Jahrgang 1922. 1991. 40/30 min.
1991; 1993. 259 min.

Glucksmann, André (1937)
Philosoph; geboren in Boulogne-sur-Mer; Eltern deutsche Emigranten; *Meisterdenker* (1978), *Philosophie der Abschreckung* (1984), *Ethik der Ersten Hilfe* (1992)
Der große Unterschied zwischen Ost und West war nicht, dass der Westen gut ist, sondern dass der Westen zeigt, was da nicht funktioniert, während der Osten es zu verbergen trachtet – der totalitäre, der kommunistische Osten.
Warum John F. Kennedy der »Gewinner des Mauerfalls« ist; Unterschied zwischen kapitalistischen und kommunistischen Ländern beim Umgang mit Privilegien; Kommunismus fiel durch Glasnost; Offenlegen von Systemfehlern; über die Abschreckungspolitik im Westen, die Stationierung der Pershing II und Dissidententum im Osten; darüber, dass man »Teil des Übels gewesen sein muss, um das Übel zu bekämpfen«; über Alexandr Solschenizyn und seinen *Archipel Gulag*; die Medusa und Stellen aus Goethes *Faust* als Beispiele für den Kampf mit dem Bösen; Vergleich Berlins mit St. Petersburg
Von der Medusa hast du ja gehört (Berliner Lektionen). 1992. 55 min.

Götze, Rolf (1955)
Böttcher und Winzer; in sechster Generation Böttcher in Pillnitz
Über Wein wird viel mehr geredet als die Leute Wein trinken.
Behandlung der Weinreben; seine ersten Reben in Pillnitz; Verarbeitung der Trauben; Vorliebe für trockene Weine; Arbeit im Weinkeller; über Orangerien und Kunden für Pflanzkübel; die richtige Temperatur für Weine; vom Wein und Essen, vom Trinken, nicht Betrinken; richtiger Zeitpunkt für den Abstich; Zusammenhang von Charakter und Farbe des Weins; Nachbildung eines historischen, nämlich des »Königsteiner Fasses«
Interview: Grimm
Burgunder von Pillnitz. Der Weinbauer und Böttcher Rolf Götze. 1992. 30 min.

Goldhagen, Daniel J. (1958)
Politologe; geboren in Boston; jüdischer Herkunft; Associate Professor for Government and Social Studies in Harvard
Nach allem, was wir wissen, können wir davon ausgehen, dass die Mörder keine Roboter waren, sondern Menschen mit bestimmten Vorstellungen über die Welt und über ihre Opfer. Menschen, die bestimmte Entscheidungen getroffen hatten, unter anderem die

Entscheidung, ob sie Juden töten und wie sie die jüdischen Opfer im Allgemeinen behandeln wollten. Wir sollten deshalb das Zerrbild von den Deutschen als willenlosen, automatenhaften Befehlsempfängern revidieren.

ⓘ Freude über das große Interesse an dem Thema seines Buches *Hitlers willige Vollstrecker* und an den Diskussionen in Deutschland; zur Basis seiner Untersuchungen zum Antisemitismus in Deutschland; Fragestellungen, die dem Buch zu Grunde liegen; Handlungen der Täter als Grundlage seiner Untersuchung; über »Vermeidungsdiskurse« als Reaktionen auf sein Buch; zu Vorwürfen, eine Kollektivschuld auszusprechen; zur Methode der Täteranalyse und warum er den Horror so genau beschreibt; über Antisemitismus als wahres Motiv der Täter und »eliminatorischen Antisemitismus« von Hitler, der nicht »aus dem Nichts« entstanden ist; Unterscheidung von »eliminatorischem und exterminatorischem Antisemitismus«; eine weitere Ursache für den Holocaust: die »Verbindung von eliminatorischem Antisemitismus« mit »moralischer Autorität« Hitlers; was den Nazis die Suche nach Mittätern außerhalb Deutschlands erleichterte; wann der Holocaust auch in anderen (ost)europäischen Ländern hätte stattfinden können; die Motivation der Täter als entscheidendes Charakteristikum des Holocaust; über Euthanasie und Judenvernichtung; welche Einstellung er zu den Deutschen hat und wie er hier die Gefahr eines neuen Holocaust einschätzt

Daniel J. Goldhagen: Hitlers willige Vollstrecker. 1996.
1. Teil. 57 min.
2. Teil. 57 min.
1996. 204 min

Goldstein, Kurt Julius (1914)
Journalist; geboren in Scharnhorst (bei Dortmund); jüdischer Herkunft; 1928 Mitglied der SAJ, dann des KJVD; 1932 Abitur; 1933 Emigration; 1936–1939 Teilnahme am Spanischen Bürgerkrieg; nach Internierung in Frankreich 1942 Auslieferung nach Deutschland; 1942–1945 Konzentrationslager Auschwitz; 1945–1951 Funktionär der KPD und FDJ; 1951 Rückkehr in die DDR; 1956 als Mitarbeiter der Westabteilung des ZK der SED ausgeschieden; 1957–1978 in leitenden Funktionen bei den Rundfunksendern Deutschlandfunk und Stimme der DDR; ab 1978 Mitarbeit in nationalen und internationalen Organisationen ehemaliger Widerstandskämpfer

Margot und Kurt Julius Goldstein Anfang der 50er Jahre

Da kam der Erich Honecker auf mich zu, legte mir die Hand auf die Schulter und sagte: »Habe ich das richtig erfahren, dass du mit der Tochter eines Mannes zusammen bist, der in der Sowjetunion als Konterrevolutionär erschossen worden ist?« Da habe ich gesagt: »Erich, was in der Politik geschieht, da könnt ihr uns viel sagen, aber wen ich heirate, ist eine ganz private Angelegenheit. Ich heirate das Mädel, und wenn euch das nicht passt, müsst ihr das nur sagen, ich muss nicht 1. Sekretär der FDJ sein, ich kann auch in die Grube gehen und dort mein täglich Brot verdienen.«

Grunderlebnis: der im I. WK verletzte, sterbende Vater; Politisierung von den Sozialdemokraten zu den Kommunisten; Emigration nach Luxemburg, Frankreich und Palästina; bei den Internationalen Brigaden im Spanischen Bürgerkrieg; mit Friedrich Wolf im Lager Le Vernet; Kapo in Auschwitz; Todesmarsch; Buchenwald; Befreiung und Nachkrieg; Rachegefühle und Alpträume; Begegnungen mit ▸ Erich Honecker; Ehe mit ▸ Margot Goldstein; Rundfunkjournalist in der DDR; Intendant von Stimme der DDR; Sekretär der Internationalen Föderation der Widerstandskämpfer in Wien; das Internationale Auschwitzkomitee; die Wende 1989
Interview: Engelberg
2001. 365 min.

Goldstein, Margot (1928)
Geborene Wloch; Ehefrau von Kurt Goldstein
Emigration nach Dänemark und in die Sowjetunion; Verlust des Vaters durch den

stalinistischen Terror; in der Familie Wolf; Rückkehr nach Nazideutschland; im Umerziehungslager; das Kriegsende 1945; die große Liebe zu Konrad Wolf; das Erscheinen der *Troika* von ▸ Markus Wolf; Charakterisierung des Bruders Lothar Wloch; Kennenlernen des Ehemannes ▸ Kurt Goldstein; Stalins Begräbnis; der XX. Parteitag der KPdSU; Erkenntnis, ein angenommenes Kind einer jüdischen Mutter zu sein
Interview: Engelberg
2002. 210 min.

Gorbatschow, Michail S. (1931)
Politiker; geboren in Priwolnoje (Ukraine), Vater Bauer; 1950–1955 Jurastudium; 1958–1962 Gebiets-Komsomolsekretär; bis 1978 hohe KPdSU-Funktionen in der Stadt und im Gebiet Stawropol; ab 1971 Vollmitglied des ZK, ab 1980 Politbüro der KPdSU; 1985–1991 Generalsekretär der KPdSU, 1990–1991 gewählter Staatspräsident der UdSSR
Willy Brandt bemühte sich, alles im Namen des Friedens, der Einheit Deutschlands und Europas zu tun. Diese, seine Idee war einer der Vorboten des neuen politischen Denkens.
Bedeutung ▸ Willy Brandts und dessen Rolle bei der Überwindung des Kalten Krieges; Brandt als Vorbild und Freund; Erwartungen an den Umbau in Europa; Bedeutung

der Gespräche mit deutschen Bürgern; Auswirkungen von Brandts Ostpolitik auf die Deutschen; Entwicklungen in Russland
Menschen machen Politik, Menschen machen Geschichte. Zum Vermächtnis von Willy Brandt (Berliner Lektionen). 1992. 42 min.

Gordimer, Nadine (1923)
Schriftstellerin; geboren in Springs (bei Johannesburg); Vater litauischer Jude, Mutter Engländerin; Autorin zahlreicher Romane, Kurzgeschichten und Essays; 1991 Literaturnobelpreis
Ich war ein Teil einer Minderheit in einer Minderheit. Als ich politisches Bewusstsein entwickelte, wurde ich sehr schnell ein Teil der Minderheit unter den Weißen, die gegen das weiße Regime war.
Im Gespräch mit Joachim Braun darüber, wie das Buch *Die endgültige Safari (The Ultimate Safari)* entstand; warum sie in Südafrika einer »Minderheit in der Minderheit« angehörte und sich jetzt in der Mehrheit fühlt; Veränderungen nach der Rassentrennung; erste Gedichte; Reaktionen in Südafrika auf ihre Auszeichnung mit dem Literaturnobelpreis; Verhältnis von Schriftstellern zu sozialem Wandel und gesellschaftlicher Verantwortung; Zensur in Südafrika; geringe stalinistische Strömung im ANC; zu Albie Sachs' Aufruf, Literatur nicht nur als Teil des Kampfes zu verstehen; Lesefähigkeit in Südafrika; Ziele des Kongresses Afrikanischer Schriftsteller; über eine Anthologie von Erzählungen Südafrikanischer Schwarzer; Lebensbedingungen schwarzer und weißer Schriftsteller; Veränderungsprozesse in Südafrika
Die Freiheit des Schriftstellers (Berliner Lektionen). 1992. 52 min. (In englischer Sprache)

Göschel, Eberhard (1943)
Maler, Grafiker, Bildhauer; geboren in Bubenrath (Franken), aufgewachsen in Königstein (Sachsen); Vater Porzellanmaler; 1964–1969

Studium an der HS für Bildende Kunst in Dresden; 1977–1980 Meisterschüler von Theo Balden; beteiligt an Ausstellungen des Leonhardi-Museums; Mitgründer der Grafikwerkstatt Obergrabenpresse; Ausfuhrverbot für seine Bilder und Verbot der Annahme von Aufträgen aus der BRD
Diese Vorstellung, jetzt als Künstler zu arbeiten! Der Konflikt kam erst im zweiten, dritten Studienjahr: Dass das Künstlersein nicht erlernbar ist und dass einem das nichts nützt, wenn einem so ein Lehrer auf die Schulter klopft und 'ne Eins gibt.
Beschreibung seines Palettentisches; Größenbeschränkung der Bilder durch Atelierverhältnisse; Repressalien; Weggehen war für seinen Bekanntenkreis und ihn keine Alternative; das Interesse der Sammler in der DDR und über Künstlerfeste; seine Zeit an der Kunsthochschule Dresden; über Unverständnis seitens der Lehrer; Beginn des selbständigen Werkes im eigenen Atelier; Obergrabenpresse als Forum für Lyriker und Grafiker, die eigenen Kunstvorstellungen zu realisieren; Drohungen und Überwachung; Unabhängigkeit durch Privatsammler in der DDR; warum er nach der Wende weggehen wollte; darüber, dass ihm Reformen zu lange dauern
Interview: Grimm
Eberhard Göschel, Maler in Dresden. 1991. 30 min.
1991. 25 min.

Grab, Walter (1919)
Historiker; geboren in Wien, Vater Fabrikant für Lederwaren; 1938 aus Österreich nach Palästina geflohen; Studium der Geschichte, politischen Philosophie und Literaturwissenschaft; Arbeit als Taschenverkäufer; erst 1958 Wiederaufnahme des Studiums; 1965–1986 Professor für neuere europäische Geschichte und 1971–1986 Leiter des Instituts für Deutsche Geschichte an der Universität Tel Aviv

Foto: Christian Brachwitz

Thomas Grimm (rechts) im Gespräch mit Walter Grab

Das Promotionsthema über die deutschen Jakobiner habe ich mir insofern ausgesucht, als ich immer auf der Suche war nach einer Alternativlösung der deutschen Frage. Weil ich mir immer die Frage gestellt habe, ob dieser unglückselige Weg, der zum Hitlerfaschismus geführt hat, notwendig war oder nicht.

Wie er Louis Napoleon Gymnich kennenlernte; über Gymnichs Widerstandsarbeit und Haft in Siegburg; Bekanntschaft mit ▸ Walter Markov in Leipzig; Verständigungsmethode zwischen Markov und Gymnich im Gefängnis; Wiedersehen der beiden nach dem Krieg; Vertreibung aus Österreich; darüber, dass er sich in Palästina immer als Emigrant fühlte; Gründung des Vereins für fortschrittliche Kultur zusammen mit anderen jungen Leuten in Tel Aviv; gegenseitiges Vorlesen deutscher Literatur; Wiederaufnahme des Studiums und Promotion in Hamburg; Forschung zu norddeutschen Jakobinern in DDR-Archiven; Freundschaft mit Markov; weitere Forschungen über Revolutionäre im 19. Jh., Beispiel Wilhelm Schulz; über Markovs wissenschaftliche Arbeit; Plädoyer für eine Geschichtsschreibung aus Sicht der Beherrschten
Interview: Grimm
1989. 14 min.

Gräf, Roland (1934)
Kameramann, Filmregisseur; geboren in Meuselbach (Thüringen); Vater Holzarbeiter; 1949–1952 Ausbildung zum Industriekaufmann; ABF bis 1954; 1954–1960 Studium an der Deutschen HS für Filmkunst in Potsdam-Babelsberg; 1961–1976 Kameramann und Regisseur, ab 1976 nur noch als Regisseur tätig; seit 1990 Arbeit als freier Regisseur

Dieses Gefühl, Verantwortung zu übernehmen, das war schon ein Impuls, den ich immer hatte. Und das war gleichzeitig auch die Haltung, die mir permanent Reibung beschert hat.

Über die Ausbildung an der Filmhochschule Babelsberg; Arbeit mit Schauspielern als Autodidakt; Kindheit und Jugend in Thüringen; über den abgebrochenen Film *Wind von vorn*; zu seinen wichtigsten Filmen als

Kameramann, u.a. *Jahrgang 45* (1965); zu technisch-handwerklichen Anforderungen an einen Kameramann; Arbeitsweise und sein Credo: »Film ist Denken in Bildern«; über den Wechsel vom Kameramann zum Regisseur; sein erster Regie-Film *Mein lieber Robinson* (1970); zu den Filmen *Bankett für Achilles* (1975), *Die Flucht* (1977), *P.S.* (1978), *Märkische Forschungen* (1982); über Entstehungsphasen von Filmen; literarische Vorlagen; zum Film *Fallada – letztes Kapitel* (1988); zur Publikumswirksamkeit seiner Filme; Figuren, Besetzung, Schauspieler; über den Kameramann Werner Bergmann; die Autorin Helga Schütz; über Dokumentarfilme; zur Gesellschaftskritik in Filmen wie *Fariaho* (1983), *Das Haus am Fluß* (1986); Drehbuch zu *Der Tangospieler* von ▸ Christoph Hein; über die Wende 1989
Interview: Hanisch
Hat der Repertoirefilm noch eine Chance im Kino? Symposium. 2 000. 31 min.
Roland Gräf. Ich bin mein Leben lang umgestiegen. 2001.
1. Teil. 91 min.
2. Teil. 54 min.
2001. 204 min.

Grimmling, Hans-Hendrik (1947)
Maler; geboren in Zwickau; 1969–1974 Kunststudium in Dresden und Leipzig; 1974–1977 Meisterschüler bei Gerhard Kettner; 1986 Ausreise aus der DDR

1984 hatte ich das Gefühl, das ist ausgeschöpft, die Möglichkeit sich zu wehren, sich irgendwie auseinanderzusetzen, sich selbst unter Druck zu bringen. Also, ich brauch für meine Arbeit eine gewisse Aufgeregtheit oder Drucksituation.

Kritische Haltung gegenüber Auftragskunst in der DDR; zur Gemäldefolge *Die Freuden der Fröhlichen*; Förderauftragskunst und Künstler; Studium in Leipzig und Dresden; Dresdener Jahresausstellung; künstlerische Orientierung; Vergleiche der Kunstzentren Berlin, Leipzig und Dresden; über den Begriff »sozialistischer Realismus«; Abbildtheorie;

Künstler-Oppositionsgruppen; Erfahrungen mit der Stasi; Entscheidung für ein Leben im Westen und erste Erfahrungen in Westberlin; über eine Klage wegen »Verursachung von Rissen in seinem Atelier«; Ost- und Westfrauen; zur Metaphermalerei; Erläuterungen zu seinen Bildern
Interview: Grimm
Auftragskunst in der DDR. 1995. 86 min.
1994. 90 min.

Grönemeyer, Herbert (1956)
Rockmusiker, Schauspieler; geboren in Göttingen; 1975 Abitur; Studium der Rechts- und Musikwissenschaften; 1968 erste eigene Band; 1975–1981 Tätigkeit an den Schauspielhäusern Bochum und Hamburg; ab 1981 bedeutende Filmrollen, u.a. in *Das Boot*

Dasselbe Problem, das gerade die Welt in zwei Hälften teilt, haben wir hier in Deutschland im Kleinen, und im Miniaturformat hier in Berlin.
Vergleich der Städte London und Berlin; Berlin seit 1989 als »Mitte mit neuer Qualität«; Wiedervereinigung Deutschlands als kulturelles Problem; Kultur und Bürgerbewegung der DDR als positive Aspekte eines kulturellen Aufbruchs; Berlin und die Intellektuellen in den 20er Jahren; die Deutschen und ihre Künstler, Beispiel Rio Reiser; Deutschland als Ost-West-Scheide; die Amerika-Hörigkeit Westeuropas; Notwendigkeit der Annäherung an den Osten
Herbert Grönemeyer, Rocksänger und Poet. Heimat im Land der Mitte (Berliner Lektionen). 2001. 46 min.

Grossman, Victor
eigtl. Stephen Wechsler (1928)
Publizist; geboren in New York; Vater Kunsthändler, Mutter Bibliothekarin; 1945 Mitglied der KP der USA; 1949 Diplom; 1951 als US-Soldat stationiert in Bayern; politisch motivierte Flucht nach Österreich und in die DDR; Annahme einer neuen Identität; 1954–1958 Journalistikstudium in Leipzig; danach bis 1968 journalistisch tätig; ab 1968 freischaffend
Eine Welt ohne Hunger, Krieg und Not – das war eigentlich das Credo meines Lebens.
Über Kindheit in New York; als Jungkommunist und Mitglied der KP; 30er Jahre in den USA; Harvard-Universität und Ökonomiestudium; Transportarbeiter; Eintritt in die Armee; Angst vor Bekanntwerden seiner kommunistischen Aktivitäten; als Soldat in Deutschland (Bad Tölz); Ausbildung als Funker in München; Vorladung zum Militärgericht in Nürnberg wegen Verheimlichung der kommunistischen Vergangenheit; Flucht nach Linz; 1952 Aufenthalt in Potsdam, dann in Bautzen; Tätigkeit als Journalist und Leiter des Paul-Robeson-Archivs der AdK; über Dean Reed; über die Wende und die DDR-Vergangenheit; sein Buch *Der Weg über die Grenze*

Birgit Koß im Gespräch mit Victor Grossman. 1998. 48 min.
1998. 66 min.

Gwisdek, Michael (1942)
Schauspieler; geboren in Berlin; Ausbildung zum Dekorateur; 1965–1968 Staatliche Schauspielschule in Berlin; 1968–1973 zunächst am Theater in Karl-Marx-Stadt, danach an der Volksbühne in Berlin, ab 1983 Schauspieler am DT; erste Filmrolle 1968 in dem DEFA-Film *Spur des Falken*; 1988 erste Regiearbeit *Treffen in Travers*
Rolf Hoppe ist jemand, der jedes Mal wieder wie das erste Mal vor einer Kamera steht, mit einer totalen Naivität, mit einer Unsicherheit, die ich positiv finde.
Charakterisierung ▸ Rolf Hoppes und seiner Arbeitsweise; Dreharbeiten zu *Spur des Falken*; Rolf Hoppe als »sein eigener Stuntman«; Anweisung aus Berlin zum Ende des Films; Erinnerungen an den 9. November 1989
Interview: Kolano
1992. 24 min.

Gysi, Gregor (1948)
Rechtsanwalt, Politiker; geboren in Berlin; Vater: Klaus Gysi, Politiker, Kulturfunktionär, Diplomat, Mutter: Irene Gysi, Verlagsleiterin; 1966 Abitur und Facharbeiterabschluss für Rinderzucht; 1967 SED; 1966–1970 Jura-

studium; ab 1971 Rechtsanwalt, vertrat Oppositionelle wie Robert Havemann und ▸ Rudolf Bahro; 1989–1990 Vertreter der SED-PDS am Runden Tisch, 1989–1993 Vorsitzender der SED-PDS bzw. PDS; 1990–2001 MdB; Mitbegründer des Komitees für Gerechtigkeit; 2001–2002 Wirtschaftssenator in Berlin

Ich glaube, dass das Hauptproblem im Augenblick darin besteht, dass wir nicht als ehemalige Bürgerinnen und Bürger der DDR Bundesbürgerinnen und Bundesbürger werden sollen, sondern als ob wir schon ewig Bundesbürgerinnen und Bundesbürger wären.

Unterschiede zwischen den Menschen in Ost- und Westdeutschland; warum es in der DDR so viele Scheidungen gab; Wandel der Gepflogenheiten zwischen den Menschen nach der Wende; monarchistische Strukturen in der DDR und die Folgen; Argumentationsschemata im Rechtswesen der DDR und Verunsicherung nach der Wende; Frage der

Gregor Gysi (rechts) im Gespräch mit Jürgen Kuczynski

»Wichtigkeit« eines Menschen; über Zukunftsperspektiven in DDR und BRD; Identitätskrisen als Nährboden für Nationalismus; Wahlkampfveranstaltungen und Diskussionen mit Neonazis; Wege zum Selbstbewusstsein; über die Regierung Schröder; über die eigene Rolle im Bundestag – In einer Diskussion zur Oktoberrevolution Kritik an Lenins

Avantgarde-Theorie; zu den Entwicklungen, die zur Französischen Revolution, Oktoberrevolution und zum Zusammenbruch des sozialistischen Systems führten; wie der Kapitalismus sich bis zur Wende entwickelt hatte; Neoliberalismus in Osteuropa und das »Experimentierfeld Ostdeutschland« – Im Gespräch mit ▸ Jürgen Kuczynski über dessen Leben – In einer Podiumsdiskussion u.a. mit Karol Modzelewski, ▸ Wolfgang Engler zur Frage »Wohin vom Kommunismus aus?«; über die polnische Opposition im Sozialismus und Probleme im heutigen Polen – Gespräche mit Lothar Bisky, Daniela Dahn, ▸ Lothar de Maizière

Einmischung in die eigenen Angelegenheiten. 1992. 51 min.

Oktoberrevolution an der Humboldt-Universität zu Berlin. 1992. 45 min.

Der berühmteste Urgroßvater der DDR – Jürgen Kuczynski. 1994. 45 min.

Wohin vom Kommunismus aus? Polnische Erfahrungen. Podiumsdiskussion mit Karol Modzelewski. 1997. 47 min.

1992; 1994. 110 min.

Hackethal, Julius (1921–1997)
Chirurg; Kritiker schulmedizinischer Krebstherapien

Als tiefgläubiger und entsprechend agierender Schulmediziner bin ich an der Krebsstrategie der Schulmedizin irre geworden.

Medizin als Glaubenslehre; über Gegensätze zwischen Schulmedizin und alternativen Behandlungsmethoden; warum Krebsmedizin Glaubenssache ist; »Bester-Freund-Maxime« als Handlungsrichtschnur des Arztes; warum er auf die Bezeichnung »Aggressionstriebtäter« stolz ist; über verschiedene Diagnose- und Behandlungsmethoden bei Krebs in Schul- und alternativer Medizin

1996. 79 min.

Haffner, Sarah (1940)

Malerin; Schriftstellerin; geboren in Cambridge; Tochter von Erika und Sebastian Haffner; bis 1954 in London, dann in Westberlin; 1956–1957 Meisterschule für Kunsthandwerk; 1957–1960 HS für Bildende Künste Berlin, Abschluss als Meisterschülerin; Arbeit als Dozentin und Lehrbeauftragte in London und Berlin; freischaffende Malerin; über 30 Einzelausstellungen; 1976 Film *Schreien nützt nichts* (WDR), mit dessen Hilfe die Eröffnung des ersten deutschen Frauenhauses durchgesetzt wurde; zahlreiche Publikationen, u.a. *Eine andere Farbe. Geschichten aus meinem Leben* (2001)

Es ist jetzt eine Mischung aus dem Poetischen zurückgekommen. In einer Zeit, wo alles sehr bedroht ist und auch allgemein eine Stimmung von untergründiger Depressivität herrscht, so ein Gefühl »Lass dir das Schöne nicht entgehen!« Und das versuch' ich jetzt auch in meiner Malerei zu mischen, sowohl die Kritik, als auch das Fremdsein. Aber sie haben eine sehr herbe Art von Poesie, diese Bilder. Ich denke es ist beides drin, die Melancholie, aber auch eine Schönheit – beides.

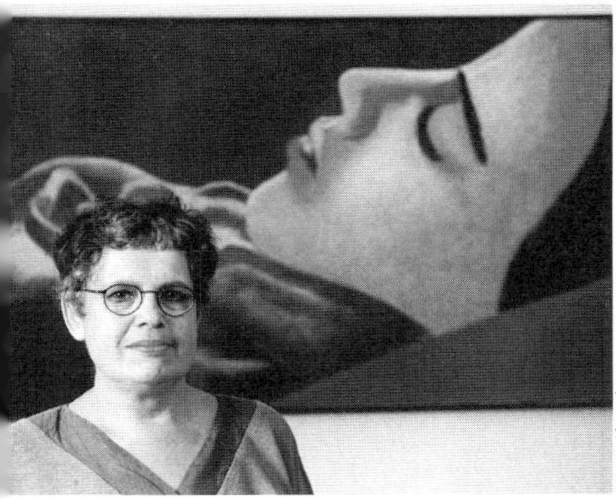

Foto: David Brandt

Im Gespräch mit Marina Achenbach über die Eltern Erika und Sebastian Haffner; 1938 Emigration der Eltern nach England; über Kindheit und Jugend; Evakuierung und Internatsaufenthalte; Arbeit des Vaters; 1952 erste Reise nach Deutschland und Rückkehr aus London; Berlin in den 50er und 60er Jahren; Antisemitismus in Deutschland; BE unter Bertolt Brecht; Studentenbewegung und Rückkehr nach England 1969; Leben in London; 1971 wieder in Deutschland; über Malerei und ihre Bilder; Erfahrungen und Freundschaften in Ost-Berlin vor und nach der Wende

Interview: Achenbach

Laß Dir das Schöne nicht entgehen (Kunst und Geschichte im 20. Jahrhundert). 1995. 54 min.

1995. 17 min.

Hahn, Carl H. (1926)

Betriebs- und Volkswirt, Aufsichtsratsmitglied der Volkswagen AG; Kindheit und Jugend in Chemnitz; 1946 Abitur; Studium der Betriebs- und Volkswirtschaft; Promotion an der Berner Universität; seit 1954 Leiter der Exportförderung der Volkswagenwerk GmbH; 1959–1964 Chief Executive Officer bei der Volkswagen of America, Inc.; seit 1964 Mitglied und 1982–1992 Vorstandsvorsitzender der Volkswagen AG; 1993 Berufung in den Aufsichtsrat

Ja wissen Sie, der Käfer, der damals noch nicht so hieß... Das war ja ein Name, den die Amerikaner liebevoll gegeben haben, auch zeigend, wie verbunden sie mit dem Produkt waren. Sie haben den Käfer mehr entdeckt, als die Europäer und die Deutschen, weil sie mehr vom Automobil abhängen und auch eine andere Automobilerfahrung hinter sich haben. Und so war unsere ganze Kommuni-

kationsstrategie auf die Beständigkeit und die Qualität des Produktes ausgerichtet. VW ist etwas, worauf man sich verlassen kann.

Tätigkeit in der Verkaufsförderung im VW-Werk; über Absatzorganisation und Monokultur; Heinrich Nordhoffs Eigenschaft, Menschen zu begeistern; über Wolfsburg und die damalige Infrastruktur und Produktion; Arbeit und Arbeiter im VW-Werk; Chancen und Probleme in der Wohlstandsgesellschaft; der »Käfer«, »Käferkultur« und VW-Werbung in den USA; das Wirtschaftswunder und die Stadt Wolfsburg; neue Impulse für das VW-Werk und die gesamte Wirtschaft in der Bundesrepublik durch Exporte; Beispiel Brasilien: Deutschland als Schrittmacher der Motorisierung und der Industrialisierung; Anfänge der Globalisierung; der einmillionste Käfer und dessen Bedeutung für Wolfsburg; über Heimatgefühle und ein sogenanntes »Wir-Gefühl«, auch zwischen Manager und Arbeiter; über Kunst, Kultur, Gemeinwesen und Lebensqualität in Wolfsburg; »Auto-Wunschträume« und über den neuen Volkswagen, den VW-Golf

Interview: Grimm

Die Stadt Wolfsburg in der Zeit des Wirtschaftswunders. 1996. 67 min.

Wolfsburg – Eisenhüttenstadt: Beiträge für die Ausstellung im DHM. 1996. 80 min.

Carl H. Hahn, Industriemanager. 1997. 45 min.

Wolfsburg – Eisenhüttenstadt. Heimat vom Reißbrett. 1997. 45 min.

1995. 54 min.

Hamsun, Tore (1912)

Maler, Schriftsteller; geboren in Hamaröy; Sohn von Knut Hamsun; Kunstakademie in Oslo und München 1934/35; freischaffend in Norholm (Norwegen); erster Roman 1984 *Der Mann aus dem Meer*

Man kann nicht nur sich selbst genug sein, man muss beeinflusst werden. Das ist gut. Es ist richtig, dass man beeinflusst wird – von seiner Zeit, von Künstlern. Ich bin von vielen beeinflusst, aber das schadet nichts.

Umzug mit den Eltern ans Norholm-Fjord; über die Arbeit am Haus, über die Verleihung des Literaturnobelpreises an seinen Vater, Knut Hamsun, 1920 für *Segen der Erde*; über die Unterstützung durch den Vater im Wunsch, Maler zu werden; Studienzeit in München; Tod des Vaters im Februar 1952; über eine glückliche Kindheit trotz zeitweiliger Spannungen im Elternhaus; die Arbeit des Vaters; über die norwegische Deutschen-Freundlichkeit und Künstlertraditionen, z.B. bei Henryk Ibsen; über den Einmarsch der Deutschen in Norwegen 1941; des Vaters Bewunderung für Deutschland und Hitler; über

die Versuche seines Vaters, norwegische Gefangene vor der Hinrichtung zu bewahren und Treffen mit Josef Terboven; über die Erschießung von dreißig Gefangenen; Verteidigungsrede des Vaters und Verurteilung wegen Landesverrats nach dem Krieg; über das ästhetische Empfinden und das Leben »im Schatten des Vaters«; Einflüsse in seiner Malerei durch Edvard Munch; über Schönheit und Hässlichkeit in der Kunst; die Schwierigkeit, über Kunst zu sprechen und über fortschreitende Auflösung der Formen in den Künsten
Interview: Mück
Die Kraft der Stille. Tore Hamsun, der Maler vom Norholm-Fjord. 1994. 30 min.
1994. 300 min.

Harich, Wolfgang (1923–1995)
Philosoph, Publizist; geboren in Königsberg; Vater Literaturwissenschaftler; Schule und Gymnasium in Neuruppin und Berlin; 1945/46 KPD/SED; Studium der Philosophie und Literaturwissenschaft in Berlin; publizistische und kulturpolitische Tätigkeit; Lehrbeauftragter und Dozent; Lektor beim Aufbau-Verlag; erster Chefredakteur der DZfPh; 1956 Verhaftung durch das MfS; 1957 Verurteilung zu zehn Jahren Zuchthaus wegen »Bildung einer konspirativ-staatsfeindlichen konterrevolutionären Gruppe«; 1964 Freilassung nach Amnestie; seit 1965 ohne feste Anstellung; Forschungen zu Jean Paul und Feuerbach; Beschäftigung mit ökologischen Themen; 1979 Invalidisierung; Aufenthalte in Österreich, Spanien, der BRD und der Schweiz; Engagement in der Friedensbewegung; 1990 Kassation des Urteils von 1957 und vollständige Rehabilitierung; gestorben in Berlin

Man kann nicht sagen, da ist an einem bestimmten Tage eine Gruppe gegründet worden. Es hat sich spontan entwickelt. Das begann mit Gesprächen nach dem 17. Juni. Ich lag damals im Krankenhaus, bekam Besuche von Brecht. Wir sprachen über den 17. Juni. Ich brachte die Idee: »Sollten wir nicht jetzt in der DDR ein jugoslawisches Modell schaffen, um die sozialistischen Strukturen massennäher zu machen?« Da sagte der: »Harich, kommen sie nicht mit solchen Dingen. Das sind ja ganz gefährliche Geschichten, die sie da haben.« Dann bekam ich aber auch Besuch von Walter Janka. Da begannen die Gespräche auch über Jugoslawien zu kreisen. Da entstand im Keim die Gruppe Janka/Harich mit sehr sporadischen, oft monatelang unterbrochenen Gesprächen.

Über die Zeit von 1946 bis in die 50er Jahre und sein politisches Engagement zur Lösung der nationalen Frage, der Einheit Deutschlands; über eine Vortragsreise 1952 durch Westdeutschland, u.a. über Johann Gottfried Herder; Hegel-Diskussion; Bitte von Johannes R. Becher, für die Annahme der »Stalin-Note« von 1952 zu werben; Periode des Terrors und der Hysterie von Juli 1952 bis Juni 1953; Kurt Hagers Kulturpolitik; Aufbau der DZfPh und inhaltliche Differenzen zwischen Bloch, Harich und Hager; DDR-Philosophie und Hegel-Auffassung; über ▸ Leo Kofler; Klaus Zweiling; Wolfgang Abendroth, Ernst Bloch und Georg Lukács als Opfer von Hagers Politik; zur Entstehung der Gruppe um Harich, Rolle der DZfPh, Einflüsse Blochs und Lukács'; über Heinz Zöger, ▸ Gustav

Just, Günter Schubert, Manfred Hertwig, Bernhard Steinberger; Treffen mit Paul Merker und Gespräch mit Steinberger; Stalinismus und stalinistische Schauprozesse in der DDR; Versuch von Johannes R. Becher, Bertolt Brecht, ‣ Stephan Hermlin und von Harich selbst, die Annahme der Pariser Verträge zu verhindern; Überlegungen zu einem »besonderen deutschen Weg«; XX. Parteitag der KPdSU 1956 unter Nikita S. Chruschtschow; Harichs Ziel, die Lehren dieses Parteitages auf die deutsche Frage anzuwenden und eine »liebenswerte DDR« zu schaffen; seine »Sonderbeziehungen zu den Russen«; Puschkin-Gespräch und Michail Woslenski; Reaktion der Gruppe auf das Botschafter-Gespräch; Konzeption der Gruppe um Harich und Einfluss Georg Lukács'; Zusammenarbeit und Begegnungen mit Georg Lukács und dessen Einfluss auf Harich; über die deutsche Einheit, Entstalinisierung und SED; Begegnung mit und Beziehung zu ‣ Wolfgang Leonhard; Einfluss des 17. Juni und des »Titoismus«; über Vorschläge, Walter Ulbricht abzulösen und durch Paul Merker oder Franz Dahlem zu ersetzen; Gespräch mit Walter Ulbricht über Vorgänge in Ungarn 1956; Treffen im Haus von ‣ Walter Janka in Kleinmachnow 1956; über Paul Merker als möglichen Nachfolger Walter Ulbrichts, Merkers Haft und Haftgründe; Beziehungen und persönliche Diskrepanzen zwischen Paul Merker und Walter Ulbricht seit 1930; Oktober 1950 »Geburtsmakel der DDR«: Einheitsliste und offene Wahl; Vorladung zu Walter Ulbricht; Reaktionen und Hoffnungen der Harich-Janka-Gruppe; Motive, Anlass und Umstände seiner Kontakte zum Ostbüro der SPD; Versuch von Johannes R. Becher und Anna Seghers, Lukács aus Ungarn in die DDR zu holen; Verhaftung am 29. November 1956 und Vernehmungen; über den Vorwurf des Verrats; über Verhaltensmöglichkeiten beim Schauprozess 1957; Rolle von Walter Janka und Paul Merker; Verhalten von Anna Seghers; über die nationale Frage und Bertolt Brecht als geistigen Inspirator der Angeklagten; Isot Kilian und Bertolt Brecht; der Aufbau-Verlag und die Redaktion des Sonntag; über Walter Markov und Heinz Zöger; das Urteil; Untersuchungshaft, Haftbedingungen und Spitzelei; Einschätzung des eigenen politischen Verhaltens; Begründung seiner »Dankbarkeit« gegenüber der Stasi für die Verhaftung; Verhalten der Anwälte im Schauprozess; Harichs Schlusswort im Prozess und Reuebekenntnis; über Jochen Wenzel und dessen Tod; die Möglichkeit der Nutzung von Anstaltsbibliotheken während der Haftzeit; Herzinfarkt in Bautzen und politisch-emotionaler Hintergrund; Verlegung nach Berlin; Kontakt mit Oberstleutnant Seifert; berufliche Eingliederung nach der Haftentlassung: freier Mitarbeiter im Akademie-Verlag; Angebot von Helene Weigel; Arbeit am Jean-Paul-Buch; Reise nach Westdeutschland zur Propagierung der deutschen Einheit; zu Walter Jankas *Schwierigkeiten mit der Wahrheit*; die Strafanzeige gegen Janka; Kontroverse mit Janka und Vermittlungsversuche durch Helga Schütz; Unterschiede zwischen Janka und Harich und der Versuch eines gescheiterten Dialogs zwischen den beiden; das Kassationsverfahren: Aufhebung des Urteils von 1957 und Freispruch, aber Ablehnung der Anträge Harichs; die »Janka-Legende«; Stefan Heyms Roman *Collin*; das Verhältnis Janka – Harich und Begründung der geistigen Abhängigkeit vom Mythos des »proletarischen Revolutionärs« Walter Janka; Einschätzung des DDR-Systems und dessen Justiz; Chancen und Illusionismus des »Unternehmens Harich«; über das eigene Demokratie-Verständnis; Vergleich von Zielen der Harich-Janka-Gruppe der 50er Jahre mit denen der Wendebewegung 1989; über die Einheit und Zukunft Deutschlands; über Ökologie und aktuelle Aufgaben, z.B. Notwendigkeit der Aufarbeitung der Parteigeschichte der SED; über gesellschaftspolitische Sicherheitskonzepte und ‣ Gorbatschows Reformpolitik; über ‣ Christa Wolf, die im Oktober 1989 Walter

Jankas Rolle hochgespielt hat; über Lebensirrtümer, Leitbilder und Berufswahl; mentale und rationale Weltsicht
Interview: Grimm
Widerstand gegen Walter Ulbricht. 1990. 52 min.
Ich bin kein Lump. 1991. 52 min.
Neben allen Stühlen. In memoriam Wolfgang Harich. 1995. 51 min.
Ahnenpaß (Buchzeit). 1999. 18 min.
1989–1991; 1993; 1995. 850 min.

Hegewald, Heidrun (1936)
Malerin, Grafikerin; geboren in Meißen; 1951–1954 Ausbildung zur Maßschneiderin, 1954/55 Schneiderin in Dresden; 1955–1958 Studium an der Fachschule für Bekleidung in Berlin; 1958–1961 Studium an der HS für bildende und angewandte Kunst in Berlin-Weißensee; 1961–1970 freischaffende Grafikerin in Berlin; 1971–1974 Meisterschülerin der AdK bei Werner Klemke; seit 1975 freischaffende Malerin
Die Pflicht eines Künstlers ist, auszufechten, was gemalt wird. Und ich habe mir niemals irgendwo etwas reinreden lassen müssen. Ich habe immer gemacht, was ich wollte. Und es soll mir keiner kommen und sagen: »Das ging nicht.«
Über ihren einzigen »ausgefochtenen Auftrag«, das Bild *Die Tanzmeister*; über das Konzept des Werkes mit dem Motiv des von Menschen verinnerlichten Stechschritts als Bild gegen den Militarismus; über die Forderungen der Kommission, diese Konzeption zu ändern; ihre Auseinandersetzungen mit der Kommission und Fertigstellung des Bildes gegen deren Widerstand; darüber, dass Kunst sich nicht indoktrinieren lassen darf; über die Einweihung des Gewandhausprojektes; ihre Arbeitsweise und über Realismus als »Ästhetik der Opposition«; der Wunsch nach offener Auseinandersetzung mit ihrer Kunst; darüber, wie man in der DDR als Künstler arbeitete; über Verrisse und das Spannungsverhältnis, vom Publikum anerkannt und von Fachleuten gehasst zu werden; über ihre schriftstellerischen Tätigkeiten, die sie als Gegengewicht zum sehr aufwandsintensiven Malen begann; über die Rezeption von Bildern; ihre Einschätzung des künstlerischen Fördersystems der DDR; die Pflicht des Künstlers, selbst zu bestimmen, was er malt; darüber, dass ihre Niederlagen auch ihre Erfolge waren; über Vetternwirtschaft in der staatlichen Auftragsvergabe; darüber, dass sie sich – auch rückblickend – nicht als »staatstragende Künstlerin« sieht und sich ihre Unabhängigkeit bewahren möchte
Interview: Kolano
Auftragskunst in der DDR. 1995. 86 min.
1994. 41 min.

Heidersberger, Heinrich (1906)
Fotograf, Autodidakt; stammt aus Bayern; Schulzeit in Österreich; Studium an der Technischen HS in Graz; seit 1938 Arbeit als Fotograf in Deutschland und verschiedenen europäischen Ländern; seit 1958/59 fotografische Tätigkeit in Wolfsburg und im VW-Werk; seit 1961 in Wolfsburg
Also, ich finde ja, der Käfer ist das eigentlich Originelle von Volkswagen, das Unverwechselbare.
Über Architektur-, Industrie- und Autofotografie; Mängel der Architektur in Wolfsburg; über sein Heimatverständnis und

Gründe, in Wolfsburg zu bleiben; technische Werkstatt, Fotolabor und Arbeitsmöglichkeiten in Wolfsburg; über sein Interesse am Kosmos, an Natur, Architektur, den »Grundprinzipien der Schöpfung«, Technik und über die Lust am Erfinden; erste eigene Kamera vom Flohmarkt in Paris; Arbeit als Fotograf; über Standpunkt und Perspektive; darüber, was ein Bild ausmacht und was es geschichtlich dokumentieren kann; über den VW-Käfer; Erläuterungen einzelner Fotos der Fotoausstellung Heidersberger 1961 im Schloss in Wolfsburg; über die »Porsche-Straße«; über Heinrich Nordhoff und Gustav Beck

Interview: Grimm

VW – mein Zuhause. Ein Leben mit dem »Käfer«. 1996. 30 min.

1996. 82 min.

Hein, Christoph (1944)

Schriftsteller; geboren in Heinzendorf (Schlesien), aufgewachsen in Bad Düben (Sachsen); Vater Pfarrer; 1973 Autor an der Berliner Volksbühne; ab 1979 freischaffend; 1987 öffentlicher Protest gegen Zensur auf dem X. Schriftsteller-Kongress; schrieb u.a. *Der fremde Freund, Horns Ende, Der Tangospieler, Als Kind habe ich Stalin gesehen* und *Exekution eines Kalbes*

Ich glaube, man wäre verloren, wenn man an die Zensur denkt während der Arbeit.

Funktionsweise der Zensur in der DDR und wie er versuchte, die Zensur zu umgehen am Beispiel des Romans *Horns Ende*; über Ost- und Westausgaben; Rede in der KMU Leipzig 1989; die Gründung eines Autorenrates nach der Wende und warum die Treuhandanstalt versuchte, ihn abzusetzen; über ▸ Christa Wolf

50 Jahre Aufbau-Verlag. Die Jahre um 1989. Erinnerung und Ausblick (Kunst und Geschichte im 20. Jahrhundert). 1995. 51 min.

1989. 120 min.

Heisig, Bernhard (1925)

Maler; geboren in Breslau; Vater: Walter Heisig, Maler; Ausbildung im Atelier des Vaters; 1940–1942 Besuch der Kunstgewerbeschule Breslau; 1942–1945 Wehrmacht; 1945 sowjetische Kriegsgefangenschaft; Grafiker in Wroclav, Zeitz und Gera; 1947 SED; 1948/49 Studium an der Fachschule für angewandte Kunst in Leipzig, 1949–1951 Studium an der HS für Grafik und Buchkunst, Leipzig; 1954-1968 Lehrtätigkeit in Leipzig; 1961–1964 und 1976–1987 Rektor der HS für Grafik und Buchkunst, dazwischen und danach freischaffend; Werke u.a. grafische Zyklen *Der Krieg* (1956) und *Die Pariser Kommune* (1958/59), Gemälde *Die missbrauchten Götter* (1965), *Die Pariser Kommune* (1971–1973), *Rücksichten* (1986/87)

Ich habe meine Bilder ganz gut verkaufen können, ich brauchte keine Aufträge. Aber viele waren davon abhängig. Und viele, und das ist das ganze Problem dieser Geschichte, haben versucht – weil sie vielleicht künstlerisch schwach waren – sich in bestimmte Positionen reinzudrängen und ihr Mittelmaß zum Maß der Dinge zu machen. Und da wurde das Ding gefährlich. Die saßen oft in Leitungen drin. Und hier kamen dann auch sehr starke Sperrvorstellungen ins Spiel.

Über sein Bild zum Kapp-Putsch, das er auf Anfragen des Deutschen Museums in Angriff nahm; über das Interesse an historischen Stoffen und Recherchen in Essen; die Ablehnung seiner Skizzen; über die spätere Wiederaufnahme des Themas auf Anregung der SDAG Wismut, diesmal mit dem Schwerpunkt Kapp-Putsch in Gera; über den Konflikt historische Genauigkeit – künstlerischer Blick; Gründe für den damaligen Misserfolg des Bildes; der Anspruch, sich in seinen Bildern nicht auf eine Seite zu stellen; das Tragische in seinen Bildern und der Vorwurf von »Geschichtspessimismus«; Überarbeitung des Kapp-Putsch-Bildes 1964 und Suche nach einem formalen Anschluss an seinen damaligen Stil; über persönliche Erfahrungen, welche sein Werk beeinflusst haben; Kriegserfahrungen und darüber, dass der Krieg die an ihm beteiligten »Tag für Tag dümmer macht«; über das Wesen der Auftragskunst in der DDR und die Einflussnahme staatlicher Auftraggeber auf den Schaffensprozess; warum viele junge Künstler in der DDR staatliche Förderung ablehnten; die Gefahr künstlerischer und intellektueller Trägheit; eigene Unabhängigkeit von staatlicher Auftragskunst; über den Kunstmarkt der DDR; über sozialistischen Realismus; über seine Zeit als Hochschulrektor; Rückkehr aus russischer Kriegsgefangenschaft und Arbeit als Lithograph im polnischen Propagandaministerium, in deren Verlauf er in die KP eintrat; wie Diktaturen den Künstler

zwingen, sich auch mit der ihn umgebenden sozialen Wirklichkeit zu beschäftigen; über Kunst als »notwendiges Spiel des Träumens von Vollkommenheit« und über Verantwortung des Künstlers; die Entstehung seines Porträts von ▸ Helmut Schmidt und die Schwierigkeit, dabei das Bild zu verdrängen, dass die Medien von Schmidt zeichnen; über sein Ludwig-Porträt; Überlegungen darüber, was von der DDR-Kunst bleiben wird
Interview: Grimm
Auftragskunst in der DDR. 1995. 86 min.
1994. 88 min.

Heller, André eigtl. Franz Heller (1947) Künstler und Veranstalter; geboren in Wien; jüdische Herkunft; Vater Zuckerbäcker; in den 70er Jahren Erfolg als Liedermacher; dann Veranstalter von Kulturprojekten wie der Artistenrevue *Begnadete Körper* (1985) und dem Kunstjahrmarkt *Luna Luna* (1987)

Für die Politik wäre es zum Beispiel lebenswichtig, dass einer sagt: »Ich habe etwas dazugelernt«. Es ist doch die schlimmste Niederlage, wenn einer mit 45 nicht ein anderer ist als mit 32 und 27 und 14. Dass ich mich lernend verwandele – das ist doch das Projekt.

Im Gespräch mit Giovanni di Lorenzo über Unterschiede zwischen Berlin und Wien; seine Beziehung zu Berlin; wie er am

Potsdamer Platz einen Park plante und warum nichts daraus wurde; Anekdoten über Karl Valentin; erster Aufenthalt in Berlin 1966/67 und der Versuch, am Theater Fuß zu fassen; warum Berlin vor der Wende ein romantischer Ort für ihn war; über den Mangel an Sinnlichkeit im deutschen Sprachraum; wie er die Massenkulturereignisse wieder entdeckt hat; Deutschland und der »Kult der schlechten Laune«; seine Ansichten über Journalisten; über Eberhard Diepgen, Friedrich Luft, Uli Lommel, Walter Felsenstein, Claus Peymann und Günter Grass; ▸ Marcel Reich-Ranicki

Sinn und Sinnlichkeit. Anmerkungen zu einer neuen Hauptstadt (Berliner Lektionen). 1999. 45 min.

1999. 68 min.

Hennig, Werner (1928)

Finanzwirtschaftler; geboren in Kleinforst (Kreis Oschatz), Vater Arbeiter; 1949 Deutsche Volkspolizei, im selben Jahr Übernahme in das MfS; 1951 Abteilung Finanzen, ab 1953 stellvertretender und ab 1975 Abteilungsleiter

Über rechtliche Grundlagen und Aufgaben der Abteilung Finanzen des MfS; Entwicklung des Haushalts des MfS in den letzten Jahren und Haushaltsplan 1989; über Sonderfonds des MfS unter Verfügung von Erich Mielke und dessen persönliche Verfügungsfonds; Problematik des wachsenden Personalbestandes des Ministeriums und Einnahmequellen des MfS; über Einkommensverhältnisse der Mitarbeiter und Privilegien; konkrete Kontrolltätigkeit der Stasi und deren historische Entwicklung; über Waffenhandel und dessen Kontrolle; zur »kommerziellen Koordinierung« dem Ministerium zugewandter Mittel; über Häuserbau und diverse Freizeitobjekte; die Auflösung der Bezirksverwaltungen und dabei aufgetretene Unregelmäßigkeiten; über Erich Mielke und Alexander Schalck-Golodkowski

1990. 75 min.

Henrich, Rolf (1944)

Rechtsanwalt, Schriftsteller, Bürgerrechtler; geboren in Magdeburg; Studium der Rechtswissenschaften; 1968 Abbruch eines Forschungsstudiums wegen Revisionismus-Vorwurf; Abschluss als Diplom-Jurist; ab 1973 Rechtsanwalt in Frankfurt/Oder; 1989 Berufsverbot nach der Veröffentlichung von *Der vormundschaftliche Staat*; 1989 Mitbegründer des Neuen Forums; ab 1990 Rechtsanwalt in Eisenhüttenstadt

Wir haben eine säkularisierte Gesellschaft. Die Wissenschaft ist wichtig, kommt aber an die Emotionen der Leute nicht heran. Es bleibt noch die Kunst und das persönliche Gespräch, und das gehört für mich zusammen. Wer einen Roman liest und sich mit den unterschiedlichen Positionen vertraut macht, der führt ja auch ein inneres Gespräch. Deshalb vertraue ich der Kunst.

Warum er den Roman *Die Schlinge* schrieb; Ähnlichkeiten zwischen der Vorbereitung auf einen Prozess und Recherchen für eine Romanfigur; Elternhaus; wie er 1964 Mitglied der SED wurde; über den Einmarsch von Truppen des Warschauer Vertrages 1968 in Prag und den Prozess der Desillusionierung; Diskussionen und Entscheidungen von Kollegen und Freunden; das Vorbild ▸ Rudolf Bahro; die Arbeit an *Der vormundschaftliche Staat*; wie er das Buch im Jahr 2001 sieht; Re-

aktionen und Repressionen damals; Gründung des Neuen Forums; Beurteilung des Runden Tisches; Rolle der Gewalt; Gründe, nicht in die Politik zu gehen; Arbeit als Wirtschaftsanwalt nach der Wende; die Deindustrialisierung des Osten; Honecker-Prozess; Rolle der USA als »neues Rom«; warum er bedauert, dass ▸ Heiner Müller sein letztes Theaterstück nicht zu Ende schreiben konnte; über heutige Möglichkeiten von Kunst
Interview: Engelberg
Die Schlinge (Buchzeit). 2001. 49 min.
2001. 80 min.

Hermann Henselmann in den 70er Jahren

Henselmann, Hermann (1905–1995)
Architekt; geboren in Roßla (Harz); Vater Holzbildhauer; nach Tischlerlehre Handwerker- und Kunstschule Berlin; ab 1927 Arbeit als Architekt; 1946 SED; Wohnensemble Wohngebiet und Hochhaus Weberwiese wird architektonisches Leitbild für Stilphase der »nationalen Traditionen«; 1951 Mitglied der DBA; Lehrtätigkeit; leitete als Chefarchitekt der DDR Entwurfskollektive bzw. Bauausführungen von Projekten u.a. in Berlin (Turmhauspaare am Strausberger Platz und am Frankfurter Tor, Leninplatz, Haus des Lehrers, Kongresshalle und Fernsehturm) und in Jena (Zeiss-Hochhaus)
Meine geistige Haltung, auch mein Ansehen, hing zusammen mit der Akzeptanz, die Brecht mir gegenüber deutlich ausübte. Wenn ich angegriffen wurde, dann vertrat er immer meine Stellung sehr kämpferisch. Zum Beispiel als ich die beiden Türme am Frankfurter Tor baute, fielen viele Architekten über mich her. Auch bildende Künstler fragten: »Wie kann der Henselmann solche Türme bauen?« Da antwortete Brecht: »Henselmann ist mein Freund. Er hat bei mir zehn Türme gut. Erst beim elften werde ich misstrauisch.«
Wandbild am Haus des Lehrers; sein Weg nach Berlin an die AdW (Institut für Baukunst unter Scharoun); über Weimar, die HS für Baukunst und Bildende Künste und damalige Entwicklungstendenzen; eigene berufliche Intentionen; Auseinandersetzung um seinen ersten Entwurf zur Stalinallee; über den Entwurf zur Bebauung der Weberwiese und den Bezug zur nationalen Tradition in der Architektur; Bekanntschaft und Freundschaft mit Bertolt Brecht; Atmosphäre um den 17. Juni 1953 und die Lage in der DBA; über seinen Lehrer Hermann Muthesius und die Ausbildung; Besuch bei Le Corbusiers Mutter; Verbot selbständiger Tätigkeit als Architekt aus rassischen Gründen nach 1935 und Auftrag des Reichsministeriums für Landwirtschaft zur Arbeit im polnischen Warthegau; Befindlichkeit in der DDR; über das Spiel mit der Macht, Zivilcourage, Staatssicherheit, berufliche Intentionen und

deren Realisierungen; der Kreis des sozialistischen Salons Anfang der 50er Jahre; über sein Selbstverständnis als begeisterter Sozialist und Intellektueller in der DDR; Umzug nach Berlin-Pankow; Brechts Tod; Chruschtschow in Berlin; über DDR-Architektur, seine Arbeit und Kritik an den Türmen am Frankfurter Tor; die »Bildzeichen-Architektur«; Architektur als Erzählung und Genuss; zum Entwurf der Bebauung am Leninplatz; über Vorstellungen in der Typenprojektierung, Hindernisse und Widersacher; der Umstieg von Alltagsbauten auf Sonderbauten als Chefarchitekt des Instituts für Städtebau und Architektur an der DBA; Berufscredo und Lebensphilosophie; der Alexanderplatz als Sinnbild von Demokratie und der Zukunft Berlins; über Hintergründe der Begegnung mit Otto John; Bekanntschaft mit Günther Weisenborn; über Johannes R. Becher und ▸ Wolfgang Harich
Interview: Bohnenstengel
1994. 335 min.

Henze, Hans-Werner (1926)
Komponist, Dirigent; 1948–1950 musikalischer Leiter an Heinz Hilperts Deutschem Theater in Heidelberg; 1950 künstlerischer Leiter des Balletts des Hessischen Staatstheaters in Wiesbaden; 1962–1967 Professor für Kompositionslehre am Mozarteum in Salzburg, 1989–1991 an der HS für Musik in Köln
Über den ersten Berlin-Besuch; darüber, wie er nach Wiesbaden kam; liest aus seinem Buch *Reiselieder mit Böhmischen Quinten* ein Kapitel über die Zusammenarbeit mit der Choreographin Tatjana Gsovsky
Reiselieder mit böhmischen Quinten. 1997. 44 min.
1997. 79 min.

Hermlin, Stephan
eigtl. Rudolf Leder (1915–1997)
Schriftsteller; geboren in Chemnitz; Vater Textilhändler; Gymnasien in Chemnitz und Berlin; 1932 Relegation wegen politischer Be-

tätigung u.a. im KJVD; 1933–1935 Druckerlehre; 1936 Emigration; 1937–1940 antifaschistische Tätigkeit in Paris; 1940–1943 u.a. Hilfssoldat und Kurzinternierung; 1943–1945 Exil in der Schweiz; Rückkehr nach Ostberlin; ab 1947 freischaffend; Mitglied der AdK; Lyrik, Essayistik, Nachdichtungen; ab 1975 Vizepräsident des Internationalen PEN
Der Wille zur Demokratie ist den Deutschen auf unheimliche Weise immer wieder fremd.
Im Gespräch mit ▸ Hans Mayer über Kindheit und Jugend in der Weimarer Republik; die Weltbühne in den 20er Jahren; Auseinandersetzungen zwischen KPD und NSDAP in Berlin; zu den Moskauer Schauprozessen; Karl Mewis und Herbert Wehner im Exil; Spanienerlebnisse in Hermlins Prosa und Lyrik; das Verhältnis der Deutschen zur Demokratie
Zwei Deutsche auf Widerruf. 1990. 43 min.
1990. 171 min.

Herrmann, Joachim (1928–1992)
Mitglied des Politbüros des ZK der SED, Chefredakteur des ND; geboren in Berlin; Vater Postarbeiter; Arbeit als Kurier, Transportarbeiter und Bote; Hilfs- und Redakteur der Berliner Zeitung und des Start; 1948 SED; 1949–1960 stellvertretender, dann Chefredakteur der Jungen Welt; Sekretär des Zentralra-

tes der FDJ; 1953 Lehrgang an der HS des Komsomol in Moskau; 1958 Jugendkommission des Politbüros des ZK der SED; Chefredakteur der Berliner Zeitung und des ND; 1967 Kandidat, 1971–1989 Mitglied, von 1976–1989 Sekretär des ZK der SED; 1973-1978 Kandidat und bis Oktober 1989 Mitglied des Politbüros des ZK der SED, dort ab 1979 zuständig für Medien, befreundete Parteien, Blockparteien und die NF; ab 1978 Leiter der Agitationskommission des Politbüros; November 1989 Ausschluss aus der SED

Beruflicher Werdegang nach 1945; Tätigkeit im ZK der SED, speziell in der Kommission für Agitation, Mitgliedschaften und Ämter; Verfassung der DDR, Agitation, Propaganda und Medienpolitik der SED; Zusammenhang zwischen allgemeinen politischen Rahmenbedingungen und Medienpolitik der SED und eigenes Selbstverständnis; über Medienkontrolle, Zensur und Selbstzensur und das Sputnik-Verbot; Bewertung des Verhältnisses zur Sowjetunion, insbesondere ab 1985; zur Usurpation des staatlichen Fernsehens durch die SED; zum Personenkult um Erich Honecker und über sein Verhältnis zu ihm; Arbeitsstil im ZK der SED; zur Reglementierung von Journalisten und zur »Gegner«-Argumentation; Entfremdung der Partei vom Volk; über den Auftrag der Abteilung Befreundete Parteien; Einflussnahme der SED auf die Politik der Blockparteien und Informationsfluss von den Blockparteien zur SED; die Nationale Front; erstes Erkennen der Krisenzeichen und persönliche Einschätzung der DDR; das Ausreiseproblem und Diskussionen um Sicherheitsauffassungen im Politbüro; über Fehleinschätzung der Ereignisse im Land sowie Sprach- und Handlungsunfähigkeit der Partei- und Staatsführung; die Ablösung Erich Honeckers und Günter Mittags im Politbüro; zur eigenen Verantwortlichkeit und Schuld, über Privilegien und seinen Rücktritt; über Erich Mielke, Ernst Mecklenburg, Egon Krenz, Rudolf Herrnstadt und Werner Lamberz

Anhörung. Joachim Herrmann vor dem Untersuchungsausschuss der Volkskammer. 1990. 53 min.

1990. 229 min.

Hertzberger, Eleonore (1917)
Opernsängerin, Herausgeberin internationaler Modeblätter; Vater jüdischer Verleger, Verlagsmitarbeiterin; 1933 zusammen mit den Eltern Flucht vor den Nationalsozialisten nach Amsterdam; Ausbildung und Arbeit im Verlag Spaarnestad; Kennenlernen ihres späteren Mannes Eddie Hertzberger, Hauptmann bei der 7. Flak in Weesperkarspel und 1939 Ehe; Gesangsausbildung; 1942 Flucht in die Schweiz und nach Spanien

Herkunft und Jugenderinnerungen aus der Zeit des Nationalsozialismus; ausführliche Schilderung der Flucht nach Holland, Belgien und in die Schweiz; was sie in den Exilländern erlebte; wie sie sich in Genf auf ihre illegale Einreise nach Spanien vorbereitete; der Weg über die Pyrenäen und über Erlebnisse in Spanien; ihr erfolgreicher Einsatz für die Befreiung von Inhaftierten; über Schwierigkeiten bei der Einreise nach England nach Ende des Krieges; über heutigen Rechtsradikalismus

Durch die Maschen des Netzes (Buchzeit). 2000. 42 min.

2000. 120 min.

Heym, Stefan eigtl. Helmut Flieg (1913–2001)
Schriftsteller; geboren in Chemnitz; während der Zeit des Nationalsozialismus Exil in Prag und den USA; 1952 Umsiedelung in die DDR; 1953 Mitglied des PEN Ost und West; Romane u.a. *Kreuzfahrer von heute* (1950), *König David Bericht* (1973), *5 Tage im Juni* (1974), *Collin* (1979), *Nachruf* (1988); 1994 Alterspräsident des Deutschen Bundestages

Es hat den Herren damals nicht gepasst, was ich über den 17. Juni geschrieben habe und den Herren heute passt es auch nicht. Denn auch sie verbreiten eine historisch falsche Auffassung, so dass ich es keiner regie-

rungsamtlichen Stelle recht machen konnte. Und ich stehe schon auf dem Standpunkt, dass, wenn ich etwas schreibe, ich dann meine eigene Auffassung schreibe, und schere mich einen Teufel um das, was die Regierung davon denkt.

ⓘ Über die »Lobby für das Volk« und das Komitee für Gerechtigkeit; seine Versuche, in den USA und der DDR, dem Schriftstellerverband eine Gewerkschaftsfunktion zu geben; Briefwechsel mit Howard Fast; Aktionen der KP in den USA; Vergleich seiner Kindheitserinnerungen an Chemnitz mit den Eindrücken der Gegenwart; über Walter Ulbrichts Dialekt und ▸ Erich Honeckers Interesse an Literatur; Emigration nach Prag; wie er für seine Bücher recherchiert; warum er in die DDR übergesiedelt ist; das Verhältnis zwischen Partei und Künstlern während der Anfänge der DDR; über die Veröffentlichungen seiner Bücher in der BRD und der DDR, den List-Verlag in Leipzig und München und den Verlag Der Morgen; Schwierigkeiten wegen des Buches *5 Tage im Juni*; warum er trotz des Mauerbaus nicht auswanderte; Gründe für das Versagen des real existierenden Sozialismus; warum die freie Marktwirtschaft allein die (Umwelt)probleme nicht lösen kann und er immer noch Sozialist ist; über den *König David Bericht* als Gegenwehr gegen die Behauptung ▸ Reich-Ranickis, er habe mit seiner Kunst den Staat gefestigt; zur Überwachung durch die Stasi und andere Organisationen und darüber, dass die Stasi-Akten nur einen Teil der Wahrheit enthalten; Probleme der Wiedervereinigung; seine Verbindung zur Kirchenopposition; wie er die Kirchen als Forum für seine Lesungen nutzte und diese wiederum seine Autorität für ihre Kritik; Erlebnisse bei der Demonstration auf dem Alexanderplatz am 4. November 1989; warum ▸ Christa Wolf und er die Regierung nicht für abgesetzt erklären konnten; über die Entstehung des Romans *Schwarzenberg*; über Egon Erwin Kisch – Mit ▸ Wolfgang Thierse zum Wahlkampf 1994 im Streitgespräch u.a. über das DDR-System und seine Regierung; Bürgerbewegung und Neues Forum; der Einigungsvertrag; die deutsche Wiedervereinigung; Bundestag und Kanzleramt; Parteienlandschaft in der BRD; Kommunistische Plattform in der PDS; Nationalismus; Stalinismus; Aufschwung Ost; die Krise des Kapitalismus; Massenarbeitslosigkeit und soziale Sicherungssysteme; Ökologisierung
Interview: Grimm

▭ Ein Mann ist seine Legende. 1993. 30 min.

▭ Im Gespräch: Stefan Heym, Schriftsteller. 1993. 55 min.

▭ Wahlkampf 1994. Stefan Heym und Wolfgang Thierse im Streitgepräch. 1994. 45 min.

▭ 1992–1994; 2001. 485 min.

Hildebrandt, Rainer (1914)
Museumsleiter, Publizist; geboren in Stuttgart; 1934–1938 Werkstudent bei den Fortuna Werken Bosch und Telefunken; 1936 Übersiedlung nach Berlin, erste Publikationen über Rundfunktechnik und patentierte Erfindungen; Studium der Psychologie und Sozialwissenschaft; Kontakt zum Widerstandskreis 20. Juli; Verhaftungen; 1948 Begründer der Kampfgruppe gegen die Unmenschlichkeit, Vorsitzender der Arbeitsgemeinschaft 13. August e.V.; 1963 Gründung und Leiter des Museums Haus am Checkpoint Charlie

Das ist mein Grundprinzip: In einer Welt voller Krisenherde dorthin zu gehen, wo die Opfer sind.

Im Gespräch mit Marko Martin über illegale Arbeit im Nationalsozialismus; Verhaftung und Gestapo-Verhör; Arbeit zur Unterstützung von Stalinismus- und Maueropfern; über die Geschichtsaufarbeitung gemeinsam mit ehemaligen Stasi-Mitarbeitern

Ein Leben für die Menschenrechte (Kunst und Geschichte im 20. Jahrhundert). 1995. 48 min.

Hildebrandt, Regine (1941–2001)
Biologin, Ministerin; geboren in Berlin; 1959 Abitur; 1959–1964 Biologiestudium; 1964 Diplom; 1978 Promotion; seit Oktober 1989 Mitglied der SPD; April bis August 1990 DDR-Ministerin für Arbeit und Soziales; 1990–1999 Ministerin für Arbeit und Soziales des Landes Brandenburg

Über Komitees für Gerechtigkeit; Arbeitsmarktinstrumente, insbesondere ABM; Investitionen im Vergleich ehemalige DDR und BRD

1992. 50 min.

Hobsbawm, Eric J. (1917)
Historiker; geboren in Alexandria; Vater Kaufmann; Schulzeit in Berlin; Übersiedlung nach London; lehrte bis 1982 an der University of London; seit 1984 Lehrstuhl für Politik und Gesellschaft an der School for Social Research in New York

Wenn Sie mich fragen, ob sie mich als Marxisten bezeichnen können: Ja. Wenn das bedeutet, ich bin sozusagen orthodoxer Marxist und glaube an dieses und jenes: Nein. Ich glaube an die Methode. Ich glaube, historisch gesprochen, an die Fragestellung, die meiner Ansicht nach zu Marx' Zeiten etabliert wurde.

Warum der Begriff Revolution für die Wende in der DDR zutrifft; Vergleich der polnischen und der brasilianischen Arbeiterpartei der Gegenwart; über die Aktualität der Kapitalismus-Kritik und die Probleme beim Übergang zu einem neuen Staatssystem; zur Bedeutung des Sozialismus für das 20. Jh.; Nationalismus und Genozid als Barbarei des 20. Jh.; sein Verständnis von Geschichte; über seine Arbeit als Historiker; Bedeutung von Karl Marx für die Geschichtswissenschaft; Bedeutung von Geschichte für Politik; Einschätzung des Krieges im ehemaligen Jugoslawien
Interview: Grimm

Das Zeitalter der Extreme (Buchzeit). 1999. 45 min.

Das 20. Jahrhundert – Zeitalter der Extreme (Berliner Lektionen). 1999. 50 min.

1999. 208 min.

Hochhuth, Rolf (1931)
Dramatiker und Prosaschriftsteller; 1948 Buchhändlerlehre; 1955–1963 Lektor und Herausgeber im Bertelsmann-Lesering; ab 1963 freier Autor; u.a. *Der Stellvertreter* (1963), *Eine Liebe in Deutschland* (1978)

Jeder Start als Autor ist – wie der Ritt über den Bodensee – von tausend Zufällen abhängig.

Im Gespräch mit Dietrich Simon zur aktuellen Situation am BE; über den Mangel an zeitgenössischen Stücken; zur Geschichte des Stückes *Der Stellvertreter*; Konflikte zwischen Autor und Regisseur; *Wessis in Weimar*; über Erwin Piscator

Theater und Geschichte (Kunst und Geschichte im 20. Jahrhundert). 1995. 55 min.

Hochstadt, Steve (1948)
Historiker; Eltern aus Österreich in die USA emigriert, Großeltern nach Shanghai
Warum Shanghai zum Ziel von jüdischen Emigranten wurde; Ruf der Stadt in den 30er Jahren; warum Shanghai das »Exil der kleinen Leute« wurde und auf welchem Wege man dorthin kam; Vertreibungspolitik der Nazis; Prozeduren und Schikanen bei der Ausreise; wie ausreisewillige Häftlinge das Gefängnispersonal mit der Gestapo erpressten; Reaktionen in Shanghai auf den anschwellenden Flüchtlingsstrom; wie die Geflüchteten zurückkehrten; warum viele Shanghai-Exilanten mit ihren Lebenserzählungen zurückhaltend waren
Der Exilort Shanghai. 1997. 32 min.

Holmer, Uwe (1929)
Pfarrer in Lobetal, dem Aufenthaltsort der Honeckers auf ihrer Flucht

Das, was sich die Kirchenleitung erbeten oder erwünscht hatte, dass Margot und Erich Honecker in einer christlichen Umgebung einigermaßen Ruhe haben, das ist wohl auch tatsächlich hier so gewesen.
Zu der Entscheidung, Margot und Erich Honecker im privaten Wohnhaus in Lobetal aufzunehmen; über Gespräche mit dem Ehepaar Honecker; zum Verhältnis zwischen den Honeckers; über Besuche von Rainer Eppelmann, Hans Modrow und Reinhold Andert; zu den Ereignissen in Lindow; Proteste in Lobetal; ein Besuch bei Erich Honecker in Moabit
Interview: Grimm
Honeckers Flucht. 2002. 45 min.
2002. 90 min.

Holz, Hans Heinz (1927)
Philosoph und Kunstkritiker; geboren in Frankfurt/Main; Vater Diplom-Ingenieur, Mutter künstlerisch tätig; lebt in der Schweiz
Die Tatsache, dass die Restauration des faschistisch kontaminierten Kapitalismus in Deutschland stattgefunden hat, ist einer der Gründe gewesen, warum ich mich politisch immer auf dem äußersten linken Flügel verstanden und organisiert habe. Die einzigen, die der Refaschisierung der westdeutschen Gesellschaft wirklich widerstanden haben, waren die Kommunisten.
Beziehung zwischen Mutter und Sohn; Faschismus und Kriegsbeginn; antifaschistischer Widerstand und Verhaftung; 1944 Entlassung; 1945 Reifeprüfung; nach dem Krieg mehrmonatige Tätigkeit in der Verlags- und Pressekontrollabteilung (Control Division) der US- Militärregierung in Frankfurt/Main; Studium der Philosophie, Literatur- und Kunstgeschichte sowie Sinologie; Mitbegründer des ASTA; 1956 Promotion bei Ernst Bloch; über die bürokratischen Schwierigkeiten und Diskriminierungen aufgrund der deutsch-deutschen Beziehungslosigkeit; über den Rechtsstreit um seine Promotion und sein Verhältnis zu Ernst Bloch, über die NDR-Gespräche mit Georg Lukács; über den Philosophen Helmut Blessner; Arbeit an den Universitäten Marburg und Groningen; über Günther Zehm und die publizistische Auseinandersetzung um seine Habilitation; Arbeit beim Kulturbund und Kampf für die Einheit Deutschlands; sein Engagement gegen

den Kalten Krieg in zivilen Bereichen; Mitgliedschaft in der VVN; über die Nürnberger Prozesse und die eigene Entwicklung zum Marxisten; Gründe für die Übersiedlung in die Schweiz 1960; Arbeit als Theater- und Kunstkritiker in Zürich; Engagement für die Verbesserung der Beziehungen zwischen der BRD und der DDR; über die Zusammenarbeit mit DDR-Philosophen; über ▸ Wolfgang Harich und dessen Einstellung zu Nietzsche; über die Arbeit im Verein Deutscher Ingenieure; der Einfluss der sowjetischen und französischen Besatzungsmächte auf seine philosophischen Anschauungen; Einfluss von Sartre; über den Kampf gegen die atomare Bewaffnung der Bundeswehr und gegen die Notstandsgesetze; Einfluss von Bloch auf die Jugend, über die Kommunistische Linke und die Studentenbewegung der 68er; über Dialektik, Kunst, Ästhetik, Phantasie, Sinnlichkeit und Denken; Kritik am Einigungsvertrag
Interview: Grimm

Eine Einführung in die Philosophie. 2000. 43 min.

Die Sinnlichkeit des Denkens. 2001. 40 min.

2000. 480 min.

Höpcke, Klaus (1933)
Politiker; geboren in Cuxhaven; Vater Steuerinspektor, Stiefvater Lehrer, Mutter Lehrerin; Journalistikstudium und später Assistent an der KMU Leipzig; 1953 SED; 1964–73 Redakteur beim ND; 1973–1989 stellvertretender Minister für Kultur in der DDR, Leiter der HV Verlage und Buchhandel; seit 1990 Mitglied des Thüringer Landtags (PDS)

Was die Idee eines Leselandes angeht, so glaube ich, ist sie nicht zu Grunde gegangen mit der DDR, sondern für eine moderne europäische Gesellschaft – und auch Gesellschaften auf anderen Kontinenten – bleibt das eine interessante Aufgabe. Denn ich meine, wer liest, sieht genauer, hört genauer.

U.a. in einer Literaturwerkstatt unter Leitung von Karin Hirdina zur Reglementierung von Literaturbetrieb in der DDR; Aufhebung der Anonymität von Zensoren; seine Veröffentlichungsgenehmigung für Volker Brauns *Hinze-Kunze*-Roman und die Versuche einer Nachzensur; Durchsetzung weiterer Veröffentlichungen, wie z.B. ▸ Christoph Heins Roman *Horns Ende*; Abschaffung der Einrei-

chungspflicht für Manuskripte beim MfK; über die trügerische Sicherheit vor Abhörung; warum der Umbruch 1989 friedlich verlief; Veröffentlichungsverfahren für Monika Marons Buch *Flugasche*; wie über Literaturveröffentlichungen in der DDR entschieden wurde; über die Diskussion mit ▸ Erwin Strittmatter wegen des *Wundertäter 3*; über ▸ Christa Wolfs Idee zu nicht veröffentlichten Textteilen aus *Kassandra*; Einfluss der Sowjetunion; Verhältnis zwischen Funktionären und Intellektuellen; Literatur als zentrales Thema der DDR-Kulturpolitik und das »Leseland DDR«; Kriterien für Lizenznahmen aus dem westlichen Ausland; über das Büro für Urheberrechte; einige Zahlen zu Publikationen, Auflagenhöhe und Sortiment; über das Lesen; über ▸ Ulrich Plenzdorf und ▸ Hermann Raum

1992; 1994. 169 min.

Honecker, Erich (1912–1994)

Generalsekretär des ZK der SED, Staatsratsvorsitzender; Politiker; geboren in Neunkirchen (Saargebiet); 1928–1930 Dachdeckerlehre; 1930 KPD-Mitglied; 1935 Verhaftung durch die Gestapo; 1937 Verurteilung zu zehn Jahren Haft; 1946 Mitbegründer und bis 1955 Vorsitzender der FDJ; seit 1958 Mitglied des Politbüros und Sekretär des ZK der SED; seit 1971 Erster Sekretär/Generalsekretär des ZK der SED; seit Juni 1971 Vorsitzender des Nationalen Verteidigungsrates; 1976–1989 Vorsitzender des Staatsrates der DDR; 1989 Rücktritt von allen Ämtern; 1990 Untersuchungshaft; Haftunfähigkeit, 1991 Flucht nach Moskau; 1992 Anklage und U-Haft in Berlin-Moabit; 1993 Aufhebung des Haftbefehls wegen Krankheit und Ausreise nach Santiago de Chile

Margot und Erich Honecker

In Moskau 1991, Aufenthalt in der chilenischen Botschaft; Bilder vom Flug nach Chile und ein Interview im Flieger; Ankunftsrede Honeckers in Santiago de Chile; Begrüßungsfeier durch chilenische Sympathisanten; seine letzte öffentliche Rede anlässlich des 66. Geburtstages seiner Frau ▸ Margot Honecker; Begegnung mit dem Enkel Roberto; im Krankenhaus Las Condes; Aufbahrung und Trauerfeier

Honeckers Flucht. Das Ende eines deutschen Kommunisten. 2002. 44 min.

Die Honeckers in Chile. 2002. 29 min.

50 min.

Honecker, Margot (1927)

Volksbildungsministerin; geboren in Halle/Saale; Vater Schuhmacher, Mutter Arbeiterin; nach kaufmännischer Lehre Arbeit als Telefonistin; 1949–1953 Vorsitzende der Pionierorganisation »Ernst Thälmann«; 1953 Ehe mit Erich Honecker; 1953/54 HS des Komsomol in Moskau; 1963–1989 Mitglied des ZK der SED, Mitglied des Ministerrats der DDR und Ministerin für Volksbildung; 1991 Ausreise in die UdSSR; lebt seit 1992 in Santiago de Chile

Über ihren Mann ▸ Erich Honecker und die Zeit vom Januar 1990 bis zur Ausreise nach Chile im Januar 1993: Hausdurchsuchung, Honeckers Nierenoperation in der Berliner Charité, Anklage gegen ihn wegen Hochverrats und Totschlag und über seine Enttäuschung über die Anklage durch DDR-Juristen, erste Verhaftung und Haftunfähigkeit ihres Mannes, Ausweisung aus Wandlitz, Obdachlosigkeit und Asylsuche, Kirchenasyl in Lobetal und sowjetisches Militärasyl Beelitz, die gemeinsame Ausreise nach und das Leben bei Moskau, das sowjetische Militärhospital Mandryka, Gastrecht in der chilenischer Botschaft, die Diagnose Krebs für Honecker und Behandlungsangebote von Nordkorea und Syrien, Vermittlung durch Sonderbotschafter James Holger und Ausweisung aus Russland ohne Ausreisevi-

sum, Rückkehr nach Deutschland und Haftbefehl gegen Honecker, Rolle der Medien insbesondere die der Bild-Zeitung; über die geringe Lebenserwartung Honeckers nach dessen Ankunft in Chile; das letzte Stadium der Erkrankung ihres Mannes, sein Tod und die Trauerfeier; die derzeitige Unmöglichkeit, Honeckers letzten Wunsch, eine Beerdigung in Deutschland, zu erfüllen; DDR-Kaderpolitik und deren Schönfärberei; über Günter Mittags Führungsstil, ▸ Heinz Keßlers Buch *Zur Sache und Person* und über ▸ Günter Schabowski; über Dokumente ihres Mannes, die sie zeigt: DDR-Personalausweis und Reisepass, den bundesdeutschen Reisepass, seine Identitätskarte in Chile und die Permanencia (Bescheinigung für den Daueraufenthalt), einen gefälschten holländischen Pass, Nothilfepass, Ausweis zur Anerkennung als Opfer des Faschismus (OdF), Fragebogen für den Eintritt in die KPD 1945, FDGB-Beitragskarte und den Sozialversicherungsausweis; das letzte Telefon- und Notizbuch Honeckers – Bilder ihres 75. Geburtstages – Archivaufnahmen mit ihrem Mann in Moskau; die Ausreise aus Moskau; Honecker Flug von Deutschland nach Chile und seine Ankunft in Santiago; die Begrüßungsfeier für Erich Honecker an ihrem 66. Geburtstag im April 1993
Interview: Grimm
Hier lebt auch Margot Honecker. Auf deutschen Spuren in Chile. 2002. 30 min.
Honeckers Flucht. Das Ende eines deutschen Kommunisten. 2002. 44 min.
Die Honeckers in Chile. 2002. 29 min.
2001. 150 min.

Hoppe, Ralph (1962)
Kunstwissenschaftler; geboren in Bad Dürrheim; Studium der Kunstwissenschaften an der HU Berlin; Arbeit bei den Staatlichen Schlössern und Gärten Wörlitz; seit 1990 Stadtführer bei StattReisen Berlin
Erste Begegnungen mit dem Ost- und dem Westberliner Teil der Friedrichstraße; warum er sich mit dem »Mythos Friedrichstraße« beschäftigt; Unterschiede der beiden Straßenabschnitte und Gründe dafür; Beschreibung des Sozial- und Straßenbildes im Jahr 1799; Gründe, das Buch über die Friedrichstraße zu schreiben
Die Friedrichstraße – Pflaster der Extreme (Buchzeit). 1999. 19 min.

Hoppe, Rolf (1930)
Schauspieler; geboren in Ellrich (Harz), Vater Bäcker; Schauspielstudium am Landeskonservatorium in Erfurt; seit 1949 Theaterengagements in Erfurt, Halle, Greifswald, Leipzig, Gera und Dresden; seit 1963 Film- und Fernsehrollen; ab 1984 Mitglied des Schauspielensembles der DEFA und Arbeiten in der BRD

Auf einmal merkt man, dass diese Freundlichkeit das Gefährlichste ist, was einem begegnen kann. Wenn man diese Leute so spielt, dass sie verlacht werden, nicht ernst genommen werden, dann ist das nicht der Sinn eines Schauspielers.
Arbeit während der Kindheit; wie er zur Antifa-Jugend (später FDJ) und zur Schauspielerei kam; ursprünglicher Berufswunsch und dessen Bezug zu seiner Rolle in der Serie *Alles Glück dieser Erde*; Pferde und Reiten; Dreharbeiten zu *Alles Glück dieser Erde*; erste

Begegnung mit sich selbst in *Kleiner Mann, was nun?*; Definition von Schauspielerei; über die Bedeutung seiner Rolle in *Jede Woche Hochzeitstag* für ihn selbst; Umgang mit Ängsten, das Böse und wie er böse Rollen spielt; Arbeit und Kunst; was er von Portraits hält, die man von ihm angefertigt hat; wie er sich malen würde; Arbeit und Familienleben; Reaktionen auf seine Rollen; wie er zu seiner Rolle in *Mephisto* kam und was sie für ihn bedeutete; warum er in *Mein Bruder, der Clown* die Rolle des Ziehvaters und bei *Das große Fest* den Bruder aus dem Westen spielt; über seine Bindung an Dresden
Interview: Kolano
... stets das Böse will und stets das Gute schafft. 1992. 28 min.
1992. 171 min.

Hopprich, Johann (1924)
Bauer aus Siebenbürgen
Der Platz, wo wir uns gut fühlten, wo wir uns zusammen fühlten, das war die Kirche. Die Kirche war der Zusammenhalt unserer Gemeinde. Wenn etwas für die Kirche getan werden musste – nie ist es mir zuviel gewesen. Die Religion, die Kirche ist für meine Seele eine Beruhigung.
Über Heimweh, seine Vorfahren und Siebenbürgen; das Leben in Deutschland und in seinem Heimatdorf in Siebenbürgen; Bedeutung von Religion und Kirche in seinem Leben; Bilder aus Siebenbürgen nach Ceauşescu
Interview: Grimm, Reinhardt
Hinter sieben Burgen. Der Siebenbürger Sachse Johann Hopprich. 2000. 47 min.

Hosaeus, Lizzie (1910–2000)
Grafikerin; Vater Bildhauer; 1931–1936 Studium an der Kunstakademie Düsseldorf und an den Vereinigten Staatsschulen Berlin; bis 1945 Märchenillustrationen, Werbefilme und Plastiken; nach 1945 zeitkritische Grafik, Zeitschriften und Kurzgeschichten für satirische und Kulturzeitschriften wie *Der deutsche Michel* und *Simplicissimus*; lebte in Berlin
Gegen den Atomkrieg sollten wir Künstler Bilder hergeben, um ihn zu bekämpfen. Da habe ich dieses Bild *Atom* geschickt und es bekam gewaltige Lobeshymnen – was mich wunderte, denn es ist ja ein grausiges Bild. Da habe ich noch den Leiter gefragt: »Wie ist das möglich?« Sagte der: »Ja, Frau Hosaeus, das ist doch eine ausgezeichnete Grafik.« 'ne Grafik! Die Grafik muss anständig sein, aber ich wollte ja den Inhalt zeigen, das Zerstörte darin, das Fürchterliche.
Im Gespräch mit Bettina Latzko Erinnerungen an ihre Jugend, Atmosphäre und Gesellschaften im herrschaftlichen Haus des Vaters; Streitigkeiten des Vaters mit Albert Speer; wie sie zeichnen lernte; über ihre Arbeit in den 30er und 40er Jahren; Verhalten der russischen Besatzungstruppen in Berlin; Verhaftung des Vaters durch die Russen und wie er frei kam; warum sie und ihre Familie von Russen und Amerikanern in Ruhe gelassen wurden; unterschiedliche Kunstauffassung von Russen und Amerikanern; wie sie zur Werbegrafik kam; Themen ihrer Zeichnungen und was sie damit bezweckt; Schwierigkeiten für Frauen in der Kunst; wie ihre zeitkritischen Bücher heute aussehen; über ihren Stil; ihr künstlerisches Selbstverständnis und ihre Einstellung zur zeitgenössischen Kunst; über Ausstellungen ihrer Werke und das unterschiedliche Kaufverhalten von Frauen und Männern; ihre Verbindung zum Werk Wilhelm Buschs; über ihren Glauben
Mein Leben mit dem Zeichenstift (Kunst und Geschichte im 20. Jahrhundert). 1995. 57 min.

Hübner, Klaus (1924)
Ehemaliger Polizeipräsident von Berlin (West); geboren in Berlin; seit 1949 bei der Polizei; aktiv in der GdP und Betriebsrat im Berliner Bezirk Wedding; 1951 Sekretär der GdP, Landesbezirk Berlin; 1953 Bundesgeschäftsführer der GdP Düsseldorf; 1965 MdB, SPD-Fraktion, Mitglied des Innenausschusses; von 1969–1987 Berliner Polizeipräsident

Im Gespräch mit Sybille Ploog und Falco Werkentin über die Situation in Westberlin und innerhalb der Polizei; über Gründe, 1969 nach Berlin zu kommen; Besuch des US-Präsidenten Nixon in Westberlin; neue Konzepte: Gewalt ins Leere laufen lassen; über das staatliche Gewaltmonopol der Polizei; Gewaltmonopol und Waffenungleichheit zwischen Demonstranten und Polizei; Schah-Besuch 1962 in Westberlin und Gegendemonstrationen in Schöneberg; Tod von Benno Ohnesorg; über die »Leberwurst-Taktik« von Dünsing; die Polizeireform; innere und äußere Abrüstung; Polizeiausbildung; Verfassungsschutz und Radikalenerlass; Ambivalenz zwischen »Samthandschuh« und »eiserner Faust«; über Filmaufnahmen durch die Polizei; Behinderungen der Medien durch Polizeibeamte; SEK; polizeilicher Schusswaffeneinsatz, auch mit tödlichem Ausgang; Bekämpfung des Terrorismus; 1979 Initiative »Bürger beobachten die Polizei«; gegenwärtige Situation der Polizei und Kriminalität; Schengener Abkommen; Ausblick für die Arbeit der Polizei in der BRD und Berlin

Wer diskutiert, wirft nicht mit Steinen? (Kunst und Geschichte im 20. Jahrhundert). 1995. 59 min.

Ilsemann, Cornelia von (1948)

Vater: Ulrich de Maizière, Offizier; Cousine von Lothar de Maizière; aufgewachsen bei Hannover und in Hamburg; 1966 Abitur; Aufenthalte in den USA und Kolumbien; 1967 Studium der Mathematik und Geschichte in Bonn, Tübingen und Hamburg; aktiv in der 68er-Studentenbewegung; lebt in Hamburg

Ich habe meinen Vater [Ulrich de Maizière] immer als sehr schnell im Denken, sehr klar, sehr bescheiden im Auftreten, in manchen Bedürfnissen fast asketisch, erlebt. Und Gefühle, expressive Gefühle hat er eigentlich nur gezeigt beim Klavierspielen, da waren sie offenkundig.

Kindheit und Schulzeit; Jugend und Abitur; über Religion, preußische Tugenden und

Musik; Beziehung zum Vater ▸ Ulrich de Maizière; Aufenthalte in den USA und Kolumbien; Studium; Studentenbewegung 1968; »wilde Ehe«; politische Streitkultur in der Familie; Beziehung zur »Ostverwandtschaft« und politische Einstellung der »Ost-de-Maizières«; erster Besuch in Ostberlin; Beziehung zwischen Ulrich und Clemens de Maizière; Prager Frühling 1968, politische Divergenzen bei den »West-de-Maizières«; vom Bild über die Lebensverhältnisse in der DDR; Antikommunismus in der BRD; Anfang der 80er Jahre Einführung regelmäßiger Familientreffen durch die »Jungen«; Wende 1989; Erlebnis der Maueröffnung; Runder Tisch und die Position ▸ Lothar de Maizières; zu den Stasi-Vorwürfen gegen ihn; Familie de Maizière und die deutsche Einheit; über die Brüder ▸ Andreas de Maizière und ▸ Thomas de Maizière; Ostpolitik der NATO

Interview: Grimm

Die de Maizières – eine deutsch-deutsche Familie. 1999. 45 min.

1999. 115 min.

Irrlitz, Gerd (1935)

Ordinarius für Philosophie; lehrte Geschichte der Philosophie und Ethik an der HU Berlin

Ein Aussteigen aus den Methoden wissenschaftlicher Rationalität führt zurück in eine Gesellschaft autoritärer Ordnungen mit einer Zerstörung der Demokratie.

ⓘ Wissenschaftliche Rationalität als Vernunft; das Mensch-Natur-Verhältnis; Historisierung des Wegs der Vernunft; über die vorwissenschaftliche Phase der Vernunft, über Mythen; Koalition der Vernunft als Alternative; demokratische Diskurspraxis; DDR-Philosophie; über die Funktion der Zeitschrift Sinn und Form – Im Diskurs mit ▸ Rudolf Bahro zur Rationalität und Irrationalität; Sozialökologie und über Energieressourcen

Der Weg der Vernunft – Vernunft als Weg. 1992. 45 min.

Rationalität als Hoffnung? 1993. 7 min.

Sinn und Form. Eine Kulturzeitschrift im Gespräch. 1999. 45 min.

1989. 88 min.

Jachmann, Alfred (1927–2002)

ⓘ Wie er Auschwitz überleben konnte und warum er nach der Befreiung in Deutschland blieb; Rolle der Religion für ihn; wie es um den Dialog zwischen Juden und Christen steht; Einschätzung einer neuen Faschismusgefahr

Das Wort Rache ist mir fremd. Wie lebt ein Jude nach 1945 in Deutschland? 1994. 44 min.

Jacob, Anke (1971)

Fotografin; Abitur, Ausbildung im Lette-Verein in Berlin als Fotodesignerin: seit 1997 freiberufliche Fotografin; 2000 Ausstellung Menschen des 20. Jahrhunderts in der Galerie Schwarzenberg

ⓘ Über ihre Idee, zur Jahrhundertwende Menschen der Jahrgänge 1900 bis 1999 zu porträtieren; Meinungen zu Porträts und Bildunterschriften; über sich selbst und ihre Arbeit als freischaffende Fotografin; über authentische Fotos von einer Hundertjährigen und die Gelassenheit älterer Menschen; im Gespräch mit Konrad Hofmeister darüber, wie sich beide bei Foto-Klinke kennengelernt haben; über die verschiedenen Erwartungen aller an einer Porträtausstellung beteiligten Akteure

Interview: Brethauer

Fotografin in Berlin (Menschen des 20. Jahrhunderts). 2000. 44 min.

Janka, Walter (1914–1994)

Verleger und Dramaturg; geboren in Chemnitz; Vater Werkzeugmacher; Ausbildung zum Schriftsetzer; 1933–1935 Haft und Konzentrationslager; 1935 Exil in Prag; 1936–1939 im Spanischen Bürgerkrieg; 1939–1941 Internierung in Frankreich; 1941–1947 Exil in Mexiko; 1950–1956 Chef des Aufbau-Verlages; 1956 Verhaftung, 1957–1960 Zuchthaus Bautzen; 1962–1972 Dramaturg bei der DEFA; 1990 Aufhebung des Urteils von 1957

Ich kam ja aus dem westlichen Exil in die damalige Sowjetische Besatzungszone mit dem Vorsatz zu versuchen, als Alternative zum Hitlerfaschismus eine neue Gesellschaft aufzubauen. Und darunter verstanden wir natürlich, dass wir das, was wir in der Hitlerzeit erlebt haben, korrigieren. Das heißt, dass wir die unter Hitler verbotene Literatur wieder öffentlich machen wollten.

ⓘ Über den Umgang mit West- und Ost-Immigranten in der DDR; über Exil und Exilanten in Mexiko; Gründe, warum er und andere Exilanten nach Deutschland zurückgekehrt sind; über unterschiedliche Auffassungen kommunistischer Ost- und Westemigranten bezüglich der weiteren gesellschaftlichen

Entwicklung nach 1945; Reflexion der Vorgänge in der stalinistischen Sowjetunion der 30er Jahre und im II. WK; Gustav Regler und Alfred Kantorowicz als Beobachter der Moskauer Prozesse; Begegnung mit Noel Field und der Versuch, diesen in die DDR zu holen; politische Vorgänge in der DDR und innerhalb der SED in den 50er Jahren; zur ambivalenten politischen Haltung der schriftstellerischen Intelligenz der DDR in den Jahren 1949–1956; der »Kartoffelkäfer-Angriff« der USA und Kalter Krieg; über seine damalige Sekretärin im Aufbau-Verlag; warum der Aufbau-Verlag sich der klassischen Literatur zugewandt hatte; Förderung junger Autoren; über (durch seine Verhaftung) nicht realisierte Pläne mit dem Aufbau-Verlag und wie er noch in der Haft »operativ bearbeitet« wurde; Beschreibung der kulturpolitischen Situation der DDR der 50er Jahre; seine Tätigkeit im SED-Parteivorstand, um wieder als Verleger arbeiten zu können – Im Gespräch mit ▸ Werner Mittenzwei zur Geschichte des Aufbau-Verlages; Struktur und Verlagsprogramm des Aufbau-Verlages; über fehlende Druckrechte, die Maxim-Gorki- und Thomas-Mann-Ausgabe; über den Umgang des Verlages mit Autoren, z.B. mit Johannes R. Becher, Leonhard Frank und Arnolt Bronnen; warum Bechers selbstkritische Betrachtungen in der Sowjetunion zensiert und nicht verlegt wurden; Becher, seine Rolle als Literat und Politiker und seine Bedeutung als Kulturminister; über Hanns Eislers Johann Faustus, Heinrich-Heine-Klub und der Verlag El Libro Libre; Ernst Rowohlt als Verleger und Freund; über Schwierigkeiten beim Lizenzerwerb vom S. Fischer Verlag; über die verordnete Buchpreissenkung und wie der Aufbau-Verlag schwarze Zahlen schrieb; gegen die Behauptung von Wieland Herzfelde, es hätte in der DDR nur Verlagsleiter, aber keine Verleger gegeben; über die Rechte an Bertolt Brechts Texten und die Kooperation mit dem Suhrkamp Verlag; wie man mit den Werken von Autoren wie Thomas Mann und Bertolt Brecht umgehen sollte; Unterredung mit Brecht wegen der Druckrechte; Versuch Jankas, einen Film nach der Idee Brechts zu drehen; wie er in Hamburg mit Unterstützung Ernst Rowohlts eine Filiale des Aufbau-Verlages gründen wollte; über das Amt für Literatur als Zensurbehörde; wie Otto Grotewohls Frau beim Aufbau-Verlag einen Job suchte; über Georg Lukács; zur Situation der Juden – Zusammen mit seiner Frau Charlotte Janka über Maria Weiterer, Grete und Paul Merker und Noel Field; Merkers Verhältnis zur Partei; politische Taktik Walter Ulbrichts im Zusammenhang mit Jankas Verurteilung; 1956 Verhaftung ▸ Wolfgang Harichs und Belastung durch dessen Aussagen; Paul Merkers

politische Zuständigkeiten; Franz Dahlem und ein geplanter großer Schauprozess in der DDR; Verhaftung und Misshandlung Paul Merkers durch Staatssicherheit und NKWD; Vernehmung Jankas durch die Staatssicherheit und über den Versuch, Paul Merker zu entlasten; ein Gespräch bei Hermann Matern; über ein Dokument von Noel Field; Brief von Paul Merker an Franz Dahlem; Willi Kreikemeyers Verhaftung und Tod; Lex Ende, Rudi Feistmann und deren Tod; Paul Merkers Brief an Wilhelm Pieck zur eigenen Rechtfertigung; Merkers Ruf als Trotzkist; persönlicher politischer Bruch durch den Fall Merker

Interview: Grimm, Mittenzwei
Erinnerungen eines Verlegers. 1994. 54 min.
1990; 1993. 290 min.

Jens, Inge (1927)
Germanistin, freiberufliche Journalistin und Herausgeberin; geboren in Hamburg
Hans Mayer war für Thomas Mann in der DDR – einem Land, dem er mit großen Sympathien, aber doch auch immer mit einem etwas unheimlichen Gefühl gegenüber stand – der Garant, wie weit er sich einlassen kann.
Im Gespräch mit Hans Mayer Erinnerung an den 122. Geburtstag von Thomas Mann; besondere Bedeutung Hans Mayers in der Mann-Forschung; Thomas Manns Reaktion auf die Biographie, die Hans Mayer über ihn schrieb; die eigene Arbeit an der Herausgabe der Mann-Tagebücher; über ihre Eindrücke von den Weimar-Besuchen; Stellenwert der von Mayer betreuten Werkausgabe von Thomas Mann; zur Beziehung zwischen Thomas Mann und Georg Lukács; Einfluss Gerhart Hauptmanns auf Thomas Mann und dessen Betroffenheit über Hauptmanns Tod; Manns Hinwendung zu Lew Tolstoi; Entstehung des Schiller-Essays; über den Roman *Dr. Faustus*; der Weg Deutschlands vom Universalismus in den Nationalismus
Erinnerungen an Thomas Mann. 1997. 50 min.
1997. 116 min.

Jens, Walter (1923)
Schriftsteller, Literaturwissenschaftler; geboren in Hamburg; 1941–1944 Studium der Germanistik und Klassischen Philologie in Hamburg und Freiburg; ab 1949 zunächst Dozent, ab 1956 Professor für Klassische Philologie und ab 1963 für Rhetorik in Tübingen; 1988 emeritiert; ab 1989 Präsident der AdK (West) und 1993–1997 der AdK Berlin-Brandenburg

Ich glaube, dass der Künstler einen Platz hat, den er niemals preisgeben darf: auf der Seite der Ohnmächtigen, auf der Seite der Abhängigen – nicht auf der Seite der Macht – auf der Seite der Mühseligen und Beladenen. Ich sehe die Welt radikal von denen aus, die ihre Zeche zu bezahlen haben.
Walter Jens als Präsident der AdK (West) 1989; Projekt Vereinigung beider Akademien in Ost und West; Heiner Müller als Präsident der AdK der DDR; Verhältnis zwischen Walter Jens und Heiner Müller; Freundschaft zu Stephan Hermlin; über die Arbeit der Gauck-Behörde; AdK und ihre zukünftige Stellung in der Gesellschaft; über die Gruppe 47; Sozialdemokratie; Nachrüstung; Erfurter Erklärung; Kalter Krieg; die Macht der Medien und wie man ihr begegnen kann; über Hörfunk, Fernsehen und fehlende Zivilcourage von Journalisten; junge und ältere Generation; über den Streit um die Veröffentlichung von Texten Ernst Jüngers in der Zeitschrift Sinn und Form; zur Erpressbarkeit des Staates durch Wirtschaftsbosse; Notwendigkeit nüchterner Analyse der Verbindung von Politik und Wirtschaft; Aufgabe und Verantwortung von Kunst und Künstlern gegenüber der Gesellschaft; zu Walter Markov und über Wolfgang Koeppen – Über seinen Vortrag Das Doppelgesicht des Intellektuellen. Nachdenken über Odysseus
Interview: Grimm
Tradition und Zukunft einer 300jährigen Akademie der Künste. 1995. 55 min.

Kunst und Zivilcourage. 1997. 46 min.

Das Doppelgesicht des Intellektuellen. 1993. 56 min.

1993–1994; 1997; 1999. 102 min.

Jungk, Robert eigtl. Robert Baum (1913–1994)

Wissenschaftspublizist, Futurologe; geboren in Berlin; 1933 Emigration; Studium in Paris; 1934 Ausbürgerung aus Deutschland; 1950 amerikanische Staatsbürgerschaft; seit 1970 Professor an der TU Berlin; 1986 Alternativer Nobelpreis

Ich meine, wir stehen an der Schwelle einer neuen Zivilisation.

Bekanntschaft mit Harro Schulze-Boysen; über ▸ Theo Pinkus; anthropologische Charakteristiken des Menschen; Jugendbewegung und Gegner-Kreis; Weltwirtschaftskrise; Verhaftung; Widerstand im Nationalsozialismus; aktuelle Lage des Kapitalismus; zum Sozialismus; die zukünftige Bedeutung der Kulturen der Dritten Welt; Abrüstung; ethische Praxis; Intellektuelle im 19./20. Jh.; »Datenbank der Hoffnung«; über den Doppelcharakter von Krisen; der subjektive Faktor in der Gesellschaft; Zukunftswerkstätten und Zukunftsbibliothek; Gestaltungszentren der Gewerkschaften; über objektive und subjektive Erinnerung

1990–1991. 164 min.

Just, Gustav (1921)

Redakteur, Übersetzer; geboren in Reinowitz (Böhmen); Vater Maschinist, Kommunist; Volksschule und Gymnasium; 1940–1945 Kriegsfreiwilliger; 1945/46 Steinarbeiter in Böhmen; Aussiedlung nach Deutschland; 1946 SED; Neulehrer; verschiedene Parteifunktionen in Kunst, Kultur und Erziehung; 1955–1957 stellvertretender Chefredakteur der Zeitschrift Sonntag; 1957 Verhaftung und Verurteilung im Zusammenhang mit dem Harich-Prozess; nach zwei Jahren Einzelhaft in Bautzen Entlassung; 1960–1986 freischaffender literarischer Übersetzer aus dem Tschechischen; seit 1989 Mitglied der SDP/SPD; 1990/1991 Alterspräsident des Brandenburger Landtags

Walter Janka war in besonderem Maße psychisch und in tiefster Seele, in tiefsten Gedanken als Altgenosse davon getroffen, dass ihn dort seine eigenen Genossen verurteilt haben. Er war bis an sein Lebensende böse darüber, er konnte nur immer mit höchster Erregung, hochrot davon sprechen.

Atmosphäre nach dem XX. Parteitag der KPdSU mit der Rede von Chruschtschow; über Stalinismus und Personenkult; offene Diskussionszirkel speziell in der Redaktion des Sonntag; Hoffnungen und Diskussionen zur Demokratisierung des Sozialismus und eine Reform ohne Walter Ulbricht; über ▸ Wolfgang Harich und ▸ Walter Janka; Demokratisierung in allen gesellschaftlichen Bereichen; über Harichs Memorandum, in dem er die Ideen, Vorschläge und Gedanken aus den gemeinsamen Gesprächen formulierte; Harichs Treffen mit dem sowjetischen Botschafter Georgi M. Puschkin; Harichs Westkontakte zum SPD-Ostbüro; Harich als Zeuge der Anklage, als Belastungszeuge; über möglichen Druck der Staatssicherheit; über Walter Jankas Hafterlebnisse und dessen Schuldzuweisungen an Harich; über die eigenen Hafterfahrungen

Interview: Franksen

2000. 25 min.

Kaku, Michio (1947)
Physiker, Zukunftsforscher; geboren in den USA als Sohn japanischer Einwanderer; Harvard Stipendiat; Professor für Theoretische Physik am City College New York

Die Zukunft des Internets, das ist einfach ihre Armbanduhr. Sie werden in Zukunft einfach mit ihrer Armbanduhr sprechen und ihre Armbanduhr wird Ihnen antworten.

Ergebnisse seiner Umfrage unter 150 Wissenschaftlern zur Frage: Welches ist ihre Vision für die nächsten zwanzig, fünfzig und hundert Jahre?; Zukunftsvisionen von z.B. telefonierender Kleidung und Videokonferenzen auf der Sonnenbrille; Vergleiche mit Innovationen der Vergangenheit; über Gefahren, die von übermächtigen Computern ausgehen könnten

Quantensprung in die Zukunft (Berliner Lektionen). 2000. 41 min.

2000. 58 min.

Kant, Hermann (1926)
Schriftsteller; geboren in Hamburg; Vater Gärtner; 1964 Mitglied es PEN-Zentrums Ost und West, 1965 *Die Aula*, 1967–1978 Mitglied im Präsidium des PEN-Zentrums der DDR; 1978–1990 Präsident des DDR-Schriftstellerverbandes; 1979 wesentlich am Ausschluss von Autoren aus dem Schriftstellerverband im Zusammenhang mit der Biermann-Affäre beteiligt; 1976 *Der Aufenthalt*; 1991 *Abspann*

Im Streitgespräch mit ▸ Friedrich Schorlemmer über Feindschaften und Feindbilder; Ausschluss von Schriftstellern aus dem Schriftstellerverband; über die Hitler-Tagebücher in der Zeitschrift Stern; Grad seiner Entscheidungsfreiheit und was er verändern wollte; Stellungnahme zum 11. Plenum des ZK der SED; besteht darauf, seine Reden und seine Bücher nicht getrennt zu beachten; Erinnerung an ein Gespräch mit dem amerikanischen RIAS-Chef

Gespräche zur Selbstaufklärung. 1992. 47 min.

Kertész, Imre (1929)
Schriftsteller; geboren in Budapest; mit vierzehn Jahren nach Auschwitz deportiert; nach dem Krieg Übersetzungen ins Ungarische (Freud, Nietzsche u.a.); internationale Anerkennung mit dem *Roman eines Schicksallosen* (1975 in Ungarn unter dem Titel *Schicksallosigkeit* erschienen); *Fiasko* (1999); 2002 Literaturnobelpreis

Damals, in der kurzen und hoffnungsvollen Zeitspanne, als die Berliner Mauer fiel, wagte ich niederzuschreiben, dass der Holocaust in geistig-moralischem – also kulturellem – Sinn ein Wert ist. Weil er durch unermessliches Leid zu unermesslichem Wissen geführt hat und damit eine unermessliche Reserve in sich birgt.

Foto: Rillke Sandelmann

Imre Kertész im Gespräch mit Marion Titze

Gesellschaft der 30er Jahre in Budapest; Kindheit; Selbstverleugnung als Erziehungsgrundsatz; totalitäre Sprache der Diktaturen des 20. Jh. und deren Wirkung auf Menschen; zu verschiedenen jüdischen Interpretationen des Holocaust; die Frage, wie man über den Holocaust schreibt und ob eine eigene Sprache darüber denkbar sei; über den *Roman eines Schicksallosen* und »Inflation des Holocaust«, der Überlebende als Rollenklischee

Die exilierte Sprache (Berliner Lektionen). 2000. 44 min.

2000. 47 min.

Khema, Ayya eigtl. Ilse Kussel (1923–1997)
Therawada-Nonne; geboren in Berlin; Vater jüdischer Bankier; 1939 mit einem Kindertransport nach Glasgow verschickt, 1940 zu

den Eltern nach Shanghai; 1943 Internierung durch Japaner; 1949 Auswanderung nach Amerika; dort Bankangestellte; Mutter von zwei Kindern; nach der Scheidung Farmerin in Australien; in Sri-Lanka zur Nonne geweiht; gründet 1989 ein buddhistisches Kloster im Allgäu

Seit ich mit fünfzehn Jahren Berlin verlassen habe, habe ich mich nirgendwo mehr zu Hause gefühlt, habe ich keine Heimat mehr. Ich bin einfach in der ganzen Welt zu Hause.

Über ihren Weggang aus Berlin und die Stationen des anschließenden Exils; über die Angst in ihrem Leben; Heirat und Reise durch die Dritte Welt; erste »Begegnung« mit Buddha; die »Reise nach innen«; buddhistische Lehre; über Meditation

Vom Spreeufer zum Nirwana (Berliner Lektionen). 1995. 50 min.

1995. 100 min.

Kindler, Helmut (1912)
Verleger; 1928 Schauspielunterricht bei Erwin Piscator; 1930–1935 Regieassistent; 1936–1938 Redakteur beim Deutschen Verlag, 1938–1944 Lektor beim Ullstein Verlag; 1945 Frontsoldat; 1945 Gründung des Kindler Verlages, zunächst als Zeitschriftenverlag, dann Lexikon-Verlag; 1965 Trennung vom Zeitschriftenverlag; 1981 Verkauf und 1985 Rückzug aus dem Verlag

Ich hatte eine Lesung von Döblin gehört, die hatte mich fasziniert und ich habe mir gesagt: »Den Döblin muss ich kennenlernen.« Ich bin in seine Arztpraxis und habe gesagt, ich hätte mir den Fuß verstaucht. Dann hat er geguckt – ein bisschen misstrauisch – und dann hat er gefragt, auf welche Schule ich gehe. Ich ging wahnsinnig ungern in die Schule, ich habe die Schule gehasst. Und er: »Also, wie viele Tage wollen sie denn frei haben?«

Aufbau und Entstehung seines Buches *Zum Abschied ein Fest*; letzte Arbeitsjahre nach dem Verkauf des Verlages; Theaterbesuche 1928 und über die Uraufführung von Bertolt Brechts *Dreigroschenoper*; erste Unterrichtsstunde bei Erwin Piscator; Arbeit als Regieassistent und in kleinen Theaterrollen; erste Begegnung mit Alfred Döblin; der Antisemitismus-Disput zwischen Brecht und Lampel; warum er sich vom Theater abwandte und Journalist wurde; für welche Zeitungen und Zeitschriften er schrieb; wie er zum Chefredakteur von Erika – Die frohe Zeitschrift für Front und Heimat wurde; über seine Verhaftung an der Ostfront

Ein Leben im Dienste des Wortes. 1992. 54 min.

Kissinger, Henry A.
eigtl. Heinz Alfred Kissinger (1923)
Amerikanischer Diplomat; geboren in Fürth; 1938 mit den Eltern in die USA emigriert; 1952 Direktor des Instituts für Internationale Beziehungen; 1962 Professor für Politikwissenschaft an der Harvard University; Sicherheitsberater der Präsidenten Nixon und Ford; 1973–1977 US-Außenminister; 1973 Friedensnobelpreis für den mit Vietnam ausgehandelten Waffenstillstand

„“ Amerika musste sich niemals zwischen seinen moralischen Überzeugungen und rein politischen Notwendigkeiten entscheiden. Es gab zwei eindeutige politische Lager, und der Kalte Krieg stützte sich auf ein Engagement, zu dem alle Amerikaner fähig waren.
i In einer von Josef Joffe und Giovanni di Lorenzo moderierten Podiumsdiskussion mit ▸ Egon Bahr und Valentin Falin über die Entspannungspolitik zwischen Ost und West in Europa ab Ende der 60er Jahre; über die vorbereitenden Gespräche und Verträge zum Vier-Mächte-Abkommen 1971 – Was ihn mit Deutschland verbindet; Geschichte und geografische Lage der USA als Grundlage ihrer Außenpolitik und ihres Sendungsbewusstseins; neue Herausforderungen für die US-amerikanische Außenpolitik; Definition Europas; Verhältnis zwischen Russland und der NATO; russisch-europäische Beziehungen; die neue Weltordnung; seine Freundschaft zu ▸ Helmut Schmidt
Wandel durch Annäherung. 1993. 53 min.
Europa und Amerika im 21. Jahrhundert (Berliner Lektionen). 1994. 44 min.
1994. 59 min.

Klauß, Jürgen (1946)
Autor, Regisseur, Produzent, Schauspieler; 1965–1973 Studien an verschiedenen Hochschulen und an der HU Berlin; Meisterschüler bei Konrad Wolf; 1973 DEFA Studio für Spielfilme; 1978 Ausbürgerung aus der DDR und Übersiedlung in die BRD und Westberlin; lebt überwiegend in Berlin
„“ Beide, Heiner Müller und Konrad Wolf, waren für mich in der Weise überzeugend, wie sie eine sehr eigene Interpretation zu dieser Welt, eine sehr eigene Optik zu den Ereignissen der Zeitgeschichte und eine sehr eigene Ästhetik, wie dieser Geschichte oder dieser Zeitgeschichte beizukommen ist, beisteuerten.
i Wie ▸ Heiner Müller seine Situation in der DDR sah und warum er nicht in den Westen ging; avantgardistische Positionen Müllers und Wolfs; warum Klauß zum Einzelschüler von Wolf wurde; Filmarbeit zu Wolfs *Goya*; Produktionsauftrag, Besetzung, Produktionskosten und eigene Zuständigkeiten als Regieassistent; über politische Haltung und reale Macht Konrad Wolfs; wie das Vorstellungsgespräch bei ihm verlief; warum Filmprojekte von Klauß in der DDR nicht realisiert wurden; Ausreise und Karriere im Westen; über den Neuen Deutschen Film und seinen Film *Die Grenze*; Machtverhältnisse in der Kinofilm-Produktion; über kaum vorhandene Unterschiede zwischen Ost- und Westschauspielern; zu Unterschieden im Selbstverständnis zwischen Künstlern in Ost und West; Bedeutung des Theaters in Ost und West; über ▸ Jürgen von Alten, dessen Leben und Schaffen
Interview: Grimm

Zwischen den Meistern in den Zeiten. 1997. 52 min.
1999. 28 min.

Kleinschmidt, Sebastian (1948)
Redakteur, Publizist; geboren in Schwerin; Vater: Karl Kleinschmidt, Domprediger; 1966 Abitur; 1970–1972 Studium der Geschichte, 1972–1974 Philosophiestudium; 1974–1978 Forschungsstudium der Ästhetik; 1978–1983 wissenschaftlicher Mitarbeiter der AdW der DDR; 1984–1987 Mitarbeiter der AdK; 1988–1990 stellvertretender Chefredakteur, ab 1993 Chefredakteur der Zeitschrift Sinn und Form
Für eine Zeitschrift wie Sinn und Form ist der Leser eine Erfindung des Herausgebers.
1989 Feierlichkeiten zum 40jährigen Jubiläum der Zeitschrift Sinn und Form; zur Gründungsidee, über Johannes R. Becher und Peter Huchel; Verhältnis Autor – Lektor; verschiedene Debatten in den 70er und 80er Jahren: ▸ Adolf Endler, ▸ Ulrich Plenzdorf, ▸ Wolfgang Harich, Friedrich Nietzsche; Zukunft der Zeitschrift nach dem Zusammenschluss von West- und Ost-AdK; über den Streit um die Veröffentlichung von Texten Ernst Jüngers; zur Reprint-Ausgabe der ersten zehn Jahre, zum Charakter von Sinn und Form und über die Leser der Zeitschrift; Feierlichkeiten zum 50jährigen Jubiläum; was die Zeitschrift ihm persönlich bedeutet
Interview: Grimm

Sinn und Form. Eine Kulturzeitschrift im Gespräch. 1999. 45 min.
1989; 1992; 1999. 183 min.

Klemperer, Klemens von (1916)
Historiker, Autor; geboren in Berlin; Studium in Wien; 1938 Emigration in die USA; Harvard University, 1943–1946 US-Army; seit 1949 Dozent am Smith College (Massachussetts); *Die verlassenen Verschwörer* (1992)

Damals erschien ein jetzt ganz oft zitierter Artikel von einem jungen amerikanischen Historiker, der furchtbar den deutschen Widerstand heruntermachte. Also: Es kam alles zu spät – was natürlich richtig ist –, es waren aber alles Nazis – was ganz falsch ist –, waren alles Reaktionäre. Und das hat mich so geärgert, dass ich dachte: Jetzt werde ich mal ein Buch darüber schreiben und das richtig stellen.
Jugend in Wien; Erlebnisse in der Nacht vom 11. März 1938, vor dem Anschluss Österreichs an Deutschland; die erste Zeit in den USA; Gründe für das Studium der Geschichte und des deutschen Widerstandes; Vergleich des Antisemitismus in Deutschland und Österreich; über sein Verhältnis zur alten Heimat; Motivationen des Widerstandsaktivisten; Zusammenhang von Widerstand und Verrat und Widerstand und Patriotismus; der

Eid der Offiziere auf den Führer; Armeedienst und Kampf gegen Nazi-Deutschland; Einführung in das amerikanische Leben durch die Armee; Ursprünge des deutschen Widerstandes; Heinrich Himmlers Verbindung zum Widerstand; über autobiografische Züge in seinem Geschichtswerk; Aufgaben von Allen Dulles und seine Verbindung zum deutschen Widerstand; Entwicklung Deutschlands nach dem Krieg; Konrad Adenauers Position zur deutschen Teilung; die Alliierten und die Wiedervereinigung; über das BDC; ehemalige Nationalsozialisten in Adenauers Regierung; Politik der USA nach dem Kalten Krieg; Perspektiven der Zukunftsentwicklung; warum er den Marxismus ablehnt
Interview: Grimm
1994. 91 min.

Klös, Heinz-Georg (1926)
Zoologe; geboren in Wuppertal; Vater Chemiker; als Schüler Aushilfe im Wuppertaler Zoo; nach dem II. WK Ausbildung zum Tierpfleger; Studium der Veterinärmedizin und Zoologie; 1954 Direktor des Osnabrücker Zoos; 1956–1991 Direktor des Zoologischen Gartens in Berlin
Ich lernte meinen Beruf von der Pike auf, und ich glaube, es hat bis heute keinen Zoodirektor gegeben, der so viel praktische Erfahrungen mitbrachte wie ich.
Zur wechselvollen Geschichte des Zoologischen Gartens von der Gründung 1841 bis zur Gegenwart; zu seiner Biografie und Tätigkeit als Zoodirektor
150 Jahre Zoologischer Garten Berlin (Urania Berlin). 1994. 46 min.

Knepler, Georg (1906–2003)
Musikwissenschaftler; geboren in Wien; seit 1929 Korrepetitor, Kapellmeister und Dirigent; 1934 KPÖ und Emigration nach England; 1946 Rückkehr nach Österreich; 1949 Übersiedelung in die DDR; 1950–1959 Direktor der HS für Musik »Hanns Eisler« in Berlin; 1959 Direktor des Musikwissenschaftlichen Instituts der HU Berlin; 1971 emeritiert
Im November 1949 kam ich hierher, um eine Musikhochschule zu gründen. Der damals zuständige Minister, Paul Wandel hieß er, sagte: »Schau' dich um, mach uns Vorschläge!« Ich bin dann im Land herumgereist und habe mir die existierenden Musikschulen angesehen, die Musikhochschule und auch das Konsistorium, das damals das berühmteste war in Westberlin. Im Ostteil gab es nichts dergleichen. Ich habe dann den Vorschlag gemacht, man solle eine Musikschule in Berlin gründen.

Kindheit und Schulzeit in Wien; das Aufwachsen mit Museum, Oper und Theater; Musikunterricht und Studium der Musikwissenschaft; Hanns Eislers Musikauffassung und dessen Verbindung zur Arbeiterbewegung; Helene Weigel in den 30er Jahren; über die Freundlichkeit von Bertolt Brecht, Hanns Eisler und Karl Kraus im persönlichen Umgang miteinander; die eigene Situation 1932/33 als entlassener Musiker; über Stimmungen unter den Freunden und den Eintritt in die bereits illegale KPÖ; politische Aktionen und Haft; Exil in London; über englische Musikliteratur; Wirken als Pianist im Austrian Center; über Ernst Fischer; Schritt von der praktischen zur theoretischen Arbeit mit Musik auf den Arbeitsgebieten Musikästhe-

tik, Musikgeschichte und Musikethnologie; wie er Karl Kraus kennenlernte und dessen Pianist wurde; zu den Vorlesungen von Kraus; Eislers Stil anhand von Musikbeispielen und über Parallelen zu Mozart; der XX. Parteitag der KPdSU und die Prozesse gegen Leo Trotzki; zum DDR-Sozialismus; über Gestaltung von Musikerziehung und -wissenschaft 1949; warum er als Spion Titos galt und über die Unmöglichkeit, einen Dirigenten aus den USA einzustellen; Paul Dessaus Oper *Das Verhör des Lukullus* und über den Wandel der eigenen Auffassungen dazu; zur Entwicklung der deutschen Geistesgeschichte sowie über Methoden, Ziele und Möglichkeiten einer ästhetischen Erziehung
Interview: Grimm
Immer noch Sozialist. 1992 . 45 min.
1993. 214 min.

Knuth, Uwe (1935)
Bankier, Maler; geboren in Hamburg
Berlin war für mich insofern eine neue Erfahrung, weil es eine einzige Baustelle ist, aber die hat mich so fasziniert.
Über seine Bilder, wo er die Motive dafür fand und was für ihn den Unterschied zwischen Hamburg und Berlin ausmacht
Kunst und Zinsen. Ein Hamburger sieht Berlin. 2000. 12 min.

Kofler, Leo Ps. Stanislaw Warynski (1907–1995)
Sozialphilosoph, Publizist; geboren in Chocimierz (Galizien); Vater jüdischer Großgrundbesitzer; 1915 Übersiedlung nach Wien; 1916–1927 Handelsgymnasium; 1930–1938 Studium; 1938 nach Verhaftung Flucht in die Schweiz; 1947 Übersiedlung in die spätere DDR; 1949 Direktor des Instituts für Historischen Materialismus in Halle; 1950 wegen parteifeindlichen Verhaltens Entlassung aus allen Ämtern; Flucht vor drohender Verhaftung nach Westberlin; 1951 Niederlassung in Köln; 1977 Honorarprofessor an der Universität Bochum

Leo Kofler mit seiner Frau

Ich war wirklich ein dialektischer Marxist. Als ich in die DDR kam, war ich erschrocken, was ich so über den Marxismus hörte.
Über Herkunft, Religiosität und Erziehung; seine Kindheit in Wien, Bildungsanfänge und Einflüsse des Vaters; Kriegsbeginn 1914; während der 20er Jahre Besuch der Wiener Kunstakademie; Studium bei Max Adler; Wiener Arbeiteraufstände 1927 und 1934; der alltägliche Faschismus in Wien; dramatische Flucht in die Schweiz; über Versuche des englischen Geheimdienstes, ihn als Dissidenten zu instrumentalisieren; 1947 Mitglied der SED in der SBZ; 1949 Promotion und Habilitation; über SED-interne Auseinandersetzungen, Hochschulentlassung, Austritt aus der Partei und Flucht nach Westberlin; über Wolfgang Abendroth; zu Vorstellungen und Hoffnungen, die mit dem Neubeginn nach dem Krieg verknüpft waren; persönliche Stalinismus-Erfahrungen und über Ursachen für die Re-Stalinisierung bis in die Privatsphäre in der SBZ; Begegnung mit Georg Lukács in Budapest; über den Neuanfang während der 50er Jahre in Köln; Empfindungen und Betrachtungen zum Bau der Mauer; über NATO contra Warschauer Vertrag als neue Form des Klassenkampfes; Publikationsanfänge in der BRD; die APO-Bewegung; Lehrtätigkeit in Bochum; über sein Buch *Die Wis-*

senschaft von der Gesellschaft und Konrad Farner, der das Vorwort schrieb; Entstehung des Pseudonyms Stanislaw Warynski; Verhinderung seiner Berufung an die Universität Frankfurt/Main durch Adorno; über Theodor Adorno, Jürgen Habermas und Herbert Marcuse; Max Adlers Staatstheorie; zum Buch *Kausalität und Teleologie*; Karl Marx und dessen Einschätzung der russischen Verhältnisse; über die Sowjetunion und ▸ Michail Gorbatschow; die kommunistischen Parteien des Ostens, deren Führungsanspruch und »Wahrheitsmonopol«; zum Verhältnis Marxismus und Humanismus in Theorie und Praxis; Wesen des Menschen und des Humanismus; Verhältnis von Subjekt und Objekt, von Individuum und Gesellschaft; Rolle von Persönlichkeiten in der Geschichte, von Führung und Geführten; über Klassenkampf auf der Grundlage der marxistischen Theorie; Verhältnis zwischen Kapitalismus und Sozialismus; Herrschaftsverhältnisse in der modernen bürgerlichen Gesellschaft; über den Staat, Ökologie, Technik und moderne Welt; das Wiener Bildungssystem; Wesen der Ästhetik bei Lukács; über Ernst Blochs Prinzip Hoffnung; Theorie der asiatischen Produktionsweise; die Studentenstreiks in China; über eigene Theorien zum Begriff der Totalität; Einschätzung seiner theoretischen Lehren; über Sein und Bewusstsein, Entfremdung und Medien; Prognosen zur Gesellschaftsentwicklung; Auftrag der Philosophie heute und Aufgaben der marxistischen Intellektuellen in Ost und West
Interview: Grimm
Vom Vagabunden zum Professor. 1992. 55 min.
1989. 321 min.

Koller, Peter jr. (1934)
Architekt; geboren in Berlin; seit 1940 in Wolfsburg; ältester Sohn von Professor Peter Koller (dem Planer und Erbauer der »Stadt des KdF-Wagens« 1938-1940); Lehre im Büro Teschner

Mein Vater sagte immer »Das sind Lausbuben, die da bauen. Und wenn Lausbuben etwas machen, können nicht immer nur wahre Kunstwerke entstehen.« Es war immer so ein Abwägen: Masse und Qualität, und je nach Bürgermeister und persönlichen Möglichkeiten, etwas durchzusetzen, wurde mal etwas Besseres gemacht.

Über den Vater und dessen Philosophie aus der Wandervogelbewegung: »Bauen für die Menschen«; praxisnahes, methodisches Stadtplanen und Einbezug der Natur; besondere Beziehung zwischen Albert Speer und Peter Koller sen.; Auftrag an Peter Koller sen. für den Bau einer Stadt; Ausstattung der Wohnungen; besondere rechtliche Voraussetzungen für die Stadtentwicklung (Erbbaurecht) durch Landverkäufe des Grafen von der Schulenburg; Verhältnis zwischen Koller sen. und Heinrich Nordhoff; die »Retortenstadt« Wolfsburg; Kirchenarchitektur und -bau unter Peter Koller sen.; Bauen in der Zeit des Wirtschaftswunders; über autogerechtes Bauen und städtebauliche Versäumnisse in der Aufbruchstimmung; über die gute Zusammenarbeit mit ▸ Hugo Bork; Entwurf der St. Heinrichskirche und Entwicklung der Kronenform durch Koller jr.; über Prälaten Holling; Reprivatisierung des VW-Werkes
Interview: Grimm
1995. 50 min.

Konrád, György (1933)
Soziologe, Schriftsteller; geboren in Debrecen (Ungarn); 1965–1973 Tätigkeit als Soziologe in der Forschung; ab 1978 Publikationsverbot; ab 1990 Präsident des Internationalen PEN-Klubs; 1991 Friedenspreis des Börsenvereins des Deutschen Buchhandels; seit 1997 Präsident der AdK

Ich denke, dass Literaten nicht immer mit der Literatur beschäftigt sein sollten. Ich finde es sogar für den Geist nicht sehr gesund.

Im Gespräch mit Volker Müller über den persönlichen Werdegang; Bedeutung von Weltkultur und Nationalkultur; über sein ungarisches Lieblingsdorf und darüber, was ihn in Ungarn gehalten hat; Wesen der Europäer und über deutsche Literatur; Bedeutung von Städten und über seine »fiktive Stadt Kandor«; zur Notwendigkeit, sich neben Literatur mit anderen Themen auseinanderzusetzen, in seinem Fall mit Soziologie – In einer Dresdner Rede über die EU und Parallelen in den Entwicklungen europäischer Nationen; Demokratie als einziger Weg für ein vereintes Europa; die selbständige Persönlichkeit als europäisches Ideal; Forderung von Disziplinierung der Politik nach humanistischem Weltbild, um Kriege zu verhindern; Notwendigkeit der Einschränkungen nationalstaatlicher Souveränität und europäische Einheitswährung; europäischer Humanismus und ein Leben ohne Feindbilder; Notwendigkeit der Öffnung der Grenzen nach Osten; über die Belebung des Kulturmarktes – Anlässlich des 50. Jahrestages von Sinn und Form zur Geschichte der Zeitschrift, über die Verknüpfung redaktioneller Arbeit mit politischer Einflussnahme und über die derzeitige Redaktion; historische Situation der Stadt Berlin; zur Balkan-Problematik

György Konrád im Gespräch mit Volker Müller. 1997. 25 min.

György Konrád (Dresdner Reden). 1998. 50 min.

1999–2000. 151 min.

Koplowitz, Jan (1909–2000)
Schriftsteller; geboren in Kudowa (Schlesien); Vater Hotelbesitzer; 1925 KJVD; 1926 Abitur; 1929 KPD; 1933 Emigration in die ČSR, dort Agitprop-Arbeit unter Egon Erwin Kisch; 1939 Flucht nach Großbritannien; 1940 im Lager Huyton interniert; 1947 Rückkehr nach Deutschland; Journalist; Vorsitzender der Kommission für kulturelle Massenarbeit in der DDR; freischaffender Schriftsteller

Ich bin übrigens jetzt wieder seit zehn Jahren Mitglied der Jüdischen Gemeinde. Das hat nichts zu tun mit dem lieben Gott, das hat zu tun mit einem Zusammengehörigkeitsgefühl. Wenn es etwas gegeben hat, was die Juden zusammengehalten hat, viertausend Jahre lang, dann war es dieses ständige Zusammenrücken-Müssen unter der Drohung der Vernichtung.

Über die Geschichte des Hauses seiner Mutter in der Weinmeisterstraße und sein jetziges Haus, das vom Auschwitz-Architekten gebaut wurde und dessen Erben ihn jetzt rauswerfen wollen; über seinen Status als Zeitzeuge; jüdisches Leben in Berlin vor dem II. WK; sein Austritt aus dem Judentum und über Gründe für den Wiedereintritt; das Trauma der Verfolgung; Entstehung des Scheunenviertels; über Bestandteile aus dem

Mittelhochdeutschen im Jiddischen; das Bayerische Viertel, in dem die intellektuelle jüdische Elite lebte, u.a. Egon Erwin Kisch; über das Verschwinden der Arbeiterklasse; die soziologische Mauer zwischen Ost- und Westberlin; zum Roman *Bohemia – Mein Schicksal* und dessen Verfilmung; die Schönhauser Allee und ihre Gegenpole Alexanderplatz und Bayerischer Platz; über die Wanderung der Künstler in den Osten, z.B. die von Heinrich Zille; Konflikte zwischen Judentum und Kommunismus; die eigene Emigration nach London; Veränderung seiner Einstellung zum Kommunismus und Ausschluss aus der KP; Rehabilitation auf Bestreben Max Reimanns; Rückkehr in die SBZ, wo er als einer »aus dem Westen« unter Beobachtung stand; über Erich Freund; Stalin und der Antisemitismus der kommunistischen Parteien; die eigene politische Philosophie; über Kulturbund-Arbeit und Filmschaffen; das Scheitern der DDR und die Wende 1989; über Neofaschismus und das Bedürfnis der Deutschen nach einem Führer; über die Berliner Jüdische Gemeinde heute
Interview: Kampmann
Jude und Genosse.
Der Schriftsteller Jan Koplowitz. 2002.
43 min.
1992. 143 min.

Koschnick, Hans (1929)
Politiker; geboren in Bremen; 1950 SPD; 1955 Wahl in die Bremer Bürgerschaft; 1963 Senator für Inneres, 1965 Bürgermeister von Bremen; 1975–1979 stellvertretender SPD-Parteivorsitzender; 1994–1996 Europäischer Administrator der Stadt Mostar in Bosnien-Herzegowina; 1996–1998 Berater der Europäischen Kommission für den Aufbau eines Europäischen Freiwilligendienstes der jungen Generation

Ich habe in Mostar junge Europäer aus fast allen Ländern Europas kennen gelernt, die sich einbrachten. Aber auch Amerikaner, Kanadier, selbst Australier. Sie waren im freiwilligen Einsatz, monatelang, um den bedrängten Menschen unter die Arme zu greifen. Sie waren am Wiederaufbau beteiligt und haben sichtbar gemacht, dass die Opfer auf dem Balkan nicht alleine gelassen sind. Sie sind in meinen Augen die wirklichen Träger eines Europas der Bürger.

Zusammen mit Friedhelm Brebeck über Widersprüche in der Politik und Politikverdrossenheit; Nationalstaat und Europa; warum sich die Idee der Nation in Europa durchsetzte; zur geografischen, religiösen und kulturellen Geschichte Mostars; Situation in Mostar zum Zeitpunkt seiner Rede; Auswirkungen der Kriege im ehemaligen Jugoslawien; Bedeutung des Völkerrechts und warum es in den Balkan-Kriegen nicht beachtet wurde; über den Einsatz von Freiwilligen beim Wiederaufbau von Mostar; Rolle der Europäischen Union und ihrer Institutionen
Hans Koschnick und Friedhelm Brebeck (Weimarer Reden).
1997. 44 min.

Kossok, Manfred (1939–1993)
Historiker; geboren in Breslau; Vater Hilfsmaschinist; 1947 Umsiedelung in die Lausitz; 1950–1954 Studium der Geschichte, Literaturwissenschaft und Philosophie an der KMU in Leipzig; 1979–1990 Leiter des Lehrstuhls für Allgemeine Geschichte und Geschichte

der internationalen Arbeiterbewegung; 1974–1990 Vorsitzender des Beirats für Geschichtswissenschaften beim Ministerium für Hoch- und Fachschulwesen der DDR; 1990–1992 Direktor des Instituts für Universal- und Kulturgeschichte der Neuzeit in Leipzig

Es gab 1951 ein Prädikat, was keinerlei Auszeichnung war, nämlich »Markovianer« zu sein. Und wer in die Seminare von Walter Markov ging und sich mit ihm solidarisierte, der war auf keinen Fall positiv angesehen.

Erinnerungen an das Umsiedlerlager; erste Begegnung mit Walter Markov als Student 1950; Eindruck seiner Persönlichkeit und seiner Methodik als Schlüsselerlebnis; das Studium in den frühen 50er Jahren in Leipzig; welche Bedingungen Markov an eine Assistenz stellte; wie Markovs Vorlesungsskripte aussahen; über Störversuche gegen Markovs Vorlesungen; der Gegensatz zwischen Dogmatismus der äußeren Verhältnisse und der Offenheit im akademischen Milieu; die Revolution unter theoretischen und praktischen Gesichtspunkten; zum Revolutionsbegriff Markovs und seiner aktuellen Tragfähigkeit; Revolution und Fortschritt; zur Leipziger Arbeit an der Weiterentwicklung des marxistischen Revolutionsbegriffs; Verhältnis von Revolution und Reform; Problem des vergangenen Real-Sozialismus; bürgerliche und sozialistische Demokratie; über die deutsche Einheit und die Linken; warum der Prozess des Umbruchs nach dem Ende der DDR für ihn selbst schwierig ist

Interview: Grimm

Freiheit wird die Welt erobern.
Der Historiker Walter Markov. 1993. 30 min.

1986; 1990. 75 min.

Kreisel, Willi (1936)

Betriebswirt (Diplom-Ökonom); geboren in Halle; 1957–1960 NVA, Bereich Finanzen; 1960 Eintritt in das MfS der DDR, zuletzt Leiter der Abteilung Finanzkontrolle

Über Finanzkontrolle und Revisionen, Schwerpunkte und Art der Kontrolle; Entwicklung des Haushalts des MfS in den letzten Jahren; Einnahmequellen des MfS; Einkommensverhältnisse auf der Grundlage einer ministeriellen Besoldungsordnung; Art und Weise der ausgeübten Kontrolltätigkeit und deren »historische« Entwicklung im Ministerium; Erich Mielkes persönliche Verfügungsfonds; Waffenhandel und dessen Kontrolle; Personalwachstum; Mittel für das MfS aus dem Bereich KoKo; über Häuserbau und diverse Freizeitobjekte; Kontrolleinschränkungen; Auflösung der Bezirksverwaltungen und dabei vorkommende gravierende Unregelmäßigkeiten; über Privilegien

1990. 75 min.

Kretzschmar, Harald (1931)

Karikaturist, Porträtist, Autor satirischer Texte; geboren in Berlin; 1950 Abitur; 1955 Abschluss der HS für Grafik und Buchkunst Leipzig; ab 1952 ständiger Mitarbeiter der Satirezeitschrift Eulenspiegel; seit dem 15. Lebensjahr Porträtkarikaturen, seit 1990 verstärkt politische Karikaturen

Es scheint in der DDR irgendwo ein geheimes Zusatzprotokoll in jeder Anerkennungsurkunde gegeben zu haben: »Karikaturen der gekrönten und regierenden Häupter sind tunlichst zu unterlassen.«

ⓘ Zusammen mit ▸ Lothar Kusche im Gespräch mit Frank Schumann über die Tätigkeit bei der Satirezeitschrift Eulenspiegel in den 50er Jahren; Porträtkarikaturen von Politbüro-Mitgliedern und Politikern aus Ost und West bis zum Ende der 60er Jahre; neue Phase unter Erich Honecker und Verbot von Politiker-Karikaturen; Mitarbeit an der Weltbühne

Wie man mit Satire über die Runden kommt (Kunst und Geschichte im 20. Jahrhundert). 1995. 47 min.

Kreutzer, Hermann (1924)
Politiker; geboren in Saalfeld (Thüringen); als Mitglied der SPD verfolgt von den Nationalsozialisten; Haft wegen »Wehrkraftzersetzung«; 1945 Mitbegründer der SPD in Thüringen; 1949 in der DDR verurteilt wegen Widerstandes gegen die Zwangsvereinigung

von SPD und KPD; 1956 Haftentlassung und Flucht nach Westberlin; verschiedene Aufgaben in der SPD; 1966–1970 Leiter der politischen Abteilung im Bundesministerium für gesamtdeutsche Fragen; 1970–1980 Leiter der Berliner Abteilung des Bundesministeriums für innerdeutsche Beziehungen; 1981 Austritt aus der SPD; lebt in Berlin

Über Hafterlebnisse in Thüringen nach dem II. WK: Dann wurden wir von den Russen an die Volkspolizei übergeben und die haben gesagt: »Ihr müsst euch einen Saalältesten wählen.« Da waren viele SS-Leute und wir etwa hundertzwanzig Sozialdemokraten. Unter uns war Gerhard Weck, der mit neunzehn Jahren von den Nazis verhaftet wurde. Die SS hatte den Obersturmbannführer des Wachbataillons der SS, der Einsatzverfügungsgruppe um das KZ Buchenwald, Gustav Wegner, aufgestellt. Der hatte lebenslänglich. Beide kannten sich, Gustav Wegner war Kommandant und Gerhard Weck war ein Jahr lang »Putzer« bei ihm – Schuhe putzen und Stube sauber machen. Die SS hatte mehr Leute als wir, also wurde Gustav Wegner Saalältester. Die beiden haben eine Koalition gegründet – vielleicht die einzige, die es je gegeben hat zwischen SS und SPD.

ⓘ Im Gespräch mit Sybille Ploog über Kindheitserlebnisse, das Verteilen von Flugblättern für die SPD, Straßenschlachten zwischen Nazis und Sozialdemokraten und »nationalpolitischen Unterricht«; wie er nach dem Krieg mit zwanzig Jahren Chef des Ernährungsamtes von Saalfeld wurde; wie die Amerikaner das politische Leben bestimmten; Unterschied zwischen amerikanischen und russischen Truppen; Freikauf-Versuche von Nationalsozialisten in Antifa-Läden; wie die SPD in Saalfeld gegründet wurde und was zu beachten war; Wilhelm Piecks Zornesausbruch über die Besetzung Stettins; Verhaftungswelle 1945/1946 als Grund für Reibereien zwischen SPD und KPD und Ablauf der Parteienvereinigung in Thüringen; illegale SPD-Arbeit; Verhaftung wegen konterrevolutionärer Tätigkeit; Haftbedingungen; »Koalition« von SS und SPD; warum er aus der SPD austrat
Interview: Ploog

Eine sozialdemokratische Geschichte (Kunst und Geschichte im 20. Jahrhundert). 1995. 54 min.

Krötke, Wolf (1938)
Evangelischer Theologe; geboren in Berlinchen (Neumark); Theologie-Studium in Leipzig; 1958/59 Zuchthaus Waldheim; danach

Fortsetzung des Studiums in Naumburg und Berlin; 1967–1973 Vikar, Hilfsprediger und Studentenpfarrer; 1973–1991 Dozent am Sprachenkonvikt Berlin; bis 1993 Dekan der Theologischen Fakultät der HU Berlin

Mein ganzer Lebensrhythmus ist geprägt durch das Leben der Studenten.

Entstehung und Geschichte des Sprachenkonvikts; Dozententätigkeit ab 1973; zur Wende 1989/90; das Sprachenkonvikt als »Elite«-Hochschule; Einfluss des Staates; zur Auflösung des Konvikts und Übergang zur HU Berlin

1992. 35 min.

Kuby, Erich (1910)

Journalist, Schriftsteller; geboren in Baden-Baden; Abitur in München; 1929–1932 Volkswirtschaftsstudium; 1947 Chefredakteur der Zeitschrift Der Ruf; bis 1958 journalistische Tätigkeit an verschiedenen Zeitungen, dann freischaffend

Die ersten Jahre der DDR waren ja nicht dieselben, wie sie dann wurden. Wenn Sie da lesen, was damals gedruckt und geschrieben worden ist, davon ist ja nach 1956/57 keine Rede mehr.

Über Fritz Kortner, ▸ Wolfgang Harich, Fritz J. Raddatz; Korrespondenz mit Harich; über Rudolf Augstein; Harich als Unikat, an dem die Folgen der Haft nicht spurlos vorübergegangen waren; konkretes Erleben der Gründung der BRD und DDR als Korrespondent der Süddeutschen Zeitung; Freundschaft mit Carlo Schmid; über Axel Springer und Auseinandersetzungen mit ihm; Bemühungen Harichs und anderer, Deutschland zu vereinigen; Kubys erster Besuch in der DDR; über Kubys literarischen Durchbruch; seine antideutsche Haltung und eine kurze »Emigration« nach Jugoslawien; über Adenauers Haltung zur Teilung Deutschlands; Entwicklung des deutschen Wirtschaftswunders; Besuch im Haus von Ludwig Erhard am Tegernsee; der »untere Weg« als ökonomische und psychologische Bescheidenheit im

»Vierten Reich« der Deutschen; über sein Buch *Das ist des Deutschen Vaterland* und Sympathien für die Lebensart der Ostdeutschen; Absurditäten der Zoll-Kontrollen bei der Einreise in die DDR; über Gründe von Exilanten, die nach dem II. WK in den Osten gingen, z.B. Bertolt Brecht, Ernst Bloch, Hanns Eisler; Journalismus heute, Verfall der Presse und seine Arbeit als Kolumnist; über (Un)möglichkeiten, als Journalist etwas zu bewirken; über konstruktives Schreiben

Interview: Grimm

1998. 80 min.

Kuczynski, Jürgen (1904–1997)

Wirtschaftshistoriker, Sozialforscher; geboren in Elberfeld; Vater Statistiker; 1922–1924 Studium der Philosophie, Finanzwirtschaft und Statistik; 1930–1933 Wirtschaftsredakteur der Roten Fahne; 1936 Emigration nach Großbritannien; 1946–1956 Gründer und Leiter des Instituts für Wirtschaftsgeschichte an der HU Berlin; 1956–1968 Abteilungsleiter, später Direktor des Instituts für Wirtschaftsgeschichte an der DAW; 1968 emeritiert; zahlreiche Publikationen

Ich habe einen Artikel über die Krise geschrieben. Den bekam ich dann in der Roten Fahne unter, dazu die Bemerkung von Ernst Thälmann: »Zu viel zyklische Krise, zu wenig zerbrochene Klosettdeckel.« Das heißt: Zu wenig mit dem Alltag verbunden. Ich möchte

Foto: Christian Brachwitz

Jürgen und Marguerite Kuczynski

sagen, dass diese Bemerkung für den Rest meines Lebens für mich eine entscheidende Lehre war.

ⓘ Zur Familiengeschichte; sein linksbürgerliches Elternhaus und die politische Aktivität des Vaters; erste prägende Begegnungen mit prominenten Intellektuellen wie Ludwig Josef Brentano im Hause der Eltern; über eine Reise mit seinem Vater nach Moskau 1927; 1928 Arbeit in der Forschungsabteilung der American Federation of Labour und in der Informationsabteilung der KP; wie ihn ein Freund 1933 aus Angst denunzierte und ihm 1936 sein Auslandsvermögen anvertraute; Leben in der Illegalität; erstes Zusammentreffen mit Walter Ulbricht in Moskau 1935; warum Walter Ulbricht in der Liebe ein Kleinbürger war; Exil in London; über seine Aufgaben bei der US-Army; Verbindung zum sowjetischen Geheimdienst durch seine Schwester Ruth Werner; Lenin als politische Leitfigur; Warnung Sergej Tulpanows vor Berijas Antisemitismus; wie Eugen Varga bei Stalin wieder in Gnade kommen wollte, nachdem er die Erholung des Kapitalismus vorhersagte; Charakterisierung Ernst Thälmanns; Beziehung zu Franz Dahlem; die Freundschaft mit Anna Seghers; der Prozess gegen ▸ Walter Janka; über sein Verhältnis zu Alexander Abusch; 1950 Ablösung als Präsident der DSF aus antisemitischen Gründen; Rolle der Intelligenz in der KP; wie er die Leipziger Universität in den 50er Jahren erlebt hat; warum er für den Ausschluss Ernst Blochs gestimmt hat und dies anschließend bedauerte; Macht und Machtmissbrauch; Einfluss des sowjetischen Stalinismus auf den Sozialismus und über Stalin; Karl Radeks Schicksal; wie er selbst die stalinistischen Prozesse erlebt hat und wann er von den Massenrepressalien erfuhr; Freundschaft mit ▸ Theo Pinkus trotz »ärgster Feindschaft« bei der Büchersuche; über seine Vorliebe für Detektivromane und den Tauschhandel »Detektivromane gegen Zigarren« mit Bertolt Brecht; warum er seine Memoiren nach 1945 nicht weiterführte und der *Dialog mit meinem Urenkel entstand*; was er mit dem Buch bewirken wollte und wie dessen Erscheinen verzögert wurde; selbstkritische Bemerkung zum Dialog; über Goethes Einfluss auf Kuczynskis Schreibstil; über die Fülle von Erstausgaben in seiner (Familien)bibliothek und seine liebsten Bücher; wie er zum Buch Bauernfor-

Foto: Ingolf Seidel

derungen aus dem 16. Jh. kam; warum er mit dem Buchtitel *Ein linientreuer Dissident* nicht zufrieden ist; die besondere Beziehung zu Erich Honecker; über Gründe für Kuczynski, nicht Wirtschaftsminister zu werden; warum er Eduard Bernstein nicht besuchte; darüber, dass er das Ende der DDR nicht vorhergesehen hat und warum er nicht über Wirtschaftsprobleme der DDR schrieb; zur

fehlenden Avantgarde in der Wissenschaft der DDR; über Reisebeschränkungen; Dogmatismus und Spaltung zwischen SED und Volk; über den gegenseitigen Einfluss von DDR und BRD; warum sich Kuczynskis Einstellung zum Kapitalismus gewandelt hat; über den Glauben an den Sozialismus und die Friedensbewegung; über die jüngere Generation; Bedeutung der Kunst neben Wissenschaft und Glaube – Gespräch mit ▸ Gregor Gysi anlässlich seines 90. Geburtstages
Interview: Grimm

Fragen an Jürgen Kuczynski zu seinem Buch *Dialog mit meinem Urenkel*. 1986. 28 min.

Ein Gespräch mit dem Wirtschaftswissenschaftler. 1991. 52 min.

Der berühmteste Urgroßvater der DDR – Jürgen Kuczynski. 1994. 45 min.

Freunde und gute Bekannte. 1997
Teil 1. Mein unendlich langes Leben. 35 min.
Teil 2. Griechische Götter und Syphilis 35 min.
Teil 3. Sozialismus oder Barbarei. 40 min.
Teil 4. Über Stalins Schatten und Radeks Witze. 36 min.
Teil 5. Von Selbstmord und Schüttelreimen. 35 min.
Teil 6. Meine Zeit in der US-Army. 42 min.
Teil 7. Über Brecht, Detektivromane und Dichter. 44 min.
Teil 8. Mein bester Briefträger. 39 min.

1991–1992; 1994; 1996–1997. 682 min.

Kuczynski, Thomas (1944)
Wirtschaftshistoriker, Publizist; geboren in London; Sohn von Jürgen Kuczynski; 1945 Rückkehr aus englischer Emigration; Studium der Statistik an der HfÖ Berlin; Arbeit in der Forschung, insbesondere zur Anwendung mathematischer Methoden und über die langen Wellen der Konjunktur; 1988–1991 Direktor des Instituts für Wirtschaftsgeschichte der AdW; seit 1992 u.a. wissenschaftliche Lehr- und Forschungstätigkeit in Ökonomie, Politologie und Geschichte; lebt in Berlin

Abgesehen von einer ganz kurzen Zeit, als ich fünfzehn oder sechzehn war, hat es für mich nie eine besondere Rolle gespielt, dass ich Jude bin. Erst recht nicht, als es sozusagen en vogue wurde, also 1987, 88, 89. Es war ja schon Mitte der 80er Jahre bei vielen meiner Freunde zu beobachten, dass sie eine stärkere jüdische Affinität entwickelten, die mir bis heute im Grunde sehr fern liegt.

Zusammen mit ▸ Vincent von Wroblewsky im Gespräch mit Wolfgang Herzberg über die Rückkehr seiner Eltern Marguerite und ▸ Jürgen Kuczynski nach Deutschland; Thomas Kuczynskis Verhältnis zum Judentum; vom Engagement und der Desillusionierung der jüdischen Remigranten in der DDR; Antisemitismus in der DDR – Zu Zwangsarbeiterentschädigungen und den Unterschied zwischen Entschädigung und Schadensersatz; Kreis der Betroffenen; warum es erst so spät zu einem Entschädigungsverfahren gekommen ist; Entwicklung und Einsatz von Fremd- und Zwangsarbeitern in Deutschland nach 1938/39; warum sich der deutsche Staat an den Zahlungen beteiligt; über die Höhe der Entlohnung von Zwangsarbeitern; Bedeutung der Zwangsarbeit für die deutsche Industrie und Landwirtschaft; Beurteilung der Arbeitsqualität; Positionen der deutschen Wirtschaft und der Anwälte der Zwangsarbeiter bei der Festlegung der Zahlungssumme; Verbindung von Zwangsarbeit und Wirtschaftswunder nach dem Krieg; Zusammenhang von Exportinteressen der deutschen Konzerne und der Zahlungsentscheidung; Honorare der Anwälte; unterschiedliche Beurteilung der Zahlungen in Medien und Bevölkerung
Interview: Grimm

Leben in der DDR – die zweite Generation jüdischer Rückkehrerfamilien (Kunst und Geschichte im 20. Jahrhundert). 1995. 54 min.

Zwangsarbeiterentschädigung. 2000. 46 min.

2000. 71 min.

Kühn, Marianne (1914)
Sekretärin, Galeristin; geboren in Köln; Anwaltslehre; 1932 Eintritt in die SPD; 1938–1946 Emigration nach Belgien; ab 1946 Frauen-, Jugend-, und Bildungsarbeit in Köln; Mitglied des Programmbeirates des WDR bis 1977; 1979 Gründung und Aufbau der Galerie für Naive Kunst

Wir kamen vom Standesamt zurück, hatten unsere Freunde eingeladen. Wir feierten den Hochzeitstag sehr vergnügt mit alten Liedern, mit Klampfenbegleitung. Das erregte im Hause Aufsehen, die Nachbarn waren sehr empört darüber, weil genau an diesem Tage veröffentlicht wurde, dass die Nazis mit den Russen einen Nichtangriffspakt geschlossen haben.

Über die Heirat im belgischen Exil; wie sie ihren zukünftigen Mann Heinz Kühn kennenlernte; Machtergreifung der Nazis; Arbeit als Chefsekretärin; Leben im Untergrund; das Verhältnis zu den Kommunisten; die Freundschaft zu ▸ Susanne Miller und Willy Eichler; Rückkehr nach Deutschland; Entnazifizierung; Verleumdung von Heinz Kühn als Spion; Arbeit beim Rundfunk; die »verklemmte« Gesellschaft der 50er Jahre; Begegnungen mit ▸ Willy Brandt und Herbert Wehner; über den Rücktritt von Willy Brandt
Interview: Engelberg
2002. 120 min.

Kuhn, Rolf (1949)
Städteplaner, Stadtsoziologe, Direktor des Bauhauses Dessau; geboren in Oberrod (Thüringen)

Ich weiß noch, wie ich als Diskussionsleiter einer Demonstration im November 1989 in Dessau um Ruhe gebeten habe, damit man denjenigen, der aufgefordert wurde, etwas zu sagen, auch verstehen konnte und wie im Moment 30000 Leute mucksmäuschenstill waren. Da wurde mir selbst etwas bang, weil ich wahrscheinlich spürte, wie groß im Moment mein Einfluss war, und man weiß ja aus der Geschichte, wie negativ auch solch ein Einfluss schon genutzt wurde.

Aufgaben des Bauhaus-Direktors; Studienzeit und Prager Frühling; erster Kontakt mit dem Bauhaus; Versuche, frei zu arbeiten, Rückhalt durch Renommee der Bauhaus-Tradition und ehemalige Bauhaus-Schüler wie ▸ Max Bill; worin die Bezeichnung »die Spinner vom Bauhaus« begründet liegt; seine Rolle in Dessau im November 1989; Konzept Industrielles Gartenreich und Perspektive für Sachsen-Anhalt; Vergleich der Bauhaus-Zeit 1919–1933 mit der heutigen Arbeit; Zusammenarbeit mit Studenten; sein Verständnis von Vision und Wirklichkeit
Interview: Ast
Vision und Wirklichkeit. Der Bauhaus-Direktor Rolf Kuhn. 1992. 30 min.

Kunert, Günter (1929)
Schriftsteller; geboren in Berlin; Vater Kaufmann; 1950 erster Lyrikband *Wegschilder und Mauerschriften*; 1965 Mitglied des Deutschen PEN-Zentrums Ost und West; 1966 Anfeindungen wegen Formalismus im Rahmen der Forum-Lyrikdebatte; 1976 Erstunterzeichner der Biermann-Resolution; 1977 Ausschluss aus der SED; 1979 Ausreise in die BRD

Ich bin dann mit dem Manuskript auch zu Brecht gegangen, da ins Adlon. Ich klopfte an die Hotelzimmertür. Wer kam raus? Theo Lingen, der, wie man weiß, die erste Frau von Brecht, Marianne Zoff, geheiratet hat. Also

dann habe ich Brecht dieses Manuskript gegeben. Der schrieb mir: »Besuchen sie mich mal!« Und ich habe ihn dann diskontinuierlich immer wieder besucht.

Auftrag und Grundlagen für *Stacheltier Nummer Fünf*; erste Begegnung mit Johannes R. Becher, dem Aufbau-Verlag und dem Ulenspiegel; über seine Autorenrechte und das Veröffentlichen in Ost und West; der VI. Parteitag der SED 1963 und das Ende liberaler Kulturpolitik; Produktionsweise und Überwachung seiner Arbeit im Aufbau-Verlag; über Selbstzensur und die Folgen; Schaffensprozess nach der Übersiedlung in den Westen; Literatur in der DDR; der Schriftstellerverband als Kontrollstelle und Förderer »fünftklassiger« Autoren; über Fernsehklamotten und Hörspiele; eigener antifaschistischer Hintergrund; Begegnung mit Bertolt Brecht; über Bechers Persönlichkeit und Werk; Ostberlin in den 50er Jahren; über den »Donnerstagklub« des Aufbau-Verlages; über ▸ Wolfgang Harich; Wirkung von Literatur; Möglichkeiten, Literatur im Fernsehen zu präsentieren; über »Roboterisierung« des Menschen; vom Verlust sprachlicher Differenzierungsmöglichkeiten und über differenzierte Sprache

Interview: Grimm

Ein Gespräch mit Günter Kunert. 1994. 42 min.

1994. 97 min.

Küng, Hans (1928)

Katholischer Theologe, Publizist; geboren in Sursee (Kanton Luzern); 1962–1965 offizieller Berater des Zweiten Vatikanischen Konzils; 1963–1979 Professor der Dogmatik und Ökumenischen Theologie an der Katholisch-theologischen Fakultät der Universität Tübingen, 1980–1996 nach Entzug der kirchlichen Lehrbefugnis fakultätsunabhängige Professur; 1963–1996 Direktor des Instituts für Ökumenische Forschung der Universität Tübingen; seit 1997 Präsident der Stiftung Weltethos (Schweiz)

Das neue Paradigma sagt eben, statt der neuzeitlichen nationalen Interessenpolitik, Macht- und Prestigepolitik, wie noch in Versailles: Eine Politik regionaler Verständigung, Annäherung und Versöhnung.

Ankündigung, Realisierung und Durchbruch eines Paradigmenwechsels in den internationalen Beziehungen; grundsätzliche Bestimmung des neuen Paradigmas; Faktoren für eine notwendige Mentalitätsänderung; Definition und Funktion eines Weltethos; Konsequenzen nach dem Terroranschlag vom 11. September 2001; weltpolitische Gewissensforschung; Vereinte Nationen und Weltethos

Weltpolitik und Weltethos – zum neuen Paradigma internationaler Beziehungen (Berliner Lektionen). 2002. 43 min.

2002. 70 min.

Kusche, Lothar Ps. u.a. Felix Mantel (1929)

Satiriker, Filmautor, Schauspieler, Schriftsteller; 1949 Volontär und Redakteur in verschiedenen Zeitschriften; 1950–1993 ständiger Mitarbeiter der Weltbühne; zeitweise Dramaturg im Kabarett Die Distel

Viele Leute stellen sich da so eine Zensur vor, die es in dem Sinne ja gar nicht gab, jedenfalls ich habe sie nicht so wahrgenommen. Der Zensor war ja in der eigenen Brust.

Zusammen mit ▸ Harald Kretzschmar im Gespräch mit Frank Schumann zum Lebenslauf; zu einigen Büchern von ihm und seiner

Tätigkeit beim Ulenspiegel bzw. Eulenspiegel und bei der Weltbühne

Wie man mit Satire über die Runden kommt (Kunst und Geschichte im 20. Jahrhundert). 1995. 47 min.

Langhoff, Matthias (1941)
Theaterregisseur; geboren in Zürich; ab 1961 Arbeit am BE; 1969–1978 an der Volksbühne in Ostberlin; ab 1978 Theaterarbeit in Frankreich und der Schweiz; nach der deutschen Wiedervereingung für kurze Zeit Mitintendant des BE

Was ich bevorzuge, ist ein einfaches Weggehen, das sich nicht durch die Idee einer Flucht zu entschuldigen braucht.

Kindheitserinnerungen; Schulzeit in Berlin; Heimatbegriff; Berlin in den 40er Jahren; Ostberlin als »Ghetto von Privilegierten«; von Exilkünstlern und Funktionären; Mauerfall und deutsche Wiedervereinigung; Leitung des BE zusammen mit ▸ Heiner Müller; Gründe für seine Rückkehr nach Frankreich

1996. 65 min.

Laqueur, Walter (1921)
Historiker, Publizist; geboren in Breslau, Vater Kaufmann jüdischer Herkunft; 1933 Emigration; ab 1940 in Palästina in der Landwirtschaft tätig, später als Korrespondent und freier Autor; 1955 Gründung der Zeitschrift Survey in London; 1964–1991 Direktor des Institute for Contemporary History and Wiener Library in London

Das Deutschland der Nachkriegsjahre, ja der -jahrzehnte, war – grob ausgedrückt – kein besonders interessantes Land. Allerdings mit einer wichtigen Ausnahme: Deutschland als Hauptschauplatz des Kalten Krieges.

Erinnerungen an Kindheit und Jugend in Breslau bis zur Emigration; Betrachtungen über Deutschland als Außenstehender; Bedeutung des Nachkriegsdeutschlands für das Ausland; über die späte Auseinandersetzung der Deutschen mit dem II. WK; unterschiedlicher Blick des Auslands und der Deutschen selbst auf ihr Land, erörtert am Beispiel von Terrorismus

Denk ich an Deutschland… (Berliner Lektionen). 1997. 45 min.

Lasky, Melvin J. (1920)
Historiker; geboren in New York als Sohn jüdischer Emigranten; Geschichtsstudium; 1943–1946 Kriegshistoriker der 7. US-Army; seit 1945 in Deutschland; Gründer und Herausgeber der Zeitschrift Der Monat in Berlin und seit 1958 Herausgeber des Encounter Magazine in London

… und so ist der Krieg der Wendepunkt. Ich ging und wurde trainiert als Historiker. Man gab mir eine Leica und eine Schreibmaschine, und wir wollten *Krieg und Frieden* von Tolstoi nochmal schreiben.

Im Gespräch mit Marko Martin über Erinnerungen an die Eltern; Kindheitserlebnisse in New York; über die zwei Arten von Amerikanern; Leben in den USA; Studienzeit und kommunistische Utopie; Leo Trotzki als Vorbild; Emigrantenkinder als »naive Utopisten«; warum er sich zum Kriegseinsatz meldete; Stalinisten und Trotzkisten an der New Yorker Universität; warum er gegen Dogmen ist; Kriegseinsatz als Militärhistoriker; warum er kein Holocaust-Museum besichtigen kann; wie er dazu kam, am geistigen Leben

Deutschlands teilzunehmen; Gründung der Zeitschrift Der Monat, über Zweck, Inhalte, Autoren; zum Marshall-Plan; Umgang mit Kommunisten in den 50er Jahren und über Bertolt Brecht; ▸ Willy Brandt und der Vietnamkrieg

Melvin Lasky im Gespräch. 1997. 53 min.

Lautenschläger, Hans (1916)
Widerstandskämpfer in der Schulze-Boysen/Harnack-Organisation; im KJVD und im Arbeitersportverein Fichte; nach 1945 Beteiligung am Aufbau des FDGB und Tätigkeit an der AdW

Mein ganzes Leben hat mich die Mutter von Hans Coppi begleitet, die einen sehr positiven Einfluss auf uns ausübte. Der Jugendweihe-Unterricht, an dem wir teilnahmen, bei dem wir die ersten Gehversuche im Klassenkampf machten und vieles lernten … Es war sehr eindrucksvoll, so dass wir uns, nachdem wir nicht mehr auf der Schulfarm Scharfenberg waren, mit Hans Coppi und Hermann Natterott zusammen setzten und berieten, was man jetzt gegen den sich entwickelnden Faschismus tun kann.

Schilderung der Reformschule Scharfenberg; Freundschaft zu Hans Coppi und dessen Mutter Frieda; kommunistische Prägung durch Frieda Coppi; linker politischer Einfluss durch seine älteste Schwester; Versuche nationalsozialistischer Propaganda auf Scharfenberg; politische Arbeit an Berufsschulen 1933; Flugblatt gegen den Film *Hitlerjunge Quex*; Reaktionen auf die Machtübernahme Hitlers; Analyse des VII. Weltkongresses der Komintern als Basis der illegalen Arbeit; Organisation der illegalen Arbeit; Verhaftung Hans Coppis; Kontakte während der Haft; erfolgreiches Flugblatt gegen Goebbels' Landarbeitsaufruf an Jugendliche; Ziele der illegalen politischen Arbeit; Familienverhältnisse: Leben mit Tante, Großmutter und drei Schwestern in einem Zimmer; wie er 1935 seine Frau Ina Schreier, später ▸ Ina Ender-Lautenschläger, kennenlernte und in die illegale Gruppe brachte; erster Opernbesuch; Organisation des Flugblatt-Druckes; Zusammenarbeit mit anderen Widerstandskreisen wie der Neuköllner Sturmfahne; Verbindungswege für internationales Material; verbotene Literatur; Wassersportgemeinschaft in Lehnitz als illegaler Treffpunkt ab 1938; Arbeitsdienst in Nauen und Fliegerschule in Gatow; Einsatz im Personalbüro beim Oberkommando des Heeres; Auswahl der »Mitarbeiter« des Widerstandes; 1940/41 Bekanntschaft mit Harro Schulze-Boysen; Arbeit im Personalbereich der Wehrmacht; was bei Papieren für Illegale zu beachten war; letzte Begegnung mit Hans Coppi; Verhaftung und Einzelhaft; Todesstrafe, Umwandlung des

Todesurteils in Frontbewährung; Begegnung mit Werner Krauss im Todestrakt; welche Kameraden und Offiziere im Bewährungsbataillon waren; Desertion zur Roten Armee; Eindrücke von der Roten Armee, über Vernehmungen und Misstrauen; Arbeit im Lager, Einsatz als Propagandist; die Antifa-Schule in Gorki; Ankunft in Berlin; Beteiligung am Aufbau des FDGB, Parteischule, AdW
Interview: Griebel, Grimm
1988. 401 min.

Lechtmann, Tonja (1917)
Geboren in Lodz; jüdische Eltern; Vater Fabrikbesitzer; Gymnasium; 1934 Emigration mit den Eltern nach Palästina; 1937 Internierung in Frankreich; Flucht in die Schweiz; 1949 im Zusammenhang mit der Noel-Field-Affäre Verhaftung in Warschau und fünf Jahre Gefängnis; 1968 Ausreise nach Israel
Ich glaube, wir wurden schrecklich betrogen, und wir selbst haben schrecklich betrogen. Das war das Schlimmste, dass alles so furchtbar verlogen war.
Kindheit und Jugend in Lodz; jüdisches Leben und Antisemitismus in Polen der 20er und 30er Jahre; 1934 Emigration nach Palästina und über Leben und Arbeit jüdischer Neuankömmlinge; Verhältnis zwischen Arabern und Juden; ab 1934 politische Aktivitäten in der KP; Haft und Ausweisung; über ihren Zwiespalt im Zusammenhang mit den Moskauer Schauprozessen 1937/38; Flüchtlingsdasein in Frankreich und der Schweiz zwischen 1937 und 1945; die Tätigkeit als Krankenpflegerin in Deutschland und Polen 1945–1947; Zusammenarbeit u.a. mit Dorothea Jones; Kontakte zu Herta Field; 1949 Verhaftung im Zusammenhang mit der Field-Affäre und 1949–1954 Gefängnis; Aufenthalt ihrer beiden Kinder in polnischen Kinder- und Waisenheimen und über Kontakte aus dem Gefängnis zu ihnen; über Trudi Michel; Situation in Polen 1968
1991. 173 min.

Ledig-Rowohlt, Heinrich Maria
(1908–1992)
Verleger; geboren in Leipzig; Sohn des Verlegers Ernst Rowohlt, Mutter Schauspielerin; 1930 Eintritt in das väterliche Unternehmen; 1938 Übernahme der Verlagsleitung; 1943 Schließung des Verlages durch die Nationalsozialisten; 1945–1950 Neugründung in Stuttgart und Übersiedlung nach Hamburg; Rowohlts Rotationsromane (rororo); 1982 Rückzug aus dem Verlagsgeschäft
Der Stil der Berliner Verlagsjahre ist dem Rowohlt Verlag in der norddeutschen Provinz erhalten geblieben. Denn wer einmal in Berlin gelebt und gewirkt hat, ist für immer von ihr, der Stadt, geprägt – woher er auch kommt, wohin er auch geht.
Über den Vater Ernst Rowohlt und dessen beruflichen Werdegang: erste Verleger-Jahre mit Kurt Wolff, Erfolge und die Krise Ende der 20er Jahre; das »Café des Westens« als Künstler-Treff und über persönliche Bekanntschaften; Emigration; über die eigene Verlagstätigkeit ab 1945
Berliner Lektionen. 1987. 99 min.

Leo, Gerhard (1923)
Journalist, Publizist; geboren in Berlin; Vater Rechtsanwalt; Résistance in Frankreich; 1945 Rückkehr nach Deutschland (Nähe Leverkusen); Arbeit als Journalist; Übersiedlung in die DDR; Publikationen, u.a. *Frühzug nach Toulouse. Ein Deutscher in der französischen Résistance*; lebt in Berlin
Und die Nazis haben ja sehr bewusst die Leute an sich gebunden. Eichmann hat im Prozess vom »Blutkitt« gesprochen, der erforderlich war, wenn man in den höheren Kreis der Judenvernichtung gelangen wollte. Dabei zählte nicht das eigene Blut, sondern das gemeinsam vergossene. Man musste teilnehmen an einer Vergasung.
Wie der Vater einen Prozess gegen Goebbels gewann und deshalb 1933 fliehen musste; Emigration in Frankreich; Begegnungen mit Egon Erwin Kisch; was und wie er vom

Schrecken des Faschismus erfuhr; der Weg in die Résistance, seine Aufgaben und über Mitkämpfer; über das französische Tabu, die Kollaboration; über Francisco Goya, Pieter Brueghel und die Schrecken des 20. Jh.; Rückkehr nach Deutschland; Arbeit als Journalist; Recherche über Kinderarbeit in Leverkusen; der Kalte Krieg und das KPD-Verbot im Westen; Auseinandersetzungen zwischen Kommunisten und Sozialdemokraten; Übersiedlung in die DDR; Mauerbau; Teilnahme beim Eichmann-Prozess als Journalist; seine Arbeit als DDR-Korrespondent in Paris; über Wende und Neuvereinigung; Zeitzeuge und Arbeit als Aktivist gegen die Abschiebehaft
Interview: Engelberg
2002. 120 min.

Leonhard, Wolfgang (1921)
Journalist, Publizist; geboren in Wien; Sohn des Schriftstellers Rudolf Leonhard; 1935–1941 Schulen und Fremdsprachenstudium in Moskau, dann mit der deutschen Minderheit Zwangsumsiedelung nach Kasachstan; 1945 Rückkehr nach Deutschland als Mitglied der Gruppe Ulbricht; 1947–1949 Dozent für Geschichte an der Parteihochschule »Karl Marx« beim ZK der SED; Bruch mit dem Stalinismus; 1949 Flucht nach Jugoslawien; ab 1950 Journalist in der BRD; ab 1966 Gastprofessor, 1972 Professor an der Historischen Fakultät der Yale-University New Haven

Bei Ulbricht erlebte ich eine unglaubliche Arbeitskraft, ein phänomenales Namensgedächtnis – wer, wo, wann, was –, organisatorische Fähigkeiten. Er lebte mit Organisation. Er hatte ein Gespür dafür, was Moskau wünscht. Teils bekam er von Marschall Shukow Anweisung, aber er bat mich jeden Tag, die Prawda durchzulesen und stellte dann Fragen: »Wie oft ist Deutschland erwähnt? Auf welcher Seite? Wieviel Zeilen?« Ich habe ihn nie lachen gehört, ich habe nie Freundschaften gesehen mit irgend jemandem. Er hatte keine anderen Interessen. Was mich so erstaunte: Er hatte gar kein Interesse am Marxismus-Leninismus, an der eigenen Ideologie.

Marschall Shukow sagte: »Wir wissen genau, dass man die politische Entwicklung nicht mit den Kommunisten durchführen kann, sondern nur mit den Sozialdemokraten, und das sollten sie, Genosse Grotewohl, vielleicht bedenken. Und ist ihnen Ulbricht

nicht genehm? Sollen wir ihn zurückziehen?« Grotewohl war also der Meinung, die sowjetische Führung, Shukow, unterstützt eine Einheitspartei, in der die ehemaligen Sozialdemokraten wie Otto Grotewohl die entscheidende Rolle spielen würden.

Emigranten in der Sowjetunion; die Gruppe Ulbricht in Moskau; über die Begrüßung der Ersten Belorussischen Front im

Hauptquartier in Bruchmühle als Mitglied der neuen deutschen Regierung; zu Direktiven, die Walter Ulbricht in Berlin zum Aufbau der Bezirksverwaltungen ausgab; wie Leonhard die Bezirksregierung in Berlin-Wilmersdorf ernannte, ▸ Wolfgang Harich kennen lernte und Trotzkisten jagen musste; Reaktionen der Berliner Bevölkerung auf die neue Regierung; über die Durchsetzung der Bodenreform; Gründung der KPD und Festlegung des Programms auf Weisung Stalins; die erste Nummer der Deutschen Volkszeitung; über die Gründungsveranstaltung der KPD, auf der Gustav Dahrendorf eine neue SPD ausrief; wie die CDU gegründet wurde und Ulbricht den Gründer der Liberalen bestimmte; vom deutlichen Wahlsieg der SPD bis zu ihrer Zwangsvereinigung mit der KPD; wie Erich Honecker Walter Ulbricht »stürzte«, ihn jedoch mit großer Zeremonie beerdigen lassen musste; Mario Franks Buch über Walter Ulbricht
Interview: Franksen, Grimm
Erinnerungen an Walter Ulbricht. 2001. 45 min.
1994; 2000–2001. 154 min.

Leysen, André (1927)
Unternehmer; geboren in Antwerpen; katholische Erziehung; Besuch einer deutschen Schule; nach der deutschen Besetzung Flanderns nach Berlin; 1944 17jährig Kabinett-Chef einer Exilregierung; 1945 Heimkehr nach Antwerpen; Haft; Aufsichtsratsvorsitzender der Agfa Gevaert N.V.; Aufsichtsratsmitglied in der Treuhandanstalt in Berlin; stellvertretender Vorsitzender des European Round Table; Autor des Buches *Hinter dem Spiegel. Eine Jugend in Flandern 1939–1945*
Über den Buchtitel *Hinter dem Spiegel*; Kindheit und Jugend; zu seiner damaligen Faszination und Hitler-Begeisterung; über die Gefahr, verführt zu werden; Einmarsch der deutschen Truppen am 29. Mai 1940 in Belgien; Mitgliedschaft in der Hitlerjugend, über ideologische Ausbildung und Adolf

Thomas Grimm im Gespräch mit André Leysen (links)

Hitler; damaliges Wissen über Juden, Russen und Kommunismus; individuelle Schuld und kollektive Verantwortung; Unfähigkeit der Deutschen, über die Zeit des Faschismus zu reden und Daniel Goldhagens Buch *Hitlers willige Vollstrecker*; darüber, was Lew Kopelew über Goldhagen schreibt; seine Zeit als Kabinett-Chef in der Flämischen Exilregierung in Berlin; April/Mai 1945 Rückkehr in die Heimat; 8. Mai 1945 Ankunft in Antwerpen, polizeiliche Anmeldung und Haft; Lehren, die er aus seiner früheren Haltung gezogen hat; über Kollaboration und Widerstand im Nationalsozialismus in Belgien; Hoffnung für Europa, nun einen friedlichen Weltstaat aufzubauen; Parallelen zur sogenannten DDR-Diktatur, seine Meinung zur Gauck-Behörde; Arbeit im Aufsichtsrat der Treuhandanstalt; über das Tempo und Probleme bei der deutschen Wiedervereinigung; richtige und falsche Entscheidungen: Rückgabe vor Entschädigung und Bevorzugung einzelner Firmen; über und für ein einiges Europa und die Einführung des Euro
André Leysen im Gespräch mit Thomas Grimm. 1996. 51 min.

Libeskind, Daniel (1946)
Architekt; geboren in Lodz; Eltern Arbeiter; 1957 Emigration nach Israel, mit dreizehn Jahren Auftritt als Solist in der Carnegie Hall

in New York; 1960 Übersiedlung nach New York; zunächst Musikstudium, ab 1965 Architekturstudium, ergänzt durch Studium der Geschichte und Theorie der Architektur; 1985–1994 in Berlin; Entwurf und Realisierung des Jüdischen Museums Berlin

Einer der Texte, die ich als Basis für den Entwurf für das Projekt Jüdisches Museum benutzt hatte, war das Gedenkbuch – zwei enorme Bände mit Seiten über Seiten mit Namen all der Menschen, die von Deutschland aus deportiert worden waren. Nur Name, Geburtsdatum, Datum der Deportation und vorgesehener Zielort: die Ghettos in Polen, die Konzentrationslager in Europa. Natürlich entdeckte ich Juden, die den Namen Berlin angenommen hatten und ich fand die Namen meiner Familie: Horowitz, Alter und Libeskind.

Herkunft und Kriegsschicksale der Eltern; Heimatland Polen; Antisemitismus in Polen; über die Musik Arnold Schönbergs; die Erzählung *Die Nase* von Gogol und über die innere Beziehung zwischen Ost und West; Beziehungen zwischen Berlin und Moskau; über die Vielfalt der Stadt Berlin, ihre Kultur, Architektur und gesellschaftliche Prägung; zur Reintegration der geteilten Stadt; der Berliner Alexanderplatz und Alfred Döblins Roman *Berlin Alexanderplatz*; Bindeglieder zwischen jüdischer Tradition und Berliner Kultur; persönliche Erfahrungen als Architekt und Stadtplaner; über die Einladung, am Architekturwettbewerb für das Jüdische Museum teilzunehmen; Vorstellung seines Wettbewerbstextes; 1989 Ankunft in Berlin, gemeinsam mit seiner Familie; zur Bauadministration in Berlin und darüber, was er tun würde, wenn er zuständiger Senator wäre; ein Treffen mit Vertretern vom Berliner Senat und dem Bezirksamt Kreuzberg; Arbeit am Jüdischen Museum; über die drei Grundpfeiler seines Entwurfes und zur Struktur des Museums

Daniel Libeskind (Berliner Lektionen) 1995. 81 min.

Liebermann, Rolf (1919–1999)

Opernintendant, Komponist; Großneffe des Malers Max Liebermann; geboren in Zürich; Vater Anwalt; Studium in Berlin und Budapest; Opernchef in Paris; Intendant der Hamburger Staatsoper

Kunst ist kein Geschenk der Regierung, sondern ein Recht des Volkes.

Warum er in Zürich zur Welt kam, es ihn aber zum Studium nach Berlin zog; kulturelles Leben in Berlin um 1930 und ein wichtiger Job als Klavierspieler; Dirigentenschüler bei Hermann Scherchen in Budapest; über Lale Andersen, Anna Mahler u.a. Künstlerbekanntschaften; Flucht in die Schweiz und über Unterricht, den er jüdischen Vollwaisen in Ascona erteilt hat; 1947 erste kulturelle Renaissance in Deutschland: neu erwachendes Kulturleben, neue Einstellung zu Wilhelm Furtwängler, Max Frischs Stück *Andorra* in New York und Aufführungen in Berlin; 1968 zweite Renaissance: neue Form und Funktion der Theaterarbeit; Frage nach einer derzeitigen dritten Renaissance, also 1994; persönliches Erleben der Wende 1989 und über Benachteiligungen der Ostdeutschen; zur Vernachlässigung der Kultur und über seine Hoffnung auf die Jugend

Renaissance? (Berliner Lektionen). 1994. 45 min.

1994. 53 min.

Lindenberg, Udo (1946)

Rockmusiker; geboren in Gronau (Westfalen); Vater Installateur; 1969 erste eigene Band; 1971 erste Soloplatte (in Englisch), 1972 mit Udo Lindenberg & Das Panikorchester Vorreiter der deutschen Rockmusik; 1983 Top-10-Hit mit *Sonderzug nach Pankow*; 1985 Auftritt bei den XII. Weltfestspielen der Jugend und Studenten in Moskau

Es ist eben total wichtig, dass der braune Mob, der bisher in den Straßen tätig war, dass die Mörder, die da rumgezogen sind, dass die nicht plötzlich ihre Abgeordneten im Bundestag haben. Das darf nicht stattfinden! Da

können wir Sänger und Öffentlichkeitsarbeiter ein bisschen was machen. Deutschland darf nie wieder ein Land werden, aus dem man emigrieren muss.

ⓘ Seine Lebensphilosophie, seelische Verletzungen, Emanzipation und Beziehungen zu Frauen; Freundschaft mit Felix (Thomas Scholz); die »bunte Republik Deutschland« als multikulturelle Gesellschaft gegen Neonazismus; Verantwortung und Einflussmöglichkeiten von Kunst und Kultur; über türkische Musikkultur und Pläne zur Zusammenarbeit mit der Sängerin Sezen Aksu; Boxsport als Synonym für »sich durchboxen« und sein Vorbild Muhammad Ali; über Sensibilität und Cool-Sein, um im Rock-Geschäft zu bestehen; zur Authentizität in den eigenen Liedern; über die Musikszene in Deutschland und die Zusammenarbeit mit den Prinzen; über das Älterwerden und Klischees, man könne im Alter keine Rock- und Popmusik mehr machen

Interview: Grimm, G.

Wo ich meinen Hut hinhäng …
1994. 30 min.

1994. 342 min.

Lindenberg, Wladimir
eigtl. Fürst Tschelischtschew (1902–1997)
Arzt, Psychiater, Philosoph, Schriftsteller und Künstler; geboren in Moskau; stammt aus uraltem Bojarengeschlecht; russisch-deutscher Herkunft; kämpfte in der Oktoberrevolution gegen die Bolschwisten; war später als Kritiker des Nationalsozialismus vier Jahre im KZ; für Verdienste in der Behandlung Hirnverletzter mit dem Bundesverdienstkreuz geehrt

ⓘ Über die Mutter, deren erste Ehe; die Annullierung dieser Ehe und über ihren zweiten Mann, seinen Vater Karl Lindenberg; Episode über Lew Tolstoi; über Onkel Iwan, den Kosakengeneral; die Großfürstin Elisabeth, seine Patentante Ella; Karneval-Episoden; Verbannung des Vaters während des I. WK; Revolution in Russland 1917; Verhaftung durch die Bolschewiki; Kasernenhaft; Flucht; Rückkehr des Vaters; Ausreise nach Deutschland; über Humanität; über die Tänzerin und Choreografin Tatjana Gsovsky; Lebenszäsur durch das Verlassen Russlands; Reise mit dem Vater nach Rybinsk mit der Bruderschaft der Rosenkreuzer; Besuch der Eremitage; eine Diener-Geschichte; Besuch des Begräbnis-Platzes; Erfahrungen bei Exerzitien; Aufenthalt in Deutschland und Studienzeit in Bonn; Reisen nach China und Japan; über seinen Meditationsraum in Russland; Nazizeit, Verhaftung und Verurteilung; Lagerzeit; über die Dunkelhaft im Gefängnis; Kriegsjahre in Berlin nach seiner Entlassung aus dem KZ; Nachkriegszeit; Arbeit als »Kräuterarzt«; Versorgung der Menschen mit Lebensmitteln; Tätigkeit als Spezialist für Hirnverletzte; Leben mit seiner Frau und über deren Tod; Arbeit in seiner Praxis; über das »innere Wissen« des Menschen und dessen Schicksal; sein Leben nach der Lähmung; über den Tod

Interview: Goroncy

Wladimir Lindenberg erzählt. 1993.
52 min.

1993. 268 min.

Löffler, Heinz (1913)
Maler und Grafiker; stammt aus Künstlerfamilie; in Dresden geboren und aufgewachsen; Volksschule; Lehre und Praxis in der Por-

zellanmanufaktur Meißen; Soldat im II. WK, Verwundung; Kunstakademie Dresden; nach dem Krieg freischaffender Künstler und Berufsschullehrer an der Porzellanmanufaktur Meißen; Arbeit in Berlin am Bildauftrag Stalinallee

Herkunft und Bildungsweg; Besuch der Kunstakademie Dresden; Atmosphäre an der Kunstakademie während des II. WK und Einfluss der Nazis; Bombardierung von Dresden; Auftrag Stalinallee, Auswahl, Vertrag und Honorar; Komposition und kontroverse Einschätzung des Bildes, Kritik der SED-Kreisleitung; Kunstausstellung Dresden; Atmosphäre beim Bau der Stalinallee; Auftragserteilung in der DDR; über sein Bild *Frauenbrigade* mit Bügeleisenband und Diskussionen darum; Gestaltung der Arbeitswelt als künstlerischer Auftrag; Kunstmarkt in der DDR; über die Wirkung von Kunst
Interview: Grimm

Auftragskunst in der DDR. 1995. 86 min.

1994. 57 min.

Ludwig, Christa (1928)
Opern- und Kammersängerin, Mezzosopran; geboren in Berlin; wirkte dreißig Jahre im Ensemble der Wiener Staatsoper; gefeierte Auftritte in allen berühmten Opernhäusern der Welt

Vor allen Dingen liebe ich *Fidelio*, weil es eigentlich keine Oper ist und wegen des Humanismus, der aus diesem Stück spricht. Meine Mutter hat unter Karajan den *Fidelio* gesungen. Damals war ich sieben Jahre alt. Ich war bei allen Vorstellungen anwesend und habe es hinterher am Klavier einstudiert, damit ich es auch einmal richtig singen kann. Ich habe immer gesagt: »Einmal *Fidelio* singen und dann sterben«.

Im Gespräch mit Klaus Geitel über Kindheit und Elternhaus als »preußisch-wienerische Mischung«; Unterschiede zwischen Berliner und Wiener Mentalität und Arbeitsweise; Charakteristik des Großstadtpublikums; über Gagen, Engagements und Zusammenarbeit mit Dirigenten und Regisseuren; Verhältnis zu Herbert von Karajan; vom Umgang mit der Stimme; Besonderheiten des Sängers; Premieren; Charakterisierung von Maria Callas; künstlerische Vorbilder; über Wieland Wagner und Leonard Bernstein

Wer schweigt, singt besser (Berliner Lektionen). 1994. 53 min.

1994. 71 min.

Lummer, Heinrich (1934)
Politiker; geboren in Essen; Vater Angestellter; Volksschule, Elektromechanikerlehre; Abitur in Dortmund; seit 1953 CDU; 1981–1986 Bürgermeister und Innensenator von Westberlin; seit 1987 MdB; Arbeit im Auswärtigen Ausschuss, Unterausschuss Menschenrechte und Abrüstungsfragen

Viele wollen einen Politiker haben, der sagt, was er denkt und der tut, was er sagt. Es gibt Leute, die mögen mich sehr, und es gibt Leute, die hassen mich sehr. Dazwischen ist nichts.

Berliner Bundestagsabgeordnete und seine Arbeit als Volksvertreter; über Expertentum der Abgeordneten im Bundestag; Wahlverhalten in der Bundesrepublik und Unterschiede in Ost und West; über die PDS, deren Wähler und wie man damit umgehen kann; ▸ Stefan Heym als Alterspräsident des Bundestages; der Prozess der Einheit, die

junge Generation und deren Kompromisslosigkeit; seine Haltung gegenüber rechten Gruppen, die politische Linke und fehlende Feindbilder; der Rechtsstaat als Inhaber des Gewaltmonopols, über Hausbesetzerszene und Polizeieinsätze; sein Prozess gegen Heinrich Böll; über seine Einstellung zu Gewalt und Migration; das prägende geistige Umfeld, in dem er aufwuchs; über den ursprünglichen Wunsch, Theologie zu studieren und Gründe, es nicht zu tun; über das Gemeinsame in Theologie und Politik; über den Sozialismus in der DDR: Erfahrungen mit der Mentalität der »Brüder und Schwestern im Osten«, deren nicht vorhandene Freiheit-Erfahrung und fehlende Selbstinitiative; der Demokrat Lummer, »ein Mensch wie ich und du«; der Begriff Heimat; über Volksverbundenheit, Bodenständigkeit, Vertrauensseligkeit und Enttäuschungen; der Einzelgänger Lummer über ▸ Richard von Weizsäckers Diplomatie und die Direktheit von Franz Josef Strauß
Interview: Roth
Heinrich Lummer (Berliner Köpfe).
1994. 45 min.

Mahlsdorf, Charlotte von
eigtl. Lothar Berfelde (1928–2002)
Museumsgründerin, Transvestit; geboren in Berlin; 1949–1953 Ausbildung als Museumskonservator am Märkischen Museum; freiberuflich tätig als Konservator; rettete Schloss Berlin-Friedrichsfelde vor dem Abriss; ab 1959 Bemühungen um abrissbedrohtes Gutshaus in Mahlsdorf; 1960 Umwandlung in ein privates Gründerzeitmuseum; 1992 Bundesverdienstkreuz am Bande für die denkmalschützerischen Leistungen; 1997 Übersiedlung nach Schweden und Aufbau eines neuen Jahrhundertwende-Museums in der Villa Hamilton in Porla
Heute wundere ich mich, dass ich, so wie ein Fischchen, durch die Klippen durchgekommen bin. Aber es war immer mit Gefahren verbunden. Und, Angst hatte ich immer,

schon als Kind. Ich habe immer versucht, irgendwo Geborgenheit zu finden und Schutz.
Geburt, Kinder- und Jugendjahre; über ihre weibliche Natur und Sammelleidenschaft; ihre Art, sich zu kleiden; über Homosexualität; die Zeit im Nationalsozialismus; Verhaftung; das Ende des II. WK und wie sie fast standrechtlich erschossen worden wäre; Einzug in die Ruine Schloss Berlin-Friedrichsfelde und Kampf gegen den geplanten Abriss; leben und arbeiten in der DDR; Lehre im Märkischen Museum; Einrichtung des Gründerzeitmuseums im Mahlsdorfer Gutshaus; Geschichte der Mulack-Ritze; über Straßenpassanten und ein Haus Mulack-, Ecke Rückerstraße; über Prostitution; über Schwule und Lesben in der DDR; Restriktionen wegen ihrer Homosexualität; über das Buch *Ganz normal anders* von Jürgen Lemke; über Gerechtigkeit, Liebe, ihre Liebesbeziehungen und Naturverbundenheit; zu Karl Marx; Bertolt Brechts *Baal* in einer DDR-Aufführung; Dreharbeiten mit Hanne Hiob zur *Unwürdigen Greisin* nach Brecht; die Ausbürgerung von Wolf Biermann; das erste Grammophon, über die Arbeit im Gründerzeitmuseum und Erläuterungen zu einzelnen Museumsexponaten; Misswirtschaft im DDR-Handwerk; Zerstörung des Wäldchens am Gutshaus; das Leben in Schweden und 70. Geburtstag; Schweden im II. WK; über Zarah Le-

ander; der Artikel *Das einfache Lottchen* von ▸ Alexander Osang in der Berliner Zeitung; zu Vorwürfen, IM gewesen zu sein; über Angst und ein beschwerliches Leben; Wünsche für Deutschland und das Scheunenviertel; Ehrung mit dem Bundesverdienstkreuz
Interview: Ast, Bärwaldt
1992–1999. 300 min.

Maier, Charles S. (1939)
Historiker; Krupp Foundation Professor of European Studies; Direktor des Minda de Gunzburg Center for European Studies; 1992–1995 im Beirat des Forschungsschwerpunktes Zeithistorische Studien Potsdam; seit 1998 Mitglied des German American Academic Council und des Auswahlausschusses für die Berliner American Academy
Vergleichen heißt nicht gleichsetzen!

Der Historiker als Zeitzeuge; zum historischen Verschwinden eines Systems; erste Besuche in der DDR; Unabhängiger Historiker-Verband; über ehemalige DDR-Historiker; Aufarbeitung der Stasi-Problematik; Verfolgungsprozesse der 40er und 50er Jahre im internationalen Vergleich; über Perestroika
Interview: Grimm
Das Verschwinden der DDR und der Untergang des Kommunismus. 1999. 45 min.
1999. 94 min.

Maizière, Andreas de (1950)
Banker; Cousin von Lothar de Maizière; geboren in Hannover; Vater: Ulrich de Maizière, General a.D.; Schulzeit und Abitur in Bonn; Studium der Betriebswirtschaftslehre und politischen Wissenschaften; seit 1976 bei der Commerzbank; 1988 Filialleiter in Paris
Es ist eine tolle Familie, aber sie ist sehr unterschiedlich, auch im Westen im übrigen. Dass sie so zusammengehalten hat, lag meiner Meinung nach erstmal an der Großmutter und dann lag es viel an der Initiative von Lothar und seinen Geschwistern, die erkannt haben, dass die Familie auseinanderbricht, wenn sie nicht fortsetzen, was die Elterngeneration begonnen hat.
Über die Eltern; die »Ostfamilie« in seinem Bewusstsein; prägende geschichtliche Eindrücke seiner Kindheit: Tod Konrad Adenauers, Mauerbau, Prager Frühling 1968, Studentenbewegung, Vietnamkrieg; über die Streitkultur in der Familie de Maizière; erste Reise in die DDR und Beschäftigung mit dem Ostblock; Besuch der Familie de Maizière in Frankreich; Fall der Berliner Mauer; ▸ Lothar de Maizières Besuch in Frankreich; das Scheitern der DDR aus Sicht der Familie Lothar de Maizières; deutsche Wiedervereinigung aus eigener Sicht als Banker; über Lothar de Maizière als Ministerpräsidenten; Rolle der gesamten Familie für die deutsche Einheit; über Musik, Religion und Preußentum
Interview: Grimm
Die de Maizières – eine deutsch-deutsche Familie. 1999. 45 min.
1999. 70 min.

Maizière, Lothar de (1940)
Rechtsanwalt, Ministerpräsident; geboren in Nordhausen; Vater: Clemens de Maizière, Rechtsanwalt; aufgewachsen in Berlin; 1956 CDU; 1959–1965 Studium HS für Musik Berlin (Viola); Orchestermusiker; 1969–1975 Jura-Fernstudium an der HU Berlin; Arbeit als Rechtsanwalt; ab 1986 Vizepräsident der Synode des Bundes der Evangelischen Kirchen;

1989 Vorsitzender der CDU (Ost); MdB; seit 1991 Aufgabe aller Ämter und Arbeit als Anwalt in Berlin; 1996 Buch *Anwalt der Einheit*; 1998 Mitbegründer der Initiative Denkmal deutscher Einheit

Ich hätte es würdevoller gefunden, wenn wir es geschafft hätten, unsere Verhältnisse selbst erst noch zu ordnen und uns nicht ordnen zu lassen. Dass ich die Würde betont habe, lag allerdings auch daran, dass ich schon ahnte, dass das ein verletzliches Gut ist. Es ging um zwei Dinge: Um die Suche nach unserer eigenen Identität oder um vorauseilenden Gehorsam. Und ich warnte vor diesem vorauseilenden Gehorsam, denn jede Gegenwart hat nur dann ihren Segen, wenn man sie zwischen Vergangenheit und Zukunft lebt.

Über die Familie und deren hugenottische Abstammung; Kindheit während des II. WK in Nordhausen; Kriegsende; Mitgliedschaft in der französisch-reformierten Kirche und seine Beziehung zu Gott; Jugendweihe und Konfirmation; die Brüder Clemens und ▸ Ulrich de Maizière (Vater und Onkel); Ausgangspositionen der Brüder nach dem Krieg und deren Interessenskonflikte; Motive des Vaters, in der DDR zu bleiben und dessen Einstellung zu Kriegen; Kontaktformen zwischen den Brüdern Clemens und Ulrich; Übersiedlung der jüngeren Schwester Sabine in den Westen und Folgen für die Familie; der 13. August 1961 in Berlin und die Folgen für die DDR-Kulturpolitik, insbesondere für das Studium an der HS für Musik in Berlin; über die Liebe zur Musik und sein Musikstudium; Arbeit als Orchestermusiker und Gründe für den Berufswechsel; die eigene Arbeit als Anwalt und Verteidiger von Wehrdienstverweigerern in der DDR; Rolle der Kirchen und ost- und westdeutsche Friedensbewegung; 68er-Bewegung; Prager Frühling 1968; Eishockey-WM Spiel SU–ČSSR 1968; 1987 erste Reise in die BRD als Vizepräses des Bundes der Evangelischen Kirchen der DDR; regelmäßige Familientreffen und erster Besuch des Onkels Ulrich de Maizière in der DDR; der Sommer 1989; Erlebnis des 9. November 1989 im Französischen Dom am Gendarmenmarkt; über die Wende, »eine Revolution nach Feierabend«; Zusammengehen von Ost- und West-CDU; Wahl zum Vorsitzenden der Ost-CDU und Auswirkungen der Ereignisse auf seine Familie; erste frei gewählte Volkskammer in der DDR, Wahlkampf und Wahlen am 18. März 1990; Auseinandersetzung mit der Vergangenheit der Ost-CDU; über ▸ Hans Modrow, die SED-PDS und den Demokratischen Sozialismus; Tätigkeit als Ministerpräsident; über die Zusammenarbeit, die »Vetternwirtschaft«, mit seinem Cousin ▸ Thomas de Maizière als Berater bei der Ausarbeitung des Einigungsvertrages; Verhandlungen und Unterzeichnung des Einigungsvertrages; Kontroversen mit Helmut Kohl; deutsche Wiedervereinigung; über die Abschiedsrede auf die DDR und ein Konzert in der Staatsoper, dirigiert von ▸ Kurt Masur; Arbeit als Minister für besondere Aufgaben; Stasi-Vorwürfe und Gründe für den Rücktrit von allen Ämtern; politische Situation in Osteuropa, NATO, OSZE, Russland; über das 1. Musikfest Mecklenburg-Vorpommern – Im Gespräch mit ▸ Gregor Gysi über seine Kindheit, Familie und die deutsche Wiedervereinigung – Zusammen mit dem Onkel Ulrich de Maizière über ihre regelmäßigen Familientreffen im Treptower Lokal »Zenner« seit

Anfang der 80er Jahre; Besuch und Kommentierung der Ausstellung *Einigkeit und Recht und Freiheit. Die Wege der Deutschen 1949 bis 1999* im Gropiusbau Berlin; über Bundeswehr, Situation in der BRD, Gründung der DDR und deutsche Teilung, Frieden, Freiheit, Militärpolitik in Ost und West, deutsche Einheit, Rolle der Sowjetunion – Im Gespräch mit ▸ Friedrich Schorlemmer über Aufarbeitung der DDR-Geschichte und über kirchliche Opposition in der DDR – Zusammen mit ▸ Hedwig Bollhagen über Verwandtschaftsbeziehungen, über Verstaatlichung privater Handwerksbetriebe 1972 in der DDR und Reprivatisierung nach 1990, über Mitglieder der Familie de Maizière, Staatlichen Kunsthandel der DDR und Erbschaftsregelungen in der DDR
Interview: Grimm
Die de Maizières – eine deutsch-deutsche Familie. 1999. 45 min.
Lebenswege. Im Gespräch mit Friedrich Schorlemmer. 1998. 44 min.
Über Gott und die Welt. 1999. 45 min.
1998–1999. 180 min.

Maizière, Michael de (1948)
Grafiker; Bruder von Lothar de Maizière; Vater: Clemens de Maizière, Rechtsanwalt; geboren in Nordhausen; aufgewachsen in Berlin; Lehre als Geigenbauer; Studium Grafik-Design; freiberuflicher Grafiker
Wir waren alle, alle in der Familie froh, dass mein Bruder endlich dieses Kreuz nicht mehr tragen muss. Denn wir haben uns alle Sorgen gemacht. Durch diese ständigen Anfeindungen wurde er immer verschlossener und immer schwieriger, und es hat Jahre gedauert, dass er wieder der ist, der er mal war.
Hugenotten- und Preußentum, Religion und Musik; Kindheit und bürgerliche Prägung; eigene Position innerhalb der Familie; Einstellung gegen Standesdünkel; Wertvorstellungen der Familie (Ost); der Vater Clemens de Maizière und das Verhältnis zwischen Clemens und dessen Bruder ▸ Ulrich de Maizière; 13. August 1961; Gestaltung der Kontakte zwischen den getrennten Familien im geteilten Deutschland und Familientreffen; über den Onkel Ulrich de Maizière und die Cousine ▸ Cornelia von Ilsemann; Befreiung vom Wehrdienst durch die Position des Onkels; Vorstellungen vom Leben der Verwandten in der BRD; Prager Frühling 1968; Kalter Krieg; politische Position der Familie und Einstellung zur DDR; Arbeit als Grafiker; 1981 Dienstreise nach München zu seiner Schwester Sabine und erste Eindrücke vom realen Leben in der BRD; Resignation und Stagnation in der DDR seit Beginn der 80er Jahre; die Vorwendezeit; 1989 Reise nach München und in die Toskana; Beteiligung an der Organisation der Demonstration am 4. November 1989 auf dem Alexanderplatz; 9. November 1989 und die Wende; ▸ Lothar de Maizière als Ministerpräsident; Position der Familie in der Wiedervereinigungsphase; Arbeit des Cousins ▸ Thomas de Maizière als Berater des Bruders; Folgen der Wiedervereinigung für ehemalige DDR-Bürger; Vorwurf der IM-Tätigkeit gegen den Vater Clemens de Maizière und den Bruder Lothar; zum Rücktritt Lothar de Maizières
Interview: Grimm
Die de Maizières – eine deutsch-deutsche Familie. 1999. 45 min.
1999. 85 min.

Maizière, Thomas de (1954)
Cousin und Berater von Lothar de Maizière; Vater: Ulrich de Maizière, General a.D., Jurist; Arbeit in der Senatskanzlei beim Regierenden Bürgermeister von Berlin (West) Richard von Weizsäcker und Eberhard Diepgen; 1990–1998 Staatssekretär im Kultusministerium Mecklenburg-Vorpommern; lebt seit 1991 mit der Familie in Schwerin
In aller Kürze würde ich sagen, der Vereinigungsprozess selbst hätte nicht viel besser laufen können. Natürlich hätte man das nutzen müssen zu einer großen institutionellen Reform Deutschlands als Ganzes; viele

Dinge sind übersehen worden, aber – aus der damaligen Sicht betrachtet – alternativlos, vor allen Dingen wegen des Druckes aus der Bevölkerung.

ⓘ Kindheit und Jugend, politische Erziehung, über die Eltern, Religion und Musik; erste Kontakte mit der Ostverwandtschaft und erster Besuch in Ostberlin; über den Onkel Clemens de Maizière; Besonderheit der familiären Beziehung durch die Teilung Deutschlands; Beachtung von Sicherheitsfragen bei Gesprächen während der Familientreffen; Studentenzeit und Beschäftigung mit Marxismus-Leninismus; Arbeit in der Berliner Senatskanzlei bei Eberhard Diepgen; 750-Jahrfeier Berlins; politische Geschehnisse in der DDR 1989; Treffen zwischen Diepgen und ▸ Lothar de Maizière, dem neuen Vorsitzenden der Ost-CDU; 9. November 1989 und Fall der Berliner Mauer; Vorbereitung der Wahlen; Bildung der Übergangsregierung in der DDR und Arbeitsatmosphäre darin; Vorbereitung der Wiedervereinigung; über Diepgen, Rühe und Schäuble; Arbeit als Berater von Lothar de Maizière und Position des Vaters ▸ Ulrich de Maizière zur Tätigkeit seines Sohnes; zum Vorwurf der IM-Tätigkeit gegen Lothar de Maizière; Erarbeitung des Einigungsvertrages und Verhandlungen darüber; über Günther Krause; das Problem von Eigentumsfragen; Tag der Unterzeichnung des Einigungsvertrages; Abschiedsveranstaltung am 2. Oktober 1990 im Schauspielhaus; die Beziehung zwischen Helmut Kohl und Lothar de Maizière; Lothar de Maizières Verdienst bei der Vorbereitung der Wiedervereinigung und über einzelne Entwicklungsphasen nach der Wiedervereinigung – Mit dem Vater Ulrich und dem Cousin Lothar über ihre regelmäßigen Familientreffen im Treptower Lokal »Zenner« seit Anfang der 80er Jahre

Interview: Grimm

Die de Maizières – eine deutsch-deutsche Familie. 1999. 45 min.

1999. 230 min.

Maizière, Ulrich de (1912)

General a.D.; Onkel von Lothar de Maizière; ab 1930 militärische Laufbahn; Rückkehr aus dem II. WK als Oberstleutnant; Arbeit als Musikalienhändler; 1950 Mitbegründer der Deutschen Bundeswehr; 1966 Generalinspekteur der Deutschen Bundeswehr; 1972 Beendigung der militärischen Laufbahn im Rang eines Vier-Sterne-Generals

Ich meine, das gehört zur politischen und kulturellen Identität eines Volkes dazu, dass man sich zu seinem Volke bekennt und seine Identität nicht versteckt. Wenn wir das einmal erreicht haben, dann wären die sonstigen Mentalitätsunterschiede von nebensächlicher Bedeutung.

ⓘ Die hugenottische Herkunft; Meinung zu Preußen; über die Weimarer Republik; Berufswahl; Eindrücke von Dresden; Stationen der Berufsausbildung; das Offizierscorps der Reichswehr; über die Ausbildung unter Erwin Rommel und Ferdinand Schörner; Machtübernahme Hitlers; Verhältnis zwischen SA und SS; über den Röhm-Putsch; Aufrüstung der Reichswehr; Situation und Arbeit im Führerbunker; Situation zu Beginn des II. WK; Annexion Österreichs, der Tschechoslowakei, Polens und Frankreichs; Angriff auf die Sowjetunion; über den Einsatz motorisierter Einheiten; Kriegserfahrungen

an der Ostfront; zur Kampfkraft und Kriegsführung der Roten Armee; Deutsche Wehrmacht; Partisanenbekämpfung; das Attentat am 20. Juli 1944; die Schlacht von Stalingrad; General Friedrich Paulus; über den Holocaust und Beurteilung des II. WK aus moralischer Sicht; Nachkriegszeit, Entnazifizierung und persönlicher Lebensweg; Kriegsgefangenschaft und Entlassung; berufliche Orientierung, Rückkehr zum Militär und Gründung, Aufbau der und Tätigkeit in der Bundeswehr; zum Verhältnis von Militär und Politik sowie über Militärpolitik in Ost und West; Carl von Clausewitz; Politik der Abschreckung durch Atomwaffen; über persönliche Wertvorstellungen; über Antikommunismus und demokratische Gesinnung; zur Frage der deutschen Einheit; der 13. August 1961 und die Teilung Deutschlands; Ungarn-Aufstand 1956; Verhältnis zwischen den Brüdern Clemens und Ulrich de Maizière, Kontakte, Reisemöglichkeiten, Einschränkung der Beziehungen durch die Teilung Deutschlands; Rolle seiner Mutter bei der Gestaltung des familiären Kontaktes; 1966 Begegnung mit dem Bruder bei der Beerdigung der Mutter; erste Reise in die DDR und Gründe für den späten Zeitpunkt; 1968 Prager Frühling, militärische Vorgänge und Maßnahmen der Bundeswehr; über die 68er-Bewegung in der BRD und ihre Auswirkungen in der eigenen Familie; NVA, NATO-Doppelbeschluss und militärisches Kräftegleichgewicht zwischen den Pakten; über Friedensbewegung, Bundeswehr, Pazifismus, und Krieg; 9. November 1989; über ▸ Lothar de Maizière und dessen Leistung für die deutsche Wiedervereinigung; das Verhältnis Kohl und Lothar de Maizière; zu den Stasi-Vorwürfen gegen seinen Neffen und über dessen Rücktritt; die Leistung seines Sohnes ▸ Thomas de Maizière; familiäre Entwicklung nach der Wiedervereinigung, Wege der Verständigung und Überwindung des Trennenden; Situation in der BRD; über Frieden, Freiheit, die deutsche Einheit, die Rolle der Sowjetunion und über Patriotismus – Mit Lothar und Thomas im Gespräch über ihre regelmäßigen Familientreffen im Treptower Lokal »Zenner« seit Anfang der 80er Jahre – Zusammen mit Lothar de Maizière Besuch und Kommentierung der Ausstellung *Einigkeit und Recht und Freiheit. Die Wege der Deutschen 1949 bis 1999* im Gropiusbau Berlin
Interview: Grimm
Ulrich de Maizière. Soldat für Deutschland
Teil 1: Tradition und Pflicht. 1998. 45 min.
Teil 2: Generalstabsoffizier im II. Weltkrieg. 1998. 44 min.
Teil 3: Generalinspekteur in drei Regierungen. 1999. 40 min.
Die de Maizières – eine deutsch-deutsche Familie. 1999. 45 min.
1997–1999. 446 min.

Malina, Judith (1926)
Theater-Regisseurin; geboren in Kiel, Vater Rabbiner, Mutter Schauspielerin; als Kind nach New York emigriert; 1944 Ausbildung bei Erwin Piscator; Gründerin des Living Theatre
Aufgewachsen in der New Yorker Theaterszene; Probleme als Jüdin; Pazifismus; Ausbildung bei Erwin Piscator als Grundlage ihrer Theaterarbeit; Aufenthalte und Gastspiele in Ost- und Westberlin; die Nöte der Exiltruppe 1969/70; zehn Jahre Straßentheater; Projekte für ein Wiederkommen nach Berlin; über Julian Beck
The Living Theatre: Feuertaufen in Berlin (Berliner Lektionen). 1991. 45 min.

Mann, Dieter (1941)
Schauspieler, Intendant; geboren in Berlin; Dreher; Abitur an der ABF; 1962–1964 Schauspielstudium; ab 1964 am DT Berlin; 1984–1991 Intendant des DT
Über *Die neuen Leiden des jungen W.*: Dieses Stück hatte sehr viel mit mir zu tun.
Arbeit an dem Stück *Die neuen Leiden des jungen W.* von ▸ Ulrich Plenzdorf und seine

Darstellung des Hauptthelden Edgar Wibeau; Wirkung von Kunst und Literatur in der DDR; über Erich Loest und Plenzdorfs *kein runter, kein fern*
Interview: Kolano
1993. 27 min.

Markaris, Petros (1937)
Romancier, Dramatiker, Übersetzer; Drehbuchautor, geboren in Istanbul; lebt in Athen
Die Kleinwelt Griechenlands interessiert mich insoweit, als ich ihre Widersprüche und ihr Verhältnis zur übrigen Welt entdecke.

Wie seine Geschichten wachsen und entstehen; die Gestalt des Kommissars Kostas Charitos aus dem Roman *Nachtfalter*; wie er recherchiert; reales und fiktives Athen; der Medienbetrieb; Fremdenfeindlichkeit in Griechenland und anderswo; Nationalismus auf dem Balkan und anderswo; das Initialerlebnis *Mutter Courage* am BE; was er von Bertolt Brecht lernte; Geburtsstadt Istanbul; warum er die deutsche Sprache lernte; die Bedeutung von ▸ Heiner Müller; Zusammenarbeit mit Theo Angelopoulos; über griechische Literatur; Globalisierung der Wirtschaft und des Verbrechens
Interview: Engelberg
Petros Markaris, Jahrgang 1937 (Buchzeit). 2001. 42 min.
2001. 81 min.

Markov, Walter (1909–1993)
Historiker; Vater Franz Markov, slowenischer Herkunft, kaufmännischer Angestellter; Mutter Isabella Markov, Wienerin sächsischer Herkunft; wuchs mehrsprachig auf; Abitur in Susak; 1927–1934 Studium der Geschichte, Geographie, Kirchen- und Religionsgeschichte, Philosophie, Orientalistik und Slawistik in Leipzig, Köln, Berlin, Hamburg und Bonn; KPD und Gründung einer Widerstandsgruppe und Herausgabe der illegalen Zeitschrift Sozialistische Republik; 1935 Verhaftung und Verurteilung; 1936–1945 Zuchthaus Siegburg; 1945 Bonn; 1946 SED; Berufung als Dozent an die Universität Leipzig; 1949 bis 1968 Direktor des Instituts für Allgemeine Geschichte; 1951 Ausschluss aus der SED und Aberkennung des Status eines Verfolgten des Naziregimes; Mitglied der DAW und der Sächsischen AdW; 1989 PDS-Mitglied; 1992 Ehrenvorsitzender der Alternativen Enquête-Kommission zur deutschen Zeitgeschichte; zahlreiche Publikationen, vorrangig zur Französischen Revolution, Geschichtstheorie sowie Geschichte Osteuropas, Afrikas und Lateinamerikas; Jacques-Roux-Biographie
Alles, was mit geschichtlicher Tradierung verbunden ist, kann durch Manipulierung des Verteilerschlüssels – den die Wenigen in der Hand haben – verfälscht werden. Die Gefahr einer Entstellung, meinetwegen

Foto: Christian Brachwitz

auch von Irrtümern in gutem Glauben, eine Neigung, sich selbst für das Ganze zu nehmen oder sich mit ihm in eins zu setzen, lauert auf allen Wegen.

ⓘ Familiäre Verhältnisse, Herkunft, kulturelle und politische Prägungen; Studienzeit: Leipzig, Köln, Berlin, Hamburg, Bonn; politische und kulturelle Atmosphäre, Promotion, berufliche Optionen und politische Entscheidungen; Widerstandsbewegung an der Universität; Aufnahme in die KPD; illegale Tätigkeit; Herstellung und Vertrieb der illegalen Zeitung Sozialistische Republik; über Walter Bader, Hannes Schmidt und Ferdi Kolb; 1935 Verhaftung; Prozess und Verurteilung; über seine Haftzeit im Zuchthaus Siegburg; die Nachkriegszeit in Bonn; beruflicher Wechsel nach Leipzig, Vorlesungen an der Universität Leipzig und Halle; die alte Leipziger Universität; über Karl Lamprecht, den Gründer des Instituts für Kultur- und Universalgeschichte an der Leipziger Universität; Gründung der DDR; über die 50er Jahre und Rückkehr der Emigranten in die Ostzone; die 50er Jahre in Leipzig; über den Romanisten Werner Krauss; über Stalinismus, Stalinismus-Debatte, Stalin und dessen Tod; Parteiausschluss aus der SED; über Gerhard Harig; der 17. Juni 1953; Rolle von Persönlichkeiten in der Geschichte; soziale Entwicklung im Sozialismus und Kommunismus; über Revolution und Evolution; Status und Selbstverständnis des Bürgers als Teil der Sozietät; Unterschiede von wissenschaftlichem und staatsbürgerlichem Anliegen, Bewahrung und Veränderung von Idealen und Undenkbarkeit eines historischen Endzustands; Probleme der individuellen Selbstentfaltung im Sozialismus; Prager Frühling 1968; Kuba-Krise; Aufenthalte in Chile und Lateinamerika; seine Rolle als »Privatbotschafter« in der Dritten Welt – Zusammen mit seiner Frau Irene Markov über Familie und Kinder – Im Gespräch mit ▸ Manfred Kossok und Lothar Rathmann 1986 in der KMU Leipzig; über die Leipziger Revolutions- und Weltgeschichtsschreibung, deren Grundlage und internationale Entfaltung; Zeit als historische Dimension, die nicht umkehrbar ist; über Appeasement-Politik, Gesellschaftsgesetze, Erd- und Weltgeschichte; Subjektivität und Objektivität in historischer Relation – Im Gespräch mit Hannes Schmidt über dessen Prozess, bei dem Markov Zeuge war; Einschätzung der damali-

Foto: Christian Brachwitz

Hans Mayer, Walter Markov und Ernst Engelberg

gen Ereignisse – Im Gespräch mit Karl-Heinz Roth über die Geschichte Südosteuropas, insbesondere die Jugoslawiens; über die Problematik militärischen Widerstandes; revolutionäre Gewalt in der Geschichte der deutschen Arbeiterbewegung und in weltweiter Perspektive; Karl-Heinz Roth über das Scheitern der 68er-Bewegung in der BRD – Zusammen mit ▸ Walter Grab über Louis Napoleon

Gymnich, die Begegnung Grab/Markov und Einschätzung von Berührungspunkten und Wirkung ihrer Arbeit – Aus der Rede Markovs auf der Internationalen Konferenz Zweihundert Jahre Französische Revolution (teilweise frz.) – Markov, 1991 während des Hungerstreiks in der KMU, aus seinem *Jacques Roux* lesend
Interview: Grimm
Freiheit wird die Welt erobern. 1993. 30 min/50 min.
1986–1991; 1993. 620 min.

Marquardt, Hans (1920)
Verleger; geboren in Simmatzig (Pommern); Vater Landarbeiter; 1939–1945 Wehrmacht; 1948–1952 Studium der Germanistik und Journalistik in Leipzig; 1961–1987 Leiter des Verlages Philipp Reclam jun. Leipzig; lebt in Neuendorf bei Putbus
Innerhalb einer Literaturwerkstatt unter Leitung von Karin Hirdina zum Thema Reglementierung von Literaturbetrieb in der DDR – Selbstbefragung über ▸ Wolfgang Hilbig, Franz Fühmann und den Reclam-Verlag Leipzig
1992. 25 min.

Marum, Sophie (1910)
Pädagogin; geboren in Wien; Vater: Rabbiner; aufgewachsen in Tarnowitz (Oberschlesien); Anfang der 30er Jahre Studium in Frankfurt/Main, Nationalökonomie, Germanistik, Philosophie und Kinderpsychologie; Kennenlernen ihres späteren Mannes Hans Marum; 1936 Emigration nach Paris, März 1942 nach Mexiko; Arbeit als Krankenschwester in Mexiko City; 1947 Rückkehr nach Berlin; 1953 Lehrerin an der Pädagogischen Schule für Kindergärtnerinnen in Schwerin; 1957–1959 Direktstudium an der HUB und Abschluss als Diplom-Pädagogin; Arbeit im DPZI und im ZI für Weiterbildung
Bekanntschaft mit dem Ehepaar Noel und Herta Field in Marseille; über ihren Mann Hans Marum; Emigration; Umfeld; Leben im Quäkerheim; Begegnung mit Fields in Mexico City; Kennenlernen von Paul Merker; Geschehnisse im Zusammenhang mit der Affäre Noel Field nach 1945; über Erich Jungmann; eigene Verdrängung der Ereignisse und unter den Genossen; über ▸ Walter Janka, der von der Noel-Field-Affäre als einziger verschont blieb; über Paul und Grete Merker; über ▸ Tonja Lechtmann, die dann in Polen lebte; liest einen Brief ihres Mannes vom 1. August 1941 vor, in dem Noel Field während des französischen Exils erwähnt wird; Sammelband der Zeitung des NKFD mit Artikeln von Alexander Abusch und Paul Merker
Interview: Grimm
1991. 65 min.

Marwell, David
Historiker; Leiter des BDC von Dezember 1988 bis zu dessen Übergabe an das Bundesarchiv Koblenz

Anlässlich der Übergabe des BDC an das Bundesarchiv Koblenz, Standort Potsdam 1994: über Zugangsregelungen des National Archive in Washington, dazu unterschiedliche Bestimmungen im Bundesarchivgesetz und über diesbezügliche Missverständnisse; Zugangsregelungen des BDC für deutsche Staatsbürger seit 1988; Befürchtungen über erschwerten Zugang nach der Übergabe des BDC sind unbegründet; darüber, welche Ak-

ten nicht an das Bundesarchiv übergeben werden; über die Zerstörung von Originalprovenienzen bei der Gründung des BDC und ihre Wiederherstellung; häufigste Recherchen sind Anfragen zu SS, NSDAP und Reichskulturkammer; Trends und Schwerpunkte in der Benutzung, amtliche und private Nutzer sowie einige statistische Angaben zur Benutzung des BDC; Umfang, Wert und Charakter des Archivs, Einsatz neuer Technik und Verbesserung der Erschließungsmöglichkeiten; zur Problematik, dass die heutige BRD auf Bürokratie des Nationalsozialismus zurückgreift; Gedanken zur Übergabe der letzten großen Sammlung beschlagnahmter NSDAP-Akten; Verständnis für und Bedauern über einen Artikel, der in den USA im New Yorker erschienen ist und der Befürchtungen jüdischer Organisationen und Privatwissenschaftler beschreibt, nach denen durch die Übergabe der NS-Akten an die Deutschen Material verschwinden könnte; über ein komplettes Duplikat des Archivs auf Mikrofiche, das in den USA schon bald zur Verfügung stehen wird; Vor- und Nachteile der Verfilmung des Archivs, z.B. bei der Wiedergabe von Bleistift- und Farbspuren auf den Karteikarten; über eine komplizierte Zeit des BDC um 1988, einen Akten-Diebstahl und die Übernahme der Leitung durch ihn; damals anstehende Aufgaben und deren Lösung; über Verhandlungen zwischen Bonn und Washington und den Beschluss, das BDC an die Deutschen, die es lange nicht haben wollten, zurück zu geben; Beschreibung persönlicher Gefühle bei der Übergabe des BDC; Vorführung einer Suchabfrage am Beispiel des Heiratsgesuches eines SS-Mannes und Erläuterungen zur Heiratsakte
Interview: Hass
1994. 107 min.

Marx, Henry (1911)
Journalist, Historiker, Chefredakteur des Aufbau; geboren in Brüssel; Muttersprache Französisch; bis 1933 Jura- und Medizinstudium in Berlin; dann Abbruch und Beginn einer Banklehre; 1934 Konzentrationslager; 1937 25jährig Emigration nach Amerika; 1938 Studium der Amerikanischen Geschichte an der NYU; Arbeit als Journalist und Korrespondent; seit 1985 Chefredakteur des Aufbau in New York

Februar 1937 Emigration nach Amerika; über Gründe, mögliche Alternativen, Verluste und Hoffnungen; Situation an der Universität in Berlin und eigene politische Orientierung; über Untätigkeit des Bürgertums, von Juden und Nicht-Juden und das Versagen der christlichen Kirchen im Nationalsozialismus; der erste Tag in New York; über die Unmöglichkeit, sein Studium fortzusetzen, dafür Studien der amerikanischen Geschichte an der NYU; Situation der jüdischen Gemeinden in New York und deren Migrationsbereitschaft; die Rolle deutscher nazistischer Gruppierungen in Amerika und das Ansehen der deutschen Sprache; über deutschsprachige Zeitungen wie den Aufbau und die New Yorker Staats-Zeitung, das Volksecho, die Volkszeitung und fehlendes Europa-Bild der Amerikaner; weiterer beruflicher Weg Tellerwäscher; anschließend Einstieg in die Pressearbeit bei der Staats-Zeitung als Musik-, Theater- und Filmkritiker, später Medizinjournalist, Korrespondent und Mitbegründer eines deutschen Theaters; 1969 Arbeit beim

Goethe-Haus und ab 1985 bei der Zeitung Aufbau; über den Aufbau, gegründet 1934, ein Zentrum und fast eine Hilfsorganisation; die Schwierigkeit, drei Identitäten zu vereinbaren am Beispiel des deutsch-jüdisch-amerikanischen Bankiers Jakob Schiff und an dem von Aby Warburg; über das Schicksal von George Grosz; ein Artikel von Emil Ludwig; politische Orientierung des Aufbau, Position zum Hitler-Stalin-Pakt und zur sogenannten Reichskristallnacht; über die Arbeit von Rudolf Brandl, Manfred George und Dorothy Thompson; über Hannah Arendt als kritische Autorin des Aufbau; McCarthy-Zeit und Kommunistenverfolgung; der Aufbau nach 1945; über Oskar Maria Graf; der Aufbau als kritische Stimme, über Geschäftsführung und Wirtschaftlichkeit sowie Kunden in der ganzen Welt; Stellungnahme zur vorzeitigen Haftentlassung des Kommandanten von Treblinka; Auseinandersetzung mit ▸ Jes Rau über den Artikel *Holocaustmaschine* in der New Yorker Staats-Zeitung zum Holocaust-Museum in den USA; Kritik an Historikern, die bisher nicht die Lebensgeschichten der einfachen Emigranten beschrieben haben; Gedanken zur deutschen Wiedervereinigung, über die Mentalität der Ostdeutschen und über das Versagen der Psychologen bei deren Einschätzung; persönliche Bekanntschaft mit ▸ Stefan Heym; Beziehungen zur Jüdischen Gemeinde in der DDR in Leipzig, in Halle/Saale und zu anderen osteuropäischen Staaten vor 1989; über wachsenden Antisemitismus in Osteuropa nach 1945; zur jetzigen Situation der jüdischen Bevölkerung in Osteuropa, insbesondere in der ehemaligen Sowjetunion und die »Gefahr einer Millionenwanderung«, der man mit finanziellen Hilfen und Know-how entgegenwirken muss; Haltung der amerikanischen Juden zum Thema Israel und Palästina und über das Treffen der beiden Staatsführer Rabin und Arafat
Interview: Mück
1993. 96 min.

Masur, Kurt (1927)
Dirigent; geboren in Brieg (Schlesien); 1970–1997 Gewandhauskapellmeister in Leipzig, 1975 Ernennung zum Professor; zahlreiche Gastspiele mit dem Gewandhausorchester in Europa, den USA und Japan; setzte sich im Oktober 1989 erfolgreich für den friedlichen Verlauf der Leipziger Montagsdemonstrationen ein; 1990 Berufung zum Chefdirigenten und Musikdirektor der New Yorker Philharmonie und seit 2002 Generalmusikdirektor auf Lebenszeit

Im Gespräch mit ▸ Kurt Biedenkopf über Stellenwert der Musik für die Gesellschaft; Musikpädagogik im Hause Masur; Musik und menschliche Seele; Länder und Kulturen ohne symphonische Musik; Musik als gesellschaftstiftendes Instrument; Rolle bei den Montagsdemonstrationen in Leipzig und sein Verhältnis zur Politik; Verantwortung der Politik; Verbindung von Orchester und Publikum; Kultur als existentielles Bedürfnis; Kurt Masurs Weg zur Musik; darüber, wie es heute um die klassische Musik steht
Kultur und Politik (Berliner Lektionen). 1990. 52 min.

Matthes, Joachim
Politischer Gefangener in der DDR; Haft von November 1967 bis Juli 1969
Über die Anwerbung als Fluchthelfer vom Staatssicherheitsdienst der DDR; über seine

Verhaftung; Vorwurf: Verleitung zum Verlassen der DDR; über seine Untersuchungshaft, Vernehmungen und Mithäftlinge; Verhandlung, Anklage und Urteil: zwei Jahre, zehn Monate Zuchthaus Bautzen; Situationen in der Haft, seine Entlassung, Fahrt zur Grenze; Rechtsanwalt Vogel
Interview: Edler
Eingesperrt und freigekauft. Politische Gefangene in der DDR. 1999. 41 min.

May, Gisela (1924)
Theater- und Filmschauspielerin, Sängerin; geboren in Wetzlar; Vater: Ferdinand May, Schriftsteller, Mutter Schauspielerin; 1940–1942 Schauspielstudium in Leipzig; nach Engagements in Schwerin und Halle 1951–1961 am DT in Berlin; 1961 BE; Dozentin an der Staatlichen Schauspielschule Berlin, danach an der HS für Musik; nach erster Ehe Lebensgemeinschaft mit Wolfgang Harich; lebt in Berlin
Erste Begegnung mit ▸ Wolfgang Harich 1964; seine Haftzeit und deren Aufarbeitung; über Harichs großbürgerliche Herkunft; seine Arbeitsweise am *Jean Paul*-Buch und Anspruch an den Lebenspartner; Verpflichtung gegenüber seinem Vater; Thema Heiraten, Nicht-Heiraten und wilde Ehe; zu den Angriffen ▸ Walter Jankas und Erich Loests auf Harich und dessen Verbitterung
Interview: Franksen
2000. 30 min.

Mayer, Hans (1907–2001)
Literaturwissenschaftler; geboren in Köln, Vater Kaufmann; Exil in Paris und der Schweiz; 1945 Rückkehr nach Deutschland, 1948–1963 Literaturprofessor in Leipzig, kehrt 1963 nicht in die DDR zurück

Ich identifiziere mich nach wie vor mit den Prinzipien der Großen Bürgerlichen Revolution, das heißt den Menschenrechten und Bürgerrechten. Ich identifiziere mich nach wie vor – genauso wie Brecht, Werner Krauss oder Ernst Bloch es bis zum Schluss getan haben – mit dem Prinzip einer materialistischen Dialektik.
Erste Zeit nach der Rückkehr aus dem Exil in der amerikanischen Besatzungszone; im Oktober 1947 Vorlesungen an der Leipziger Universität; Wintersemester 1948 Berufung an die Universität Leipzig zum Professor für Weltliteratur und neueste Literatur; Beziehung zu Werner Krauss und die gemeinsame Schriftenreihe Neue Beiträge zur Literaturwissenschaft; Erinnerungen an Karl Polak; erste Begegnung mit ▸ Walter Markov und über die Anfänge am Historischen und Germanistischen Institut; über seine persönlichen Beziehungen in Leipzig, die Art und Weise des Umgangs miteinander; Ernst Blochs Antrittsvorlesung; über Wissenschaft und Politik in der Leipziger Zeit; Entscheidung für Leipzig und damit für die SBZ; über die Glanzzeit der Leipziger Universität; wa-

rum er 1950 nicht den Nationalpreis der DDR bekam; Goethe-Ehrung und Festbankett in Weimar 1949; Entscheidung für parteipolitische Unabhängigkeit und über den Fall Walter Markov; Werner Krauss' Aufgreifen von

Thomas Grimm und Hans Mayer (1989)

Stalins Marxismus und Sprachwissenschaft; über Stalin und dessen Politik; Johannes R. Becher als Minister für Kultur; Bitterfelder Weg und Programmatik des Sozialistischen Realismus; Anton Ackermanns Deutscher Weg zum Sozialismus und das Verhältnis einer neuen Literaturwissenschaft dazu; Bedingungen und Entwicklungen in den späten 50er und frühen 60er Jahren in Leipzig und Schlussfolgerungen zum eigenen Selbstverständnis; über Ernst Bloch; Nikita Chruschtschow in Leipzig; Gründe für Mayers Weggang aus der DDR; 1988 erstes Wiedersehen mit Leipzig; über die Wiederbegegnung zwischen Hans Mayer und Walter Markov in der AdK Ostberlin; Markov als Historiker und Begründer einer völlig neuen Art der Afrika-Forschung sowie über seine Leistung als Historiker der Französischen Revolution; über die Zeitschrift Sinn und Form; über die AdK und ihren ersten Präsidenten Arnold Zweig – In einer Vorlesung über Walter Benjamin – Im Gespräch mit ▸ Inge Jens über Thomas Mann und seine letzte Begegnung mit ihm; die Schiller-Ehrung 1955 in Weimar und Stuttgart; über die Arbeit als Herausgeber der Thomas-Mann-Ausgabe beim Aufbau-Verlag, geleitet von ▸ Walter Janka; Thomas Manns Roman *Doktor Faustus*; über Georg Lukács und Gerhart Hauptmann – Im Gespräch mit ▸ Stephan Hermlin über Kindheit und Jugend in der Weimarer Republik; die Ermordung Karl Liebknechts und Rosa Luxemburgs; Prägungen durch die Eltern; persönliche Begegnungen mit Kurt Tucholsky und Carl von Ossietzky, frühe politische Orientierungen; über Zusammenhänge von Kunst, Literatur und Politik und Einflüsse auf den eigenen Lebensweg

Interview: Grimm

Germanist in Deutschland. 1991. 30 min.

Zwei Deutsche auf Widerruf. 1991. 42 min.

Vorlesungen zu Walter Benjamin. 1992. 56 min.

Freiheit wird die Welt erobern. 1993. 30 min.

Erinnerungen an Thomas Mann. 1997. 50 min.

1989; 1992. 245 min.

Mazowiecki, Tadeusz (1927)

Politiker; geboren in Plock; 1980 als Vorsitzender der Expertenkommission von Solidarnošč, neben Lech Walesa, bei Verhandlungen mit der Regierung dabei; 1981 Gründung der Wochenzeitschrift Solidarnošč, 1989 erster nicht-kommunistischer Regierungschef Osteuropas nach dem II. WK; Vorsitzender der christlich-demokratischen Partei Unia Demokratyczna

Ich träume davon, dass sich – ähnlich wie im heutigen Frankreich – unsere geopolitische Situation gegenüber allen Nachbarn im Westen, im Süden und im Osten verändert. Dass es zu einem Zusammenleben der Völker kommt, gestützt auf Offenheit, auf eine Gemeinschaft von Interessen und auf Freundschaft.

Über die Entwicklung des Dialogs zwischen Polen und der BRD vom Beginn im November 1989 bis zur Wiedervereinigung;

Ängste der Polen vor dem vergrößerten Deutschland; Erwartungen beider Seiten an die neu geschlossenen Verträge; politische und wirtschaftliche Situation in Polen seit 1989; Warnung vor einem Scheitern des Reformprozesses in Osteuropa; wie nach der ideologischen auch die wirtschaftliche Teilung Europas überwunden werden kann; über Adenauer, ▸ Michail Gorbatschow und Helmut Kohl

Die Mitte Europas. Nachbarschaften und Veränderungen (Berliner Lektionen). 1991. 46 min.

Mebel, Moritz (1923)
Mediziner; Urologe; geboren in Erfurt; 1932 mit den Eltern Emigration in die UdSSR; 1940 Abitur und Medizinstudium in Moskau; 1941–1947 Militärdienst in der Roten Armee; 1951 Examen; 1951–1954 Oberarzt in Estland; 1954–1958 Aspirant und anschließend Promotion in Moskau; nach Übersiedlung in die DDR ab 1958 in verschiedenen Kliniken tätig; bis 1981 Chefarzt am Städtischen Krankenhaus Berlin-Friedrichshain; 1982–1988 Chef der Urologischen Klinik der Charité

Die Frage der Erinnerung glauben viele Menschen mit hundertprozentiger Genauigkeit beantworten zu können. Das kann man nicht. Die Zeit verlangt ihren Tribut. Wenn man keine schriftlichen Unterlagen hat, dann verwischt sich einiges. Ich bin zum Beispiel in der glücklichen Lage, dass ich während des Großen Vaterländischen Krieges ein kleines Notizbuch hatte. Leider ist der erste Teil verloren.

Elternhaus; Emigration in die UdSSR – Zusammen mit seiner Frau Sonja Erinnerungen an die Zeit in der Sowjetunion; die Karl-Liebknecht-Schule in Moskau, die Entwicklung des Landes, der Kirow-Mord, die Schauprozesse unter Stalin, Hitler-Stalin-Pakt und Angriff auf die Sowjetunion – Kriegserlebnisse als Soldat der Roten Armee; wie die russischen Mitkämpfer auf deutsche Kriegsverbrechen reagierten; die letzten Kriegstage; Verhaftungswelle nach 1945; medizinische Ausbildung in der UdSSR; der XX. Parteitag der KPdSU; Rückkehr in die DDR; beruflicher Werdegang; Versuche des Westens, Mediziner abzuwerben; 1961 Mauerbau; 1968 Prager Frühling; über Schuldgefühle von Überlebenden des Holocaust; über die Zusammenarbeit mit Medizinern, die Nazis waren; seine Rolle als Mitglied im ZK der SED; Versuche, die Verhältnisse zu ändern und über den Vorschlag, Wandlitz aufzulösen; die deutsche »Neuvereinigung«; Abmarsch der sowjetischen Truppen; über die urologische Klinik der Charité bis zur Schließung 1998; über notwendige Hierarchien in einer Klinik; Erinnerung und Wahrheit aus medizinischer Sicht; darüber, woran man sich erinnert und über Notizbücher als Korrektiv; der Umgang mit der Wahrheit als Mediziner gegenüber dem unheilbar Kranken; über neue medizinische Technik, Dualismus in Fortschritt und Geist und über die ethische Frage: Was können wir tun? Was dürfen wir tun?
Interview: Engelberg
2001. 325 min.

Meier, Richard (1934)
Architekt; geboren in New Jersey; 1963 Gründung eines eigenen Architekturbüros; entwirft und baut Wohn- und Verwaltungskomplexe, Villen und Museen in den USA und in Europa

Im besten Falle verfügt der Architekt über das Talent, über Funktion und über die reine Lösung von Problemen der Unterbringung und über die oberflächlichen Attribute des Stils hinauszugehen. Also zu versuchen, durch Raum und Material einen poetischen Ausdruck für unsere menschlichen Bedürfnisse zu finden.

Architektur als soziale Kultur; neuer Ausdruck unserer Bedürfnisse durch Raum und Material; Aufgabe der Architektur, sich um verwahrloste Bereiche der Städte zu kümmern; Erläuterungen zu verschiedenen eigenen Projekten, z.B. der Münsterplatz in Ulm, Kunst in der Fabrik in Schwendi (Schwaben), das Museum für moderne Kunst in Barcelona, das Neue Stadthaus und die Zentralbibliothek in Den Haag, eine Kirche in Rom (Architekturwettbewerb des Vatikans für Kirche 2000), die Hardford Kapelle in Connecticut und das Getty Center in Los Angeles
Interview: Grimm

Die Rolle der Architektur in einem neuen Europa – (Berliner Lektionen). 1998. 43 min.

1992. 51 min.

Menuhin, Sir Yehudi (1916–1999)
Violin-Virtuose, Dirigent und Publizist; geboren in New York als Sohn russisch-jüdischer Eltern; mit zwölf Jahren erstes großes Konzert in der Berliner Philharmonie

Wir können es uns nicht länger leisten, bis ans Äußerste unserer Ansprüche zu gehen, es sei denn, es ginge um ein Äußerstes an Wissen, Weisheit und Mitgefühl.

Erinnerung an den 9. November 1989; die Probleme der deutschen Wiedervereinigung; Vision eines neuen Europa als einer Konföderation der Kulturen und Parlamente; über den Kulturbegriff; aktuelle Probleme in Deutschland und der Welt, über Antisemitismus, Völkerhass, Kriege, Gewalt und Naturzerstörung; verschiedene Vorschläge für Gegenmaßnahmen

Unvollendete Reise (Berliner Lektionen). 1992. 55 min.

Merbold, Ulf (1941)
Astronaut, Physiker; geboren in Greiz (Thüringen); 1960 Flucht nach Westberlin; Physikstudium; 1983 und 1991 Raumflüge ins All

Zu seinem Raumflug 1991; technische und medizinische Experimente im Weltall; Schadstoffe im Weltall; Kristallzucht; technologische Bedeutung der Raumfahrt und Kosten der Raumfahrt; zur philosophischen Bedeutung der Raumfahrt

1995. 69 min. (Berliner Lektionen)

Meri, Lennart (1929)
Politiker; geboren in Tallinn; Vater u.a. Legationsrat an der estnischen Botschaft in Berlin; Schulbesuch in Berlin; 1939 Rückkehr nach Estland und Deportation nach Sibirien; ab 1953 Geschichtsstudium in Estland; später wegen Berufsverbotes Arbeit als Dramaturg und Publizist; 1990 Außenminister; ab 1992 Staatspräsident Estlands

Zur Geschichte Estlands am westlichen Rand Russlands; Estland als Nationalstaat und Teil der EU

Wo hört der Westen auf? (Berliner Lektionen). 2001. 38 min.

Merz, Konrad (1908–1999)
Schriftsteller; geboren in Berlin; jüdischer Herkunft; Waisenhaus; Gelegenheitsarbeiter;

Jurastudium; 1934 Emigration nach Amsterdam; 1936 erster Roman; Überleben im Versteck während der Besetzung Hollands 1940; nach 1945 als Masseur tätig

Wenn ich nachdenke, ist es ja gar nicht möglich, dass ich hier sitze wie wieder zu Hause, dass ich mit sechzig Jahren holländischem Horizont und mit dem Kopf sechs Millionen mal umgebracht wieder hier galoppiere wie der verlorene Sohn, der nie weg war – wenn ich nachdenke. Habe ich denn das Recht, ohne Tod aus der Welt zu scheiden, wenn ich den schon millionenmal gestorben bin?

Lebenserinnerungen; Kindheit und Jugend in Berlin; erste schriftstellerische Versuche; Flucht nach Holland – Zur Einführung liest Walter Schmidinger *Eine Stunde Esther* und *Dorf in Europa* aus *Der Mann, der Hitler nicht erschossen hat*

Ein Mensch fällt aus Deutschland (Berliner Lektionen). 1992. 54 min.

Mierau, Fritz (1934)

Literaturwissenschaftler, Publizist, Übersetzer; geboren in Breslau; 1952–1956 Studium der Slawistik; 1957–1962 wissenschaftlicher Assistent; 1962–1965 freiberuflich tätig; 1966–1980 wissenschaftlicher Mitarbeiter an der AdW; seit 1980 freischaffend

Über Franz Jung: Dieser Mann war ganz einsam. Er war ein Menschenfeind.

Bekanntwerden mit Franz Jung und dessen Frau Claire Jung; Zusammenarbeit mit Claire Jung; über Probleme mit dem Nachlass Franz Jungs; zur Persönlichkeitsstruktur von Jung – Lesung aus *Das Verschwinden des Franz Jung*

1992. 86 min.

Miller, Susanne (1915)

Historikerin; geboren in Wien; bürgerlich-jüdischer Herkunft; Emigration nach England; im antifaschistischen Widerstand; ehemalige Vorsitzende der Historischen Kommission beim Parteivorstand der SPD; Co-Autorin (mit Heinrich Potthoff) der *Kleinen Geschichte der SPD*; lebt in Bonn

Mein allgemeiner Eindruck ist, dass wir in der Politik zu wenig den menschlichen Faktor beachten. Und meine Überzeugung ist, dass das, was auch in der Politik überzeugend wirkt, die Beispiele von Menschen sind.

Flucht der Eltern nach Amerika; 1933 eigene Emigration nach London; Gründung eines vegetarischen Restaurants; antifaschistischer Widerstand und Entwicklung linker Ideen; London der 30er Jahre; über den II. WK, Faschismus und Vernichtungslager; Verhalten der Bevölkerung am Fluchtort London; Einfluss stalinistischer Verbrechen in Spanien auf den eigenen politischen Werdegang; politische Bildungsarbeit in der Genossenschaftsbewegung; Wirken im Austrian Labour Club als »Warnerin vor den sowjetischen Kommunisten«; wie sie Arthur Koestler in aristokratischen Kreisen kennenlernte; ihre Informationsquellen über Verbrechen von Kommunisten; über die faschistischen Vernichtungslager; vom Kennenlernen ihres späteren Mannes Willy Eichler; Gründung der Union der sozialistischen Organisationen; von ihrem verklärten Bild über deutsche Arbeiter unter den Nazis; wie »sinnlos hässlich« sie das Leben in der DDR empfand; die unterschiedliche Bewertung des antifaschistischen Widerstandes in den beiden deutschen Staaten; Neubeginn der Sozialdemokratie nach 1945; warum die SPD in den 50er Jahren keine Mehrheit bekam; Kampf um die deutsche Einheit von Seiten der SPD; über sozialdemokratische Politiker in der BRD: Erich Ollenhauer, Kurt Schumacher, Ernst Reuter, Herbert Wehner, ▸ Willy Brandt, ▸ Egon Bahr und Horst Ehmke; 1959 Parteitag in Bad Godesberg, das Godesberger Programm – der tiefste ideologische Einschnitt in der Geschichte der SPD – und seine Kritiker; Diskussionen in der SPD nach dem Mauerbau; die Große Koalition; die Freundschaft mit Heinz und ▸ Marianne Kühn; Heinz Kühns Wirken für eine sozialliberale Koalition in Nordrhein-Westfalen; über Fritz Erler; 1968 und die Folgen; Extremistenbeschluss;

NATO-Doppelbeschluss; der Aufstieg der Grünen; über ▸ Helmut Schmidt und Oskar Lafontaine; 1987 das SPD-SED-Papier und die deutsch-deutsche Historikerkonferenz Erben deutscher Geschichte; über ihren Weg zur Historikerin und zu einer führenden Initiatorin der deutsch-deutschen Historikergespräche; über die Diskussion in der Grundwertekommission; das Berliner Grundsatzprogramm von 1989; über Sebastian Haffners Kritik an der SPD und sein Buch *Der Verrat*; warum der Faktor Mensch der wichtigste ist
Interview: Engelberg
2001. 425 min.

Mitscherlich-Nielsen, Margarete (1917)
Ärztin, Psychoanalytikerin; geboren in Graasten (Dänemark); Literatur- und Medizinstudium in München und Heidelberg; psychoanalytische Ausbildung in London; 1955 Heirat; gemeinsam mit ihrem Mann Alexander Mitscherlich Gründung des Sigmund-Freud-Instituts in Frankfurt/Main
Lebenslügen, Verdrängungen, Nicht-Wissen-Wollen verhindern, dass wir als Einzelwesen wie auch als Kollektiv aus der Geschichte lernen.
Auseinandersetzung mit »männlichen« und »weiblichen« Werten und geschlechterspezifischem Rollenverhalten; über Emanzipation, Macht und Patriarchat; aus der Geschichte der Frauenbewegung und über Feminismus; Allgemeiner Deutscher Frauenverein und der Bund deutscher Frauenvereine; I. WK; Frauen im Nationalsozialismus; Nachkriegszeit und Trümmerfrauen; Frauenbewegung der 60er und 70er Jahre in der BRD und DDR; Frauen nach der deutschen Wiedervereinigung in Ost und West; Rechtsradikalismus in der Jugend von heute und dessen Ursachen
Das Ende der Friedfertigkeit. Nachdenken über männliche und weibliche Werte (Berliner Lektionen). 2000. 44 min.
2000. 64 min.

Mittenzwei, Werner (1927)
Literaturwissenschaftler; geboren in Limbach (Sachsen); Vater Textilarbeiter; 1945 sowjetische Kriegsgefangenschaft; 1946 Neulehrer, Studium der Pädagogik, Germanistik und Gesellschaftswissenschaften; 1956 IfG, Aspirant, Dozent, 1966 Professor; ab 1967 Mitarbeiter der DAW; 1969–1973 Direktor des ZI für Literaturgeschichte; 1972 Mitglied der AdW; seit 1983 Mitglied der AdK; Mitarbeit am BE; 1986 Brecht-Biografie *Das Leben des Bertolt Brecht oder Umgang mit den Welträtseln* (2 Bd.); 1992–1995 Zentrum für Literaturforschung der Förderungsgesellschaft für wissenschaftliche Neuvorhaben

Wie Friedrich Luft im Westen, erzielte Wolfgang Harich Wirkung durch sein Temperament und durch die Fähigkeit, scharf und deutlich zu urteilen, zu verurteilen, zu preisen. Natürlich ist er durch die Haftjahre – ein Verbrechen Ulbrichts – gebrochen worden. Sonst hätte er ein Großer werden können. Er konnte seine Gefühle theoretisch groß aufbauen, Konfliktsituationen gestalten und eigene Gegenentwürfe vortragen.

Im Gespräch mit ▸ Walter Janka zur Geschichte des Aufbau-Verlages, über Struktur und Verlagsprogramm – Zur Konzeption des Buches *Die Intellektuellen: Literatur und Politik in Ostdeutschland 1945–2000*; über die Rückkehr der Remigranten von Arnold Zweig bis Bertolt Brecht; 1956 und der XX. Parteitag der KPdSU; über Entfremdung im Sozialismus und Diskussionen auf der Kafka-Konferenz in Prag; häretische Intellektuelle im Sozialismus, wie ▸ Wolfgang Harich und ▸ Rudolf Bahro; der Marxismus in der DDR; ▸ Stefan Heyms Roman *Collin*; über ▸ Heiner Müller und Peter Hacks; Diskussionskreis um Peter Hacks; über »eingreifendes Denken« heute – Auf einer Podiumsdiskussion der AdK u.a. zusammen mit ▸ Hans-Jürgen Syberberg und Heiner Müller über Syberbergs Filme und dessen methodischen Zugang zu seinen Themen, z.B. die Faschismus-Analyse
Interview: Engelberg, Grimm

Glanz und Elend des Irrationalismus in Deutschland. Ausschnitte aus einer Podiumsdiskussion am 14.10.1990 in der Akademie der Künste. 1991. 44 min.
Erinnerungen eines Verlegers. Walter Janka im Gespräch mit Werner Mittenzwei. 1994. 54 min.
Die Intellektuellen. Werner Mittenzwei über Literatur und Politik in Ostdeutschland 1945–2000 (Buchzeit). 2002. 48 min.
2002. 130 min.

Mittig, Rudi (1925–1994)
Stellvertretender Minister für Staatssicherheit; geboren in Reichenberg (ČSR), Vater Fabrikbesitzer; 1945–1949 sowjetische Gefangenschaft; seit 1952 MfS; 1975 Stellvertreter des Ministers für Staatssicherheit; 1989 von seiner Funktion entbunden und 1990 Entlassung

Berufliche Entwicklung; Zuständigkeit, Aufgabenstellung, Richtlinien und Leitungsprinzip des MfS; zum Weisungsrecht des Ministers für Staatssicherheit und zur Arbeitsweise im Führungsgremium des Ministeriums; Umgang mit Informationen und Informationsverwertung; zur Persönlichkeit Erich Mielkes; über Gespräche zur Lage in der DDR, die Notwendigkeit von Kurskorrekturen und die Unmöglichkeit, diese herbeizuführen; moralische Aspekte der Tätigkeit im MfS; Verselbständigung des Apparates und Zäsur Anfang der 70er Jahre; Kontrolle des Post- und Fernsprechwesens, von Wirtschaftsprozessen und Personen; Kriterien und deren Handhabung für Reisekader; praktische Bedeutung, Form und Verhältnismäßigkeit des Personenschutzes; Registrierung und Einschätzung neofaschistischer und terroristischer Aktivitäten auf dem Territorium der DDR durch das MfS; Aufgaben und Stellung des Wachregiments »Feliks Dzierzynski«; Verhältnis des Ministers für Staatssicherheit Erich Mielke zu anderen leitenden Partei- und Staatsorganen; über Günter Mittag; zur Selbstkontrolle des MfS; Privilegien

für Mitarbeiter und Angehörige des MfS, z.B. Einkauf oder Wohnungsfonds; über konspirative Wohnungen; die Untersuchungsabteilung des MfS und deren Beziehungen zur entsprechenden Abteilung des MdI; Verhältnis des MfS zu anderen Sicherheitsorganen (NVA, VP, ZV und Kampfgruppen); Rolle und Zuständigkeiten des MfS am 7. und 8. Oktober 1989; zur Auflösung des MfS und den dabei aufgetretenen Problemen
1990. 175 min.

Modrow, Hans (1928)
Politiker; geboren in Jasenitz (Kreis Ueckermünde); Vater Arbeiter; 1945 Volkssturm; bis 1949 in sowjetischer Gefangenschaft, dort Besuch einer Antifa-Schule; 1952–1961 Mitglied des Zentralrats der FDJ; 1958–1990 Abgeordneter der Volkskammer; 1967–1989 Mitglied des ZK der SED; 1973–1989 erster Sekretär der SED-Bezirksleitung Dresden; November 1989 bis März 1990 Vorsitzender des Ministerrats der DDR; 1990–1994 MdB (PDS); 1999 Abgeordneter des Europaparlaments
Ich war im Januar 1991 in Moskau und hatte dort ein Gespräch mit Valentin Falin, in dem es darum ging, wie die Ratifizierung des Zwei-plus-Vier-Vertrages erfolgen sollte. Wir einigten uns über eine Formulierung, in der zum Ausdruck kam: Der Oberste Sowjet der UdSSR erwartet, dass die Menschenrechte gegenüber den Bürgern der DDR eingehalten und niemand wegen seiner politischen Motive verfolgt wird. Und für mich steht fest: Honecker ist wegen seiner politischen Motive verfolgt worden.
Anlässlich einer Lesung: Warum und aus welcher Sicht er das Buch *Aufbruch und Ende* schrieb; über »41 Jahre DDR«, die Volkskammer der DDR und ihre Abgeordneten; über Fehler seiner Regierungsarbeit; Beziehungen zur »Kommerziellen Koordinierung« und Modrows Pläne zum Umbau des Bereiches; über Alexander Schalck-Golodkowski; über den Fall der Mauer 1989; wie die DDR-Regierung die Zukunft der DDR als Vertragspartner der BRD sah und wie er selbst über eine Wiedervereinigung dachte; der Runde Tisch; über ▸ Lothar de Maizière; ▸ Manfred Stolpe; ▸ Wolfgang Schnur – Charakterisierung und Selbstverständnis ▸ Erich Honeckers und wie dieser seinen Rücktritt empfand; über Erich Honeckers politische Laufbahn, ein Nebeneinander von Realitätssinn und -verlust; Auseinandersetzungen mit ihm über die »richtige« Politik; Ablösung Honeckers durch Krenz; über Egon Krenz; Untersuchung der Privilegien für Funktionäre; zur Amtsführung Honeckers; Schwierigkeiten bei der Suche nach einer Unterkunft für Margot und Erich Honecker; Gründe für ein »Asyl« in der Kirche; Honeckers Aufenthalte in Lobetal und Gransee; sein Verhältnis zu Margot Honecker; sein Eindruck vom Ehepaar Honecker während der Zeit in Lobetal; Kontaktaufnahme mit Moskau; wie Helmut Kohl, ▸ Michail Gorbatschow und Klaus Kinkel zu Honeckers Exil in Moskau standen; Ursprung der guten Beziehungen zwischen der DDR und Chile; das spezielle Verhältnis der Familie Honecker zu Chile; wie es zu einer Begegnung mit Margot Honecker in Chile kam
Interview: Grimm

Henry Kissinger, Egon Bahr (links) und Hans Modrow (rechts)

Aufbruch und Ende. Lesung mit Hans Modrow. 1991. 22 min.
Honeckers Flucht. 2002. 44 min.
1990; 2002. 77 min.

Modzelewski, Karol (1937)
Historiker, Politiker, Professor an der Universität Warschau; 1968–1971 wegen »Anstiftung« der Märzereignisse in Haft; 1980 Solidarnosč-Aktivist; 1982–1984 erneut in Haft; 1990 Mitbegründer der Solidarnosč-Partei

ⓘ Podiumsdiskussion mit Karol Modzelewski zu seinem Buch *Wohin vom Kommunismus aus?*, erschienen im BasisDruck-Verlag; mit ▸ Gregor Gysi, ▸ Wolfgang Engler, Klaus Wolfram, Hans-Jochen Tschiche und Walter Romberg über Polen und das Außergewöhnliche der polnischen Opposition unter sozialistischer Regierung; Dilemma nach dem Zusammenbruch des Systems; Charakterisierung der postkommunistischen Parteien in Polen und aktuelle Parteipolitik; Probleme in der Wirtschaftspolitik und bei der Privatisierung; Nutzung von Modzelewkis Schriften durch postkommunistische Parteien; über Konsequenzen, die diese daraus und aus den Wahlergebnissen ziehen; der Verleger Stefan Ret vom BasisDruck-Verlag, Organisator der Veranstaltung

Wohin vom Kommunismus aus?
Polnische Erfahrungen. Podiumsdiskussion.
1997. 47 min.

Mohr, Arno (1910–2001)
Grafiker, Maler; geboren in Posen; 1924–1927 Lehre als Schildermaler in Berlin; 1933/34 Studium an der Vereinigten Staatsschule für bildende und angewandte Kunst, anschließend freischaffend; 1940–1946 Militärdienst und Gefangenschaft; 1946 Professor an der Kunsthochschule Weißensee; 1970 DAK/AdK; 1974 Vorsitz des VBK Berlin; seit 1974 Leiter einer Meisterklasse in Weißensee

Wir hatten Studienpläne, Stoffpläne, Stundenpläne und die sahen an der Wand sehr schön aus: Farbig, so kleine Streifen. Ich habe nie einen Plan abgegeben. Ich habe keinen. Ich habe auch was gegen diese Zensierung von jungen Leuten, überhaupt Zensierung ... das ist so peinlich. Heute wird gesagt: »Wir brauchen mehr Polizei, wir brauchen mehr Verordnungen, wir brauchen mehr Verbote, wir brauchen mehr Gebote.« – Sie brauchen gar nichts. Sie brauchen bessere Schulen!

ⓘ Urlaubsaufenthalte mit seiner Familie in Buckow nach Brechts Tod Ende der 50er Jahre; Besuch im Brecht-Haus; darüber, wie er sich zu Brechts Lebzeiten immer vor einem persönlichen Kennenlernen gedrückt hat; Treffen mit Helene Weigel und eine Mappe mit Zeichnungen, die er von ihr angefertigt hat; über Sesshaftigkeit und Inspiration; über sein Interesse an Kunst; über seine Buchillustrationen, z.B. im *Wundertäter* von ▸ Erwin Strittmatter, und darin versteckte politische Anspielungen; die Hoffnung, dass Berlin – wie in den 20er Jahren – wieder Anziehungspunkt für die Welt wird; über die eigene Schulzeit und Anfänge seiner Lehrtätigkeit; darüber, dass er nie ein klassischer Pauker sein wollte, sich in seiner Laufbahn nie um festgeschriebene Lehrpläne gekümmert und nie Zensuren vergeben hat; die Qualität heutiger Schulen und wie er sich eine ganzheitliche Form des Unterrichts vorstellt, ohne Benotung und Leistungsdruck; Fritz Cremer und gemeinsame Ausstellungen 1959

im Pavillon Unter den Linden; über Otto Niemeyer-Holstein; die Grundlagen seines Handwerks; über Max Schwimmer, die Schildermalerei und den eigenen frühzeitigen

Abbruch der Staatsschule; über ▸ Hermann Henselmann und den Bau der Stalinallee; Suche nach eigenen Ausdrucksmöglichkeiten in seiner Kunst; warum ihn bestimmte Kunst, z.B. die von Edvard Munch, anspricht; die Situation der Berliner Kunsthochschulen nach dem II. WK; über seine Probleme mit moderner und abstrakter Kunst
Interview: Bohnenstengel
1994. 182 Min.

Morath, Inge (1923–2002)
Fotografin, Journalistin, Bildredakteurin; geboren in Graz; Übersiedlung mit den Eltern nach Berlin; 1962 Ehe mit Arthur Miller; Mitbegründerin der Magnum-Fotoagentur

Außerdem lernte ich, wie immer, vom Beobachten. Es war der Fotograf, der sich zu bewegen hatte. Eine leichte Kniebeuge, eine Neigung des Kopfes ändern die Perspektive, die Treffpunkte von Linien. Langsam wird das alles zur zweiten Natur, und man konzentriert sich auf die Ereignisse.
Über Kindheit und Jugend; berufliche Entwicklung zur Fotografin; II. WK; Arbeit als Fotografin; Zusammenarbeit mit Robert Capa; über das Zusammenleben mit Arthur Miller
Ich traue meinen Augen
(Berliner Lektionen).
1994. 52 min.

Moskowitz, Reuwen (1928)
Historiker, Friedensaktivist; geboren in Rumänien; 1947 Auswanderung nach Palästina; Mitbegründer des Dorfes Newe-Shalom
Aus Anlass der Ermordung Yitzhak Rabins: über die aktuelle Situation in Israel und den Prozess der Annäherung zwischen Palästinensern und Juden; Reflexion zum Sieben-Tage-Krieg und zum Holocaust; warum fundamentalistische Juden für ihn »rechts« sind; Aufruf zum Frieden zwischen Arabern und Israelis
Interview: Edler
Der lange Weg zum Frieden (Kunst und Geschichte im 20. Jahrhundert). 1995. 55 min.

Mosse, George L.
eigtl. Gerhard Lachmann-Mosse (1918–1999)
Historiker; geboren in Berlin; Vater Verleger und Herausgeber von verschiedenen Zeitungen, in Berlin; nach 1933 Emigration; ab 1939 in den USA; Studium der englischen Geschichte und Literatur an der Harvard-University; Professor an der Universität Wisconsin-Madison; Lehrstuhlinhaber an der Hebräischen Universität Jerusalem
Für mich war Exil Erlösung. Was wäre sonst aus mir geworden? Ein reicher, verwöhnter Junge. Das Exil hieß, dass ich mich auf mich selbst stellen musste.
Im Gespräch mit Horst Edler über das Stereotyp des Mannes und sein Vorbild in der Antikenbeschreibung des 18. Jh.; über Winckelmann; »Respektabilität« als Maßstab; Kindheitserinnerungen an Berlin nach dem I. WK; Internatsatmosphäre; wie Hitler in liberalen Kreisen eingeschätzt wurde; Nationalismus in Deutschland und den USA; über Rassismus in den USA Ende der 30er Jahre; Ursachen für den Holocaust und die Bedeutung des I. WK; Politik und »Erfolg« Hitlers; über Heinrich Himmler; wann, wo und warum die Nationalsozialisten Homosexualität akzeptierten und wie sie diese als Waffe einsetzten; Männerbünde und Kameradschaft; das Männerbild der Nazis; warum der halb-

nackte Mann als Symbol der Nationalsozialisten anzusehen ist, nicht aber eine halbnackte Frau; homosexuelles Leben in Berlin von 1929 bis 1933; Magnus Hirschfeld; Sehnsucht nach männlichen Stereotypen in der Schwulenszene; über den Versuch der Sozialisten, ein anderes Männerbild zu propagieren; über den Konflikt zwischen Familie und Männerbund; Nationalismus heute; das Fortbestehen des männlichen Stereotyps
Männerbilder. 1997. 43 min.

Mücksch, Dorothee (1937)
Theologin; Schwester von Lothar de Maizière; Vater Clemens de Maizière; in Nordhausen geboren; Schulzeit in Berlin in einer Spezialschule mit naturwissenschaftlicher Ausrichtung; 1944 Abitur; Theologiestudium; Lehrerin, Vikariat, Pfarrerin; Berufung zur Pröbstin; lebt in Aschersleben
Ich habe gesehen, dass ihm das sehr nahe gegangen ist. Da habe ich gedacht: »So ist er!« Er hat ein ganz weiches Herz, das er natürlich nicht so gerne zeigt, aber nicht verhindern kann, dass man es merkt. Es war so ein klein bisschen Stolz in mir, aber auch das Gefühl, dass er mir leid tat. So eine Aufgabe zu übernehmen, das bürdet einem so viel auf die Schultern. Ob man so was auch tragen kann, wenn man es nicht gelernt hat? (Zur Wahl des Bruders Lothar de Maizière als Ministerpräsident)
Familiäre Herkunft; über Musik und Religion in der Familie de Maizière; hugenottische Abstammung und preußischer Hintergrund; über den Vater Clemens de Maizière; die Brüder Clemens und ▸ Ulrich de Maizière; die Nachkriegszeit; über ihre Kontakte und die Entscheidung ihres Vaters, in der DDR zu arbeiten; Verhältnis ihrer Geschwister (Sabine, ▸ Lothar de Maizière, ▸ Michael de Maizière) untereinander und zum Vater; Familienatmosphäre und Rolle der Großmutter; Beerdigung des Vaters 1980; der berufliche Werdegang; über die Selbstverständlichkeit ihres Lebens in der DDR; Frauen in der Kirche der DDR; Erleben der Opposition in der DDR; 1989 Wende in Aschersleben; Runder Tisch; über ihren Bruder Lothar de Maizière als Ministerpräsident; zu den Vorwürfen seiner Stasi-Tätigkeit; mentale Spuren, die die unterschiedlichen Lebensweisen im geteilten Deutschland in der Familie hinterlassen haben; über den Krieg im Kosovo
Interview: Grimm
Die de Maizières – eine deutsch-deutsche Familie. 1999. 45 min.
1999. 98 min.

Mühlfenzl, Rudolf (1919–2000)
Fernsehjournalist, langjähriger Chefredakteur des Bayrischen Rundfunks; Rundfunkbeauftragter für die neuen Bundesländer
Bisherige Entwicklung der Medienlandschaft in Ost und West; Hörfunk und Fernsehen in den neuen und alten Bundesländern; Neustrukturierung und ideale öffentlich-rechtliche Medienlandschaft; ARD und ZDF, MDR, Mecklenburg-Vorpommern, Sender Brandenburg; Haushalt, Finanzierung, Quoten und Länderfinanzausgleich; Ende und »Zukunft« der »Einrichtungen« in Adlershof und in der Nalepastraße; das Staatsfernsehen der DDR und dessen Auflösung; Fragebogenaktion im DFF und Entwicklung einer zukünftigen Personalstruktur; über Inhalte und Sendungen der Länderkette DFF, z.B. Ein Kessel Buntes, Elf 99, Sandmännchen; Sicherung

der Programme ab 1. Januar 1992; neue Programminhalte und Einsatz neuer Technik; über Eigentumsverhältnisse der Funkhäuser und Fernsehgebühren, föderale Strukturen und Bedeutung regionaler Programminhalte; die Medienstandorte Potsdam-Babelsberg, Berlin-Adlershof, Johannisthal und Nalepastraße; staatliche Filmförderung und Struktur der Medienanstalten; der Artikel 36 des Einigungsvertrages: Auflösen und Überführen der Einrichtung sowie Programm weiter gewährleisten; über freie und feste Mitarbeiter; Bürokratie und Administration innerhalb der Medien; Bewerbung und Auswahlverfahren durch Intendanten, z.B. Udo Reiter; Bildung und Rolle der Rundfunkräte; Parteieinflüsse in den Medien

Revolution der Fernsehlandschaft Ost. Zusammenbruch und Aufbruch. 1991.
55 min.

1991. 129 min.

Müller, Ella (1905)
Näherin; Mutter des Schriftstellers Heiner Müller; geboren in Eppendorf; Vater Schuhmacher; sechs Geschwister; Volksschule; Arbeiterjugend; Ausbildung und Arbeit in einer Weberei

Heiner war ein ganz zartes Kind, folgsam und alles. Er hat nur immer Angst gehabt, wo sie meinen Mann geholt hatten: »Mama, Mama, geh' nicht in den Laden! Die behalten dich auch noch!«

Kindheit und Jugend; wie sie ihren Mann kennen lernte; ▸ Heiner Müllers Geburt; Heiner als Kind; Verhaftung ihres Mannes, Besuch im Gefängnis; anonyme Spende von 2000 Reichsmark; Verhör Ellas durch die Nazis; Aufnahme bei den Schwiegereltern; über Heiners Begabung; Kriegsende in Mecklenburg; der Umzug nach Frankenberg; Übersiedlung in den Westen, Heiner bleibt im Osten, sein Bruder Wolfgang Müller kehrt später zurück in den Osten; Motive für Wolfgangs Rückkehr in den Osten; wie die Kontakte nach 1961 zwischen Eltern und Söhnen

verliefen; Charakterisierung Heiner und Wolfgang Müllers; wie Wolfgang den Verlust der eigenen Kinder empfinden würde; Ellas Beziehung zur Schriftstellerei; Heiners Frauen; wie sie über seine Berühmtheit denkt; Inge Müller; eigene literarische Ambitionen
Interview: Sebastian

Das ist mir das liebste Bild. Erinnerungen einer Mutter. Eine Materialzusammenstellung zu einem möglichen Film.
1992. 47 min.

1992. 238 min.

Müller, Heiner (1929–1995)
Schriftsteller, Dramatiker; geboren in Eppendorf (Sachsen); Vater Beamter, Mutter Näherin; erste Schreibversuche an der Oberschule; 1944 RAD; 1945 Volkssturm, amerikanische Gefangenschaft; bis 1951 Bibliothekar und Abschluss der Oberschule; 1947–1952 SED; ab 1951 journalistische Tätigkeit in Berlin; 1954–1966 Ehe mit Inge Müller; 1960/61 DSV, Ausschluss nach einer Studentenaufführung des Stückes *Die Umsiedlerin*; 1966/67 Arbeit mit Benno Besson am DT; 1970 Dramaturg an der Volksbühne Berlin; 1984 Mitglied der AdK; 1985 Büchner-Preis; 1987 Mitglied des Beirats für Dramatik beim MfK; 1990–1993 Präsident der AdK (Ost) bzw. AdK Berlin-Brandenburg; 1991 Europäischer Theaterpreis; 1993 einer der Direktoren des BE im Fünfergremium; ca. 35 Bühnenwerke

Man schreibt wahrscheinlich etwas dauerhafter, wenn man darauf eingestellt ist, dass man warten muss auf eine Aufführung. Es entsteht eine andere Literatur in dieser Wartesituation als in einer Situation wie jetzt, wo der Markt ständig nach irgend etwas Neuem schreit. Die Leute überschlagen sich, um etwas Neues zu machen, und es wird immer dünner.

Erfahrung im DDR-Kulturbetrieb mit Verlegern und Verlagen der DDR; Devisen und Wirtschaft; das DDR-Buchangebot; über die Möglichkeit gesellschaftspolitischer Veränderungen in der DDR; über Parteifunktionäre; Umgang mit der »Nichtakzeptanz« seiner Arbeit in der DDR; das BE – Zusammen mit A. R. Penck und Sascha Anderson über die angebrochene »Freiheit der Dummheit«; über die DDR und die deutsche Wiedervereinigung; über Langsamkeit im Osten im

Gegensatz zu einer Ideologie der Beschleunigung; Kapitalismus als »totale Beschleunigung« bis zur »Selbstauslöschung«, über Kunst und Korruption – Zum Vorwurf der IM-Tätigkeit; über Form und Inhalt seiner Kontakte zur Stasi; seine Stellung gegenüber dem Staatssicherheitsdienst und warum er seine Kontakte nicht öffentlich gemacht hat; über Dieter Schulze und einen offenen Brief von Schulze – Auf einem Podiumsgespräch in der AdK u.a. zusammen mit Bernhard Sobel, ▸ Hans-Jürgen Syberberg, Susan Sontag, Klaus Theweleit und ▸ Werner Mittenzwei über Bertolt Brechts Arbeitsjournal und Karl Korsch; der Blitzkrieg als gebündelte »linke« Energie; über gescheiterte Revolutionen in Europa; über Faschismus und Hitlerzeit; künstlerisches Schaffen und »Sujet-Kompetenzen« des Künstlers als »kreatives Subjekt«; zur Selbstüberschätzung von Intellektuellen; Aufgabenstellungen an die Kunst; über Hans-Jürgen Syberberg und die Problematik eines zukünftigen Deutschland; über den Umgang mit Feindbildern in der Kunst – Zusammen mit Ryszard Kapuscinski Lesung Das Imperium im BE – Im Gespräch mit ▸ Jens Reich über Lebenslügen und die »Intelligenzia«; über Ernest Hemingway; die Schwächen der Ersten, Zweiten und Dritten Welt; über Russland, Sozialismus und Kapitalismus; Handwerk und Kunst in der DDR; über Parteien, Kulturpolitik und Kunst, die im Osten nicht gefördert wurde; zur Aufführung des Films *Spur der Steine* in Berlin mit inszenierten Protesten; über DDR-Pädagogik, die die Möglichkeit der Existenz einer gerechten Welt vorgaukelte; Frage nach der Unausweichlichkeit des Untergangs des Sozialismus; über einen »70jährigen Krieg gegen Russland, um das Experiment zum Scheitern zu bringen«; der Golfkrieg und die CIA – Eröffnungsrede zu einer Berliner Lektion mit ▸ Ernesto Cardenal – Liest Vorworte zu den Büchern *Was von den Träumen blieb* und *Das Liebesleben der Hyänen* – Müller sieht ein Video, in dem sich seine Mutter ▸ Ella Müller über ihn äußert

Interview: Grimm

Protokollstrecke: Kunst in der DDR. Forum mit Sascha Anderson, Heiner Müller und A. R. Penck.
1990. 43 min.

Glanz und Elend des Irrationalismus in Deutschland. Ausschnitte aus einer Podiumsdiskussion am 14.10.1990 in der AdK. 1991. 44 min.

▭ Abschied von den Lebenslügen. 1992. 55 min.

▭ Das Imperium. Mitschnitt der Veranstaltung mit Ryszard Kapuscinski am 16. Februar 1994 im Berliner Ensemble. Lesung mit Heiner Müller. 1994. 52 min.

▭ In memoriam Heiner Müller (1929–1995). 1996. 28 min.

▭ 1990–1991; 1993–1996. 649 min.

Münz, Ilse (1915)
Journalistin; jüdischer Herkunft; Vater Lederwarenfabrikant; 1932 KJVD; Exil in Frankreich, in der Schweiz und der Sowjetunion; nach 1956 ADN

Der Genosse im ZK sagte uns: »Euch ist doch klar, dass ihr über das, was euch zugestoßen ist, nicht reden sollt.« Da habe ich gesagt: »Selbstverständlich werde ich darüber reden, sonst passiert es noch mal«.

Kindheit in einem reichen, jüdischen Elternhaus; über Gründe, dennoch Kommunistin zu werden und Reaktion der Eltern; mit achtzehn Jahren ins Exil nach Paris; dort zunächst Tätigkeit beim Frauen-Weltkongress gegen Krieg und Faschismus, später Leitung des Jugendarchivs im Institut zum Studium des Faschismus; 1935 Übersiedlung nach Zürich und Warten auf ein Visum für die Fahrt nach Moskau zu ihrem Mann; in Zürich Besuch der Handelsschule; lebt von der Unterstützung einer vermögenden Tante; Treffen mit Arthur Koestler; durch ihn Einführung in das Rabenhaus, ein Treffpunkt deutscher Exil-Schriftsteller; Bekanntschaft mit Rudolf von Brentano und Thomas Mann; über ihren Eindruck einer Theateraufführung von *Die Moorsoldaten* in der Inszenierung von Wolfgang Langhoff; wegen illegaler politischer Tätigkeit Verhaftung und sechs Tage Haft in Zürich; Ausweisung nach Frankreich, von dort aus Weiterreise zu den emigrierten Eltern nach England; im September 1935 Weiterfahrt in die Sowjetunion; über Hermann Duncker und Leo Bauer; Alltag in Moskau; Heirat und im November 1936 Geburt des ersten Sohnes Thomas; September 1937 Verhaftung des Mannes; Versuch der Schwester, sie nach London zu bringen und ihre Weigerung; Verbannung nach Doliniki bei Karaganda; Suche nach ihrem Mann und Zusammentreffen mit ihm im August 1939; 1941 Überfall auf die Sowjetunion, Zwangsarbeit in der Trud-Armee, der Sohn Thomas kommt ins Waisenhaus; Mai 1945 Kriegsende im Lager; Stalins Tod 1953; Geburt des zweiten Sohnes Kostja im Mai 1954; 1956 in Karaganda Besuch von der in London lebenden Mutter; der XX. Parteitag der KPdSU; über ihre Rückkehr nach Deutschland im Dezember 1956 und erste Eindrücke in der DDR; Arbeit bei ADN; 1961 Sohn Thomas verlässt die DDR; wie sie das Ende der DDR erlebte
Interview: Engelberg

▭ 1988; 2001. 145 min.

Nessler, Walter (1912–1999)
Maler; Jugend in Dresden; 1937 Emigration über England in die Schweiz; 1940 Internierung im Lager Huyton; lebt nach dem Krieg in Paris und London

Der Hintergrund ist die weite Unendlichkeit. Es wird nie aufhören. Aber das Intellektuelle, der Zweifel und die Freundschaft, diese drei Sachen, werden immer unter den Menschen sein. Man wird sich nie davon trennen können.

 Über seine kindliche Sehnsucht nach England; Erinnerungen an das Leben als junger Künstler in Dresden; über seine Emigration; Erläuterung verschiedener Werke wie *Traum von Dresden* und *Drei Wanderer* (beide 1935) oder *Hitler-»ABC«* (1937); über die Internierung der deutschen Flüchtlinge nach Kriegsbeginn; Erläuterung von Bildern aus dieser Zeit, die die Lager und ihre Insassen porträtieren; seine Kunstharzgemälde aus den 70er Jahren; über Paris, Erotik in Bildern und Pablo Picasso; über mangelnde Menschlichkeit in der heutigen Malerei
Interview: Ast, Grimm
Orte und Träume. 1991. 30/44 min.
1991. 329 min.

Neubert, Ehrhart (1940)
Religionssoziologe, Bürgerrechtler; geboren in Herschdorf (Thüringen) in einer Pastorenfamilie; Studium der Theologie in Jena; tätig als Vikar und Pfarrer; Teilnahme an verschiedenen informellen Zirkeln; 1976 CDU, 1984 Austritt; seit 1979 Mitarbeit im Friedenskreis der ESG; seit 1984 Referent für Gemeindesoziologie beim Bund der Evangelischen Kirchen in Berlin; 1989 Mitglied des Initiativkreises zur Gründung des DA (Demokratischer Aufbruch), stellvertretender Vorsitzender, 1990 Austritt; 1996 CDU; seit 1997 Fachbereichsleiter beim Bundesbeauftragten für die Unterlagen des Staatssicherheitsdienstes der ehemaligen DDR; 1998 Vorstandsmitglied der Stiftung zur Aufarbeitung der SED-Diktatur; zahlreiche Publikationen
Ich wollte die Vereinigung und suchte nach Möglichkeiten, sie zu gestalten. Allerdings hab' ich Sorgen gehabt, dass eine schnelle Vereinigung auch viele Probleme mit sich bringt, die man nicht so rasch lösen könnte.
 Über den Einfluss von ▸ Rudolf Bahro und Robert Havemann auf die Opposition in der DDR; über ▸ Wolfgang Harich und den Mythos um ihn; Harichs »Öko-Diktatur«; Ziele der DDR-Opposition in den 80er Jahren; über das Verdrängen der deutschen Einheit; die Ereignisse 1956, Entstalinisierung durch Chruschtschow und die kurze Zeit der Hoffnung; Harich als Begründer des Demokratischen Sozialismus; wie die Widerstandsforschung Widerstand definiert; über Wolfgang Harichs Konzepte ohne breite gesellschaftliche Basis; Harich als Einzelgänger zwischen Anpassung und Opposition und seine Gruppe als Fiktion – Gründung des DA (Demokratischer Aufbruch) im Oktober 1989, Ziele und Entwicklung der Partei bis zur Auflösung; über ▸ Edelbert Richter, ▸ Wolfgang Schnur und ▸ Rainer Eppelmann
Interview: Edler
Rot-grüne Ökologen, gelbe Marktwirtschaftler, schwarze Wiedervereiniger. Ein demokratischer Aufbruch. 1994. 43 min.
2000. 19 min.

Neubert, Willi (1920)
Maler; geboren in Brandau (ČSR); zunächst Hilfsschlosser, dann Konstruktionszeichner in Plauen; 1940–1945 Kriegsdienst; 1945–1950 Stahlwerker und Konstrukteur in Thale; 1950–1952 Studium an der Kunsthochschule Burg Giebichenstein; ab 1953 freischaffend; Werkvertrag mit dem VEB Eisen- und Hüttenwerk Thale (Harz); 1970–1971 Lehrtätigkeit auf Burg Giebichenstein, 1971 Professor; 1974 Mitglied der AdK; zahlreiche preisgekrönte baugebundene Arbeiten

Es tut mir heute noch leid, dass so eine Idee, so ein Sozialismus, nicht zum Tragen gekommen ist. Es ist schade drum. Mit Bildern kann man die Welt nicht verändern; man kann immer nur festhalten, was gewesen ist.

Künstlerische Entwicklung und Zusammenarbeit mit Produktionsarbeitern; eigene Kunstauffassung, sozialistischer Realismus und die Formalismus-Debatte; Funktion von Kunst; Stoffe seines Malens, eigene weltanschauliche Positionen; über Veränderungen von künstlerischen Intentionen; sozialistischer Realismus; über seine Zweifel am Sozialismus; formal-inhaltlicher Vergleich seiner Werke Neuerer- und Parteidiskussion; über Monumentalbilder; seine Versuche mit Email und architekturbezogener Kunst; Gestaltung des Berliner Pressecafés als Auftragskunst; Einflussnahme von Paul Verner
Interview: Grimm
Was war Auftragskunst in der DDR? 1994. 24 min.
1994. 91 min.

Niebergall, Peter
Politischer Gefangener in der DDR; Haft von August 1983 bis Februar 1984
Zusammen mit seiner Frau Heidi Niebergall über Verhaftung und erste Vernehmungen; über (auch kriminelle) Mithäftlinge und darüber, dass »politische Häftlinge als unterste Kategorie« galten; über Zynismus und Hektik in der Haft, schlechte Arbeitsbedingungen und Verletzung von Arbeitsschutzbestimmungen; Ausreise, Rechtsanwalt Vogel; das Notaufnahmelager Gießen
Interview: Edler
Eingesperrt und freigekauft. Politische Gefangene in der DDR. 1999. 41 min

Nooteboom, Cees (1933)
Lyriker, Publizist, Reiseschriftsteller, Hörspielautor und Übersetzer; geboren in Den Haag; 1954 erster Roman *Das Paradies ist nebenan*; in den 60er und 70er Jahren verschiedene Reiseberichte; internationale Erfolge in den 90er Jahren mit den Romanen *Die folgende Geschichte* und *Der Buddha hinter dem Bretterzaun*; 1989 Stipendiat des Berliner Künstlerprogramms des DAAD
Ich glaube zwar nicht an den unabwendbaren Lauf der Geschichte, wohl aber an etwas so Vages wie das spezifische Gewicht von Ländern und einen gewissen naturgegebenen Lauf der Dinge. Es schien mir natürlich, dass Deutschland wieder ein Land wurde – genauso wie es mir natürlich erschien, dass es viel Mühe kosten würde. Gleichermaßen natürlich erschien es mir, dass Berlin die Hauptstadt dieses einen Landes werden und dass dieses vereinte Deutschland jetzt seinen Platz unter den anderen Ländern Europas einnehmen sollte.
Einweihung eines Mauerdenkmals in Berlin; Baustelle Potsdamer Platz; Reflexionen über die Mitte Berlins; Hotel Esplanade und Erinnerungen an eine »entschwundene Geliebte«; der Beruf des Schriftstellers und über Marcel Proust; die »Schaustellerkultur« unserer Zeit; über Unzulänglichkeiten des Erinnerungsvermögens und Faszination der Geschichte; eigene Jugend, erste Reise nach Schweden und ins Deutschland der Nachkriegszeit; der erste Roman und erneute Reisen nach Bolivien, Mali, Kolumbien und Iran; das Jahr 1989 in Berlin; über die deutsche

Wiedervereinigung; über den kriegerischen Zustand der Welt und eine Grundstimmung des Unbehagens; Reisen durch das heutige Deutschland und eine Ausstellung zur deutschen Geschichte

Berlin – Tagebuch einer Rückkehr (Berliner Lektionen). 1997. 44 min.

Nüsslein-Volhard, Christiane (1942)
Biochemikerin; geboren in Magdeburg; Vater Architekt, Mutter Kindergärtnerin; ab 1962 Biologie-, Physik- und Chemiestudium; 1973 Promotion; nach wissenschaftlicher Tätigkeit in Tübingen, Basel und Freiburg seit 1981 Direktorin der Abteilung Genetik des Tübinger Max-Planck-Instituts für Entwicklungsbiologie

Forschung, die gezielt und mit den nötigen Kontrollen in das Leben von Organismen experimentell oder genetisch eingreift, verbietet sich am Menschen.

Zur Entwicklung der Embryologie-Forschung; Vererbung und Gene; Klonen und Forschung mit embryonalen Stammzellen; über das Für und Wider der Genforschung; über Forschungsfreiheit und das deutsche Gesetz zum Embryonenschutz; deutsche Forschungsmöglichkeiten im internationalen Vergleich

Von Genen und Embryonen (Berliner Lektionen). 2001. 43 min.

2001. 114 min.

Oestreicher, Paul (1931)
Pfarrer; geboren in Meiningen (Thüringen); musste Deutschland wegen seines jüdischen Vaters verlassen; Mitbegründer von amnesty international; Direktor des Versöhnungswerkes an der Kathedrale von Coventry

Volksgenosse – ich habe nichts gegen den Begriff – muss jeder sein können, der innerhalb der deutschen Nation eine neue Heimat gefunden hat, ohne das kulturelle Erbe seiner Vorfahren leugnen zu müssen. Spricht man von diesen Menschen, dann dürfte das Wort Ausländer nicht mehr fallen.

Für ein stolzes, jedoch bescheidenes Deutschland; europäische Nationen sollten zu Gunsten eines europäischen Staates ihr Selbstbewusstsein bewahren, aber staatliche Souveränität aufgeben; Einflüsse von Kulturen untereinander; Kritik am deutschen Staatsbürgerschaftsgesetz; zu den Begriffen Ausländer und Volksgenosse; warum er bei ai (amnesty international) von Anfang an dabei war; über seinen Großvater; Gründung des Osteuropa-Ausschusses der britischen Kirche; wie er zum Direktor des Versöhnungswerkes in Coventry wurde; Coventry als Ausgangspunkt der Völkerversöhnung und als Beispiel für Partnerstädte; Arbeit junger Deutscher am Wiederaufbau in Coventry und

junger Briten am Wiederaufbau in Dresden; Charakterisierung der deutschen Freiwilligen; Zukunft der Versöhnungsarbeit; warum er die Finanzierung der DDR-Kirchen durch den Westen kritisierte; sein Eintreten für Heinz Brandt; Verhandlungen mit Walter Ulbricht; warum ai gegen den Freikauf von politischen Gefangenen der DDR war; über Gerhard Besiers Pauschalvorwürfe gegen die Ost-Kirche
Interview: Edler

Grenzgänger. 1993. 55 min.

Paul Oestreicher – Wartburgpreisträger. 1997. 23 min.

Olsen, Alex Werner
eigtl. Werner Schmidt (1911)
Buchdrucker; geboren in Berlin in einer sozialdemokratischen Arbeiterfamilie; Kindheit und Jugend in Kreuzberg; Trotzkist; Aufenthalte in Frankreich, England, Italien; 1938 Emigration über Mexiko; persönliche Bekanntschaft und Arbeit mit Leo Trotzki; Übersiedlung in die USA; US-Staatsbürgerschaft

Gründe, in der Emigration den Namen Alex Olsen anzunehmen; über Familie und Kindheit; Schulzeit in Kreuzberg; Aktivitäten in der Wandervogelbewegung; I. WK, Novemberrevolution und Kapp-Putsch; 1930 Buchdruckerlehre beendet und Arbeit als Buchdrucker; zunächst Mitglied in der SAJ, später Austritt; 1930/31 erste Berührungen mit Nazis; schriftlicher Bericht über eine Nachtübung der Nazis, der Vorlage für Walter Schönstedts Buch *Kampf in der Nostitzstraße* wurde; 1932 Aufruf der KPD zu Plünderungen; Kampf gegen Hunger und Frost; eigene Aktionen im illegalen RFB; Fehleinschätzung der Situation und Nichterkennen der wirklichen Gefahr des Nationalsozialismus – auch von den Kommunisten; Arbeitslosigkeit und Wanderungen nach Dänemark, Norwegen und Schweden; nachhaltige Eindrücke durch Filme wie *Es lebe die Freiheit* und *Unter den Dächern von Paris* (René Clair); zurück nach Köln, dann nach Frankreich und Italien; 1933 Rückkehr nach Deutschland; Reise nach England; Widerspruch gegen ▸ Daniel Goldhagens Buch *Hitlers willige Vollstrecker*; über Aufmärsche der Nazis in der Skalitzer Straße und Brutalitäten, durch die er selbst ein Auge verlor; erst jetzt bewusste politische Arbeit als Trotzkist; Schulungen, um die Entwicklung in Russland zu verstehen, Vorbereitung auf die kommende Revolution, Verbreitung von Flugblättern und Versuch, eine neue Opposition aufzubauen; über das Fehlen einer Einheitsfront; über seine Frau Hilde und andere, die sich durch politische Arbeit Gefahren und Verhaftungen ausgesetzt haben; 1936 Flucht vor der Gestapo nach England, anschließend nach Paris; Arbeit in einer Zeitungsdruckerei; Leiter der trotzkistischen Parteigruppe; Herbst 1937 Brief von Leo Trotzki und dessen Analyse der internationalen Situation: mit Hitler wird es Krieg geben; Flucht nach Mexiko; Gespräche mit Trotzki; Frühjahr 1938 Vorbereitung der Vierten Internationale; Beschluss, mit offiziellem Durchreisevisum in die USA zu gehen
Interview: Grimm
1996. 63 min.

Olsen, Ellena (1957)
Malerin; geboren in Bischofswerda; 1976 Abitur in Leipzig; 1976–1981 Studium der Malerei und Grafik an der HS für Grafik und Buchkunst Leipzig; seit 1982 freischaffend in Gera; 1989–1991 tätig als Meisterschülerin an der AdK in Berlin, seit 1990 freischaffend in Berlin

Ich glaube, dass es an der Gesellschaft in der DDR lag, die die Bedingungen für Künstler so gestaltet hat, dass es fast nicht möglich war, ohne staatliche Aufträge zu existieren. Der Künstler hatte entweder einen Auftrag zu erfüllen oder er konnte seinen Beruf an den Nagel hängen, weil es freie Ankäufe nicht in so ausreichender Form gab, dass man davon hätte leben können.

Entstehung des Bildes *Haltestelle II* im Rahmen des Wettbewerbs »Max braucht Kunst« für die Maxhütte in Unterwellenborn; über Recherchen im Betrieb und ihre Faszination von dessen Architektur; Einfluss der Maxhütte auf den Ort; die eigene Wahrnehmung einer »Warteposition im ganzen Land«; über Edwin und Margret Kratschmer, die Initiatoren des Wettbewerbes und andere Förderer; Zusammenarbeit mit den Organisatoren; über nachfolgende Werkverträge; über Förderstipendien und die Gefahr, durch Staatsaufträge »verbogen« zu werden; Möglichkeiten, den Auftraggeber »zu formen«; Wettbewerb als positive Herausforderung;

Resonanz auf die Bilder in der Bevölkerung; gesellschaftliche Gegebenheiten in der DDR, die es schwer machten, ohne staatliche Aufträge zu leben; über den inneren Konflikt von Künstlern, Auftragskunst und persönliche Ansichten zu vereinbaren; über die Ablehnung eines Auftrages der VAG Wismut aus Protest gegen Umweltzerstörung
Interview: Kolano
Haltestelle II (1988). 1994. 6 min.
1994. 44 min.

Ophüls, Marcel (1927)
Dokumentarfilmer; geboren in Frankfurt/M.; jüdischer Herkunft; Vater: Max Ophüls, Spielfilmregisseur; internationaler Erfolg mit *Le Chagrin et la Pitié* (1969); in Deutschland bekannt durch den Dokumentarfilm *Hotel Terminus – Leben und Zeit des Klaus Barbie*
Es war eines der leichtesten Interviews, die ich in meinem Leben gemacht habe. Nur, dass ein großer Schäferhund dahinter stand und ab und zu geknurrt hat. Er hat mir ein bisschen Angst gemacht ... und der Freund von dem Kühnen, der dahinter in der Küche stand. Diese Leute wissen ja auch sehr gut, dass Schäferhunde für uns ein Symbol sind, und sie machen sich dann auch lustig über uns und dieses nestbeschmutzende Kamerateam von außen. (Über Dreharbeiten zu einem Dokumentarfilm über den Neonazi-Führer Michael Kühnen)
Im Gespräch mit Ulrich Gregor darüber, warum John Huston und Frank Capra ihre Weltkriegs-Dokumentationen »mit der linken Hand« drehen konnten; wie Ophüls zum Dokumentarfilm und ins französische Fernsehen kam; Erlebnisse beim Studentenstreik 1968 in Paris; worum es ihm in *Le Chagrin et la Pitié* geht und warum der Film im Kino gezeigt wurde; über Kino und Fernsehen; wie sein Film *Memory of Justice* entstand und welche politischen Probleme damit verbunden waren; warum er ohne Manuskript arbeitet und wie schwierig es ist, das Recht der endgültigen Schnittfassung durchzusetzen; Unterschiede zwischen *Le Chagrin et la Pitié* und Hotel Terminus; glückliche Zufälle und Schwierigkeiten bei Dreharbeiten; wie *Novembertage* entstand; Dreharbeiten zu Filmen über und mit Albert Speer und Michael Kühnen; über Interviewtechniken und ein Interview, das er mit ▸ Markus Wolf geführt hat; die Notwendigkeit von Ironie und Sarkasmus; Berliner Humor in Hollywood
Humor als Waffe – Berlin-Hollywood und die Juden (Berliner Lektionen). 1991. 58 min.

Marcel Ophüls und Ulrich Gregor

Osang, Alexander (1962)
Journalist; Journalistikstudium in Leipzig; Reporter der Berliner Zeitung; Arbeit für den Spiegel; Buchdebüt mit dem Roman *Nachrichten* (1991); schreibt vor allem Porträts
Über den 1997 in der Berliner Zeitung erschienenen Artikel *Das einfache Lottchen* über ▸ Charlotte von Mahlsdorf; seine Motivation, den Artikel zu schreiben; zur Demontage der Person Charlotte von Mahlsdorf; wer die Adressaten seiner Texte sind; Autismus oder die Verselbständigung einer Legende; über »harmlose IM-Tätigkeit« und den Umgang mit Vergangenheit; wie Charlotte von Mahlsdorf auf ihn gewirkt hat; Charlotte von Mahlsdorf als Kitschfigur; über Toleranz
Interview: Bärwaldt
1998. 45 min.

Paris, Hanns Joachim (1914)
Rundfunkjournalist; im II. WK Kriegsberichterstatter; Vater Beamter; Studium der Germanistik, Geschichte, Kunstgeschichte und Zeitungswissenschaften in München; 1935 Feuilleton-Redakteur beim Reichssender München, bis Kriegsbeginn tätig in Königsberg als Leiter des Schul- und Jugendfunks, nach Kriegsanfang Chefredakteur für Zeitgeschehen beim Reichssender Danzig; 1940 Einberufung zur Wehrmacht, Grundausbildung und Arbeit als Kriegsberichterstatter; 1945 amerikanische Kriegsgefangenschaft; später Redakteur für Tages- und Werkszeitungen

„“ Ich begann meinen Bericht etwa um 4:35 Uhr oder 4:38 Uhr, gab eine kurze Situationsschilderung und 4:44 Uhr ging die erste Salve der 28er von der Schleswig-Holstein rüber in das Gelände der Westerplatte. Und damit habe ich die ersten Schüsse des Krieges aufgenommen. (Über einen Radiobericht zum Ausbruch des II. Weltkrieges)

i Kriegsbeginn mit dem Überfall auf Polen am 1. September 1939; Arbeit als Berichterstatter der Reichsrundfunkgesellschaft und technische Bedingungen; sein Wunsch und anfängliche Freude, als Danziger wieder zu Deutschland zu gehören; wie man sich im Rundfunk auf den Kriegsbeginn vorbereitete; Erstürmung der Post in Danzig; Arbeit am Rundfunk Danzig und Ausbildung zum Kriegsberichterstatter bei der Propaganda-Abteilung der Wehrmacht in Potsdam; über den Einsatz an der bulgarisch-griechischen Grenze und auf Kreta; zu Fragen der Geheimhaltung und Einflussnahme durch das Propagandaministerium; erfrorene deutsche Soldaten vor Moskau; Begegnung mit Goebbels; Transport der Tonbänder von der Front nach Berlin; Einsatz auf Kreta; Rückkehr nach Potsdam; Warschauer Aufstand; die »Brigade Kaminski« und ein »Räuberheld« russischer Herkunft, der auf Seiten der SS kämpfte; Partisanenkampf, Warschauer Aufstand 1944, die Warschauer Heimatarmee und über das Nichteingreifen der Roten Armee; die eigene Unkenntnis von der Existenz der Konzentrationslager, aber Kenntnis von Judenverfolgung; Wehrmacht und Wehrmachtsausstellung; Einmarsch in die Ukraine, über Erich Koch, Gauleiter in der Ukraine; über »drei Kisten Bernsteinzimmer« im Königsberger Schloss; Kriegsende in Königsberg und seine Flucht durch die Kanalisation; Kriegsende und rückblickende Einschätzung des Krieges

Hanns Joachim Paris im Gespräch mit Thomas Grimm. 1997. 39 min.

1997. 152 min.

Pehle, Werner (1920)
Kombinatsdirektor und Kommunalpolitiker; Kindheit und Jugend in Guben; Volksschule, Handelsschule, Zimmermann; Arbeit in

Trier; 1937 RAD an der polnischen Grenze; 1939 Marine, 1945 Entlassung nach Flensburg; 1947 Arbeit als Zimmermann in der Nähe von Guben; seit 1950 Arbeit in Fürstenberg/Oder, später Stalinstadt bzw. Eisenhüttenstadt; Bezirksparteischule der SED; Betriebs- und Kombinatsdirektor; Stadtbaudirektor

Wenn man das so sieht, was man mit der Hände Arbeit aufgebaut hat, angefangen als Zimmerbrigadier, als Betriebsleiter oder als Kombinatsdirektor, da geht man schon gerne mal durch die Stadt spazieren, auch wenn einiges innerhalb der dreißig, vierzig Jahre nicht mehr so schön aussieht, wie wir es mal gebaut haben.

Arbeit als Zimmermann im Barackenaufbau; Tätigkeit im Wohnkomplex I; über die Arbeit mit seiner Brigade; zur Architektur von Eisenhüttenstadt; über die neuen Bewohner der Stadt und Regelungen in der Wohnungsvergabe; über Kirchenbau in Stalinstadt; eigene Wohnung 1955; eigene politische Entwicklung und Eintritt in die SED; März 1953 Umbenennung der »Wohnstadt des EKO« in Stalinstadt; über Stalin; 17. Juni 1953; über Normfragen und Unzufriedenheiten der Bauleute im EKO; Verhältnis zwischen Stadt und Werk; Versorgung der Stadt in den 50er und 60er Jahren; Verdienst- und Wohnungsverhältnisse; Feste und Brigadefeste; 1.-Mai-Feiern; die ehemalige Gaststätte »Aktivist«; Freizeit und Tanzen in den 50er und 60er Jahren; Heimat und »Wir-Gefühl«; Erfahrungen als Stadtbaudirektor
Interview: Kolano

Wolfsburg – Eisenhüttenstadt: Beiträge für die Ausstellung im DHM. 1996. 80 min.

Wolfsburg – Eisenhüttenstadt: Heimat vom Reißbrett. 1997. 45 min.

1997. 66 min.

Pfeifer, Uwe (1947)
Maler, Grafiker; geboren in Halle/Saale; 1965–1966 Abitur und Lehre als Gebrauchswerber; 1968–1973 Studium an der HS für Grafik und Buchkunst Leipzig; ab 1973 freischaffend in Halle; 1978 Förderpreis des MfK; 1984 Kunstpreis der Stadt Halle; Mitglied im Künstlersonderbund in Deutschland e.V.

Natürlich ist es nicht so, dass Kunst nichts bewirkt. Das ist Quatsch. Das läge dann an der Kunst. Wenn sie nichts bewirkt, dann ist es eine zu schwache Kunst.

Bedeutung des VbK als einzige Möglichkeit, in der DDR freischaffend tätig zu sein; über Verbandsarbeit und die Qualitätskriterien, nach denen über die Aufnahme eines Künstlers in den Verband entschieden wurde; über die Anwendung der Kriterien als politische Lenkmöglichkeit; Bewertung »rahmensprengender Kunst«, die nicht verbreitet war in der DDR, z.B. Happenings etc.; seine Auftragsarbeit *Auf dem Wege zum Jubiläum des Kulturbundes*; über die Vorgehensweise des Kulturbundes bei der Auftragsvergabe; darüber, dass er – trotz allegorischer Bildlösung – keine Probleme mit der Abnahme hatte und dass die Auftragskünstler in den letzten Jahren der DDR fast völlig frei von Beeinflussung arbeiten konnten; die Bildkomposition und über Vorbilder in der Komposition wie Bellini und di Francesca; darüber, dass er auch im Auftrag immer nur das gemalt hat, was er wirklich wollte; über sozialistischen Realismus, der die meisten Künstler nicht interessierte und lediglich zur Illustration der Ideologie diente; eigener biografischer Hintergrund und seine eher handwerkliche Prägung; sein Bild *Feierabend* auf der VIII. Kunstausstellung der DDR; über die misstrauische Haltung der Lehrergeneration ihm und anderen jungen Künstlern gegenüber; über ▸ Willi Sitte; über seine favorisierten Motive Krähen, Tunnel, Papierkörbe und Treppen; Einfluss der Wende auf sein Schaffen; die Verknappung seiner Motive; über seinen Anspruch, nicht die Gesellschaft zu verändern, sondern mit ihr zu kommunizieren; zeigt und erläutert Bilder *Mutter und Sohn, Vater und Sohn, Frau mit Glas, Mutter und Tochter, Stille und Umbruch*; über seinen Auftrag, für die Galerie der Ehrenbürger im Berliner Abgeordnetenhaus ▸ Hans-Dietrich Genscher zu porträtieren

Interview: Grimm

Auftragskunst in der DDR. 1995. 86 min.

Künstler in der DDR zwischen Ästhetik und Politik. 1995. 54 min.

1994. 80 min.

Pinkus, Theo (1909–1991)

Buchhändler, Verleger, Autor und Gründer der Stiftung Studienbibliothek zur Geschichte der Arbeiterbewegung; geboren in Zürich; kurze Lehre im Internationalen Arbeiterverlag und im Neuen Deutschen Verlag in Berlin; Ausweisung durch die Nazis und Rückkehr nach Zürich; suchte und vermittelte Desiderata und antifaschistische Literatur; nach dem II. WK Führung einer Sortimentsbuchhandlung, die auch Literatur aus sozialistischen Ländern beschaffte und vermittelte; machte seine Privatbibliothek mit über 11000 Bänden der Öffentlichkeit zugänglich

Ich möchte einige im engsten, kleinsten Rahmen vorhandene Infrastrukturen hinterlassen, die ein weiteres Wirken möglich machen. Das ist die »Stiftung Studienbibliothek zur Geschichte der Arbeiterbewegung«. Das die erhalten bleibt, administriert wird – wenn auch verwissenschaftlicht, wie unsere jungen Leute das jetzt unbedingt wollen –

aber doch mit einer Infrastruktur, die sich nicht nur um Bücher dreht, sondern auch um Ausstellungen.

Werdegang zum Kommunisten; Mitgliedschaft in der KP und Sozialdemokratischen Partei; Gründung des Büchersuchdienstes und der Wochenschrift Zeitdienst; über politische Systeme und Sozialismus als Alternative zum Kapitalismus; Verhältnis zu Noel Field; über ▸ Erica Glaser-Wallach; eigener Ausschluss aus der Sozialistischen Partei der Schweiz; 1950 Hermann Materns Resolution gegen faschistische und titoistische Umtriebe; Hans Holm und der linke, revolutionäre Buchhandel; Buchhändlertätigkeit zwischen Ost und West; Kalter Krieg im Buchhandel; Beziehung zu Georg Lukács; über Nagy, Rákosi und Kádár; Ereignisse in Budapest 1956 aus der Sicht von Georg Lukács und Noel Field; die Akteure der 50er Jahre und ihre »Schwierigkeiten mit der Wahrheit«; Besuch bei Georg Lukács; über ▸ Walter Markov, Ernst und Carola Bloch, ▸ Hans Heinz Holz, ▸ Leo Kofler, Wolfgang Abendroth, Franz Masereel; über Walter Ulbricht, ▸ Walter Janka, ▸ Wolfgang Harich, Paul Merker, Heinrich und Alfred Kurella, Anna Seghers, Willi Münzenberg, Erich Wendt; Willi Kreikemeyer, Willi Schlamm, Franz Dahlem; Wissen des Westens um die Vorgänge im Osten, speziell in der DDR, und Einschätzung der Ereignisse; Frage nach Analo-

gien zwischen der Annexion Österreichs 1938 und dem Zusammengehen von BRD und DDR; zur Auflösung der Sowjetunion und damit verbundener weltweiter Restaurierung des Kapitalismus; Problem der westlichen Linken mit einer kritischen Haltung gegenüber der stalinistischen Praxis im Osten; über Macht und zum Begriff Partei; über die europäische Ordnung und deutsche Teilung nach dem II. WK; Josef Stalin, stalinistische Schauprozesse und die Furcht vor ihrer Wiederholung in der DDR; Willi Stoph, Albert Norden, Katja Niederkirchner; über Lenin; sein Wunsch für die Zukunft: Aufarbeitung des Sozialismus im Sinne einer »Geschichte von unten«; die Liebe als Vorbild menschlichen Handelns; über ▸ Friedrich Schorlemmer und ▸ Hans Modrow
Interview: Grimm
Die Wahrheit ist zumutbar. 1992 43 min.
Erinnerung an Theo Pinkus. 1993.
43 min.
1990. 209 min.

Plenzdorf, Ulrich (1934)
Szenarist, Schriftsteller; geboren in Berlin, Vater Arbeiter; 1955–1958 Bühnenarbeiter, 1959–1963 Studium an der Filmhochschule Potsdam-Babelsberg; 1964 erster Filmerfolg mit *Mir nach, Canaillen*; *Karla* (1965, nach dem 11. Plenum des ZK der SED nicht in den Verleih gekommen); *Die neuen Leiden des jungen W.* (1973); Szenarium für *Die Legende von Paul und Paula* (1973); Drehbuch zur Fernsehserie *Liebling Kreuzberg* (1994); Mitautor des Drehbuchs zum Fernsehfilm *Der Laden*
Ich bin, wie alle Autoren, Ethiker geblieben. Das ist wohl ganz klar. Ich bin für Anstand. Das halte ich nicht für eine Utopie. Ansonsten habe ich gelernt, was eine Utopie ist und wie gefährlich es ist, eine Utopie verwirklichen zu wollen.
Über die Eltern während der Nazizeit; Philosophiestudium am Franz-Mehring-Institut in Leipzig und Schock über die dogmatische Ausrichtung; Abbruch des Studiums; Wunsch, als Kameramann bei der DEFA zu arbeiten; Tätigkeit als Bühnenarbeiter und Beschluss, Drehbuchautor zu werden; über die Privilegien von Widerstandskämpfern; persönliche Situation als Familienvater und Bühnenarbeiter; Armeezeit; zum Leben in den 50er Jahren, Spaltergeld, Grenzkontrollen, Kalter Krieg, Lebensmittelkarten und Literatur; Familienleben in der Studienzeit; über die Bedeutung eines Diploms für die Filmarbeit; die Arbeitsgruppen bei der DEFA; Einfluss der Partei auf die Filmarbeit und über Planerfüllung bei der Filmproduktion; Bau der Mauer und Bedeutung für sein persönliches Leben; Fakultät für Dramaturgie und Szenaristen an der HFF und Vergleich mit dem Leipziger Institut, Archiv und Dozenten; Konrad Wolfs Rolle in der DDR-Kulturpolitik; über dramaturgische Anfänge, Schulaufsätze, Hörspiel, Kabarett; Status von Autoren; Schreibtraining im Studium; der Abschlussfilm *Mir nach, Canaillen!*; *Karla*, eigentlich sein erster Film; Stimmung nach der Neubesetzung der DEFA-Leitung 1965;

Verbot von *Spur der Steine* und anderen Filmen; über Manfred Krug; Folgen der Verbote und Probleme mit der Solidarität im Studio nach der Verbotswelle; Geldverschwendung bei der DEFA; inhaltliche Vorgaben für Filmemacher, Methoden, Kulturpolitiker auszutricksen, Kampf um Stoffe und Inhalte;

über die Unmöglichkeit *Die neuen Leiden des jungen W.* zu verfilmen; konfliktfreie Filme; Arbeits- und Verdienstmöglichkeiten bei der DEFA; Arbeitsmöglichkeiten im Westen, und warum er nicht dorthin gegangen ist; Auswirkung des Einmarschs von Truppen des Warschauer Vertrages in die Tschechoslowakei auf seine Texte; Reaktionen auf *Die neuen Leiden des jungen W.* in Sinn und Form; über Jeans als Protest; Deutung der *Neuen Leiden...*; Einstellung der westlichen Linken zur DDR; über das Problem, prominent zu sein; Erfolge und Interpretationen der *Neuen Leiden...* im Westen; über die Sprengung des Hauses in *Die Legende von Paul und Paula*; das Vorbild Russischer Film; Erotik in *Die Legende von Paul und Paula*; zum Begriff Legende; ▸ Heiner Carow; über die Pudhys; Vorbilder aus der Kindheit; die »Falle Antifaschismus« und die Naivität der Flakhelfer-Generation; seine inhaltliche und formale Trennung von der SED; über Wolf Biermanns Ausbürgerung und Folgen für die eigene Arbeit; über Widerstände bei der Inszenierung der *Legende vom Glück ohne Ende* in Schwedt; Lesungen als Forum und seine Beziehung zur Kirche; Demonstration auf dem Alexanderplatz am 4. November 1989; seine Gefühle in der Menschenmenge beim Grenzübertritt am 9. November 1989; Vergleich des Fernseh- und Schauspielhandwerks in West- und Ostdeutschland; über die Serie *Liebling Kreuzberg* – Zusammen mit Harald Müller über DDR-Verfilmungen und Literaturverfilmung in dessen Firma Artus; zur Verfilmung *Die neuen Leiden des jungen W.*; über den Film *Der Trinker* nach Hans Fallada; Drehbuch zu Martin Walsers *Ein fliehendes Pferd*

Interview: Grimm, Kolano

Drehbuch: Ulrich Plenzdorf. 1993. 29 min.

Szenen aus dem Leben eines Szenaristen. 1994. 55 min.

Die Traumfabrik (Buchzeit). 2000. 42 min.

1993. 377 min.

Prokop, Otto (1921)

Gerichtsmediziner; geboren in St. Pölten (Österreich); 1940–1944 Medizinstudium in Wien und Bonn; 1944 Verwundung; 1945 amerikanische Gefangenschaft in Frankreich; Ende 1945 Wiederaufnahme des Medizinstudiums; nebenberufliche Tätigkeit als Fotograf; ab 1957 Lehrtätigkeit an HU Berlin; Professor mit Lehrstuhl; bis 1987 Direktor des Instituts für Gerichtliche Medizin der Berliner Charité; über sechshundert Veröffentlichungen

Ich glaube, dass die Gerichtsmedizin von vielen Leuten überschätzt wird oder unterschätzt, und viele fragen mich oft: »Können Sie denn das ertragen, immer die Toten zu untersuchen?« Also, entschuldigen Sie! Glauben Sie, die Chirurgen haben es besser?

Erinnerungen an den Einmarsch Hitlers in Österreich; seine Wehrmachtszeit in Stuttgart; Behandlung als Deutscher »zweiter Klasse«; Kriegserlebnisse und das Sterben an der Ostfront; Beginn der Karriere in Bonn; über häufigste Todesursachen nach dem Krieg in Deutschland; Wechsel an die Ostberliner Charité durch Adenauers Leibarzt; über seine international erfolgreiche Arbeit, komplizierte Kriminalfälle und Mozarts »falschen« Schädel; warum er in der DDR blieb, obwohl er hätte gehen können. – Im Gespräch mit dem Bruder Ludwig Prokop über ihre Beziehung zueinander

Interview: Grimm

Tote geben Auskunft – ein Gerichtsmediziner erinnert sich (Kunst und Geschichte im 20. Jahrhundert). 1995.
1. Teil: 47 min.
2. Teil: 57 min.
1996. 20 min.

Prokop, Siegfried (1940)
Historiker; Geschichts- und Germanistikstudium in Berlin und Petersburg; 1983–1996 Professor für Zeitgeschichte an der HU Berlin; 1994–1996 Vorsitzender der Alternativen Enquête-Kommission

Harich hatte im Gespür, dass diese Art von bürokratisiertem Sozialismus Ulbrichtscher Prägung nicht die neue Gesellschaftsordnung ist, nicht die Gesellschaft mit einem Plus an Freiheit. So hatte er es auf der Freiheitskonferenz gesagt. Und nur die Gesellschaft mit einem größerem Maß an Freiheit hätte eine Chance, sich gegenüber dem Kapitalismus als emanzipatorische Gesellschaft historisch tragfähig durchzusetzen. Im Grunde genommen hatte Harich damit schon 1956 das spätere Scheitern der DDR von 1989 vorweggenommen.

Über den Besuch ▸ Wolfgang Harichs beim sowjetischen Botschafter Puschkin; Harichs Memorandum zur Reform der DDR nach dem XX. Parteitag der KPdSU mit der Kritik von Stalinismus, Personenkult und Zentralismus zugunsten einer breiten Demokratie; Gründe, warum das Memorandum Ulbricht und auch in den späteren Prozessen nicht vorlag; darüber, dass Harich mit dem nicht veröffentlichen Memorandum erpresst und gefügig gemacht wurde; regelmäßige Observierung Harichs seit dem Puschkin-Gespräch; Harichs West-SPD-Kontakte zu Josef Braun; über Harichs Observierung durch den Staatssicherheitsdienst seit Sommer 1956 und Harichs Wissen darum; über ein zweites Konzept, die Plattform; die (Un)möglichkeit, sich mit Harich während des Prozesses oder danach zu solidarisieren; über ▸ Walter Janka, der Harich zu Unrecht als Verräter beschuldigt, denn die Debatten waren nicht konspirativ; Treffen zwischen Paul Merker und Walter Janka; Harich als Patriot »bis auf die Knochen« und über sein Reformkonzept; Harichs Wirken nach der Wende in der Alternativen Enquête-Kommission, die im Oktober 1992 gegründet wurde; über eine schwierige Zusammenarbeit zwischen Harich und ihm als Vorsitzendem dieser Kommission; über Vermittlungsversuche durch ▸ Walter Markov
Interview: Grimm
1999–2000. 35 min.

Putin, Wladimir W. (1952)
Russischer Präsident; geboren in Leningrad; Jurastudium in Leningrad; 1975–1990 für den KGB in der Auslandsaufklärung tätig; 1991 Vorsitzender des Komitees für Auslandsbeziehungen der Stadt St. Petersburg, ab 1994 zusätzlich einer der drei Ersten Stellvertreter des Oberbürgermeisters; 1996 stellvertretender Leiter der Verwaltung der Angelegenheiten des Präsidenten; 1997 Mitglied der Kommission des Sicherheitsrates für Wirtschaftssicherheit; am 9. August 1999 von Jelzin zum Geschäftsführenden Regierungschef ernannt; seit 2000 Präsident Russlands

Es gab eine Periode in meinem Leben, in der ich mich für das Studium des Marxismus-Leninismus interessierte. Ich habe viel gelesen und mit Interesse gelesen. Ich

fand das Studium interessant und logisch. Mehr und mehr wurde es aber für mich zur unumstrittenen Wahrheit, dass das alles nichts weiter als ein schönes Märchen war.

Putins Beziehung zum Geheimdienst; sowjetische Geheimdienste KGB, FSB; Charakterisierung der Geheimdienstarbeit und Mitarbeiter; Eliteeinheiten gegen das organisierte Verbrechen in Russland, Verbrechensbekämpfung und technische Ausrüstung; Stationen seiner KGB-Tätigkeit; Ansichten zum Marxismus-Leninismus und zur russischen Geschichte; Gefahr eines totalitären Staates in Russland; Investitionspolitik; seine Haltung zu Schmiergeldzahlungen

Geheimakte Putin. (Russland wohin?) 2000. 44 min.

KGB-Report. 2000. 12 min.

Rahr, Alexander (1959)

Journalist; geboren in Taipeh; aufgewachsen in München; Mitarbeiter von Radio Liberty bis zu dessen Einstellung; ab 1994 Deutsche Gesellschaft für Auswärtige Politik (DGAP), Leiter der Arbeitsstelle Russland/GUS

Ich denke, dass Putin auch heute Einiges erreichen will: Russland im Westen zu verankern, Russland mit der Europäischen Union zusammen zu bringen.

Über ▸ Wladimir Putin als KGB-Mitarbeiter; zu den Ereignissen vor dem KGB-Bezirksbüro Dresden im November 1989; über Boris Jelzin; die Machtübernahme durch Putin und seine Rolle als Staatsoberhaupt; Sergej Iwanow, Viktor Iwanow und Nikolaij Patruschew; zum Buch *Wladimir Putin. Der »Deutsche« im Kreml*; die politische Karriere Putins; über ein Treffen mit Putin im Jahr 2000 in Moskau; das Verhältnis von Putin zu Gerhard Schröder und Joschka Fischer; Privatisierungsbestrebungen in Russland und Russlands Mittelstand; ▸ Michail Gorbatschow; Russland und Europa

Interview: Grimm

Geheimakte Putin. (Russland wohin?) 2000. 44 min.

Alexander Rahr über sein Buch *Wladimir Putin. Der »Deutsche« im Kreml* (Buchzeit). 2001. 42 min.

2000–2001. 79 min.

Rapoport, Samuel Mitja (1912)

Biochemiker; geboren in Woloczysk (Ukraine); jüdischer Herkunft; Vater Kaufmann; 1930–1936 Studium der Medizin und Biochemie in Wien; 1934 Mitglied der KPÖ; 1937 Emigration in die USA; 1950 Rückkehr nach Wien; 1952 Berufung zum Professor an die HU Berlin; bis 1978 Institutsdirektor; 1956–1990 Mitglied des Forschungsrates der DDR

Mein Credo als Wissenschaftler ist Rationalität und Humanismus.

Kindheit und der Vater; Leben in Odessa; Situation in Odessa zur Zeit der Revolution und des Bürgerkrieges; Flucht nach Wien über Konstantinopel und Triest; Zwischenaufenthalt in Triest; Ankunft in Wien; Schulunterricht und Leben in Wien; Hinwendung zur sozialistischen Jugend; über seine Vorliebe für Chemie; erste experimentelle Arbeit am Gymnasium; Interesse an Literatur und Kultur; über Studienbeginn und Medizinstudium; seine politische Entwicklung; Kontakt zur Arbeiterbewegung; Entwicklung des Faschismus in Österreich; kommunistische Arbeit in der Illegalität; Angebot eines Stipendiums in den USA und Arbeit in Cincinnati; über seine Forschungen zur Bekämpfung ei-

ner Mangelerkrankung in Japan und die Würdigung dieser Arbeit durch die amerikanische Regierung; wie er auf die McCarthy-Liste kam; sein soziales und politisches Engagement in den USA; über die Arbeitsuche in Europa; Reaktion in den USA auf den Ausbruch des II. WK; über Gründe, in die DDR zu kommen und welche Vorstellungen er vom Leben hier hatte; Beginn der Arbeit am Institut und anfängliche Lebensverhältnisse; Rolle der SED; über Verleumdungen durch den Ärztlichen Direktor Hall; Beginn der Forschungsarbeit; Wissenschaft und Ausbildung in der DDR; über den 17. Juni 1953 und den 13. August 1961; Einschätzung der kommunistischen Machtausübung in der DDR und darüber, ob der Sozialismus hätte erfolgreich sein können; DDR-Staatsbürgerschaft und SED-Beitritt; DDR-Forschung; was einen Wissenschaftler kennzeichnet; über soziale und naturwissenschaftliche Erkenntnisse; die menschliche Seele; Auswirkungen und Gefahr genetischer Erkenntnisse; sein Credo: Rationalität und Humanismus; über ▸ Rudolf Bahro; Wissenschaft und Ethik am Beispiel der Entwicklung der Atombombe; Gesetzmäßigkeit und Zufall in der Wissenschaft; der Zufall in seinem Leben; sein Judentum; Antisemitismus in der DDR; die Wende 1989; über die Deutschen und deutschen Provinzialismus; Patriotismus und Kommunismus, Juden und Kommunismus; die Zukunft des Kommunismus und sein Fazit des Jahrhunderts
Interview: Drommer, Grimm
1999. 320 min.

Rau, Jes
Journalist; seit 1989 Herausgeber der New Yorker Staats-Zeitung (NYS)
Wir waren und sind noch immer so etwas wie die New York Times der deutschen Zeitungen, das heißt, wir haben einen gewissen überregionalen Appeal. Wir sind an der ganzen Ostküste die stärkste Zeitung, wir werden in ganz Amerika gelesen.
Über die NYS, die amerikanische Zeitung für Deutsch-Amerikaner; deren Geschichte seit 1833, Inhalt und Stil; Bedeutung der Staats-Zeitung in der heutigen Zeit; Entwicklung der NYS seit 1945; über die eigene Tätigkeit bei der Zeit; Verhältnis und Kontakte der NYS zur DDR; Beziehungen der Staats-Zeitung zum Dritten Reich; über den Aufbau, die Zeitung jüdischer Emigranten; Stellung der Staats-Zeitung in der Zeit McCarthys; Problematik von Holocaust-Museen in USA (Washington) und in Deutschland; diesbezügliche Streitigkeiten zwischen beiden deutsch-amerikanischen Zeitungen; Bundespresseamt und Goethe-Institut; deutsche Wiedervereinigung und Widerspiegelung in der Presse und seiner Zeitung; Wahl des Redaktionssitzes; gesellschaftlicher Einfluss der deutschen Leser in New York und politisches Engagement der Staats-Zeitung
Interview: Mück
1993. 60 min.

Rau, Johannes (1931)
Politiker; geboren in Wuppertal; Lehre als Verlagsbuchhändler in Köln; 1954–1967 im Verlag der Evangelischen Jugend tätig; 1957 Mitglied der SDP; seit 1968 im Parteivorstand, seit 1982 Stellvertretender Vorsitzender der SPD; seit 1999 deutscher Bundespräsident
Ich finde es wichtig, dass wir uns daran erinnern, dass es neben dem organisierten Widerstand auch stille Helden gegeben hat.
Über ▸ Helmut Schmidt; zum Antisemitismus in Deutschland; zur Auseinandersetzung mit den NS-Verbrechen; über die Wehrmachtsausstellung; Forderung nach mehr Anerkennung für die »stillen Helden« und nach Erforschung ihres Lebens; über ▸ Inge Deutschkron
Helmut Schmidt. Weggefährten. 1996. 49 min.
Inge Deutschkron. Ein Todesurteil und vier Leben (Redenreihe Grenzdenker). 2001. 44 min.

Raum, Hermann (1924)
Kunsthistoriker; 1960–1976 Leiter des Instituts für Kunstgeschichte an der Universität Rostock; Mitarbeit in der Kunst-Auftragskommission in Rostock; 1977–1982 Direktor der Staatlichen Galerie Moritzburg in Halle; 1982–1989 Professur an der Kunsthochschule Berlin-Weißensee

Man kann generell sagen, dass der Auftraggeber in den 50er Jahren sehr rigide war hinsichtlich politischer und auch ästhetischer Vorstellungen. Die Formalismus-Diskussion hat bis zum Ende der 60er Jahre angedauert. Sie hat Auftraggeber, die nicht souverän waren, immer wieder zu einer sehr ängstlichen und unsicheren Verhaltensweise gegenüber dem, was als Auftrag ausgegeführt wurde, gebracht.

Wie er Kunsthistoriker wurde; Änderung seiner Haltung zur Auftragskunst; Kriterien der Auftragsvergabe in den 50er Jahren; wer Aufträge vergab; künstlerisches Unverständnis vieler Auftraggeber, z.B. Harry Tisch; Unterschiede des Einflusses auf die Kunst zwischen den 50er/60er und 70er/80er Jahren; Umgehung der Regeln des VBK der DDR durch seine Mitglieder; Markt für Aufträge; Grad der politischen Überzeugung der Künstler; Auftragsvergabe durch Museen; Aufträge des Kulturbundes der DDR; Aufträge für die Universität Rostock; über den Umgang mit Auftragswerken, die zu Ausstellungen eingereicht wurden; Beispiele für positive Resultate der Auftragspolitik in den 70er und 80er Jahren
Interview: Grimm

Was war Auftragskunst in der DDR? 1994. 24 min.

Künstler in der DDR zwischen Ästhetik und Politik. 1995. 54 min.

1995. 24 min.

Reddemann, Renate (1934)
Ingenieurin; seit 1954 in Eisenhüttenstadt; siebenunddreißig Jahre Beschäftigung im EKO, zuletzt als Softwareingenieurin

Das war eigentlich eine Haupttriebkraft für uns – etwas Neues entstehen sehen und mit kleinen Kräften auch dazu beitragen.

Zusammen mit B. Kubitsch über Lebensverhältnisse in Stalinstadt, dem späteren Eisenhüttenstadt; berufliche Entwicklungsmöglichkeiten in Eisenhüttenstadt; Qualifizierungsmöglichkeiten und Kulturangebote für Arbeiter; über die eigene Qualifizierung in der Abendschule und später im Fernstudium; Arbeit in der Datenverarbeitung; Gleichberechtigung von Frauen in der DDR; Erfahrungen in einem Männerberuf; über Umweltbelastungen; über Erich Markowitsch, Werkdirektor des EKO; Wohnung vom Betrieb; Werk- und Stadtplanung; Gestaltung von Straßen und Wohngebäuden; Betriebsfeste, Hüttenfeste und kulturelle Programme; Arbeits- und Lebensverhältnisse in Eisenhüttenstadt; über den 1. Mai; über Mode und Bekleidung in der DDR; über die Schwierigkeiten, ein Auto in der DDR zu erwerben; Urlaub, FDGB-Ferienschecks, Betriebsferienheime; Gärten, Wochenendhäuschen und Bungalows am Helenesee; Gemeinschaftsgefühl und »Wir-Gefühl« im Betrieb und in der Stadt; über Enttäuschungen am Ende ihres Arbeitslebens; der 13. August 1961; die ehemalige Gaststätte Aktivist
Interview: Kolano

Wolfsburg – Eisenhüttenstadt: Beiträge für die Ausstellung im DHM. 1996. 80 min.

Wolfsburg – Eisenhüttenstadt: Heimat vom Reißbrett. 1997. 45 min.

1997. 104 min.

Reich, Jens (1939)
Mediziner; Bürgerrechtler; geboren in Göttingen, aufgewachsen in Halberstadt; Vater Arzt, Mutter Heilgymnastin; 1956–1962 Medizinstudium in Berlin; 1962–1964 praktizierender Arzt in Halberstadt; 1964–1968 wissenschaftlicher Mitarbeiter an der Friedrich-Schiller-Universität Jena; ab 1968 am ZI für Molekularbiologie an der AdW der DDR in Berlin-Buch; 1980 Professur für Biomathema-

tik; seit 1985 Mitarbeit in oppositionellen Zirkeln; Mitarbeiter im Kreis Ärzte in sozialer Verantwortung; September 1989 Mitautor des Aufrufs Aufbruch 89 – Neues Forum; Oktober bis Dezember 1990 MdB (Bündnis 90/ Die Grünen); seit 1992 Leiter der Abteilung Bioinformatik des Max-Delbrück-Zentrums für Molekulare Medizin in Berlin-Buch; seit 1995 Professur an der HU Berlin

Die europäische Einigung sehe ich als ein kulturelles Zukunftsprojekt, auch eines der Alltagskultur, nicht nur von Hochkultur, Wissenschaft, Kunst, Oper und Theater. Jedenfalls aber eines, zu dem mehr gehört als gemeinsame Demokratie und halboffene Grenzen.

In einem Gespräch mit ▸ Heiner Müller darüber, was »Intelligenzia« bedeutet; Parteiapparat und Intelligenz; warum die Intelligenz Stütze des DDR-Systems war; Vergleich zwischen Sozialismus und Kapitalismus; Gemeinsamkeiten und Unterschiede bei der Ausübung akademischer Berufe in Ost- und Westdeutschland am Beispiel Arzt; Macht und Intelligenz; Grundwiderspruch zwischen Macht der Intelligenz und dem Anspruch, Arbeiter- und Bauernstaat zu sein; Zensur bei Theater und Film; Wirkungsmöglichkeiten der Kunst – In einer Dresdner Rede über Prägung und Ziele des Neuen Forums; Erwartungen nach dem Fall der Mauer; Erlebnisse mit sächsischem Dialekt; was Westdeutsche von den Dialekten der neuen Bundesländer wissen; Walter Ulbrichts und Erich Honeckers Sprache; Verbindung der sächsischen mit der slawischen Sprache; Sachsen und Preußen, Sachsen und Polen; Ausländerfeindlichkeit und das Deutschlandbild im Ausland; Verhältnis zu den östlichen Nachbarn; über Vorurteile und internationale Beziehungen; wie Dresden wieder zu einer mitteleuropäischen Hauptstadt werden kann

Abschied von den Lebenslügen. 1992. 56 min.

Jens Reich (Dresdner Reden). 1998. 40 min.

Reich-Ranicki, Marcel (1920)
Literaturkritiker, Journalist, Schriftsteller; geboren in Wloclawek (Polen); Fichte-Gymnasium in Berlin; nach dem Abitur Verhaftung; ab 1940 Warschauer Ghetto; Flucht und Befreiung; ab 1951 freier Schriftsteller; ab 1958 in der BRD; 1960–1973 Literaturkritiker der Wochenzeitung Die Zeit; spezialisiert auf

deutsche Literatur; verschiedene Gastprofessuren in den USA, Schweden und in der BRD; 1973–1988 Leitung der Redaktion für Literatur und literarisches Leben der FAZ; 1988–2001 Leitung des Literarischen Quartetts im ZDF; seit 2002 ZDF-Literatur-Sendung Marcel Reich-Ranicki

Ich glaube nicht, dass dies der Augenblick war, Ulbricht zu stürzen. Es war der falsche historische Augenblick. Damals hat Wolfgang Harich keine Chance gehabt. Das war doch klar, dass Ulbricht so einen Fall schnell erledigt, mit einer Handbewegung und so landete Harich in einer Gefängniszelle, wo er ein Buch über Jean Paul schrieb.

Begegnung mit ▸ Wolfgang Harich 1956 während eines Heine-Symposiums; über dessen Intelligenz, Charisma, Charme und Bildung; Vortrag Harichs über Heinrich Heine und Gespräche mit ihm über die Situation in Polen; Chancen Harichs gegen Walter Ulbricht
Interview: Franksen
2000. 7 min.

Reichel, Käthe (1926)
Schauspielerin; geboren in Berlin; Vater Glaser, in Dachau ermordet; Ausbildung in einem Textilgeschäft; 1950 BE; 1961 Wechsel ans DT; ab 1969 zahlreiche Film- und Fernsehrollen; 1982 Filmpreis der DDR für ihre Rolle in *Die Verlobte*; starkes soziales Engagement gegen Rechtsradikalismus und den Golfkrieg

Ich weiß, was Elend ist. Ich sage nicht, dass da Narben sind, aber sie sind insofern da, als dass sie als Erinnerung nicht ausrottbar sind. Und was ich jetzt sehe, spült die ganze Kindheit wieder wie ein Erdbeben hoch. Und darum schreie ich. Muss ich auch schreien. Wenn ich nicht mehr zornig bin, dann wäre es wohl für mich das Ende.

Kindheit in Berlin-Mitte; über den Einfluss der Mutter; über die ärmlichen Verhältnisse, in denen sie aufwuchs; über ihre Lehrjahre bei Brecht am BE; Brechtsche Arbeitsweise; über ihre Rollen bei Brecht (u.a. Gretchen im *Urfaust*, Johanna Dark in *Heilige Johanna der Schlachthöfe*); über ihre Gastspiele in Frankfurt/Main im *Kaukasischen Kreidekreis*; über ihre Arbeit mit Benno Besson; der Wechsel ans DT zu Wolfgang Langhoff; über das Fehlen von klassischen Rollen für Schau-

spielerinnen mittleren Alters; ihre Arbeit beim Film und die Verehrung für die Schauspielkunst von Jean Gabin; über die Möglichkeit, ihre Filmrollen selbst zu erweitern und zu verändern, einen eigenen Zugang zu finden; über ihre Liebe, auch zu komischen Rollen; gesellschaftliche Umbrüche der Vorwendezeit; wie sie aufgrund ihres Protestes gegen den Golfkrieg als »Rote Socke« von den Fernsehsendern gemieden wurde; über die Ursachen des neuen Rechtsradikalismus; ihr soziales Engagement und dessen Wurzeln; über die Unmöglichkeit für sie, gesellschaftliches und privates Leben zu trennen
Interview: Bohnenstengel
Der stille Schrei. Schauspielerin Käthe Reichel, eine Brecht-Legende. 1995. 44 min.
1994. 241 min.

Reichelt, Hans (1925)
Diplom-Wirtschaftler; letzter DDR-Umweltminister; geboren in Proskau (Oberschlesien); ab 1949 Mitglied der DBD; 1953 kurzzeitig und 1955–1963 Minister für Land- und Forstwirtschaft; 1963/64 Hochschulstudium; 1972–1989 Minister für Umweltschutz und Wasserwirtschaft; November 1989 bis Januar 1990 Minister für Naturschutz, Umweltschutz und Wasserwirtschaft

Günter Mittag, der für die Umweltpolitik im Zentralkomitee verantwortliche Sekretär, der gleichzeitig auch für die Wirtschaftspolitik zuständig war, hat sich zur Ökologie nicht ein einziges Mal geäußert. Für ihn war das ein absolutes Fremdwort.

Berufliche Entwicklung; Strukturen des Umweltministeriums; die Phasen der DDR-Umweltpolitik; Entscheidungsmechanismen zwischen Regierung und SED-Führung/Politbüro; Rolle von Günter Mittag; zu Willi Stoph; Landeskulturgesetz von 1970; Arbeit des Umweltministeriums trotz verschiedener Hindernisse: umfangreiche Analysetätigkeit, Verbesserungsvorschläge, Schadensbegrenzung; Ministerratsbeschluss von 1982 zur Geheimhaltung der Umweltdaten; Einfluss und Arbeit des MfS im Umwelt-Bereich; das Wirken von kirchlichen Umweltgruppen und der Gesellschaft für Natur und Umwelt im Kulturbund; Beispiele für verschiedene Umweltschutzaktionen, u.a. in der Sächsischen Schweiz; über ein unveröffentlichtes Buchmanuskript von Reichelt zur Umwelt-Problematik 1986; Waldschäden durch den Braunkohle-Abbau; Wasserverschmutzung; Fahrzeugemissionen und Smog; Sanktionen gegen Industriebetriebe, das sogenannte Abwasser- und Staubgeld; Verwendung der Bußgelder; die Müll-Deponien in Vor Ketzin und Schöneiche bei Berlin; Schäden in der Schorfheide (bei Berlin) – Einschätzung der Anhörung durch Volker Klemm

Der Umweltminister vor dem Untersuchungsausschuss der Volkskammer. 1990. 56 min.

1990. 150 min.

Reimann, Günter

eigtl. Hans Steinicke (1904)

Wirtschaftsjournalist, Buchautor; geboren in Angermünde; Vater jüdischer Getreidehändler; 1924 KPD; 1925–1930 Wirtschaftsredakteur für die Rote Fahne in Berlin; Reisen in die Sowjetunion; 1933 Flucht über Prag, Wien, Paris nach London; 1938 in die USA; 1935 Bruch mit der KPD; 1946 Herausgabe des International Reports on Finance and Currencies, eines wöchentlichen Informationsdienstes für Banken und Finanzexperten; 1981 Verkauf des Dienstes an die Financial Times; Lebensabend auf Long Island

Da sagte ich mir: »Das alte System des Finanzkapitalismus ist kaputt. Da war das Zentrum in London. Ein neues ist noch nicht da. Was und wie das werden wird – das werde ich verfolgen.« Und gleichzeitig wollte ich eine unabhängige Existenz dabei haben. Da gründete ich dann den International Reports on Finance and Currencies, eine Wochenschrift.

Eintritt in die radikale Jugendbewegung mit siebzehn Jahren; 1923 Beginn des Studiums und erster Artikel für die Rote Fahne, dann vor ▸ Jürgen Kuczynski deren Wirtschaftsredakteur; Trennung vom bürgerlich-antikommunistischen Elternhaus; Unterschied zwischen kommunistischer Bewegung und KP; 1927 Bekanntschaft mit Hu Lan Chi, der Adoptivtochter Sun Yat Sens; 1932 mit besonderer journalistischer Freiheit Reise nach Russland; über den Auftrag von der Kommunistischen Internationale, in Berlin den Wandel der Arbeiterklasse zu untersuchen und eine parallele Forschungsarbeit in Leuna über die Vernetzung der kommunistischen Bewegung; Abbruch der Arbeit nach Stalins Machtfestigung; Unterschiede zwischen Privatreisen durch die Sowjetunion und Reisen mit einer Pressedelegation; über Demokratie- und Unabhängigkeitsstreben der Generation der Bürgerkriegsteilnehmer; über ein Gespräch zur Situation in Deutschland mit Karl Radek; Thälmanns politische Unfähigkeit und Abhängigkeit von Stalin; über Willi Münzenbergs Talente, dessen Stellung in der KPD und seinen Fluchtversuch; über Aufstandshoffnungen vor dem II. WK; Freundschaft mit Herbert Wehner und dessen Angst vor Agenten; über Verhöre in Moskau; Erwartung einer kommunistischen Erhebung gegen Hitler; konspirative Briefe in chinesischer Sprache; Arbeit als Redakteur für die Rote Fahne; Flucht nach Prag; Vergleich Hitler und Stalin; Analyse des Wirtschaftssystems der Sowjetunion und dem

des »Niedergangskapitalismus«; die Wittorf-Affäre 1928 (John Wittorf); zur Rolle Bucharins und Stalins; vergeblicher Versuch, in Paris mit Willi Münzenberg und Alfred Kurella eine Diskussionsrunde zu bilden; Ausweisung aus England und Einreise in die USA; Recherchen für *The vampire economy. Wie ergeht es den Kapitalisten im totalitären Staat?* in Amsterdam und über das Schreiben in den USA; Tätigkeit als Direktor des International Statistic Bureau; Gründung von International Reports on Finance and Currencies; regelmäßige Reisen zu Gesprächen mit den wichtigsten Finanzchefs nach Westdeutschland; Sowjetunion als »Defizitunternehmen«; die Teilung Deutschlands als logische Konsequenz; Analyse des westeuropäischen Parteiensystems und des modernen Finanzkapitals; Vergleich zwischen dem Kapitalismus zu Lebzeiten von Karl Marx und dem in der heutigen Welt; die Demoralisierung der westlichen Oberklassen; über fortschrittliche Traditionen in Deutschland, westdeutschen Finanzkapitalismus und angloamerikanische Finanzkapitalisten; über Reaktionen der Westalliierten auf den Fall der Mauer
Interview: Grimm, Hennig
Rückblick auf den Fall der Mauer. 1994. 26 min.
1994. 189 min.

Reuter, Edzard (1928)
Manager, Vorstandsvorsitzender; geboren in Berlin; Emigration in die Türkei; Studium der Mathematik, Physik und Rechtswissenschaften in Göttingen und Berlin; 1955 Staatsexamen; 1954–1956 Assistent an der FU Berlin; 1957–1964 leitend in verschiedenen Wirtschaftsunternehmen tätig; seit 1964 in Führungspositionen bei der Daimler-Benz AG
Ich gehöre zu denjenigen, die sich nicht schämen, das Wort »Heimat« in den Mund zu nehmen. Ich spreche auch von meinem Vaterland, das Deutschland heißt. Ich empfinde das heute noch so, wenn ich im Flugzeug sitze, das eine große Kurve über Leipzig macht. Ach, da ist immer noch das Erleben: Das ist wieder ein vereinten Land, wo die deutsche Kultur zu Hause ist.

Verhaftung des Vaters Ernst Reuter; warum seine Eltern in die Türkei emigrierten; die Reise nach Ankara; eine Jugend in der Türkei; Rückkehr nach Deutschland; der Schock über die Zerstörungen; über den 9. September 1948; Erlebnisse als Student und Sohn des Bürgermeisters; Blockade, Währungsunion und Kalter Krieg; über den Wunsch ▸ Willy Brandts, Edzard Reuter, solle in die Politik gehen; seine Entscheidung für die Wirtschaft; über »zu Demokraten gewendete Nazis« in der Wirtschaft; Hanns-Martin Schleyer und Alfred Herrhausen; seine Schwierigkeiten als »Roter« und der lange Weg an die Spitze; die Autoren Arthur Koestler, ▸ Hans Sahl, ▸ Stefan Heym; über türkische Gastarbeiter bei Mercedes-Benz; die geplante Stiftung; deutsche Wiedervereinigung und das Fest im Hotel Inter-Continental; 1992 Rede vor Bundestagsfraktion der SPD
Interview: Engelberg
2001. 89 min.

Richter, Edelbert (1943)
Evangelischer Theologe, Mitbegründer des DA (Demokratischer Aufbruch); geboren in Chemnitz; 1961 Beginn des Philosophiestudi-

ums in Leipzig; im selben Jahr Exmatrikulation; 1963–1968 Studium der Theologie in Halle; 1974–1979 Pfarrer; 1977–1987 Studentenpfarrer in Naumburg; ab 1987 Pfarrer in Erfurt, Dozent; 1989/90 im Parteivorstand des DA; seit Januar 1990 Mitglied der SPD

Wir legen den Akzent einmal auf Demokratisierung und zum anderen auf Ökologie. Das Soziale versteht sich sozusagen von selbst.

Programmatische Äußerungen zur Gründung des DA (Demokratischer Aufbruch); Teilnahme an der Gründungsversammlung des DA

Rot-grüne Ökologien, gelbe Marktwirtschaftler, schwarze Wiedervereiniger. Ein demokratischer Aufbruch. 1994. 43 min.

1989. 7 min.

Ries, Henry eigtl. Heinz Ries (1917)

Publizist, Fotograf; geboren in Berlin; 1938 Emigration nach New York; 1945 Rückkehr als US-Soldat; 1945–1951 Bildredakteur, u.a. für die New York Times; später Arbeit als Werbefotograf

Einfach Mensch bleiben war Ende 1937 nicht so schwer für jemanden, der den Vorteil hatte, Jude zu sein ohne zu krummnasig auszusehen. Der einen gültigen Pass hatte zu einer Zeit, wo man noch auswandern konnte und der eine gutmütige Großmutter hatte, die eine Emigration großzügig unterstützte.

Lesung aus seinem Buch *Abschied meiner Generation*, in dem sich Menschen seiner Generation an ihre Erlebnisse und Einstellungen in Deutschland während der Zeit des Nationalsozialismus erinnern

Davon redet man nicht... Henry Ries liest aus seinem Buch *Abschied meiner Generation*. 1992. 48 min.

Rosenberg, Pierre (1936)

Direktor der Gemäldegalerie des Louvre; geboren in Paris als Kind jüdischer Emigranten; Studium in Yale; seit 1961 im Louvre tätig; seit 1994 Direktor

Natürlich ist ein Museum nie fertig. Man glaubt, man arbeitet für die Ewigkeit, aber man arbeitet nur für eine Generation.

Im Gespräch mit Peter-Klaus Schuster über Bestände, Ausstellungsumfang und Finanzierung des Louvre; Attraktivität eines Museums; französische Kunst; Kunstgeschichte in der Schule; Museumsbauten und Politik; der Louvre und seine »Pyramide«; europäische Kunst im Louvre; Verschiedenartigkeit des Museumspublikums; Museen in Berlin und deren Zukunft; die Museumsinsel

Insel-Perspektiven. Paris – Berlin. 2001. 45 min.

2001. 95 min.

Rosenow, Kurt (1905)

Jurist; Kind jüdischer Eltern; Vater preußischer Landtagsabgeordneter; Studium in Berlin und Königsberg; 1932/33 als Assessor tätig; nach Entlassung bis 1939 Arbeit in verschiedenen Anwaltskanzleien; 1939 Emigration nach England, 1940 in die USA; nach Einberufung Ausbildung in einer Nachrichtendienstschule; erster Leiter des Berlin Document Center in Berlin

Als ich 1945 nach Berlin reinkam über den Checkpoint in den amerikanischen Sektor, da kam ich in eine tote Stadt, oder in eine Stadt, die damals leer schien – da hab ich erst mal geheult.

Biografische Angaben; Schilderung persönlicher Erlebnisse von der sogenannten Reichskristallnacht 1938 bis zur Auswanderung 1939; jüdische Identität; Leben in Amerika als Emigrant; über das BDC, zur Entstehungsgeschichte, Struktur und Aufgaben; Verfahrensweise bei Anfragen; Zusammenarbeit mit polnischen Behörden und russischer Besatzungsmacht; der persönliche Weg von der Einberufung über Tätigkeiten in Frankreich und Deutschland bis 1945 zum Leiter des BDC; Herkunftsgeschichte und Beschreibung verschiedener Aktenbestände des BDC: Personenkartei aller NSDAP-Mitglieder, SS-Personalakten, Akten des Volksgerichtshofs und der Reichskulturkammer; zur Debatte über die Übernahme des BDC durch das Bundesarchiv Koblenz
Interview: Hass
1994. 219 min.

Rössler, Günter (1926)
Fotograf; geboren in Leipzig; ab 1951 freier Fotograf, 1954–1990 hauptsächlich für die Modezeitschiften Sibylle und Modische Maschen; seit den 70er Jahren Aktfotografie; 1979 erste Ausstellung in der DDR mit Aktfotos
Ich brauche wirklich weder Strapse, noch Ketten, noch Peitschen, die daneben liegen und deswegen tut mir das so weh, wenn einer denkt, er müsse sagen: der Newton des Ostens.
Erster Kontakt zur Fotografie; Aufnahmeorte; was für ihn die Faszination der Aktfotografie ausmacht; seine Motivation für Aktaufnahmen; Arbeitsverhältnis zwischen Fotograf und Modell; Veröffentlichung im Playboy 1983; Gegensatz seiner Fotos zu anderen Playboy-Bildern; was ihm bei seinen Aktaufnahmen wichtig ist; wie er zu seinen Modellen kam; wie er seine Frau kennenlernte und warum sein Hochzeitstag so einprägsam war; über veränderte Arbeitsbedingungen nach der Wende 1989; seine Motivauffassung und Improvisationen am Aufnahmeort; über Momente des Zweifels: rückblickende Gedanken zu seinem Berufswunsch; Vorbild Marc Chagall; über das Älterwerden in junger Umgebung
Interview: Kolano
Beruf Aktfotograf. 1996. 30 min.
60 min.

Roth, Karin (1951)
Sängerin; geboren in Suhl; Vater: Herbert Roth, Star der Volksmusik der DDR; Ausbildung zur Friseuse, später Gesangsausbildung; Verwalterin des Nachlasses ihres Vaters
Mein Vater war eigentlich kein strenger Lehrmeister. Wir haben uns wirklich sehr gut verstanden.
Über ihre Musik und die ihres Vaters Herbert Roth; die Arbeit am Archiv zusammen mit Karl Müller; ihre Heimat Thüringen und Suhl; die Zeit vor und nach der Wende 1989
Ein Kind der Berge. 1992. 29 min.
1992. 90 min.

Ruddigkeit, Frank (1939)
Grafiker, Maler, Bildhauer; geboren in Grenzberg (Ostpreußen); Vater Maurer; bis 1948 mit der Familie in einem Internierungslager, dann Umsiedlung nach Engelsdorf bei Leipzig; 1957–1962 Studium an der HS für Grafik und Buchkunst in Leipzig; 1962–1963 Lehr-

auftrag am Institut für Kunsterziehung; 1963–1966 Aspirant an der HS für Grafik und Buchkunst Leipzig; ab 1974 Lehrtätigkeit an der HS für Industrielle Formgestaltung Burg Giebichenstein (Halle); 1977 Dozent für Malerei und Grafik; 1974–1978 Vorsitzender des VbK Leipzig

Ich glaube, dass man sich im Laufe der Jahre so eine Verhandlungsposition auch ausbittet, wo man sagt: »Moment mal! Wofür werde ich hier eigentlich bezahlt? Dafür, das zu malen, was du dir ausgedacht hast? Dann hätte der Auftrag anders lauten sollen! Oder haben wir hier ein Thema, das – mit meinem Namen verbunden – an mich geraten ist? Dann müssen Sie in den sauren Apfel beißen, dass das gemacht wird, was ich da tue.«

Über das Bild *Musik und Zeit* für das Gewandhaus Leipzig; wie es zu diesem Auftrag kam; über die Entwurfsvorlage und Schwierigkeiten der Themenmodifizierung; öffentliche Reaktionen auf das Bild; über die von ihm gestaltete Einladung zum Eröffnungskonzert des Gewandhauses; Erläuterungen zur Zeichnung von ▸ Kurt Masur; Praxis und retrospektive Bewertung des Auftragswesens in der DDR; Verhältnis zwischen Auftraggeber und Künstler; Möglichkeiten und Maßgaben der Einflussnahme; darüber, warum im Verhältnis zu seinem Œvre wenig Auftragsbilder entstanden sind; Abnahmekommissionen und Selbstzensur; über den Transport von Ideologie durch Auftragskunst in der DDR; Realismus und sozialistischer Realismus; Lehrtätigkeit und Ausbildung; Kunstausbildung heute

Interview: Kolano, Martinson

Auftragskunst in der DDR. 1995. 86 min.

1994. 101 min.

Ruge, Wolfgang (1917)

Historiker; geboren in Berlin; kommunistisches Elternhaus; Emigration in die UdSSR; Arbeit als Zeichner, Kartograph und Übersetzer in Moskau; 1941 Evakuierung nach Kasachstan, Zwangsarbeit im Gulag; 1945 Geodät; autodidaktische Geschichtsstudien; nach dem XX. Parteitag der KPdSU Rückkehr nach Deutschland; Arbeit als Historiker und Verfasser verschiedener Biografien über bedeutende Politiker; lebt in Potsdam und Gager (Insel Rügen)

Nicht nur, dass man Bäume fällen musste. Man kam nach Hause, da mussten Waggons beladen werden. Einmal musste das Lager Konventionalstrafe bezahlen, weil die Waggons nicht rechtzeitig beladen waren. Wir kriegten ja kein Geld, also mussten die Offiziere bezahlen. Und so stellten sie eine Akte zusammen, in der sie behaupteten, wir hätten Sabotage betrieben. Im Krieg Sabotage! Da wirst du erschossen. Abends wurde ich zu dem Bevollmächtigten vom NKWD bestellt. Der legte mir die Akte vor und sagte: »Unterschreibe!« Da hab ich mich natürlich geweigert. Gut, ich wär' erschossen worden – ob ich mich geweigert hätte oder nicht. Aber – in dieser Nacht haben sie diesen Bevollmächtigten verhaftet, weil der krumme Sachen gemacht hat.

Kindheit in einem kommunistischen Elternhaus; Emigration in die SU; Begegnung mit Nadeshda Krupskaja, der Witwe Lenins; über die Arbeit als Zeichner, Kartograph und Übersetzer in Moskau; zu den Schauprozessen von Stalin-Gegnern; der Hitler-Stalin-Pakt; Entwicklung in der Sowjetunion; zur Lage von Sowjetbürgern deutscher Nationalität; 1941 Evakuierung nach Kasachstan; Zwangsarbeit als Landarbeiter bei ehemaligen Kulaken und als Holzfäller im Straflager Nr. 239 (Nordural); das Lagerleben eines politischen Häftlings; nach 1945 Geodät beim Bau von Schmalspurbahnen; heimliches Geschichtsstudium; 1948 Abschluss in Swerdlowsk; bis 1954 unter Polizeiaufsicht in Sosswa; die Liebe in der Verbannung, Heirat und Geburt des Sohnes Eugen; über die Tätigkeit als Ingenieur im Projektierungsbüro der Lagerverwaltung bis 1956; der XX. Parteitag der KPdSU; Rückkehr nach Deutschland; erste Eindrücke von Ostberlin; Arbeit als Historiker; Biografien über Matthias Erzberger, Gustav Stresemann und Paul von Hindenburg; die Rolle des Historikers in der DDR; warum er das Projekt einer Lenin-Biografie aufgab; über »russische Züge« des DDR-Sozialismus; die stalinistischen und die nationalsozialistischen Lager; Gründe für sein Schweigen über die Zeit im Gulag; Auseinandersetzungen um den Archipel Gulag; deutsche Wiedervereinigung; was die Sowjetunion war

2001. 300 min.

Sahl, Hans (1902–1993)

Dichter, Schriftsteller, Journalist und Übersetzer; geboren in Dresden; aufgewachsen in Berlin; 1933 Exil nach Prag, über Zürich, Paris Marseille 1941 nach New York; seit 1990 in Deutschland

Ich wehre mich gegen die Interpretation, dass die Exilliteratur ein Sonderfall der deutschen Literatur von 1933 bis 1945 war. Sie war nicht ein Sonderfall, sie war ein Bestandteil der deutschen Literatur von 1933 bis 1945 und galt auch im Ausland als repräsentativ für die deutsche Literatur.

Im Gespräch mit Ekhard Haack zur Situation der Exilsuchenden, die 1933 aus politischer Motivation flüchteten; Kalter Krieg in der Exilliteratur; Schutzverband Deutscher Schriftsteller in Paris als Zentrum; Exilliteraten in Moskau um Johannes R. Becher; Reaktionen auf kritische Artikel zu den Moskauer

Prozessen in der Zeitschrift Das neue Tagebuch (Leopold Schwarzschild); 1937 Gründung eines weiteren Exil-Verbandes, den »Bund freier Presse und Literatur«; Pariser Erklärung des Bundes und ihre Folgen; Anna Seghers und ihre Haltung während der Moskauer Prozesse; der Umgang mit der deutschen Exilliteratur nach 1945 in beiden Teilen Deutschlands; Sahls Antistalinismus und Anti-Totalitarismus; Gruppe 47; über Intellektuelle, ihre Haltungen, Privilegien und ihr Verhältnis zur Macht

Exil im Exil (Berliner Lektionen) 1992. 43 min.

Said, Edward W. (1935)

Kulturwissenschaftler; geboren in Jerusalem; aufgewachsen in Palästina; 1948 Ausbürgerung der Familie und Umsiedlung nach Kairo, von dort Ausreise nach New York; Professor für Englische Literatur und Vergleichende Literaturwissenschaften an der New Yorker Columbia University; Veröffentlichungen über die Frage nach der Selbstbestimmung Palästinas

Ist denn jeder Widerstand Terrorismus? Bin Laden, ganz klar – er ist ein Terrorist. Aber wenn die Palästinenser versuchen, eine Zerstörung ihrer Häuser zu verhindern, sie eben auch verhindern wollen, dass Siedler ihr Land besitzen – das ist kein Terrorismus.

Entstehung des Staates Israel; warum die Palästinenser eine Teilung ihres Landes ablehnten; Erinnerungen an den Krieg 1948; Landbesitz im neuen Staat; Libanon-Krieg 1982; der Friedensprozess 1993 und die PLO; israelische Verwaltung und Kontrolle des Gazastreifens und des Westjordanlandes; warum die Intifada im Jahr 2000 wieder ausbrach; Widerstand von Israelis gegen die Politik ihrer Regierung; Bedeutung einer palästinensischen Selbstbestimmung für den Nahen Osten; worüber israelische Medien berichten sollten; Charakterisierung der jungen Generation in Palästina; Rolle der Amerikaner und Europäer im Afghanistan-Krieg; Notwendigkeit einer Vision für ein zukünftiges Zusammenleben von Israelis und Palästinensern; über Ariel Sharon

Das moralische und intellektuelle Dilemma der palästinensischen Frage (Berliner Lektionen). 2001. 42 min.

2001. 72 min.

Schabowski, Günter (1929)

Politiker, Mitglied des Politbüros des ZK der SED und 1. Sekretär der Bezirksleitung Berlin; geboren in Anklam; Vater Klempner; Volksschule und Abitur in Berlin; Redakteur der Tribüne, später stellvertretender Chefredakteur; seit 1952 SED; 1962 Diplomjournalist; 1967/68 Parteihochschule der KPdSU in Moskau; ab 1985 Chefredakteur des ND; 1981–1990 Abgeordneter der Volkskammer der DDR; 1981–1989 Mitglied des ZK der SED; 1984–1989 Mitglied des Politbüros der SED; 1989 Rücktritt; 1990 Parteiausschluss; 1992–1999 Mitarbeiter der Lokalzeitung Heimatnachrichten (Bebra); 1997 Verurteilung zu drei Jahren Gefängnis wegen »Totschlags und Mitverantwortung für das Grenzregime der DDR«; 1999 Haft in Berlin-Spandau

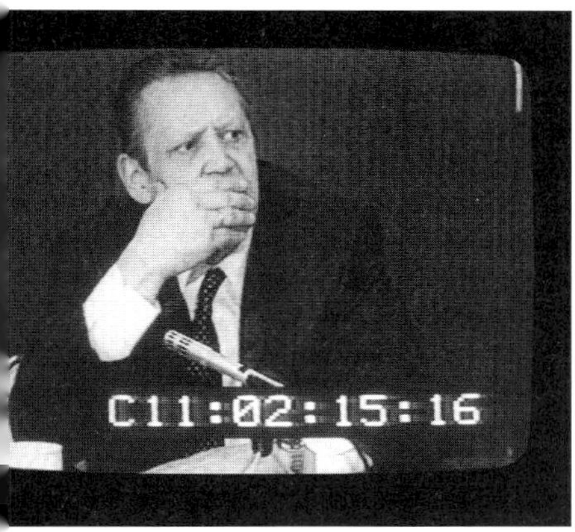

Nicht jede Krise führt sofort zum Kollaps. Eine Krise deutet darauf hin, dass das System ernste Schwächen aufweist. Aber der Augenblick, in dem einem bewusst wurde: »Das geht gegen den Baum!«, ja, das ist im Grunde erst 1989 gewesen. Dennoch ist natürlich die Tatsache, dass in Berlin beständig an die 15000 Ausreiseersuchen vorlagen, Ausdruck einer Krise des Systems. Aber das bedeutet nicht, dass morgen das System zusammenbricht. Es deutet darauf hin, dass die Attraktivität dieses Systems soweit nachgelassen hat, dass eine beträchtliche Anzahl von Menschen diesen Schritt geht, obwohl es ja von ganz existentieller Bedeutung für den einzelnen ist.

Berufliche Entwicklung seit 1946; seine Funktion als 1. Sekretär der SED-Bezirksleitung Berlin; über Journalismus sowjetischer Prägung; über von der SED bestimmte Medien, Medienadministration und Zensur – im Gegensatz zur Verfassung der DDR; Rolle ▸ Erich Honeckers und dessen vorrangiges Interesse für die Ressorts Medien und Sicherheit; der Status des Generalsekretärs und das Verhältnis zwischen Honecker und Mittag; Konfliktzuspitzung mit Günter Mittag im Sekretariat des ZK und erste Veränderungen; zur Abhängigkeit der Blockparteien und deren Medienpolitik; Arbeit als Chefredakteur des ND als Nachfolger von ▸ Joachim Herrmann, eigene Optionen und Unterschiede zur bisherigen Leitung; selbst veranlasste Maßregelungen von Mitarbeitern; zum formalen und inhaltlichen Informationsfluss innerhalb der SED und eigene Informationskanäle; der spezielle Informationsdienst von ADN; Hubschrauberabsturz 1978 in Libyen und der Tod von Werner Lamberz; das Dilemma des Führungsanspruchs der SED; eigener Anteil an Erneuerungen innerhalb der Parteiführung; sein Selbstverständnis als Parteimitglied und Angehöriger der Führungsgremien; Staatssicherheit und Politbüro des ZK der SED: Zuständigkeit, Kontrolle; Beziehungen zu den Blockparteien in Berlin; Mittel, Instrumente und Art der Einflussnahme vor und während seiner Amtsausübung in der SED-Bezirksleitung; über das Verbot der sowjetischen Zeitschrift Sputnik 1985; Verhältnis von Staat und Partei zur Kirche; Vorgänge in der Carl-von-Ossietzky-Schule in Berlin-Pankow und Reaktion der SED-Bezirksleitung; Vorfälle in der Zionskirche; Neofaschismus, Neonazismus und offizielle Haltung der DDR dazu; Demokratieverständnis, Perestroika und Glauben; Wahrnehmung der Krise in der DDR und Atmosphäre im Politbüro; Verständnis der Krisensymptome seinerseits und eigene vorsichtige Ansätze zu Veränderungen der politischen Praxis im Land; Konzeption und Verantwortlichkeit der Sicherheitspolitik am 7. und 8. Oktober 1989; Enthüllungen um Wandlitz vor und während der Wendezeit; über Selbstherrlichkeit und Privilegien der Funktionäre (Sondermünzen, PKWs, Privatgrundstücke, Vermischung von Privat- und Dienstreisen, Urlaubsreisen, Reiseaustausch, Nutzung des Transportgeschwaders 44, Einkommensverhältnisse); Vorgänge im Staatsjagdgebiet Zippelsförde am 6. Oktober 1989; das neue Politbüro 1989; konspirative Absetzung Honeckers am 17. Oktober 1989: Vorbereitung, Ablauf, Beteiligte und Reaktion Honeckers; warum Honecker gegen sich stimmte; Bedeutung und Ablauf der Wahl eines Generalsekretärs; unerwartete Nominierung von Egon Krenz als Nachfolger Honeckers; warum Krenz der logische Nachfolger war; Mielkes Versuch, Druck auszuüben, Glaube an die Rettung der DDR; wie und warum der Eindruck vermieden wurde, dass Honecker »zum Teufel gejagt« worden sei; Krenz, Honecker und die Reisefrage; Etikette im Politbüro; Honeckers Selbstverständnis, sein gesundheitlicher und mentaler Zustand vor und nach der Absetzung; warum ▸ Hans Modrow auch hätte Nachfolger werden können; Vorstellungen für die Zeit nach der Absetzung; warum aus »Wir sind das Volk!« »Wir sind ein Volk!« wurde; Honeckers sicherer Instinkt und seine getrübte Wahrnehmung in den letzten Regierungsjahren; Honeckers Einfluss auf die Nachrichtensendung Aktuelle Kamera; über die unterschiedliche Beurteilung Honeckers in seinem Prozess durch Ost- und Westbeobachter; warum es Honecker sehr wichtig war, Saarländer zu sein; wie es zur Absetzung Herbert Häbers kam

Die Anhörung. Günter Schabowski vor dem Untersuchungsausschuss der Volkskammer. 1990. 28 min.

Die Politik eines ehemaligen SED-Bezirkssekretärs. Günter Schabowski am 23. Januar 1990 vor dem Untersuchungsausschuss der Volkskammer. 1997. 54 min.

1990; 2002. 301 min.

Schäuble, Wolfgang (1942)
Politiker; geboren in Freiburg im Breisgau; seit 1972 MdB; 1972 Landesvorstand der CDU Baden-Württemberg; 1978–1984 als Rechtsanwalt tätig; 1989–1991 Bundesinnenminister; 1991–2000 Vorsitzender der CDU/CSU-Bundestagsfraktion

Die Nationen sind übrigens das Europäische an Europa. Deshalb werden die Nationalstaaten nach meiner Meinung auch im nächsten Jahrhundert nicht verschwinden. Aber was sich weiterentwickeln muss, ist eine stärkere Identität in Europa.

Bedeutung Weimars für die deutsche Geschichte; Wahrnehmung Deutschlands im Ausland; Zurückhaltung der Deutschen gegenüber Europa und generell gegenüber Veränderungen; schwindende Bedeutung nationalstaatlicher Gesichtspunkte; Bedeutung geeinter europäischer Politik; Stand von Forschung und Lehre in Deutschland; Wohlstand und Umweltschutz; Herausforderung offener Märkte; Verhältnis zu Nachbarstaaten; Erwartungen an eine internationale Rolle Deutschlands, Beispiel Bosnien; Westbindung Deutschlands; politische Stabilität und militärische Sicherheit; Bedeutung der NATO für Europa und Wichtigkeit der USA; europäisches Handeln aus eigener Kraft in der Zukunft; über deutsche Interessen an der Aufnahme neuer NATO-Mitglieder im Osten; Chancen und Risiken der Freizügigkeit; die D-Mark als Identitätsersatz; Bewahrung der Vielfalt in Europa; Verhältnis der Nationen zu Europa; zum gemeinsamen europäischen Selbstverständnis

Wolfgang Schäuble (Weimarer Reden). 1997. 49 min.

Scheel, Heinrich (1915–1996)

Historiker; geboren in Berlin; Vater Arbeiter; 1935 Studium der Germanistik, Geschichte und Anglistik in Berlin; seit 1939 Mitglied der Widerstandsorganisation Schulze-Boysen/Harnack; 1942 Verhaftung und zwei Jahre Zuchthaus; nach Kriegsgefangenschaft ab 1946 zunächst pädagogische Tätigkeit; seit 1956 Mitarbeiter an der DAW; 1961–1990 leitend an der DAW bzw. AdW der DDR tätig; 1980–1990 Präsident der Historiker-Gesellschaft (der DDR)

Wir haben bei solchen Zusammenkünften nicht nur Harro Schulze-Boysen kennengelernt, sondern auch Elisabeth und Kurt Schumacher. Es war also nicht ein Vortrag von Schulze-Boysen, sondern eine Unterhaltung, zu der jeder das beitrug, was er beizutragen vermochte. Ich war sechs, sieben Jahre jünger als die anderen und das machte sich doch bemerkbar. Er [Schulze-Boysen] saß an der Quelle. Er hatte ausländische Zeitungen in Massen bei sich zu Hause, und wir haben uns amüsiert über die Karikaturen.

Erste Erfahrungen im Widerstand als Jugendlicher 1934 durch das Verlassen der

Scharfenberg-Schule, zusammen mit der Hälfte der Schüler; über die Gleichschaltung an der Universität ab 1933; seine Fähigkeit, Regimegegner zu erkennen; Assistent bei Arnold Oskar Meyer; über Formen des Widerstands, z.B. unter Gleichgesinnten im Fußballverein und beim Aufbau von Widerstandszirkeln; erster Kontakt mit der »Roten Kapelle«; Argumentationsnot nach dem Nichtangriffspakt 1939; erstes Treffen mit Harro Schulze-Boysen; Persönlichkeit Schulze-Boysens, seine Quellen und Gespräche zur internationalen Lage; Einberufung zur Infanterie und Gefahr des Kontaktverlustes; Bewerbung zur Meteorologie der Luftwaffe nach Berlin-Dahlem; wird im Januar 1940 Wetterdienst-Inspektor in Märkisch-Friedland; Kontakt mit der Widerstandsgruppe Schulze-Boysen/Harnack; Grundprinzipien der illegalen Arbeit; Verhaftung; Adolf Grimme als Zellennachbar im Spandauer Gefängnis; Verhandlungsvorbereitungen; über Schicksale der Mitgefangenen; kulturelle Leistungen im Widerstand; Erklärung des Begriffs »Rote Kapelle«

Interview: Grimm

Mein Weg zum Widerstand.

Teil 1. Von der Schulfarm Scharfenberg zur Roten Kapelle. 1991. 55 min.

Teil 2. Vor den Schranken des Reichskriegsgerichts. 1991. 53 min.

Vor den Schranken des Reichskriegsgerichts oder Widerstand als Hochverrat (Kunst und Geschichte im 20. Jahrhundert). 1995
Teil 1. 46 min.
Teil 2. 53 min.
1993. 14 min.

Schirmer, Herbert (1945)
Kunstwissenschaftler; geboren in Stadtlengsfeld (Thüringen); Ausbildung zum Buchhändler; Fernstudium Journalistik; bis 1986 Abteilungsleiter im Verlag der Kunst; 1989 Mitbegründer und Sprecher vom Neuen Forum Beeskow, April bis Oktober 1990 letzter DDR-Kulturminister; 1991–1998 Museumsdirektor der Wasserburg Beeskow; Initiator des Dokumentations-Zentrums Kunst der DDR

Im Prinzip ging es niemals bei der Auftragsvergabe darum, bestimmte künstlerische Qualitäten zu fördern oder – wie man heute sagt – Innovationen zu provozieren, sondern einfach immer darum, den Künstlern ihr tägliches Brot zu sichern. Und insofern war das Auftragswesen eine sehr soziale Einrichtung, aber keine kunstfördernde.

Wesen und verschiedene Phasen in der DDR-Auftragskunst; Beispiele für bevorzugte Auftragskünstler, u.a. Werner Tübke; Geschichte des Auftragswerks *Weg der Roten Fahne* von Gerhard Bondzin; Durchschnittshonorare für Auftragskunstwerke; Kunstausstellungen in Dresden; ▸ Willi Sitte als Präsident des VbK der DDR

Was war Auftragskunst in der DDR? 1994. 24 min.
Künstler in der DDR zwischen Ästhetik und Politik. 1995. 54 min.
1994. 20 min.

Schmidt, Helmut (1918)
Politiker; geboren in Hamburg; 1945–1949 Volkswirtschaftsstudium; seit 1946 in der SPD; 1961–1962 Innensenator von Hamburg; 1969–1972 Verteidigungsminister; 1972–1974

Finanzminister; 1974–1982 Bundeskanzler der BRD; seit 1983 Mitherausgeber der Wochenzeitung Die Zeit

Um zu verstehen, wie Deutschland so geworden ist, wie es heute ist, würde ich empfehlen, Siegfried Lenz' *Deutschstunde* zu lesen und man muss wohl auch mindestens den Kategorischen Imperativ begriffen haben. Man muss ein bisschen von Schiller verstanden haben, ein bisschen mehr, hoffe ich sogar, von Lessing. Und man muss auch Hannah Arendt gelesen haben.

Freundschaft zu ▸ Henry Kissinger; wie sie sich kennenlernten; Aufbau des Buches *Die Vernunft der Nationen*; über andere Bücher von Kissinger; Charakterisierung Kissingers; »erleuchtendes« Schlusskapitel *Zur Frage einer neuen Weltordnung*, mögliche große Bedeutung für das 21. Jh.; Kissingers Einsichten über Deutschland und Europa; zwei Seiten zur besonderen Leseempfehlung; außenpolitische Konsequenzen der Überbevölkerung der Erde; Bedeutung von Gesprächen mit Nicht-Politikern; Wechsel des politischen Klimas in Europa: die Generation der unmittelbaren Nachkriegspolitiker tritt ab und das Fernsehen verführt die Politiker ständig zur Oberflächlichkeit; politische Briefe in den Ferien; Freundschaften über die Grenzen hinweg; Gespräche mit Anwar Sadat über Religion; Musikabende mit Leonard Bernstein; russische Romane des 19. und amerikanische des 20. Jhs.; Bedeutung Hamburgs für ihn; Charakterisierung der Hamburger; Rolle der jüdischen Bürger in Hamburg; warum Erik Warburg nach dem Krieg wieder nach Deutschland zurückkehrte – Im Gespräch mit ▸ Valéry Giscard d'Estaing über politische und ökonomische Bedeutung des deutsch-französischen Verhältnisses für Europa; die fortdauernde Bedeutung Russlands; Verhältnis Deutschlands zu seinen Nachbarländern; mögliche Probleme bei der Erweiterung der EU in den Ländern Osteuropas; über die gemeinsame Außenpolitik der EU-Länder; Erwartungen an die Maastricht-Verträge; über die Europäische Währungsreform auch als Stärkung gegenüber der US-Wirtschaft; nach gemeinsamer Währung gemeinsame Militärstruktur in Europa; die Massenarbeitslosigkeit; Bedeutung der Grundlagenforschung und Förderung der Universitäten

Europa und die EU (Berliner Lektionen). 1994. 58 min.

Weggefährten. 1996. 49 min.

Vom Kern Europas zur deutsch-französischen Zusammenarbeit (Berliner Lektionen). 1996. 56 min.

1994; 1996. 124 min.

Schnitzler, Karl-Eduard von (1918–2001) Fernsehkommentator; geboren in Berlin; Vater königlich-preußischer Legationsrat; 1937 Abitur; 1938–1940 Ausbildung zum Kaufmann in Köln; 1940–1944 Wehrmacht; 1943 in Frankreich Kontakte zur Résistance; 1944–1945 englische Kriegsgefangenschaft; 1945–1947 journalistische Tätigkeit am NWDR in Hamburg, später in Köln; nach Entlassung aus politischen Gründen Übersiedlung in die SBZ; Mitarbeiter am Berliner Rundfunk und Deutschlandsender; 1960–1989 Autor und Moderator der Fernseh-Sendung Der schwarze Kanal

Der Schwarze Kanal hat ja eine Wandlung durchgemacht. Der Kanal war erst für alle bestimmt – von Lieschen Müller bis Dr. Lieschen Müller. Und dann in zunehmendem

Karl-Eduard von Schnitzler im Jahr 1960

Maße für Multiplikatoren, also für Funktionäre aller Parteien und Organisationen, für Lehrer, Politoffiziere usw. Deswegen konnte ich auch in meinem Niveau etwas höher gehen.

Herkunft, Kindheitserinnerungen, Familienatmosphäre; politische Ambitionen der Mutter; über seine Brüder; die Familien Schnitzler und von Stein; über seine Schulzeit und Berufsentwicklung; der Tod des Vaters; Einberufung zur Wehrmacht; Teilnahme am Krieg; Strafbataillon; Verwundungen; Widerstand in Frankreich; über die Ursachen seines Antifaschismus; 1944 Verhaftung, Flucht aus der Untersuchungshaft; Überfahrt nach England; Prügelei mit SS-Offizieren; Verhör durch den kanadischen Geheim-

dienst; 1944/45 britische Kriegsgefangenschaft; antifaschistische Tätigkeit in der Kriegsgefangenschaft; Mitarbeit im deutschsprachigen Dienst der BBC; Rundfunkarbeit in Ascott; Oktober 1945 Rückkehr nach Deutschland; Tätigkeit als Kommentator und Intendant des NWDR in Köln; Ende 1947 Übersiedlung in die SBZ nach Ostberlin; 1948 SED; über die Entnazifizierungslager der Alliierten; Vergleich zwischen der DDR und Nazideutschland; die eigene Position nach der Wende; Teilnahme am Nürnberger Prozess als Kommentator; über seine Sendung Treffpunkt Berlin beim Berliner Rundfunk; über ▸ Markus Wolf als Rundfunkjournalist; Zusammenarbeit mit westdeutschen Journalisten; Zensur; 1952 sowjetische Besetzung des Berliner Rundfunks im Funkhaus Masurenallee; über Peter Huchel, ▸ Walter Janka, ▸ Wolfgang Harich; über Walter Ulbricht und dessen Politik; Stalinismus; der 17. Juni 1953, die Sendung Der schwarze Kanal: Inhalt und Ziel, über Argumentationsstil und Sprache, Einschaltquoten, Zuschauerpost; Rechtfertigung der Abschottung der DDR vom Westen; zur Mauer; ideologische Arbeit mit Parteifunktionären; über die Informationspolitik der SED; Durchführung eines Seminars für psychologische Kriegsführung in Bagdad; Produktion von Schwarzen Kanälen in Zusammenarbeit mit der PLO gegen Israel in Jordanien; Erfolg bzw. Misserfolg seiner eigenen Propaganda; über seine Reportagen; Gründe für die Niederlage des Sozialismus; über die Wende 1989 und den Fall der Mauer; die Patenschaft mit einer Grenztruppeneinheit; Notwendigkeit von Grenzen; über Ulbrichts Gedanken einer deutschen Konföderation; Geschichte des Wiedervereinigungsgedankens; über das DDR-Fernsehen; Beurteilung des Zusammenbruchs der DDR und der SED-Politik; über Perestroika und ▸ Michail Gorbatschows Politik; zur eigenen Verantwortung; über die Resonanz der Rügener zu seiner Rügen-Reportage; zum Heimat- bzw. Vaterlandsbegriff; über die deutsche Wiedervereinigung und seine persönlichen Emotionen; Kommentar zum 1. Jahrestag der Wiedervereinigung Deutschlands; zur Strafverfolgung politischer Verantwortlicher; über Rückübertragung von Eigentum; über die deutsche Sprache, journalistische Vorbilder und Medien; über die Beziehung zu Peter Weiss; Einschätzung seines Lebens; sein schwächster Charakterzug; über den Selbstmord seines ältesten Sohnes; Verhältnis zu Kindern; seine Ehen; über persönliches Glück
Interview: Grimm, Reutner

Der schwarze Kanal oder Armes Deutschland. 1991. 63 min./1992. 45 min.

Eine gesamtdeutsche Biografie. 1992. 52 min.

1991. 715 min.

Schnur, Wolfgang (1944)
Rechtsanwalt; geboren in Stettin; Waisenkind; Ausbildung zum Maurer; nach Studium 1973 Diplomjurist; Rechtsanwalt in Binz und Rostock; 1989 Mitbegründer und erster Vorsitzender des DA (Demokratischer Aufbruch); 1990 Rücktritt vom Vorsitz und Ausschluss aus der Partei wegen inoffizieller Mitarbeit für das MfS 1965–1989; 1993 Entzug der Anwaltszulassung, danach Investitions- und Projektberater

Die Zeit der Juristen ist jetzt gekommen, ich meine die der wirklich aufrichtigen.

Vorstellung des Parteiprogrammes des DA; zu den Aufgaben und Zielen des DA während der illegalen Gründungsversammlung am 29. Oktober 1989

Rot-grüne Ökologen, gelbe Marktwirtschaftler, schwarze Wiedervereiniger. Ein demokratischer Aufbruch. 1994. 43 min.

1989. 19 min.

Scholl-Latour, Peter (1924)
Journalist, Buchautor; geboren in Bochum; 1960–1963 Afrika-Korrespondent der ARD; 1963–1969 Leiter des Frankreich-Studios der ARD in Paris; 1969–1971 Direktor des 1. Fernsehprogramms des WDR; 1975 Leiter des

ZDF-Studios in Paris; 1983/84 Chefredakteur und Mitherausgeber des Stern; seit 1983 Vorstandsmitglied des Verlages Gruner+Jahr

Menschenrechte werden in der westlichen Politik und in den USA häufig selektiv und heuchlerisch dargestellt.

Über sein Buch *Das Schlachtfeld der Zukunft*; zum Iran; Kriegsgefahr in Asien; Situation in Russland und den Kaukasus-Staaten; über Tschetschenien, Usbekistan, Turkmenistan; Interessenkonflikte zwischen den USA und Russland; Afghanistan und die Taliban; Agieren der USA in Afghanistan; über Indochina, Vietnam und Vietnamkrieg; Arbeit in Beirut (Libanon); über den Islam; Zerfall der SU; Rolle ▸ Gorbatschows; eigene Kindheit; eigene Bücher und Dokumentationen; über TV-Journalismus
Interview: Grimm

Buchzeit. Szenen aus dem Buchmarkt 1996. 1996. 53 min.

Impressionen einer Buchpräsentation. *Das Schlachtfeld der Zukunft* (Buchzeit). 1997. 43 min.

Peter Scholl-Latour. 1997. 51 min.

1997. 52 min.

Schönherr, Albrecht (1911)
Evangelischer Bischof; geboren in Katscher (Oberschlesien); Vater Beamter; 1929 Abitur in Neuruppin; 1929–1933 Studium der Theologie in Tübingen und Berlin; bis 1934 Vikar in Potsdam; seit 1934 Angehöriger der Bekennenden Kirche; 1935 Mitglied des Bruderhauses in Finkenwalde; 1936 Ordination in Berlin, anschließend Pfarrer in Greifswald, ab 1937 in Brüssow; 1940–1945 Kriegsteilnahme; US-Kriegsgefangenschaft, dort Lagerpfarrer; 1946 Superintendent des Kirchenkreises Brandenburg/Havel; 1963 Generalsuperintendent in Eberswalde; ab 1967 Verwalter des Bischofsamtes der Evangelischen Kirche Berlin/Brandenburg; 1971 Umzug nach Berlin; 1972 Wahl zum Bischof der Ostregion der Evangelischen Kirche Berlin/Brandenburg; 1978 Gespräch mit dem Vorsitzenden des Staatsrates der DDR Erich Honecker; 1980 und 1981 Gespräche mit Bundeskanzler Helmut Schmidt; 1981 Ruhestand; 1986 Ehrendoktor der Universität von Bonn

Wir, die Synode von 1973, haben also nicht gemeint, dass mit »Kirche im Sozialismus« sozialistische Kirche gemeint ist. Wir haben nicht gemeint, dass die Kirche hier ein besonderes Verhältnis zum Sozialismus einnehmen sollte, sondern wir haben einfach nur gemeint: Wir sind Kirche in diesem so bestimmten Raum. Wir versuchen kritisch und hilfreich unseren Glauben einzubringen.

Im Gespräch mit ▸ Günther Drommer über die eigene Kindheit in Neuruppin, Schulbesuch, Arbeit in Brandenburg; Motiv

Günther Drommer, Albrecht Schönherr und Thomas Grimm

für sein Theologiestudium; Studienzeit in Tübingen und Berlin; über den Einfluss Dietrich Bonhoeffers, dessen Widerstand und Verurteilung; Bonhoeffers Einstellung zu Politik, Verantwortung und Leben sowie über dessen Ansehen innerhalb der Bekennenden Kirche; das Verhältnis von Bekennender Kirche zu den Deutschen Christen; 1939 Verbot des Predigerseminars; Bonhoeffers Reise nach Amerika, dessen Zweifel und die Entscheidung zur Rückkehr; Denkschrift der Bekennenden Kirche gegen die Nazi-Diktatur; inhaltlicher Aufbau des Theologiestudiums; Reise mit Bonhoeffer nach Schweden; Universität Greifswald, Pfarramt in Brüssow (Uckermark) und Unterstützung durch Feldmarschall Mackensen; über Mackensen und einen Besuch Hitlers beim Feldmarschall; Wehrdienst; Kriegsgefangenschaft; Arbeit als Lagerpfarrer; Formulierung des Stuttgarter Schuldbekenntnisses durch die evangelische Kirche; Offizierslager; Entlassung nach Bayern; Rückkehr nach Brüssow; Gründung einer CDU-Ortsgruppe; Berufung zum Superintendenten nach Brandenburg; über den Umzug; Nachkriegszeit in Brandenburg; Anerkennung als Antifaschist; Repressionen gegen die Junge Gemeinde in Brandenburg; über Protestantismus und Katholizismus; Hoffnung auf Konvergenz; Beispiele für die Zusammenarbeit der beiden Kirchen in der DDR; über Christentum und Marxismus; Entwicklung des Verhältnisses der Kirche zum Staat in der DDR; über Günter Jacob; »Kirche von unten« und die Rolle ▸ Manfred Stolpes; politische Toleranz der Kirche; zur Selbstverbrennung von Pfarrer Oskar Brüsewitz; Kirche und Jugend, die Vorwendebewegung der 80er Jahre; Gefangenenfreikauf über die Kirche; Prager Frühling und Kirche; Situation der Kirche heute; Religion und Zukunft; über die Benutzung des Begriffs »christlich« im Parteienkampf

Interview: Drommer

Zwischen Opposition und Anpassung. 1991. 51 min.

Dietrich Bonhoeffer. Ein Heiliger, der konspiriert. 1992. 45 min.

Ein feste Burg ist unser Gott... 1999.
1. Teil. 45 min.
2. Teil. 42 min.

1998. 253 min.

Schorlemmer, Friedrich (1944)
Theologe; geboren in Wittenberge (Prignitz), Vater Pfarrer; 1962 Wehrdienstverweigerung; 1962–1967 Theologiestudium; 1970 Ordination; 1971–1978 Jugend- und Studentenpfarrer in Merseburg; ab 1978 Dozent und Prediger in Wittenberg; seit 1980 in der kirchlichen Opposition; ließ 1983 ein Schwert zu

einer Pflugschar umschmieden; legte dem Evangelischen Kirchentag zusammen mit einer Friedensgruppe 1988 20 Wittenberger Thesen zur umfassenden Demokratisierung der DDR vor; 1989 Mitbegründer des DA (Demokratischer Aufbruch)

Die Erfahrung zeigt, dass die, die einmal Opfer wurden, leicht geneigt sind, die Rollen zu wechseln, so sie können. Ein Opfer ist deshalb moralisch noch nicht höher stehend, weil es ein Opfer wurde.

Warum er nach der Wende ein Tribunal einsetzen wollte und was damit geklärt werden sollte – Im Streitgespräch mit ▸ Hermann Kant über den Schriftsteller und darüber, warum er mit Hermann Kant besondere Schwierigkeiten hat – Zur Friedensfähigkeit der Menschheit – Im Gespräch mit ▸ Lothar de Maizière über Bekanntschaft und Zusammenarbeit mit ihm; über Opfer und Täter in der DDR-Geschichte und die (Un)möglichkeit einer strafrechtlichen Verfolgung – Über die Zeitschrift Sinn und Form

Gespräche zur Selbstaufklärung. Im Streitgespräch: Hermann Kant und Friedrich Schorlemmer. 1992. 47 min.

Frieden durch Völkerverständigung und gewaltfreie Konfliktlösung. Ausschnitte aus einer Veranstaltung der FGF am 23. Oktober 1993. 1993. 50 min.

Rot-grüne Ökologen, gelbe Marktwirtschaftler, schwarze Wiedervereiniger. Ein demokratischer Aufbruch. 1994. 43 min.

Lothar de Maizière. Lebenswege. Gespräche mit Friedrich Schorlemmer. 1998. 44 min.

Sinn und Form. Eine Kulturzeitschrift im Gespräch. 1999. 45 min.

1998. 35 min.

Schultes, Axel (1943)

Architekt; geboren in Dresden; aufgewachsen in Berlin; erste Arbeit im Büro von Paul Kleihues; seit 1987 Büro mit Charlotte Frank; Bauten, u.a. Kunsthalle Schirn in Frankfurt/Main (1983), Städtisches Kunstmuseum in Bonn (1985), Haus der Geschichte in Stuttgart (1990), Kunstmuseum Bonn (1992), Ministerium für Wirtschaft, Verkehr und Technologie in Wiesbaden (1992), Bundeskanzleramt in Berlin-Tiergarten (1995–2000)

Wenn bei dem Entwurf eines Hauses, auch des Kanzleramtes, nicht das Populäre – so unvorgebildet es auch daherkommen mag – mit der Architektur für Architekten zusammengeht, dann hat der Bau einen Fehler.

Warum das Band des Bundes in Berlin nicht realisiert werden konnte; wie und warum die Neuplanung des Lehrter Stadtbahnhofs das Spreebogen-Konzept zerstörte; Charakterisierung des Spreebogen-Areals und des Berliner Stadtraumes; moderne Vorliebe für Solitäre, Beispiel Kanzleramt; Erläuterung des ursprünglichen Wettbewerbsentwurfs und warum das Kanzleramt zum überbetonten Solitär wurde; über Architektur für politische Aufgaben, z.B. Parlament und Kanzleramt; die Herstellung von Medienwirksamkeit für das Kanzleramt; wie sich die Repräsentationsfunktionen des Kanzleramts in seiner Architektur widerspiegeln; Funktionsgliederung dieses Gebäudes; worin die Unsicherheiten beim Entwurf des Kanzleramtes bestanden; Vergleich mit dem Museumsbau in Bonn; über den Wunsch nach einem Bürgerforum als Schlusspunkt der Regierungsneubauten, wer dessen Bauherr sein

und was damit erreicht werden sollte; die Ausstattung des Bürgerforums; über die »Süd-Sehnsucht« der Deutschen; Vorbildcharakter des Südens für den Städtebau; Stadtraum Dresden; Missverständnisse bei der Bedeutung und der Verwendung des Begriffs »Raum«; Verhältnis von neuen und alten Stadtraum-Konzepten; Bewertung historischer Qualität städtischer Räume am Beispiel des Potsdamer Platzes; Berlin als Beispiel verlorener Synthese- und Bindungskräfte von Städten; Widerspruch zwischen Schinkels Stadtauffassung und dessen klassizistischen Architektur; warum Schinkel nichts von der »architektonischen Quintessenz Raum« verstanden hat; warum für Schultes das Berliner Stadtschloss und dessen nächste Umgebung das Gegenteil von Stadtraum ist; warum man in die »große Form« flüchtet, um Stadträume herzustellen, Beispiel Bonn und Berlin; klassische Formen als (zweifelhafte) Sicherheit; darüber, was wichtig für die Qualität eines Gebäudes ist, um angenommen zu werden; Schultes Verbindung zu Sachsen; Uni-Zeit und Basteleien; was er aus der Zusammenarbeit mit Josef Paul Kleihues lernte; Vorbilder; Zusammenarbeit mit Charlotte Frank; sein Selbstverständnis als Architekt; Vergleichsbeispiele aus anderen Städten als Hilfsmittel für Planungsgutachten; über Helmut Kohl
Interview: Kil
2001. 191 min.

Schulz, Max Walter (1921–1991)
Schriftsteller; geboren in Scheibenberg (Erzgebirge); Vater Angestellter; Gymnasium; 1939–1945 Soldat und Kriegsgefangenschaft; 1945/46 Hilfsarbeiter und Neulehrer; 1946–1949 Pädagogikstudium; 1950–1957 Lehrer; 1957–1959 Studium am Institut für Literatur Johannes R. Becher; 1964–1983 Direktor des Literaturinstituts; 1983–1990 Chefredakteur der Zeitschrift Sinn und Form
Das war, glaube ich, ein komprimiertes Heft, was nicht nur Freude hervorgerufen

hat. Aber im historischen Denken ist es ein gutes Heft gewesen und wird es bleiben. (Über ein Sonderheft der Zeitschrift Sinn und Form zum 30. Todestag von Johannes R. Becher)
Intellektuellenfeindlichkeit in der SED; Widerstand in der DDR; zum Heft von Sinn und Form über Johannes R. Becher; über Paul Wiens; über ▸ Walter Markov; zum Heft Sinn und Form vom März/April 1982, in dem eine Titelaufzählung versehentlich als Gedicht veröffentlicht wurde
Interview: Grimm
Sinn und Form. Eine Kulturzeitschrift im Gespräch. 1999. 45 min.
1989. 79 min.

Schürer, Gerhard Paul (1921)
Wirtschaftspolitiker; geboren in einem Dorf bei Zwickau; Vater Berufssoldat, Mutter Friseuse; 1936–1939 Maschinenschlosser-Lehre; 1939–1945 Wehrmacht; nach Kriegsende zunächst als Schlosser und Kraftfahrer tätig; 1947–1951 Industrieverwaltungsschule Mittweida; 1953–1955 Mitarbeiter des ZK der SED; 1955–1958 Studium an der Parteihochschule der KPdSU in Moskau; ab 1963 Mitglied des ZK der SED; 1965–1989 Vorsitzender der Staatlichen Plankommission der DDR; ab 1967 stellvertretender Vorsitzender des Ministerrats und Abgeordneter der Volkskammer; 1990 Ausschluss aus der SED/PDS

Es gab einen Widerspruch zwischen den politischen Forderungen und der Auffassung »Macht die Betriebe selbstständiger«. Man wollte sie selbstständig machen, aber man wollte auch, dass die Zentrale alles entscheidet – und das geht dann nicht.

Erinnerung an einen Einwand zum sozialpolitischen Programm auf einer Politbüro-Sitzung 1972 und die Folge; eigene Fehler; Planzahlen: Realität und Wirklichkeit; warum das Neue Ökonomische System gescheitert ist; über Erich Apel; Irrtümer der Plankommission; Zusammenhang zwischen planerischen Eingriffen und sich verschlechternder wirtschaftlicher Lage; zur Marktwirtschaft; seine Sicht auf die Zukunft globaler Wirtschaftspolitik; warum er sein Buch geschrieben hat; wo er berechtigte und unberechtigte Kritik an der DDR-Regierung sieht; zur Person von Günter Mittag; Zusammenarbeit mit den Mitarbeitern Günter Mittags; Beispiele für Erfolge und Fehler Mittags; Inhaltsangabe seines Buches *Gewagt und verloren – eine deutsche Biographie* – Lesung aus diesem Buch

Der Kampf um Anerkennung. 1992. 51 min.

1996. 90 min.

Schwanitz, Wolfgang (1930)

Jurist; geboren in Berlin; Eltern Bankangestellte; ab 1951 Mitarbeiter des MfS; ab 1954 leitend in verschiedenen Dienststellen des MfS tätig; 1960–1966 Fernstudium, Abschluss als Diplom-Jurist; 1986 Stellvertreter des Ministers für Staatssicherheit; 1989 Leiter des Amtes für Nationale Sicherheit; 1990 Abberufung und Entlassung

Ich muss Ihnen sagen, das MfS hat keine flächendeckende Kontrolle durchgeführt. Wenn ich jetzt mal ausgehe von meinem Einblick, dann war das nie. Dazu war das MfS niemals in der Lage gewesen.

Berufliche Entwicklung; fehlende gesetzliche Kontrollgrundlagen gegenüber dem MfS; zum Zusammenhang von allgemeiner Politik mit der Sicherheitspolitik; falsche Sicherheitsdoktrin; fehlende Kollektivität in der Führung; Leitungsstil Erich Mielkes und strukturelle Verselbständigung des Apparats; das Jahr 1989: reale Einschätzung der Lage, aber ohne Konsequenzen zu ziehen; Mielkes Taktieren gegenüber ▸ Honecker; Folgen der Auflösung des MfS für die internationalen Partner; Auswirkungen der falschen Sicherheitsdoktrin auf das Strafgesetzbuch seit 1971; wissenschaftliche Arbeit der HS für Staatssicherheit; zur Informationspraxis und zur Informationslage im MfS; seine Erkenntnisse und Änderungsversuche am Gesellschaftsbild für den XII. SED-Parteitag; zur Auflösung des MfS

Anhörung. Wolfgang Schwanitz vor dem Untersuchungsausschuss der Volkskammer. 1990. 25 min.

1990. 175 min.

Segal, Lilli (1913–1999)

Medizin-Dokumentalistin; geboren in jüdischer Familie in Berlin; Vater Arzt; Emigration nach Frankreich; Mitglied einer Widerstandsgruppe in Paris; illegale Arbeit in Berlin; Rückkehr nach Paris, Verhaftung, Deportation nach Auschwitz; bei Nähern der russischen Front nach Böhmen verlagert; abenteuerliche Flucht in die Schweiz; Rückkehr nach Paris; 1952 Übersiedlung in die DDR; Arbeit als Dokumentalistin, Übersetzerin und Dolmetscherin; wissenschaftliche Mitarbeiterin am Institut für Allgemeine Biologie der AdW

Normalerweise wurden wir vom Lager zur Fabrik geführt. Es war morgens um fünf Uhr, und es war stockdunkel. Wir haben uns zwischen die Polinnen gedrängt, da kannte man uns nicht, und da war ein furchtbares Gedränge, und als es in den Tunnel rein ging, haben wir uns in den Graben vor dem Tunnel reinfallen lassen. Als der letzte SS-Mann durch den Tunnel war, sind wir aus dem Graben raus und in die umgekehrte Richtung gelaufen.

ⓘ Elternhaus; Schule; Selbstmord des Vaters 1933; die »arische« Schwiegermutter; Emigration; illegale Arbeit in Deutschland; Verhaftung; über Transport nach und Ankunft in Auschwitz; Situation im Frauenlager Auschwitz-Birkenau (Nationalitätenfrage); Arbeitseinsatz in Auschwitz; Flucht aus dem Lager; Fluchtstation Dresden; Zugfahrt nach Bayern und Flucht über die Schweizer Grenze; Situation ihrer Familie in Deutschland bei Hitlers Machtantritt; Emigration; Exil in Frankreich; Hilfsbereitschaft der Franzosen; Widerstand in Frankreich; über Menschen, die ihr im Widerstand begegneten; Widerstand in Deutschland; Ärzte in der Nazizeit; Josef Mengele; ihre Übersiedlung in die DDR 1952; über den ältesten Sohn und dessen Tod; zur Person ihres Mannes Jakob Segal und dessen Forschungen zur Krankheit Aids; DDR und Antisemitismus; über Solidarität und Optimismus; unterschiedliche Einstellung der Deutschen zum Faschismus; Faschismus-Aufarbeitung in der DDR
Interview: Grimm
Vom Widerspruch zum Widerstand. Erinnerungen einer Tochter aus gutem Hause. 1998
Teil 1. 43 min
Teil 2. 37 min.
1996. 140 min.

Sen, Amartya K. (1933)
Wirtschaftswissenschaftler; geboren in Santiniketan (Indien); Vater Akademiker; mit zehn Jahren Zeuge der großen bengalischen Hungersnot; Professur in Delhi; Dozent in Oxford, Harvard und Cambridge
Freiheit sieht man als Chance und Verantwortung. Während man ersteres sehr gerne hat und lobt, kann das zweite durchaus Grund für Angst und Sorge sein.
ⓘ Bedeutung der Freiheit für Wirtschaft und Gesellschaft, Kunst und Kultur; Freiheit als Chance; Furcht vor Freiheit; Vergleich zwischen reichen Ländern und Ländern der Dritten Welt; Zusammenhänge zwischen Freiheit, Demokratie und Wirtschaftswachstum; Bildung als soziale Chance
Die Perspektive der Freiheit (Berliner Lektionen). 2000. 40 min.
2000. 47 min.

Sereny, Gitta (1923)
Journalistin, Buchautorin; geboren in Wien; 1940 Studium in Paris und Arbeit als Kinderfürsorgerin für Kriegswaisen; 1942 Flucht in die USA; kurz vor Kriegsende Rückkehr nach Deutschland; journalistische Arbeit für Sunday Times, The Independent, Die Zeit, Le Nouvel Observateur u.a.; lebt in London

Gitta Sereny und Don Honeyman

Über ihr Elternhaus in Wien; vom Besuch des NSDAP-Parteitages in Nürnberg; Schauspielausbildung am Reinhardt-Seminar; vom Erlebnis des Einmarsches der Deutschen 1938 in Österreich; über Paul Hubschmid und Ilse Werner; warum man eigentlich politisch nichts gegen die Nazis hatte, aber dagegen, dass die Deutschen Österreich besetzt hatten; Schauspielstudium in Frankreich; über demoralisierte Franzosen und eine antisemitische Atmosphäre in Paris nach der Niederlage gegen Deutschland; Arbeit in Kinderheimen für durch den Krieg verlassene Kinder; Fluchthilfe für englische Offiziere; über die eigene Flucht über die Pyrenäen nach Spanien und dann weiter in die USA; über die Arbeit bei der UNO-Organisation UNRRA nach dem II. WK; Nürnberger Prozess; über die Beschäftigung mit den Tätern des Dritten Reiches, u.a. mit Franz Stangl und Albert Speer; über deren Beweggründe und das »Böse«; vom Rausch der Nazitäter durch deren absolute Macht; Vergleich zwischen stalinistischen und Naziverbrechen; über die Einmaligkeit des »fabrikmäßigen Tötens« durch die Deutschen; die Doppelnatur von Adolf Hitler; über ihre Freundschaft mit Hitlers Sekretärin Traudl Junge; warum der Begriff »Holocaust« als eine Erfindung Hollywoods gelten kann und fälschlicherweise mit dem System Hitler gleichgesetzt wird; über Folgen dieser Gleichsetzung; der Rassismus von Adolf Hitler; heutige Jugend und das Problem des inneren und äußeren Rassismus; über das deutsche Trauma »Das Dritte Reich im Bewusstsein der Deutschen«; über Gespräche mit Kindern der Nazi-Täter; Klaus von Bismarck und das Haus »Felix«; über ihre Bücher *Albert Speer. Sein Ringen mit der Wahrheit* (1995, 2001), *Schreie, die keiner hört. Die Lebensgeschichte der Mary Bell, die als Kind tötete* (1998) und *Das deutsche Trauma. Eine heilende Wunde* (2000); über ihre Familie und ihre Ehe mit dem Fotografen Don Honeyman
Interview: Engelberg, Grimm

Albert Speer. Ausschnitte aus einer Diskussion mit Gitta Sereny. 2002. 47 min.
Beitrag für die ARD-Sendung Kulturreport. 2003. 7 min.
2002. 335 min.

Seyfert, Gabriele (1948)
Eiskunstläuferin; geboren in Chemnitz; zwischen 1958 und 1970 aktiv im Eiskunstlauf; Europa- und Weltmeisterin (1969/70); nach dem Examen als Sportlehrerin Arbeit als Trainerin im Eiskunstlauf; 1978 Abschluss eines Dolmetscherstudiums (Englisch); Hostess am Internationalen Handelszentrum Berlin

Ich war immer froh, wenn die Pflichtzeiten vorbei waren, weil ich ein bisschen temperamentvoll war.
Schulzeit; sportliche Laufbahn und Training; Verhältnis zur Mutter und Trainerin Jutta Müller; über Notenverteilung und Absprachen zwischen Preisrichtern; Olympische Spiele in Grenoble; private und berufliche Entwicklung nach Beendigung der sportlichen Laufbahn 1970
Interview: Roth
Ich sage die Wahrheit, aber nicht alles. 1993. 30 min.
1992. 148 min.

Siedler, Wolf Jobst (1926)
Publizist, Verleger; Gründer des Siedler Verlages; geboren in Berlin; ab 1954 als Journalist tätig, zuletzt beim Tagesspiegel in Berlin; 1963–1979 Leiter des Propyläen-Verlages; 1980 Mitbegründer der Verlage Severin und Siedler (seit 1983 Siedler) und Quadriga

Das ist wahrscheinlich über den Vater auch auf mich gekommen: Ein im Grunde konservatives Lebensgefühl in dem Sinne, dass das Konservieren, das Bewahren des Vergangenen ihm und mir eingegeben war. Aber es war nicht national, es war sozusagen das Konservative ganz international.

Über den Vater; über die Freundschaft mit Juden; Bekanntschaft mit der Familie Otto Hahn; Kindheit und Schulzeit in Berlin, später Internat in Schloss Ettersburg und auf Spiekeroog; Freundschaft mit dem Sohn Ernst Jüngers, Ernst Jünger jr.; 1943/44 Verhaftung als Rädelsführer einer jugendlichen Widerstandsgruppe; mehrere Monate im Gefängnis, Begnadigung zur »Frontbewährung«; über den Tod des Freundes Ernst Jünger jr. an der Front; Verwundung und Lazarett in Italien; über Venedig; Fronterlebnisse; Tätigkeit als Lehrer in englischer Kriegsgefangenschaft; Bewertung des Endes des II. WK für Deutschland; 1947 Rückkehr in das zerstörte Berlin; über ▸ Willy Brandt; über die Gründung der FU Berlin; erste journalistische Tätigkeiten im Feuilleton für die Neue Zeitung; Feuilletonchef beim Tagesspiegel; Verlagsleiter des Ullstein-Verlages und des Propyläen-Verlages; 1980 Gründung des Siedler Verlages; über Albert Speer; über Franz Josef Strauß; über das »Leseland DDR«; Zusammenarbeit mit dem Akademie-Verlag; über die Motivation, DDR-Autoren im Siedler Verlag zu verlegen; Erfolg der Bismarck-Biografie von ▸ Ernst Engelberg in der BRD; Probleme des Lizenzrechtes nach der Wiedervereinigung und Situation der Verlage; zur Situation ehemaliger DDR-Autoren; Literatur in Deutschland; eine Prognose über Ostdeutschland nach der Wiedervereinigung; über ehemalige DDR-Literaten; die Zukunft Berlins als Kulturstadt
Interview: Grimm

Wolf Jobst Siedler (Berliner Köpfe). 1995. 43 min.

Wolf Jobst Siedler. 2002
Teil 1. Ein Leben wird besichtigt. 40 min.
Teil 2. Eine Verlegerkarriere. 42 min.

1994–1995; 1997; 2001. 395 min.

Silja, Anja (1940)
Sopranistin, Regisseurin; geboren in Berlin, aufgewachsen in Glienicke (bei Berlin); 1952–1956 bereits 80 Konzerte, mit sechzehn Jahren am Staatstheater Braunschweig verpflichtet; 1960 von Wieland Wagner nach Bayreuth geholt

Ich sehe eigentlich keinen besonderen Sinn darin, nach vorn zu gucken, wenn man soviel Stärke aus der Vergangenheit gewinnen kann, die mich für heute rettet. Warum sollte ich noch weiter nach vorn gucken?

Im Gespräch mit Dieter David Scholz über ihre Familie; Gesangs- und Schulausbildung durch den Großvater ab dem sechsten Lebensjahr; Stationen ihrer Karriere in Hamburg und Berlin; frühe Opernarien; Spezifik ihrer Wagner-Interpretation; künstlerische Prägung durch Wieland Wagner; über den Tod; zu ihrer Autobiographie; starke Frauenpersönlichkeiten bei Wagner; die Männer in

ihrem Leben; Kritik an Oper heute und Verbesserungsvorschläge; Klassiker als Vorlage für Komponisten am Beispiel *Don Carlos*; über Gesang
Die Sehnsucht nach dem Unerreichbaren (Berliner Lektionen). 2000. 43 min.
2000. 70 min.

Simon, Rainer (1941)
Filmregisseur; geboren in Hainichen (Sachsen); 1959 Abitur; 1961–1965 Regie-Studium an der Filmhochschule Potsdam-Babelsberg; 1965 Regieassistent, 1968–1990 Regisseur beim DEFA-Studio für Spielfilme; seit 1990 freier Regisseur und Mitglied des Vorstandes des Filmverbandes Brandenburg; *Till Eulenspiegel* (1977), *Jadup und Boel* (1981, 1988 uraufgeführt), *Das Luftschiff* (1982), und *Die Besteigung des Chimborazo* (1989); nach 1991 Dokumentarfilme; mehrere Aufenthalte im Amazonasgebiet

Es ist mir ganz wichtig, Filme zu machen, bei denen die Leute nicht nur glotzen und ihr Gehirn ausschalten, sondern mit ihrem Denken zwischen die Bilder kommen, sich ihre eigenen Gedanken machen können.
Über die Studienzeit und den Diplomfilm *Peterle* und *Die Weihnachtsgans Auguste*; über Schauspieler und das Filmemachen; Rolle des Regisseurs; zum Filmprojekt *Moral der Banditen* nach dem Roman von Horst Bastian; der Dokumentarfilm *Freunde vom Werbellinsee*, Regieassistenz bei Konrad Wolf im Film *Ich war Neunzehn*; über Konrad Wolf; über ein Spielfilmprojekt *Stefan* nach einem Buch von Walter Kaufmann; über die DEFA und Filmproduktionen; Anspruch, Credo und Auseinandersetzungen; Themenschwerpunkte Macht, Selbstbestimmung, Schuld; Filmprojekte, die nicht realisiert wurden; zu seinem Film *Wie heiratet man einen König?* (1968); über die Zusammenarbeit mit Schauspielern, u.a. ▸ Dieter Mann, Manfred Karge und ▸ Käthe Reichel; die Episode *Gewöhnliche Leute* aus seinem ersten Gegenwartsfilm *Aus unserer Zeit*; über ▸ Erwin Strittmatter; zu den Filmen *Männer ohne Bart*, *Sechse kommen durch die ganze Welt*, *Jadup und Boel*, *Das Luftschiff*, *Anna und Karl* und *Till Eulenspiegel*; über Filmmusik in verschiedenen Filmen; die Ausstellung 100 Jahre Film 1995 im Filmmuseum Potsdam; Filmarbeit nach 1989
Interview: Hanisch
Im Gewöhnlichen das Außergewöhnliche finden. 2000
Teil 1. 90 min.
Teil 2. 70 min.
2000. 231 min.

Sitte, Willi (1921)
Maler; geboren in Kratzau (ČSR); 1935–1940 Kunstschule in Reichenberg; 1940/41 Meisterschule für monumentale Malerei in Kronenburg bei Werner Peiner; 1941–1944 Wehrmacht; 1944/45 bei italienischen Partisanen in Montecchio; 1945/46 in Mailand freischaffender Maler; erste Ausstellung; 1946 Rückkehr in die ČSR; dort Mitarbeit im Antifa-Ausschuss; Aussiedlung in die SBZ; 1946–1949 freischaffender Maler in Heiligenstadt und Halle; 1949–1952 freischaffender Maler und Lehrbeauftragter in Halle; 1952–1959 Dozent und Professor an der HS für Industrielle Formgestaltung Burg Giebichenstein; ab 1965 Mitglied des Zentralvorstands, 1970–1974 Vizepräsident und bis 1988 Präsident des

VBK der DDR; 1976–1990 Abgeordneter der Volkskammer der DDR; ab 1976 Mitglied der Kulturkommission beim Politbüro des ZK der SED; 1986–1989 Mitglied des ZK der SED

Ich habe zu keinem dieser Bilder Aufträge gehabt. Ich habe sie von mir aus gemalt, die sind von mir aus entstanden. Ich bin zu den Arbeitern in die Betriebe gegangen, habe dort meine Ideen gefunden, und so ist es künstlerische Realität geworden.

Über Kunst, sozialistischen Realismus, Künstler und Gesellschaft; über Erotik in der Kunst; Reaktion auf seine erotischen Bilder; Moralbegriff; über seine künstlerische Entwicklung in der DDR, über Illusionen und die Utopie einer Alternative zum Kapitalismus
Interview: Grimm

1994. 70 min.

Sloterdijk, Peter (1947)
Philosoph, Autor; geboren in Karlsruhe; Studium der Philosophie, Germanistik und Geschichte in München und Hamburg; seit 1992 an der Hochschule für Gestaltung Karlsruhe Professor für Philosophie und Ästhetik; Werke u.a. *Kritik der zynischen Vernunft*, *Der Zauberbaum*, *Weltfremdheit*, *Im selben Boot*

Zu den Muttermalen der demokratischen Republiken gehört die Bedingung, dass sie ihre Freiheit im Zusammenbruch finden mussten und dass sie bis heute der chronischen Versuchung ausgesetzt bleiben, den Zusatz des Eigenen erst in der Reaktion und im Ressentiment gegen neue Verhältnisse auszubilden.

Der 9. November als Gedenktag in der deutschen Geschichte; über Adolf Hitler; der 7. November 1799 in Frankreich als übergeordnetes Schlüsseldatum; Rolle Napoleons; Rolle der Medien in modernen Großgesellschaften; Johann Gottlieb Fichte und die klassische moderne Nationalgesellschaft; moderne Nationen als »Erregungsgesellschaften«; die Auflösung von Nationen in postmodernen Gesellschaften

Der starke Grund, zusammen zu sein. Erinnerungen an die Erfindung des Volkes (Berliner Lektionen). 1997. 48 min.

Solti, Sir Georg
eigtl. György Stern (1912–1997)
Dirigent; geboren in Budapest; Vater Kaufmann; 1925–1930 Studium am Konservatorium Budapest; 1936/37 in Salzburg Assistent bei Toscanini; 1939 Emigration in die Schweiz; nach 1945 Dirigent und künstlerischer Leiter verschiedener berühmter Musikorchester, u.a. in Frankfurt/Main, New York, Paris und London; als erster Dirigent des London Philharmonic Orchestra geadelt

Die Anerkennung eines Musikers, eines Dirigenten durch ein Orchester kommt nur mit seinem Können und Wissen. Er kann die schönsten Uniformen und Auszeichnungen tragen, nach fünf Minuten gibt es keinen Respekt mehr, wenn er nicht weiß, was er will, und wenn er nicht konsequent darauf beharrt.

Im Gespräch mit Joachim C. Fest über Heimat; Voraussetzungen, Eigenschaften und Autorität des Dirigenten; Anekdoten zu den Stationen seiner Karriere in Stuttgart, München, Frankfurt, London und Chicago; Namensänderung von György Stern in Georg Solti; das Besondere der ungarisch-jüdischen Musik; Antisemitismus in Österreich-Ungarn; Ablehnung der »Wunderkind-Psycho-

logie«; über seine Jugend; Unterschied zwischen Budapester Opern- und Festivalorchester; wie er wieder ein ungarischer Dirigent wurde; Rückkehr nach Deutschland 1946; sein Verhältnis zu Richard Strauss; seine Sicht auf Richard Wagner und Schostakowitsch; Arbeit mit jungen Musikern; als überzeugter Europäer über seine pessimistischen Zukunftserwartungen angesichts der Konzeptionslosigkeit von Politikern
Sir Georg Solti (Berliner Lektionen). 1995. 56 min.
1995. 71 min.

Sombart, Nicolaus (1923)
Schriftsteller, Philosoph; geboren in Berlin; Vater: Werner Sombart, Nationalökonom; 1945–1950 Soziologiestudium; 1952 Promotion bei Alfred Weber; 1954–1982 Tätigkeit im Europarat, zuletzt als Leiter der Kulturabteilung; 1983 Lehrauftrag für Kultursoziologie an der FU Berlin, seither freier Schriftsteller

Ich bin ein bürgerliches Subjekt, und als Schriftsteller stelle ich mich in die Tradition des deutschen Bildungsromans, die ein bisschen verloren gegangen ist. Wenn man will, ist Grass' *Die Blechtrommel* auch ein Bildungsroman. Aber ich sehe mich mehr in der Tradition von Thomas Manns Hans Castorp. Ich bin Hans Castorp, der aus dem Krieg zurückgekehrt ist, da gehöre ich hin.
Über die Bibliothek des Vaters Werner Sombart und den Salon der Mutter als prägende Einflüsse; Kriegsende; Heidelberg als Fluchtziel; Karl Jaspers Einstellung zur deutschen Geschichte und zur Schuldfrage; durch Alfred Weber Teilnahme am Reeducation-Programm der Amerikaner als Theateroffizier; die Einstellung der Amerikaner zu den besiegten Deutschen und die Verbreitung des demokratischen Gedankens; Vergleich der bürgerlichen Bohème und der 68er-Bewegung; wie er sich selbst sieht; Abgrenzung zur Gruppe 47; zu seiner Traumnovelle *Capricchio Nr. 1: Des Wachsoldaten Irrungen und Untergang*; der Krisenbegriff bei Saint-Simon und die französische Soziologie; warum er nicht habilitierte, sondern Mitglied des Europa-Rates wurde; die Entwicklung des Europa-Rates und der Prozess des Zusammenwachsens von Europa; die Perspektiven eines geeinten Europas und die Idee der Französischen Revolution; zu seiner Autobiographie *Rendezvous mit dem Weltgeist* und Lesung
Interview: Grimm
2001. 74 min.

Spira, Camilla (1906–1997)
Schauspielerin; Vater: Fritz Spira, jüdischer Schauspieler; Ehe mit einem holländischen Millionär; ab 1938 Exil in Holland; Rückkehr nach Deutschland; Theaterarbeit in Westberlin

Steffie und Camilla Spira

 Vor 1933 war Berlin Hauptstadt. Rundherum war alles Provinz. Heute ist Berlin Provinz und alles rundherum sind die Hauptstädte.

 Zusammen mit ihrer Schwester ▸ Steffie Spira im Gespräch mit ▸ Nicolaus Sombart über Höhepunkte in ihrem Schauspielerinnenleben; Ferdinand Bruckner am Renaissance-Theater; zur jüdischen Identität und Kindheitserinnerungen; Leben in Deutschland zwischen 1933 und 1938; Filmarbeit nach 1945, Theatertätigkeit

 (Berliner Lektionen). 1990. 80 min.

Spira, Steffie (1908–1995)

Schauspielerin; Vater Fritz Spira, jüdischer Schauspieler; Ausbildung zur Tänzerin und Schauspielerin; Hinwendung zur KPD; Agit-Prop-Theater; 1933 Flucht mit ihrem Mann Günter Ruschin nach Frankreich und weiter nach Mexiko; Mitglied des Heinrich-Heine-Klubs deutscher Emigranten; 1947 Rückkehr nach Deutschland; Engagement an der Volksbühne Berlin, Ehrenmitgliedschaft

 Der Stalinismus hat uns immer weiter in den Dreck getrieben und immer weiter in die Diktatur.

 Zusammen mit ihrer Schwester ▸ Camilla Spira im Gespräch mit ▸ Nicolaus Sombart zur Schauspielerei in den 20er Jahren; zum Stück *Die Mausefalle*; jüdische Identität und Kindheitserinnerungen; zur Rückkehr nach Ostberlin und die Arbeit in den ersten Nachkriegsjahren; zur DDR und den eigenen politischen Fehlern

 (Berliner Lektionen). 1990. 80 min.

Staeck, Klaus (1938)

Grafiker und Verleger; geboren in Pulsnitz (Dresden), aufgewachsen in Bitterfeld; Vater Buchhalter; 1956 Abitur; Jurastudium in Heidelberg

 Also, wir machen's uns doch zu einfach. Eine Demokratie erfordert nun mal Mitarbeit, auf welcher Ebene auch immer. Und da bin ich jemand, der immer versucht, die Leute ein bisschen anzustiften. Das ist meine Arbeit.

 Über die Wirkung von Werbe- und Politikplakaten; wie wichtig es ist, als Künstler seine Position zu verteidigen; familiäre Herkunft; Erfahrungen als SPD-Mitglied im Studium; warum er keine Aufträge annimmt, schon gar nicht von seiner Partei; Kindheit und Jugend in Bitterfeld, Prägung durch proletarische Umwelt; negative gesellschaftliche Beurteilungen und der Widerwille gegen permanentes Lügen; wie er als Schüler schon Kunstunterricht gab; wie er sich im Westen durchzusetzen lernte, Künstler werden wollte und warum er sich entschloss, Jura zu stu-

dieren; erste Plakate und Ausstellungen an der Universität; warum ihm als Künstler und SPD-Mitglied der 68er-Bewegung suspekt war; das erste öffentliche Plakat und sein Erfolg; Landtagswahlplakat 1972; über Ärger mit der CDU; über einen Bildersturm in der Parlamentarischen Gesellschaft; seine Ausstellung am Strausberger Platz in Ostberlin, über Unterstützung von Ost- und Westkünstlern; eine Vernissage in Rostock; wie sein Buch *Die Gedanken sind frei* ohne Zensur in der DDR gedruckt werden konnte; seine Verbindung zu Wieland Herzfelde und das Erbe von John Heartfield; über Probleme von Künstlern aus Bitterfeld nach der Wende; über Engagement für das Gemeinwesen und Verantwortung des Einzelnen; Verteidigung des öffentlichen Raumes; die Kampagne gegen den ADAC; über ökologische Wirtschaft; über Big Brother und ähnliche Geschäftsideen; Verrat alter Ideale in der Medienbranche; Postkartenmotive als Mittel der freien Meinungsäußerung und Öffentlichkeit als Waffe; Beispiele für die Zusammenarbeit von Arbeitern und Künstlern im Arbeitskampf; Prozess gegen Franz Josef Strauß und Zusammenarbeit mit ‣ Rita Süssmuth; über Hans Haackes Kunstwerk *Der Bevölkerung im Berliner Reichstagsgebäude*; Plakate zu Helmut Kohl
Interview: Grimm
Ich lebe von diesem Widerspruch: Kunst oder Politik. 1991. 38 min.
Spurenmacher. 1994. #min.
Klaus Staeck: Ohne Auftrag. 2000. 47 min.
1990; 2000. 202 min.

Stern, Carola eigtl. Erika Assmus (1925)
Journalistin; Autorin; geboren in Ahlbeck; bis 1951 Lehrerin an der Parteihochschule in Ostberlin; Flucht nach Westberlin; Studium der politischen Wissenschaften und Soziologie an der FU Berlin; wissenschaftliche Assistentin; 1960–1970 Lektoratsleiterin in einem Kölner Verlag; 1970–1985 Mitarbeiterin im WDR

‣ Ossip Flechtheim ist ja ein Zukunftsforscher und ich denke, er gehört zu den Menschen, die dafür dieses umfassende Wissen mitbringen, aber auch – was sehr wichtig ist – Phantasie. Ich erinnere mich, in den 50er Jahren unterhielten wir uns einmal darüber, was man für die politischen Häftlinge in der DDR tun könnte. Und da sagte mein Freund Ossip: »Weißt du Carola, man müsste mal versuchen, sie freizukaufen. Man müsste es versuchen«. Ich sagte: »Das ist völlig aussichtslos«. Aber – er hat recht gehabt.
Über Lilly und ‣ Ossip Flechtheim und ihre Verbindung zu den beiden durch gemeinsame Arbeit und politische Überzeugungen; Kontroversen in der Sozialdemokratie; über ‣ Wolfgang Harich, Kennenlernen und persönliche Begegnungen; Einschätzung der Person Harichs; die Kontroverse zwischen Harich und ‣ Walter Janka; Gründe, sich einen anderen Namen zuzulegen und Entführungsversuche durch den Staatssicherheitsdienst der DDR
Interview: Kolano
1993. 21 min.

Stern, Fritz (1926)
Historiker; geboren in Breslau; Vater Arzt und zum Christentum konvertierter Jude; 1938 in die USA ausgewandert; 1957 Professor für Europäische Geschichte an der Columbia

University in New York; 1977 Welterfolg mit der Biografie *Gold und Eisen. Bismarck und sein Bankier Bleichröder*

Hätte sich die Auswanderung 1938 um sechs Wochen verzögert, hätte ich die Erfahrung eines misshandelten, erniedrigten Vaters erlebt, den Schrecken jener »Kristallnacht«. Ich fürchte, mein Hass auf Deutschland wäre unüberwindbar geblieben. Aber das Entrinnen in letzter Minute hat nicht nur Dankbarkeit hervorgerufen, sondern viel später mich wohl gefeit gegen die bei vielen Kollegen bestehende Meinung, dass Geschichte von Unabänderlichkeiten, Unvermeidlichem determiniert ist.

Kindheit unter dem Nationalsozialismus; Wert der Gedankenfreiheit; familiäre Herkunft; erste Wahrnehmung politischer Ereignisse; wie er mit seinen Eltern in letzter Minute den Nazis entrann; Zufälle in der Geschichte; Geschichte und Geschichtsverständnis in den USA; Folgen des Vietnamkrieges; das katastrophale Jahr 1968; Studentenunruhen und Gewalt; Angriffe auf den Liberalismus in den USA unter Ronald Reagan; Sterns Blick auf Deutschland als In- und Ausländer; seine Interessen als Historiker; über das politische Wunder der Wiedervereinigung; Bewährung von Grundgesetz und sozialer Marktwirtschaft; Westdeutschlands Position in Westeuropa; Möglichkeiten von Dresden und Breslau als Verbindungsstädte zwischen Deutschland, Tschechien und Polen; Chancen für Deutschland; über die großen Unterschiede beider deutscher Staaten; psychologische Aspekte der Wiedervereinigung; Unbehagen der Kultur in der entzauberten modernen Welt; Resümee des 20. Jh.

Fritz Stern (Dresdner Reden). 1998.
45 min.

1998. 100 min.

Stern, Hellmut (1928)

Geiger; geboren in Berlin; bürgerlich-jüdischer Herkunft; Vater Gesangslehrer, Mutter Pianistin; als Kind Klavier- und Violinenunterricht; 1938 Emigration nach China; 1943 erstes öffentliches Violin-Konzert; ab 1949 Leben in Israel und in den USA; 1961 Rückkehr nach Berlin; Erster Geiger der Berliner Philharmoniker unter Herbert von Karajan; lebt als pensionierter Musiker in Berlin

Das Zusammenleben in einer hochempfindlichen Organisation, wie es ein Orchester ist, die Reisen, die Hierarchie – das beschäftigt den ganzen Menschen. Das ist auch der Grund, warum viele Ehen von Orchestermusikern nicht so laufen, wie sie sollen. Man trägt das alles nach Hause. Vieles muss verdrängt werden.

Erinnerungen und Wahrheit: das Problem eines Zeitzeugen; Olympiade 1936; Geigenunterricht; Emigration nach China; die Stadt Harbin; Leben in Armut; Atombombenabwürfe auf Hiroshima und Nagasaki und deren Auswirkungen auf China; Musiker bei Hochzeiten und Festivitäten; Israel als neue Heimat; Orchestermusiker; Leben in den USA; 1955 erste Fahrt in die Heimatstadt Berlin; Rückkehr nach Berlin im August 1961, einen Tag, bevor die Mauer erbaut wurde; Erster Geiger der Berliner Philharmoniker; die Hierarchie in einem Orchester; Kollegen aus dem Ostteil der Stadt; über Herbert von Karajans Verstrickungen im Nationalsozialismus; das lange verschobene Israel-Gastspiel; Karajan im Vergleich zu Bernstein und Furtwängler; Hörsturz; Mauerfall; Neuvereinigung; Gefühle bei der Nationalhymne
Interview: Engelberg

2001. 223 min.

Sternberg, Karl (1920)

Emigration nach England; in der Freien Deutschen Jugend in England; das Verhältnis zum damaligen FDJ-Vorsitzenden ▸ Erich Honecker; der Politiker Honecker und seine Frau ▸ Margot; Schwierigkeiten in den 50er Jahren; von der HU Berlin in die sozialistische Produktion; Unzufriedenheit bei den Arbeitern; das Erleben der Wende

2002. 90 min.

Stolpe, Manfred (1936)
Kirchenjurist; geboren in Stettin; Vater Kaufmann und Kirchenangestellter, Mutter Postbeamtin; 1955–1959 Jurastudium in Greifswald; ab 1962 in leitenden Funktionen der evangelischen Kirche der DDR tätig; 1969 Mitgründer des BEK in der DDR; 1982 Konsistorialpräsident von Berlin-Brandenburg; 1990–2002 Ministerpräsident von Brandenburg; 2002 Bundesminister für Verkehr, Bau und Aufbau Ost

Ich denke, dass alles, was mit sozialer Gerechtigkeit zusammenhängt, eine Orientierung ist, die ich deutlich in der Botschaft der Bibel finde und bei der ich immer angenommen habe: Die kann mit Unterstützung internationaler Instrumente Menschenrechte, soziale Gerechtigkeit, Gleichheit voranbringen. Und das hat auch irgendwo ganz erheblich was mit dem zu tun, was Christenleute Nächstenliebe nennen. Dass da eine gewisse Nähe zu Visionen des Sozialismus ist, zu dem, was Leute wie Karl Liebknecht, Rosa Luxemburg und viele andere gewollt und wofür sie sich eingesetzt haben – das liegt meines Erachtens auf der Hand.

Über das Jahr 1984 in der DDR; gesellschaftliche Arbeit unter dem Dach der Kirche 1989; Vorgänge um die Zionskirche in Berlin; Demonstration im Gedenken an Rosa Luxemburg und Karl Liebknecht; Problem der Ausreise sowie Haftfragen in der DDR; über den Einfluss von ▸ Wolfgang Schnur bei der Staatssicherheit; über ▸ Günter Schabowski; über die Umstände der Grenzöffnung; Möglichkeit und Legitimität der DDR bzw. zweier deutscher Staaten; über die Gruppe Menschenrechte; Berührungspunkte von Bibel und Sozialismus; Bedeutung der Erfahrungen aus den Umbrüchen im Osten für die heutige Demokratie; Kirche und Politik damals und heute; über wachsende existentielle Probleme nach der Wende; gesellschaftliche Veränderungen im vereinten Deutschland und sein Verhältnis zu den Nachbarländern; Perspektiven und Potential der DDR-Bevölkerung; Gründe für Zugehörigkeit zur SPD; über den Verdacht, in Aktivitäten der Staatssicherheit verwickelt zu sein; zu den Vorwürfen gegen seine Diplomarbeit und eine spätere Arbeit über *Die Rolle der Kirche in der DDR* von 1962 – Buchvorstellung *Sieben Jahre, sieben Brücken. Ein Rückblick in die Zukunft*
Interview: Grimm

Manfred Stolpe im Dienst der Kirche und Demokratie. 1990. 45 min.
Manfred Stolpe in der Gethsemanekirche. 1992. 51 min.
Sieben Jahre, sieben Brücken. Ein Rückblick in die Zukunft. 1997. 41 min.
1984; 1990; 1992; 1997. 274 min.

Straube, Fritz (1923)
Historiker; geboren in Leipzig; kommunistisches Elternhaus; als jüngster selbständiger Emigrant 11jährig allein über Prag in die Sowjetunion geflohen; Rückkehr nach Deutschland mit der Roten Armee; lebt in der Nähe von Berlin

Ich gehöre zu den ersten, die die faschistischen Vernichtungslager Majdanek und Treblinka besucht haben, im Sommer. Da hatte ich auch einmal eine sehr kritische Phase in meinem Leben, wo der Gedanke war: »Kannst du, willst du noch Deutscher sein?«

Die dramatische Flucht; Drohung, die Mutter zum Krüppel zu schlagen; Zeit der Emigration in Prag; Fahrt nach Moskau;

Schule und Leben in Moskau; die Schulfreundschaft mit dem Sohn von Mao Tse-tung; Soldat der Roten Armee: der Weg von Moskau nach Berlin; die psychologische Kriegsführung: Flugblätter, Verhöre; Militärdolmetscher; an der 1. Belorussische Front; in den Vernichtungslagern Treblinka und Majdanek; Rachegefühle; Verhöre von Hitlers Pilot Baur; das Gedicht *Heimweh*; was er von den sowjetischen Lagern wusste; Rückkehr nach Deutschland; Entnazifizierung; Geschichtsstudium
Interview: Engelberg
2001. 90 min.

Strittmatter, Erwin (1912–1994)
Schriftsteller; geboren in Spremberg; Vater Bäcker; Kindheit in Bohsdorf (Lausitz); 1924–1929 Gymnasium; Bäckerlehre; 1935–1938 Tierpfleger, Pelztierzüchter, Chauffeur; danach bis 1942 Hilfsarbeiter in Schwarza bei Rudolstadt; 1941 eingezogen zur Schutzpolizei; Oberwachtmeister; 1944 Film- und Bildstelle der Ordnungspolizei in Berlin; Februar 1945 Desertation bei der Verlegung der Dienststelle; Arbeiter in Saalfeld; Bäcker in der Bäckerei des Vaters und Kleinbauer; 1947 SED; 1948–1951 Lokalredakteur der Märkischen Volksstimme; ab 1951 freischaffender Schriftsteller; Mitglied des BE; Freundschaft zu Bertolt Brecht; 1954 Übersiedlung nach Schulzenhof bei Gransee; 1959 Sekretär, später Vizepräsident des Schriftstellerverbandes der DDR; Rückzug aus der kulturpolitischen Öffentlichkeit; Pferdezüchter; literarische Werke: *Ochsenkutscher* (Roman, 1951); *Tinko* (Roman, 1954); *Der Wundertäter* (Romantrilogie, 1957, 1973, 1980); *Ole Bienkopp* (Roman, 1963); *Der Laden* (Romantrilogie, 1983, 1987, 1992)

Als meine Aufgabe habe ich immer das Schreiben betrachtet, und ich musste mich für dieses Schreiben – sozusagen für das Leben – behüten und bin deshalb manchmal Kompromisse eingegangen, was mir bisher als Schwäche ausgelegt wurde. Ich betrachte das heute als Stärke.

Strittmatter über seinen Umzug nach Dollgow; Gäste in Schulzenhof; Tages- und Arbeitsrhythmus; Probleme bei der Erziehung der Söhne in ideologischen Fragen zu DDR-Zeiten; über *Ole Bienkopp*; Verbundenheit zum Lande; politische Bücher: *Ochsenkutscher, Tinko*; über Bodenreform und Kollektivierung; über Knut Hamsun; Vorbilder; über Anna Seghers; seine politische Funktion im Schriftstellerverband; über Lew Tolstoi; erste Veröffentlichung; erste Kontakte mit Schriftstellern; Begegnung mit Brecht, Arbeit an *Katzgraben; Die Holländerbraut*; Nationalpreis; über Bertolt Brecht, der 17. Juni 1953 und Brecht; Brechts Tod; über das Verhältnis Seghers – Becher – Brecht; Aufbau-

Verlag; die Harich-Janka-Gruppe; Reaktion auf den XX. Parteitag der KPdSU; der Bitterfelder Weg; über den *Wundertäter*; literarischer Schaffensprozess und Arbeitstechniken; Depressionen; Poesie und Politik, Poesie und Philosophie; über Ideologien und Utopien, sein Credo; über *Die Lage in den Lüften, ein Tagebuch*; die Kontrolle seiner Arbeit durch die Staatssicherheit; Arbeit mit Verlagen und Kollegen; Stalinismus in der DDR; Machtmechanismen im Kulturbereich; über seine frühere Affinität zum Kommunismus; seine Ablehnung, offizielle Ämter in der DDR zu übernehmen; seine Motive, in der DDR zu bleiben; über ▸ Hermann Kant; Tabus, Zensur, Moral, Korruption; Beurteilung des politischen Opportunismus von Kollegen; Schreibmotivation; über Vera Oelschlegel; *Der Laden* und das eigene Leben; sein Verhältnis zur AdK und über seine Preise; seine Funktion als 1. Sekretär des Schriftstellerverbandes; über den II. Internationalen Schriftstellerkongress in Moskau, über Michail Scholochows Besuch in der DDR; über Hans Koch; Begegnung mit Halldór Laxness; über die Zusammenarbeit mit seiner Frau ▸ Eva Strittmatter; wie sich ihr gemeinsamer Lebensrhythmus mit den Jahren verändert hat; über ihre literarischen Küchengespräche; Familienleben, Beziehungsstruktur, Dominanz, Rollenverteilung; Verhältnis zu Musik und Malerei, Kunst, Wahrheit, Wissenschaft; Erwin Strittmatter und Lyrik; wie er die Wende erlebt hat; zur gegenwärtigen Situation der Menschen im Lande
Interview: Mück, Grimm
(Um)wege zu Laotse. Erwin Strittmatter, Schriftsteller. 1991 (1. Fassung)
Teil 1. 30 min.
Teil 2. 30 min.
1991; 1994. 668 min.

Strittmatter, Eva (1930)
Lyrikerin, Schriftstellerin; geboren in Neuruppin; 1947–1951 Germanistikstudium in Berlin; 1951–1953 wissenschaftliche Mitarbeiterin beim DSV; seit 1954 freie Schriftstellerin; Kritiken, Kinderbücher, Gedichte, Prosa; *Ich mach ein Lied aus Stille* (Gedichte, 1973); *Mondschnee liegt auf den Wiesen* (Gedichte, 1975); *Die eine Rose überwältigt alles* (Gedichte, 1977); *Briefe aus Schulzenhof* (1977/1990/1995); *Mai in Piest'any* (Prosa, 1986); *Unter wechselndem Licht* (Gedichte, 1990); *Der Schöne* (Obsession) (Gedichte, 1997); *Liebe und Haß. Die geheimen Gedichte* (2000)

Erwin und Eva Strittmatter

Für mich war immer der Zweifel, inwieweit ich es geschafft habe, das alles von mir wegzudrängen, damit das, was ich Literarisches mache, eines Tages ernst genommen werden kann.
Über den eigenen Schaffensprozess und die gemeinsame Arbeit mit ihrem Mann ▸ Erwin Strittmatter; die Zusammenarbeit in den Anfangsjahren; Veränderungen im Lebensrhythmus; über Brecht; zur Literaturkritik; über die Entwicklung von Schreibstilen; Ironie als Kunstmittel; Familienleben und Rollenverteilung; Verhältnis zur Musik und Malerei; XX. Parteitag der KPdSU; zu Erich Loest, ▸ Heiner Müller, ▸ Christa Wolf; der Aufbau-Verlag; Zensur; Harich-Janka-Gruppe; aktuelle gesellschaftliche Situation
(Um)wege zu Laotse. Erwin Strittmatter, Schriftsteller. 1994. (2. Fassung) 45 min.
1991; 1994. 242 min.

Süssmuth, Rita (1937)
CDU-Politikerin; geboren in Wuppertal; 1969 Professorin an der Pädagogischen Ruhr-Universität Bochum; 1982 Direktorin des Instituts »Frau und Gesellschaft« in Hannover; 1985 Bundesministerin für Jugend, Familie und Gesundheit; 1988–1998 Bundestagspräsidentin

Weimar ist unsere gemeinsame Geschichte – in ihren guten und ihren schlechten Teilen.

Weimar als der beste Ort für Reden über Deutschland, welcher Anspruch sich mit dieser Stadt verbindet; über Deutschlands Chancen in einem vereinten Europa

Michel Friedman (Weimarer Reden). Enth.: Vorrede von Rita Süssmuth
1998. 44 min.

Syberberg, Hans-Jürgen (1935)
Filmregisseur: geboren in Nossendorf (bei Demmin); Studium der Literatur- und Kunstgeschichte; ab 1965 eigene Filmproduktionen: *Ludwig – Requiem für einen jungfräulichen König* (1972), *Karl May* (1974), *Hitler – Ein Film aus Deutschland* (1977), *Marquise von O.* (1990)

Mehr als je glaube ich, ist heute Kunst dann beunruhigend, wenn sie uns zeigt, was wir verloren haben. Und wenn die Kunst das schafft, diese Beunruhigung hervorzurufen, dann hat sie aber wirklich was geschafft.

Auf einem Podiumsgespräch in der AdK u.a. zusammen mit Bernhard Sobel, ▸ Heiner Müller, Susan Sontag, Klaus Theweleit und ▸ Werner Mittenzwei über Bertolt Brecht und Fritz Kortner als seine künstlerischen Wurzeln; Film als seine Ausdrucksform; zum Begriff Irrationalität; zum Hitler-Film; methodische Aspekte; die Zielsetzungen des Films; Berührungsängste der Deutschen im Umgang mit Hitler; Ziel der Kunst, sich von den Vätern und vergangenen Zwängen zu lösen und neue Realitäten herzustellen

Glanz und Elend des Irrationalismus in Deutschland. 1991. 44 min.

1990. 157 min.

Szabó, István (1938)
Filmregisseur; geboren in Budapest; *Budapester Legende* (1977), *Oberst Redl* (1984), *Hanussen* (1988), *Zauber der Venus* (1991); Oscar-Auszeichnung für *Mephisto* (1984)

Unsere Aufgabe als Filmemacher wäre: Die Politiker überzeugen, die mit Kultur nichts zu tun haben, dass Kultur etwas ganz Wichtiges ist, weil mit Kultur, durch Kultur fühlen wir uns zu Hause.

Beziehung zwischen Intellektuellen und Diktatur; Grenzen der Anpassung als zentrale Fragen bei Mephisto; wie es zur Besetzung mit Klaus Maria Brandauer kam; Charakterisierung Brandauers; Treue zu einer Ideologie bei *Oberst Redl* (1984); »sagen, was man als wahre Botschaft empfindet« im Film *Hanussen* (1988); Überraschung als wichtiges Moment seiner Regiearbeit; zur Selbstmordszene in *Oberst Redl*; warum Hanussen Hitler nicht als zukünftigen Führer voraussagen wollte; Beziehung Hanussens zu Hitler; jüdische Vergangenheit von Hanussen; *Zauber der Venus* (1991) als Film über das Zusammenleben der Europäer; Aufgabe der Filmemacher für die Kultur in Europa; Notwendigkeit eines europäischen Filmverleihs

Hat der Repertoirefilm noch eine Chance im Kino? Symposium (Kinozeit).
2000. 31 min.

István Szabó über Mephisto und andere Mächtige (Kinozeit). 2000. 32 min.
2000. 67 min.

Teller, Jürgen Ps. Theodor Heim (1926–1999) Philosoph, Philosophiehistoriker, Lektor; Vater Arzt, Mutter Krankenschwester; Fronteinsatz im II. WK; Studium der Geschichte, Germanistik und Philosophie an der Universität Leipzig u.a. bei Ernst Bloch und Walter Markov; 1954 Philosophie-Diplom, ab September Wissenschaftlicher Assistent bei Ernst Bloch; 1957 Aufgabe der Assistentenstelle und Ausschluss aus der SED wegen Festhaltens an der Lehre Blochs; 1958 »Bewährung in der Produktion«, dann Arbeit am Leipziger Institut für Volkskunstforschung;

1964–1977 Lektor im Reclam Verlag Leipzig, seit 1969 Cheflektor; 1978–1985 wissenschaftliche Tätigkeit an den Nationalen Forschungs- und Gedenkstätten in Weimar; 1986–1990 Leitender Lektor für Germanistik bei der Kiepenheuer Verlagsgruppe; 1991 Berufung zum Honorarprofessor an die Universität Leipzig; Gründungs- und Präsidiumsmitglied der Freien Akademie der Künste zu Leipzig; seit 1965 zahlreiche wissenschaftliche Arbeiten, auch unter Pseudonym

Studienzeit in Leipzig nach dem Krieg; Assistenz an der Universität Leipzig bei Ernst Bloch; Selbstverständnis unter der Studentenschaft Anfang der 50er Jahre und Art der geistigen Orientierung; Status der Universität Leipzig im Rahmen einer sozialistischen Gesellschaft; über Ernst Blochs Philosophie; Entwicklung der ideologischen Konfliktlinien an der Universität Leipzig am Beispiel Professor Ernst Blochs; persönliche Seite seiner Beziehung zu Bloch und Anekdotisches zu dessen »Weltverhalten«; Blochs Philosophie heute; über den Grund seiner Entlassung aus der Universität und über die Zeit danach; über ▸ Walter Markov, dessen Habitus und Vorlesungsstil; »Ritus« des Parteiverfahrens; Markovs Parteiausschlussverfahren und über sein Wiedereintrittsbegehren

Interview: Grimm
1990. 60 min.

Teppich, Fritz (1918)
Koch, Buchautor; geboren in Berlin; großbürgerlich-jüdischer Herkunft; ging 14jährig mit der Mutter nach Frankreich; Kochlehre im Hotel Regina in Paris; kämpfte im Spanischen Bürgerkrieg gegen Franco; lebt in Berlin

Ich bin am 5. September 1936 in Hendaye – das ist eine französische Grenzstadt, dort ist eine internationale Brücke nach dem Baskenland – angekommen und in dem Moment haben die Faschisten die andere Seite besetzt. Die Milizianos sind geflohen, und ich bin dann zusammen mit anderen Geflüchteten mit einem Fischerboot nach San Sebastián rüber und dort in die Republikanische Armee gegangen.

ⓘ Zusammen mit ▸ Elfriede Brüning im Gespräch mit Marina Achenbach über seine familiären Verhältnisse; Antisemitismus in der Schule; Eintritt in den Jüdischen Pfadfinderbund; Wechsel zu den Roten Pfadfindern; Gründung des Jugendbundes D.J.1.11. (Deutsche Jungenschaft, gegründet am 1. November 1929) durch Eberhard Köbel (genannt Tusk); Fritz Teppich wird mit seinem Bruder Hans von der Mutter ins Ausland gebracht; »Gewöhnung« an Verfolgung; warum der Krieg in Spanien kein Bürgerkrieg war; Georgi Dimitroffs Standhaftigkeit im Reichstagsbrand-Prozess als Hoffnungsschimmer; faschistischer Putsch in Frankreich und Spanien; Engagement in der Sozialistischen Belgischen Jugend; warum er als 17jähriger nach San Sebastián ging und gegen Franco kämpfte; Konsequenzen aus Francos Sieg; seine Beteiligung an einer Ausstellung über den Krieg in Spanien; zu den Verhältnissen in Spanien und Portugal nach Ende des II. WK; über die »Arisierung« der Familie Kempinski, zur Geschichte des Hotels Kempinski

▭ Berliner Geschichten. Elfriede Brüning und Fritz Teppich (Kunst und Geschichte im 20. Jahrhundert). 1995. 58 min.

Terzopoulos, Theodoros
Regisseur, Leiter des Athener Attis-Theaters; geboren im Dorf Makriyalos (Nordgriechenland); 1965–1967 K.-Michailidis-Drama-Schule in Athen; 1972–1976 Lehrjahre am BE; 1981–1983 Direktor des Staatstheaters von Nordgriechenland; 1985–1987 Künstlerischer Direktor der Internationalen Vereinigung des Griechischen Dramas; Gründungsmitglied und Präsident des Internationalen Institutes des Mediterranen Theaters; seit 1993 Vorsitzender des Internationalen Komitees der Theaterolympiade; 1995 Künstlerischer Direktor der 1. Theaterolympiade in Delphi; 1999 Vorsitzender der 2. Theaterolympiade in Shizuoka (Japan); 2001 Vorsitzender der Theaterolympiade in Moskau

ⓘ Über die Tragödie und die Entmythologisierung der Helden des antiken Griechenlands; über seine Theaterinszenierung *Herakles* von Euripides; zur Struktur des Stückes *Herakles*; Anregung für diese Arbeit; darüber, dass für ihn die Heldentat ausschlaggebend ist für die Inszenierung, nicht der Held; über Minimalismus in seinem Bühnenbild; über Schauspieler, die mit Körper und Stimme Raum sind; warum er keine Musik verwendet; über Probenarbeit und Arbeit mit jungen Leuten; seine weltweiten Workshops; über Begegnungen mit anderen Kulturen und Zivilisationen; über Gewohnheiten und örtliche Gebundenheit als Ursache für die

Krise des Theaters; über spirituelle Erfahrungen bei indianischen Kulturen am Amazonas; Kindheit im Dorf und über sein Verständnis der Tragödie durch eigene Lebenserfahrungen; über seine Jugendzeit im Gymnasium in Saloniki und an der Athener Theaterschule; warum er 1972 in die DDR kam; Lehrjahre am BE; über ▸ Heiner Müller und Ruth Berghaus; über Ekkehard Schall, seinen ersten Lehrer des »Körpertheaters« und über »körperliche Energiezonen«; über Karolus Koun; Grundgedanken des Attis-Theaters; über Wole Soyinka und Afrika; über den Balkankrieg; über Deutschland und fehlende Traditionen in Europa
Interview: Engelberg
Zwischen den Proben. 2001. 43 min.
2001. 125 min.

Thierse, Wolfgang (1943)
Politiker, Kulturwissenschaftler, Germanist; geboren in Breslau; Vater Rechtsanwalt; nach dem Abitur Ausbildung zum Schriftsetzer; ab 1964 Studium der Kulturwissenschaften und Germanistik in Berlin; 1975 Mitarbeiter im MfK; 1977–1990 Mitarbeiter am ZI für Literaturgeschichte der AdW; seit 1990 Mitglied der SPD; September 1990 stellvertretender Vorsitzender der SPD; seit 1998 Präsident des Deutschen Bundestages
Wir brauchen eine gesamtdeutsche Solidarität als Grundlage aktiven politischen Handelns.
Auf einer Veranstaltung der Deutschen Gesellschaft am 26. September 1993 im Schauspielhaus über Denkmäler und das Erinnern in Berlin; die Neue Wache als Mahnmal; gegen Separierung von Opfern – Im Streitgespräch mit ▸ Stefan Heym zum Wahlkampf 1994 zur PDS und über ihre Rolle als politische Kraft; Verhältnis zur Bürgerbewegung; zum SPD-Wahlprogramm 1994; Neues Forum; Bürgerbewegung; Einigungsvertrag; deutsche Wiedervereinigung; Parteienlandschaft in der BRD; Bundestag und Kanzleramt; Massenarbeitslosigkeit und so-

ziale Sicherungssysteme; DDR-Renten- und Eigentumsproblematik; DDR-Kulturpolitik in den 60er Jahren; über das DDR-System und seine Regierung; zur juristischen Vergangenheitsaufarbeitung; Nationalismus; Kommunistische Plattform in der PDS; Stalinismus; Aufschwung Ost; Ökologisierung; die Krise des Kapitalismus – Gesprächsleitung der Sitzung der Enquête-Kommission des Deutschen Bundestages zur Aufarbeitung von Geschichte und Folgen der SED-Diktatur in Deutschland, u.a. mit ▸ Frank Beyer, ▸ Jurek Becker und ▸ Hans Bentzien zur kulturpolitischen Situation in der DDR 1961–1976
Aufarbeitung von Geschichte und Folgen der SED-Diktatur in Deutschland. Zeitzeugen zur kulturpolitischen Situation 1961–1976.
Teil 1. 1993. 56 min.
Teil 2. 1993. 55 min.
Deutscher Denkmal-Streit. Hauptstadt Berlin – Geschichtslandschaft und Denkmal. 1993. 53 min.
Wahlkampf 1994. Stefan Heym und Wolfgang Thierse im Streitgespräch. 1994. 45 min.
1994. 146 min.

Tišma, Aleksandar (1924–2003)
Schriftsteller; Kindheit in Novi Sad; 1944 Eintritt in die jugoslawische Befreiungsarmee; nach dem Krieg Journalist und Verlagslektor;

lebt in Novi Sad und Frankreich; Werke: *Der Gebrauch des Menschen* (Roman, dt. 1991); *Das Buch Blam* (Roman, 1985, dt. 1991); *Schule der Gottlosigkeit* (Erzählungen, dt. 1993); *Kapo* (Roman, dt. 1997); *Treue und Verrat* (Roman, dt. 1999); *Ohne einen Schrei* (Erzählungen, 1980, dt. 2001)

Ich kann am Verhalten der Menschen nichts ändern, aber ich kann beschreiben, woher es kommt.

Elternhaus; das Leben in Novi Sad im Schatten der Weltwirtschaftskrise; der Einmarsch der Ungarn; Massaker vom Januar 1942; mit achtzehn Jahren nach Budapest; Arbeitslager; Musiker bei der Jugoslawischen Volksbefreiungsarmee; Journalist im Nachkriegsjugoslawien; Repressionen und Möglichkeiten der Literatur; der Bruch Stalin und Tito; über das Buch *Blam*; über das Theaterstück *Der Preis der Lüge*; Recherche und Gestaltung in seinen Romanen; der auslösende Faktor für den Schreibprozess; das Verhältnis zwischen Milovan Djilas und Tito; über Slobodan Milosevič und die Ursachen für dessen politischen Aufstieg; NATO-Angriffe 1999; der Prozess in Den Haag; Traumata der Rückkehrer nach 1945 und nach den jüngsten Balkan-Kriegen; Danilo Kiš; Novi Sad heute

Interview: Engelberg

Frauen und Macht. Eine Begegnung mit Aleksandar Tišma. 2002. 46 min.

2002. 130 min.

Toeplitz, Heinrich (1914–1998)

Jurist; geboren in Berlin; Vater Jurist; Gymnasium in Breslau; 1932–1936 Studium der Staats- und Rechtswissenschaften in Leipzig; nach 1945 zunächst Referendar und Hilfsrichter, später Hauptreferendar; 1950–1960 Staatssekretär im MfJ; seit 1950 Mitglied der CDU; 1960–1986 Präsident des Obersten Gerichtes der DDR; November 1989 bis Anfang 1990 Vorsitzender des Zeitweiligen Untersuchungsausschusses der Volkskammer gegen Amtsmissbrauch und Korruption

Man muss bestimmte Straftaten bestrafen, aber man kann nicht Tendenzen wirksam werden lassen, die jetzt neu kriminalisieren.

Vorbereitung des Abschlussberichtes des Untersuchungsausschusses der Volkskammer gegen Amtsmissbrauch und Korruption; zur Abwicklung des Ausschusses; Fazit der Ausschussarbeit; zur Rehabilitierung von SED-Justizopfern; eigene Verantwortung als Vorsitzender des Obersten Gerichts; über ▸ Erich Honecker in Bezug auf Staatssicherheitsdienst und Justiz; über die Anwendung von bundesdeutschem Strafrecht nach der Wiedervereinigung in den neuen Bundesländern

Interview: Grimm, Schwelien

1990. 95 min.

Töpfer, Klaus (1938)

Volkswirt, Politiker; 1971–1978 Leiter der Abteilung Planung und Information in der Staatskanzlei des Saarlandes; 1972 CDU; 1978–1979 Mitglied im Rat der Sachverständigen für Umweltfragen in Wiesbaden; 1985–1987 Minister für Umwelt und Gesundheit in Rheinland-Pfalz; 1987–1994 Bundesminister für Umwelt, Naturschutz und Reaktorsicherheit; 1990–1997 MdB; 1994–1997 Bundesminister für Raumordnung, Bauwesen und Städtebau; seit 1997 Direktor bei den Vereinten Nationen, Leiter der UN-Umweltbehörde

Erinnerungen an den Mauerfall; offene Grenzen in Europa; Gestaltung Berlins als

Bundeshauptstadt; neue Mauer zwischen reich und arm; Subventionen im Welthandel; erneute Bedeutung osteuropäischer Städte; Baupolitik in Berlin vor der Wende; gesellschaftspolitische Herausforderungen für Europa und Berlin; warum nicht alle Bundeseinrichtungen in Berlin angesiedelt sind; Europa und der Krieg auf dem Balkan; Stadtentwicklung und gesellschaftliche Sicherheit; warum mehr Frauen in der Stadtplanung tätig sein sollten

Die neue Rolle Berlins im Zentrum Europas (Berliner Lektionen). 1999. 45 min.

1999, 53 min

Tournier, Michel (1924)

Schriftsteller; Eltern Germanisten; nach 1942 Philosophie- und Jurastudium in Paris, 1946–1950 in Tübingen; anschließend bis 1954 Produzent beim französischen Rundfunk; 1954–1958 Pressesprecher bei Radio Europa I; 1958–1968 Verlagslektor; danach Produzent beim französischen Fernsehen; 1967 erster Roman *Freitag oder Im Schoß des Pazifik* (dt. 1968), ausgezeichnet mit dem Grand Prix du Roman de l'Académie Francaise; 1970 *Der Erlkönig* (Roman); Prix Goncourt; *Kaspar, Melchior und Balthasar* (Roman, 1980); *Der Goldregen* (Roman, 1985)

Warum er froh ist, 1924 geboren zu sein; Verbindung seiner Familie zu Deutschland; seine Beziehung zur deutschen Sprache; Erinnerungen an den II. WK und die Besetzung Frankreichs; Eindrücke von Deutschland nach dem Krieg; Konrad Adenauer und der Graben zwischen Ost- und Westdeutschland; Veränderungen in einem Dorf in der DDR, das er aus der Zeit vor dem Krieg kannte; über DDR-Sportlerinnen als literarische Herausforderung und die Suche nach der »neuen Eva«; Tarzan als neuer Heldentypus; Geschichte des deutsch-französischen Verhältnisses; warum die Flottenpolitik Wilhelms II. für Frankreich letztlich von Vorteil war; was ein deutscher Sieg im I. WK für Frankreich bedeutet hätte; über die Neigung der Deutschen, zu übertreiben; zum deutschen »Nationalcharakter«; das Selbstbild der Franzosen; Voltaire als Schriftsteller

Meine Affäre mit Deutschland (Berliner Lektionen). 1996. 50 min.

Tragelehn, B. K. (1936)

Dramaturg, Übersetzer, Autor; Arbeit am BE

Im Rahmen einer Literaturwerkstatt unter Leitung von Karin Hirdina zur Reglementierung von Literaturbetrieb in der DDR; über Theater in der DDR der 60er Jahre; über ▸ Heiner Müller und Peter Hacks; über die Schwierigkeit, Distanz zu gewinnen und Mechanismen zu durchschauen

1992. 18 min.

Uexküll, Jakob von (1944)
Journalist, Philanthrop; geboren in Upsala; Enkel des Biologen Jakob Johann Baron von Uexküll; Gründer und Vorsitzender der Stiftung für verantwortungsbewusste Lebensführung, die den Alternativen Nobelpreis verleiht

Die ökologische Umwandlung mag zwar schwierig sein, sie ist aber der einzig mögliche Weg aus den ineinandergreifenden globalen Krisen. Die Umwelt ist kein teurer Garten, den sich nur reiche Länder in Boomzeiten leisten können, wie das unsere Industriekapitäne glauben. Eine gesunde natürliche Umwelt ist die Voraussetzung für jeglichen Wohlstand, gestern, heute und morgen. Sie ist die Voraussetzung für alle menschlichen Aktivitäten, für Kultur und Zivilisation.

Über die globale Umweltbedrohung; Risiken für das Überleben unseres Kontinents, z.B. der Betrieb der osteuropäischen Atomreaktoren; über Tschernobyl; zum Alternativen Nobelpreis; ökologische Steuerreform; EU und Ökologie; Rolle der Medien

Welt und Umwelt (Berliner Lektionen) 1994. 49 min.

1994. 42 min.

Uhde, Milan (1936)
Dramatiker; geboren in Brno (Brünn); Eltern Juristen; mütterlicherseits jüdischer Herkunft; Unterzeichner der Charta 77; nach 1989/90 Kulturminister und seit 1992 Vorsitzender des Tschechischen Nationalrates

Noch eine persönliche Erinnerung bindet mich an Berlin. Ich sollte um meinen letzten Lebensunterhalt gebracht werden, denn in der Tschechoslowakei durften meine Schauspiele nicht mehr gegeben werden und niemand durfte mich anstellen. Zu dieser Zeit setzte der Sender Freies Berlin die Übersetzung meines Hörspiels *Die Kassierer* auf sein Programm und schickte mir dafür mein Honorar. Die tschechoslowakische staatliche Theateragentur schickte es zurück mit der Begründung, es sei unzustellbar. Der Sender Freies Berlin gab sich damit nicht zufrieden und suchte solange, bis er jemanden fand, der meine Adresse kannte, und ich habe mein Honorar schließlich erhalten. Zu einer Zeit, als es um meine Familie sehr schlecht bestellt war, während der ich als Schriftsteller verboten war. Von 1700 »Freien Berliner Mark« konnten wir über ein halbes Jahr lang leben.

Seine Beziehung zu Berlin; über Alfred Döblins Roman *Berlin-Alexanderplatz* und einen weiteren »Franz Biberkopf«; der mitteleuropäische Kulturraum vor dem II. WK als »Atlantis«; Erläuterung des Verlustes dieses Atlantis' anhand von Franz Kafkas *Der Prozess;* Leoš Janáčeks und Joseph Roths Werke als weitere Beispiele für die mitteleuropäische Kultur in der ersten Hälfte des 20. Jh.; über die Hellsichtigkeit von Max Brod; Porträt eines Mannes aus dem mitteleuropäischen Atlantis; die Vorstellungen über soziale Gerechtigkeit von Friedrich August von Hayek

Der Traum vom Mitteleuropa (Berliner Lektionen). 1992. 44 min.

Urban, Hubert (1904–1997)
Hirnforscher; geboren in Linz; Vater Chirurg; Medizinstudium in Innsbruck und Prag; Schiffsarzt, später Arzt in Kalifornien; Chefarzt und Dozentur an der Universität Wien; danach Tätigkeit in Innsbruck; dort 1938 ent-

lassen; bis 1945 Militärdienst; bis 1961 Tätigkeit in Innsbruck, 1961 Übersiedlung in die DDR und Professur an der Universität Leipzig

Für mich ist die Seele kein Massenprodukt, sondern sie wird in jedem immer wieder neu geschaffen.

Familiengeschichte; über Adolf Hitler und Sigmund Freud; über sein Studium; 1938 Entlassung als Hitler-Gegner; Militärdienst; Reisen u.a. nach China; 1961 Übersiedlung in die DDR; Leben und Arbeit in der DDR; Wende-Erfahrung 1989; die »diagnostische Lampe«
Interview: Grimm

Anima oder die Seele im Menschen ... Eine Begegnung mit dem Hirnforscher Hubert Urban, Jahrgang 1904. 1991. 29 min.

1991. 95 min.

Vogel, Pepi (1926–2003)
Jüdische Herkunft; aufgewachsen in Berlin; Häftling im Konzentrationslager Ravensbrück

Wie sie mit einer Hundepeitsche auf Leute los ging, die ihre Schwester Sonja quälten wegen ihrer »Judenhaare«; über ihre Freundin Lilo; als sie ihren Vater im KZ sah; wie Pepi und Lilo zum Lagerzaun gingen, um den Vater zu besuchen und dabei verhaftet wurden; wie ein Lagerkommandant im Frauenkonzentrationslager Ravensbrück Frauen für das Lagerbordell rekrutierte, wie Pepi eines dieser Mädchen 1952 in einem Nachtclub wiedertraf; über den immer wiederkehrenden Albtraum; Entlassung aus dem Konzentrationslager; Anwerbungsversuch der Stasi im Rathaus Pankow; ihre Verachtung gegenüber den Nationalsozialisten und Furcht vor ihnen

Das Leben ist anderswo. Die Halbjüdin Pepi Vogel aus Berlin. 2000. 14 min.

Wagenlehner, Günther (1923)
Politologe, Autor; 1946–1955 in russischer Kriegsgefangenschaft; Studium in Hamburg; Ostexperte im Verteidigungsbereich Psychologische Kampfführung

Dass ich nicht in dem Sinne Feind bin – schon gar nicht von Russland – das hat sich herumgesprochen. »Feind des Kommunismus« könnte man sagen, wenn man will. Das interessiert aber heute nicht. Meine Gegner, die es natürlich auch gibt, die gegen die ganze Auflockerung sind, die arbeiten nicht mit mir zusammen.

Im Gespräch mit Sybille Ploog über die Erlebnisse in russischer Kriegsgefangenschaft in Bautzen und Mühlberg; ab 1946 in Russland im Kriegsgefangenenlager; Haftbedingungen, Gefangenenaufstand und erneute Verurteilung; 1955 Entlassung; über Stu-

dium und anschließende Promotion; zu dem Buch *Kommunismus ohne Zukunft*; Verhältnis zwischen Sowjetunion und SBZ bzw. DDR; Archivalien zur Gründung der DDR, z.B. die Weisung von Stalin vom 28. September 1949; ab 1962/63 Tätigkeit als Experte im Bundesverteidigungsministerium, Bereich psychologische Kampfführung; bis 1972 Aktivitäten überwiegend gegen die DDR; über die DDR-Propaganda-Aktion im Zusammenhang mit dem Fall Globke, Flugblattaktionen mit Wetterballons; Betreuung geflüchteter DDR-Soldaten; über die Verlagerung der Schwerpunkte seiner Arbeit ab Ende der 60er Jahre in den innenpolitischen Bereich der BRD; 1969 Vorbereitung einer Kabinettsvorlage zur Behandlung linker und rechter Gruppierungen und Parteien (SDS, DKP und NPD) und Herausgabe von Büchern, z.B. *Lieber Stürmer. Leserbriefe an das SS-Kampfblatt* (1978); Charakterisierung von Verteidigungsministern, u.a. von Helmut Schmidt, Georg Leber, Hans Apel, Manfred Wörner; darüber, wie er während eines Staatsbesuchs von Helmut Kohl Ende 1992 in Moskau Einblick in die eigene Gefangenenakte nahm; 1993 nach deutsch-russischer Initiative Gründung des Instituts für Auswertung in Bonn; über die Auswertung der Akten deutscher Kriegsgefangener durch russische Mitarbeiter; Struktur des russischen Archiv- und Rechtswesens; Unterstützung der deutschen Archivarbeit in Russland; Beispiele für die Verurteilungspraxis unter Stalin; russisches Wirtschaftssystem; Privatisierung in Russland; Sozialwesen in Russland
Interview: Grimm, Ploog
Günther Wagenlehner. 1998
Teil 1. Hundert Jahre Zwangsarbeit. Über Gefangenschaft, russische Lager und Lenin. 46 min.
Teil 2. Aktenauskunft. Über russische Akten, den KGB und tiefe Einsichten in die Vergangenheit. 45 min.
Teil 3. Es war im Kalten Krieg. 31 min.
1998. 206 min.

Wagner, Gottfried Helferich (1947)
Multimediaregisseur, Publizist; geboren in Bayreuth; Urenkel von Richard Wagner
Die Bayreuther Festspiele – durch Richard Wagner begründet – sind ja eindeutig als ein antisemitisches Gegenfestival, als kultureller Punkt in Europa gegen Paris, gegen Meyerbeer, entstanden.
Vorstellung der Autobiographie *Wer nicht mit dem Wolf heult* und Lesung aus einem Kapitel; die Familie Wagner; über Richard Wagner und die Ursachen seines Antisemitismus;

Adolf Hitlers Nähe zu Wagner; die Bayreuther Blätter unter Leitung von Richard Wagner; die Bayreuther Festspiele in ihrer Tradition; Kritik an der Spielpraxis nach 1945 bis heute; warum er sich gegenwärtig die Übernahme der Festspielleitung nicht vorstellen kann
Wer nicht mit dem Wolf heult. 1997. 51 min.

Wajda, Andrzej (1926)
Filmregisseur; geboren in Suwalki (Polen); Vater Kavallerieoffizier, Mutter Lehrerin; während der deutschen Besatzung im Untergrund tätig; nach 1945 Besuch der Akademie der Schönen Künste in Krakau und der Filmhochschule in Lódz; Filme: *Asche und Diamant* (1958); *Das gelobte Land* (1975); *Der Mann aus Marmor* (1976); *Ohne Betäubung* (1978); *Der*

Mann aus Eisen (1981); *Danton* (1982); *Eine Liebe in Deutschland* (1983); *Kortczak* (1991)

Das Kino kann nur dann auf die politische Situation eines Landes einwirken, wenn die Gesellschaft gegenstandslos geworden ist und die Kunst, wenn auch ungeschickt, die politischen Institutionen einer Demokratie ersetzt.

Finanzierung der Filme und Honorare; Politik und Film an Beispielen *Asche und Diamant* (1958) und *Der Mann aus Marmor* (1977); zur Problematik der politischen Zensur, die Militärzensur nach Ausrufung des Kriegsrechts 1981; das Schicksal des Films *Das Verhör von Ryszard Bugajski*; der Film *Der Mann aus Eisen* (1981); zur Wirkung des politisch-engagierten Films in Polen vor 1989 und seine Zukunft; die Rolle Westeuropas im polnischen Filmwesen

Der Künstler zwischen Politik und Kultur (Berliner Lektionen). 2000. 39 min.

2000. 72 min.

Warneke, Lothar (1936)

Filmregisseur; geboren in Leipzig; 1954–1959 Theologiestudium an der KMU Leipzig, anschließend Kirchenaustritt; 1960–1964 Regiestudium an der Filmhochschule Potsdam-Babelsberg; 1968–1990 Regisseur im DEFA-Spielfilmstudio; Debüt 1969 *Mit mir nicht, Madam!*; danach vorwiegend Gegenwartsspielfilme

Das Problem ist, dass diese Wende nicht nur ein zeitlicher Ablauf war, sondern eine einschneidende Situation in meiner Geschichte, in meiner Individualität. Ich war doch irgendwie verbunden mit der Gesellschaftsutopie DDR. Dass das plötzlich über Nacht zu Ende war, das hatte auch seelische Folgen, mit denen man zu Rande kommen musste.

Über die Arbeit an der Filmhochschule; über die Wende als Zäsur in seinem Leben; Herkunft, Kindheit, Kriegserlebnisse; erste Begegnung mit Film und Filmstilen; Kino in der SBZ; über das Motiv, Theologie zu studieren; über den Theologen Emil Fuchs; Widersprüche in der DDR; über Idealismus und Materialismus; seine Einschätzung der Hegelschen Philosophie; Parteistrafe 1953; Nähe zu Georg Lukács; ▸ Wolfgang Harich und dessen bildungsbürgerlicher Hintergrund; Stimmung nach dem XX. Parteitag der KPdSU in der DDR; 1958 Wende in der DDR

Lothar Warneke, Thomas Grimm und Michael Hanisch

zur Konformität; Bewerbung an der Filmhochschule 1960; Atmosphäre an der DHFS; Diplomarbeit; Lehrprogramm an Filmhochschulen; Assistenz bei Joachim Kunert, Egon Günther und Kurt Maetzig; über die Filme *Mit mir nicht, Madam!* (1969) und *Dr. med. Sommer II* (1970); über *Es ist eine alte Geschichte…* (1972); über Komödien; über *Leben mit Uwe*

(1973); christliche Elemente in seinen Filmen; *Die unverbesserliche Barbara* (1976); seine Entdeckung neuer SchauspielerInnen; das Credo seiner Filme; *Addio, piccola mia* (1978); DEFA-Produktion; Verbindung von Niveau und Publikumsnähe; Verhältnis zu seinen Mitarbeitern; Verhältnis zu Leipzig; über *Unser kurzes Leben* (1980); *Einer trage des anderen Last* (1988), über Wirkung dieses Films; sein Abschied von der DEFA; Wendeerfahrungen
Interview: Hanisch
Ich kann mich noch erinnern... 1999
Teil 1. 90 min.
Teil 2. 52 min.
1999. 216 min.

Warnke, Camilla (1931)
Philosophin; Studentin bei Wolfgang Harich an der HU Berlin
In unserem Studienjahr war die Shdanowsche Formel bekannt. So, und nun waren einige Studenten der Meinung: »Ja, was lehrt uns denn der Harich da?« Harich sagte, dass er einen klugen Idealismus allemal für besser hielt, als einen dummen Materialismus. Das ist ein Satz von Lenin, den er oft zitierte. Und also beschwerten sich die Studenten bei der Institutsleitung und stellten die Anfrage: »Wer hat denn nun recht, der Harich oder der Shdanow?« Und das war eine der Fragen, die dann dem Harich gestellt wurde und eines der Probleme, was man ihm vorwarf, dass er also klüger sein will, als die Sowjetphilosophie.
Bekanntschaft mit ▸ Harich als Philosophie-Studentin an der HU Berlin; über den »spannenden dialektischen Vorlesungsstil« Harichs in der Philosophiegeschichte; Rolle von Idealismus und Materialismus in der Geschichte der Philosophie und Harichs Hegel-Auffassung; über Harichs »Schwierigkeiten« an der Universität; Harichs Art, sich »Feinde bis ans Lebensende« zu machen; Georg Lukács, Harichs »philosophischer Übervater«; Veröffentlichung *Der junge Hegel* (1954) und Vorlesungen von Harich zu diesem Thema; Harichs bildungsbürgerlicher Hintergrund als einer der Gründe für das Misstrauen der SED-Genossen ihm gegenüber; Georg Klaus, einziger Freund unter den Dozenten; Stimmung junger Intellektueller in der DDR nach dem XX. Parteitag der KPdSU und Hoffnung auf mehr Demokratie; über einen »jugoslawischen Weg«, die Harich-Janka-Gruppe und ihr Ziel, die deutsche Einheit wieder herzustellen; der gescheiterte Ungarn-Aufstand als Katastrophe für produktive, kritische DDR-Intellektuelle und Festigung der Macht Ulbrichts; das Jahr 1958 als Wende zu einer allgemeinen Anpassung in der DDR
Interview: Franksen
2000. 31 min.

Wegner, Bettina (1947)
Liedermacherin; geboren in Berlin, Vater Chefredakteur der Zeitschrift Freie Welt, Mutter Sachbearbeiterin; Ausbildung zur Bibliotheksfacharbeiterin; ab 1966 Studium an der Schauspielschule in Berlin; 1968 Exmatrikulation wegen einer Flugblattaktion gegen den Einmarsch von Truppen des Warschauer Vertrages in die ČSSR; 1973 diplomierte Sängerin und freischaffende Liedermacherin; 1976 Protest gegen die Ausbürgerung Wolf Biermanns; 1983 unfreiwillige Übersiedelung nach Westberlin
Wenn man erwachsen wird, dann merkt man ja, dass das, was sie einem erzählt haben in der Schule, dass das nicht alles eingehalten wird. Das war für mich nie so absurd wie in dieser Zeit '68 im Knast. Wo die Leute, die die Macht in diesem Staat haben, dich dafür einsperren, dass du dich eigentlich für den Staat verhalten wolltest.
Über die Anfänge der Singeklub-Bewegung in Verbindung mit ihrer persönlichen Entwicklung; Protest gegen den Einmarsch von Truppen des Warschauer Vertrages in die ČSSR; Verhaftung und »Bewährung in der Produktion«; Moderation der Veranstaltungsreihen Eintopp (1973–1975) und Kramladen (1975/1976); systematische Störversu-

che des Staates und Verbote; über Folgen, die sich aus der Selbstverbrennung von Pfarrer Brüsewitz für sie ergeben haben; ihre letzten Jahre in der DDR; »Vertreibung« aus der DDR; Verfahren und Verurteilungen in der DDR; Forderung nach Rehabilitation politischer Verfolgungen; Übergriffe vom 7./8. Oktober 1989 und die Behinderung des Untersuchungsausschusses; Aufruf zur Demonstration von Demokratie Jetzt; BRD-Staatsbürgerschaft und DDR-Zugehörigkeitsgefühl; persönliche Erfahrungen im Westen
Verlorene Lieder – Verlorene Zeiten. 1989. 48 min.
1990. 81 min.

Weisenborn, Joy
Ehefrau des Schriftstellers Günther Weisenborn
Er war auch sehr traurig in der letzten Woche seines Lebens. Er sagte: »Es ist doch alles so entsetzlich traurig. Die Menschlichkeit ist in der DDR sehr groß«. Das stimmt ja auch. In den anderen Städten wurde man fremd und fremder, die Welt wurde kälter. (Über Günther Weisenborn)
Herkunft, Kindheit, Jugend, Ausbildung; Wehrmachtstournee; Atmosphäre Ende der 30er, Anfang der 40er Jahre; organisierter Widerstand; über Günther Weisenborn und Heirat 1941; über Libertas Schulze-Boysen und die anderen Mitglieder der Gruppe; Beerdigung von Ernst Rowohlt; zum Überfall auf die Sowjetunion 1941; Verhaftung 1942 und Inhaftierung am Alexanderplatz; Begegnung mit Marta Husemann in der Haft; Verhältnis zu den Wärterinnen; ihr Wissen um die konkreten Dimensionen des Widerstandes; Zeit nach der Entlassung aus der Haft; Umstände der Verhaftung Harro Schulze-Boysens; Prozess von Günther Weisenborn 1943; Wiedersehen in Potsdam 1945; Tätigkeit von Günther Weisenborn beim Rundfunk und am Theater; vierzehn Tage Bürgermeistersfrau; Probleme nach 1945; Beginn am Hebbel-Theater; Geburt der Kinder; Bankett der Sowjets;

Hoffnungen und Vorstellungen nach 1945; Beziehungen zu den Besatzungsmächten; Wegzug von Berlin; literarische Zusammenarbeit und Ehe mit Günther Weisenborn; zur »geistigen Trennung« Deutschlands; Beziehung zu Johannes R. Becher; Entnazifizierung; die Hamburger Zeit; Verarbeitung und Bewältigung des Erlebten; Umzug in die Schweiz; Optionen für das Leben in der DDR; Bewertung des Widerstandes im Nachkriegsdeutschland; Politik und Erotik; persönliches Credo nach dem Krieg; politische Aktivitäten in den späten 50er und den 60er Jahren; zur Malerei; Arbeits- und Lebensweise Günther Weisenborns; über das Schreiben und Lesen
Interview: Grimm
Ein Erinnerungsprotokoll. 1988. 55 min.
1988. 168 min.

Weiß, Konrad (1942)
Dokumentarfilmregisseur, Bürgerrechtler in der DDR; geboren in Lauban (Schlesien); nach Umsiedlung 1945 Mittelschule und Ausbildung zum Elektromonteur in Genthin; 1963–1965 Mitarbeiter am katholischen Seelsorgeamt in Magdeburg; 1964 Abitur an der VHS; 1966–1969 Studium an der Filmhochschule in Potsdam-Babelsberg; 1969–1989 Regisseur beim DEFA-Dokumentar-Filmstudio; Gründungsmitglied der Bürgerbewegung Demokratie Jetzt

Ich habe mich natürlich als DDR-Bürger verstanden und gefühlt ...
Über die Teilung Deutschlands und die DDR; die ehemaligen DDR-Blockparteien
Der Kampf um Anerkennung. 1992. 51 min.

Weizsäcker, Richard Freiherr von (1920)
Politiker; geboren in Stuttgart, Vater Diplomat; Jurastudium in Oxford, Grenoble und Göttingen; seit 1954 Mitglied der CDU; 1964–1970 Präsident des Deutschen Evangelischen Kirchentages; 1969–1981 MdB; 1981–1984 Regierender Bürgermeister von Berlin (West); 1984–1994 Bundespräsident
Ich erinnere mich daran, wie ich am 9. November 1938 mit vielen anderen Berliner Bürgern um die Gedächtniskirche herum gelaufen bin und gesehen habe, wie da die zerstörten Fensterscheiben waren und wie einfach aus den Schaufenstern geplündert wurde. Das waren ungehemmte Gewaltexzesse, wie wir sie nie erlebt und uns nie in Träumen hätten vorstellen können.
Dass nach diesem Erbe und den schrecklichen beiden Weltkriegen nun ein ernsthafter und dauerhafter Schritt zur Verständigung und Aussöhnung gemacht werden sollte, das ist eigentlich das, was mich schon als junger Mensch begleitet hat. Was mich, ehe ich eine politische Aufgabe übernommen habe, geprägt hat, zum Beispiel in meiner Mitarbeit in meiner eigenen Evangelischen Kirche. Und was dann schließlich auch zum Hauptinhalt meiner politischen Aufgaben geworden ist.
Vergleich von Berliner Erlebnissen in der Jugend mit Erwartungen im Alter; Aufwachsen in Berlin; Antisemitismus in der Weimarer Republik und der Nazizeit; über den unvorstellbaren Vernichtungswillen der Nazis und Hitlers Politik; Sorgen in seiner Familie darüber; Erinnerungen an den Röhm-Putsch und über die ersten Konzentrationslager; Charakterisierung der Wehrmacht im Jahr 1938; das prägende Erlebnis »Kristallnacht«;

die Rolle Berlins im Auf und Ab der Zeiten, Vergleiche mit Paris; Berlin im Dritten Reich; Wiedervereinigung Deutschlands und die Ängste der Nachbarländer; der Hauptstadtbeschluss und Prognosen für das Leben in der Groß- und Hauptstadt; über eine Gesellschaft mit zwei Geschwindigkeiten, die Wirtschaft und den demokratischen Staat; neue Arbeitsmodelle und Arbeit als sozialer Faktor; Hoffnung auf die junge Generation; über soziale Wertesysteme; Marktwirtschaft, Demokratie und Freiheit; Funktion des Staates; Privatisierung staatlicher Bereiche wie Post oder Bahn; Einschätzung des Vergleichs von DDR-Sozialismus und Nationalsozialismus; zu einem Essay von Joachim C. Fest; was seine Biographie am meisten prägte
Interview: Grimm
Richard von Weizsäcker beim Kirchentag. 1987. 70 min.
Von der Grenze zur Mitte oder Alt und Jung in Berlin (Berliner Lektionen). 1997. 48 min.
Richard von Weizsäcker im Gespräch mit Thomas Grimm. 1997. 44 min.
1997. 58 min.

Wilder, Billy
eigtl. Samuel Wilder (1906–2002)
Regisseur, Drehbuchautor; geboren in Sucha (Galizien, Österreich); Familie väterlicherseits Besitzer einer Bahnhofsrestaurant-Ket-

te, mütterlicherseits Hotelbesitzer; 1914 mit den Eltern Übersiedlung nach Wien; ab 1924 Jurastudium, kurz darauf Abbruch; erste journalistische Schreibversuche; 1933 Emigration in die USA; sechs Oscars; Filme: *Zeugin der Anklage* (1957); *Manche mögens heiß* (1959); *Das Appartement* (1960); *Eins, zwei, drei* (1961); *Das Mädchen Irma La Douce* (1962); *Buddy, Buddy* (1981)

Sie fehlt mir sehr. Die Sache ist doch die: Ich kenne sehr viele Schauspieler. Da würden die meisten, wenn ich gesagt habe »Wir fangen um 9.00 Uhr an zu drehen«, um 7.00 Uhr schon paradefertig dastehen. Wenn dann mit solchen Schauspielern ein Film fertig ist, hat man jeden Satz – nichts verpfuscht. Mit der Monroe – das war, wie wenn man Zähne zieht. Aber wenn es fertig war... (Über Marilyn Monroe)

Was mich stört, ist: Wenn ein Film sechs Millionen Dollar gekostet hat und wirklich ein erstklassiger, gehaltvoller Film ist, dass der nicht einmal eine Million einspielt. Also, wenn ein guter Film ein Reinfall ist, das stört! Denn die Leute, die das Geld hineinstecken, das sind keine Filmmenschen. Das sind Bankmenschen, das sind Coca-Cola-Leute. Die werden unsicher.

Im Gespräch mit Hellmuth Karasek über ein Molnár-Stück als Vorlage für *Eins, zwei, drei*; Coca Cola als die große amerikanische Idee des Erfolgs; wie er für explodierte Champagnerflaschen die Tapferkeitsmedaille bekam; die Zusammenarbeit mit Marilyn Monroe; warum er etwas gegen Ärzte hat; darüber, was ihn zum Regisseur gemacht hat; Zusammenarbeit mit Charles Brackett und Ärger mit Charles Boyer bei *Holding Back the Dawn*; über Unterschiede zwischen einem Drehbuchautor und dem Regisseur; über falsche Vorstellungen von Hollywood, besonders in Washington; Lolita-Thema und Zensur am Beispiel von *The Major and the Minor*; Spannung und Witz im Film; Auseinandersetzungen mit den Produzenten bei *Das verflixte siebte Jahr*; wie die Luftschacht-Szene gedreht wurde; Zensur bei *Kiss me, Stupid!* und *Das Mädchen Irma La Douce*; über technische Neuerungen, wie den Farbfilm und Cinemascope; Qualität von Filmen; Besetzungsprobleme bei *Double Indemnity* und *Sunset Boulevard*; über schwierige Außendreharbeiten; die Oscar-Verleihungen; über Film-Finanzierung, anonyme, z.T. enthusiastische Geldgeber und die Angst der Geldgeber vor neuen Ideen; (Nicht)wirkung von Filmen und Büchern; Anekdote zu einer ausverkauften *My-fair-Lady*-Aufführung

Billy Wilder (Berliner Lektionen; 1987). 2002
Teil 1. 45 min.
Teil 2. 45 min.

1987. 96 min.

Wittkowski, Gisela geb. Harich (1925)
Schwester von ▸ Wolfgang Harich; Arbeit im Berliner Henschel-Verlag

Über den Großvater Alexander Wyneken; Wolfgang Harichs Herkunft aus Königsberg; über den Vater Walther Harich und dessen Verhältnis zu E.T.A. Hoffmann; Differenzen zwischen Vater und Sohn in der Betrachtung von Jean Pauls Dichtung; Kindheit in Neuruppin; die Schulzeit Wolfgang Harichs; über das Grab des Vaters in Berlin; Beziehung der Mutter Anne-Lise Harich zu dem jüdischen Arzt Dr. Jacoby; Kriegsende in Berlin-

Zehlendorf: Militärdienst Wolfgang Harichs und Desertion; Illegalität; Widerstandsgruppe Ernst; über die bewusste Entscheidung des Bruders für den Sozialismus; Kennenlernen einiger Emigranten aus der Sowjetunion, z.B. Fritz Erpenbeck, ‣ Wolfgang Leonhard; die »schnelle Karriere« des Bruders; über Paul Wegener; Harichs Neigung zum Theater und die Arbeit als Theaterkritiker; Verriss der Aufführung *Die heilige Familie* im DT, und warum Wolfgang Harich eine Ohrfeige von Käthe Dorsch bekam; 1949 eigene Heirat und Hochzeit des Bruders; Umzug nach Ostberlin; ihre Arbeit im Henschel-Verlag; über die Mutter; Harichs gemeinsame Wohnung mit der Mutter in der Winsstraße nach seiner Trennung von Isot Kilian; Verhaftung des Bruders; Arbeit Harichs an »der Analyse der Weltsituation«, die Ausarbeitung einer Konzeption; ihre Haftbesuche; Spekulationen über eine Amnestie; wie Harich die Haftzeit verarbeitete; Verhältnis Walter Janka – Wolfgang Harich; zu Jankas »Verrats-Beschuldigungen« gegenüber Harich
Interview: Franksen
2000. 45 min.

Wolf, Christa (1929)
Schriftstellerin; geboren in Landsberg (Warthe); 1949 Abitur; 1949–1953 Germanistikstudium in Jena und Leipzig; 1953–1955 wissenschaftliche Mitarbeiterin im Deutschen Schriftstellerverband; 1956 Cheflektorin im Verlag Neues Leben; 1958/59 Redakteurin bei der Zeitschrift Neue Deutsche Literatur; 1959–1962 freischaffende Lektorin; ab 1962 freischaffende Schriftstellerin
Zusammen mit ‣ Gerhard Wolf 1996 Ausstellungseröffnung *Unsere Freunde, die Maler* und Lesung zweier früher entstandener Texte über Nuria Quevedo und Otl Aicher
Das Leseland. 1994. 45 min.
Unsere Freunde, die Maler. 1996. 26 min.
1996. 145 min.

Christa und Gerhard Wolf

Wolf, Gerhard (1928)
Essayist, Literaturkritiker, Schriftsteller und Filmautor; geboren in Bad Frankenhausen; 1949–1951 Germanistik- und Geschichtsstudium in Jena; 1955 Diplom an der HU Berlin; 1951–1953 und 1956/57 Tätigkeit als Rundfunkjournalist; seit 1957 freischaffend; seit 1991 Verleger
Im Gespräch mit Dietrich Simon zum Antifaschismus in der DDR; der »DDR-Leser«; Unterschiede zwischen Verlagstätigkeit in der DDR und BRD; Schriftstellergenerationen der 50er, 60er und 70er Jahre; die Prenzlauer-Berg-Szene; Bewegung der »Konkreten Poesie«; Gruppe 47; eigene Verlegertätigkeit im Verlag Janus press; zur Sammlung

von Untergrund-Schriften und DDR-Oppositionsliteratur – Zusammen mit ▸ Christa Wolf Ausstellungseröffnung *Unsere Freunde, die Maler* und Lesung einiger Texte

▭ Die Lust am Wort oder von der Schwierigkeit, gedruckt zu werden (Kunst und Geschichte im 20. Jahrhundert). 1995. 55 min.

▭ Das Leseland. 1994. 45 min.

▭ Unsere Freunde, die Maler. 1996. 26 min.

▭ 1996. 216 min.

Wolf, Markus (1923)
Geheimdienstchef, Journalist, Schriftsteller; geboren in Hechingen (Süd-Württemberg); Vater Schriftsteller; 1934 mit den Eltern Emigration in die Sowjetunion; Besuch der Karl-Liebknecht-Schule; 1940–1942 Flugzeugbau-Studium in Moskau; 1942/43 Komintern-Schule; 1943–1945 Tätigkeit beim Deutschen Volkssender Moskau; 1945 Rückkehr nach Deutschland, Mitarbeiter beim Berliner Rundfunk; 1949–1951 Erster Rat der DDR-Mission in Moskau; 1953–1986 Chef der Hauptverwaltung Aufklärung des MfS; Stellvertreter des Ministers; 1986 Ausscheiden aus dem aktiven Dienst; Veröffentlichung von *Die Troika* (1989); 1990 Flucht nach Österreich und in die UdSSR, um einer Verhaftung zu entgehen; 1991 freiwillige Rückkehr nach Deutschland und Festnahme; zwischen 1993 und 1997 verschiedene Anklagen und Prozesse; lebt in Berlin; autobiographische Werke: *In eigenem Auftrag* (1991); *Spionagechef im geheimen Krieg* (1997); *Die Kunst der Verstellung* (Dokumente und Gespräche, 1998); *Freunde sterben nicht* (2002)

„“ Es war irgendwie etwas Doppeltes in unserem Leben. Es waren Dinge, die einfach nicht zu erklären waren, die verdrängt wurden. Die auch überhaupt keine Zweifel bei uns weckten an den Ideen, an den Idealen, die wir von den Eltern her kannten, die uns in der Schule gelehrt worden waren, die edlen Ideale des Sozialismus. Grausamkeit und Unrecht, die ja mit diesen Repressalien verbunden waren – das passte einfach nicht zusammen. Diese Verdrängung von Vorgängen, die in unserer unmittelbaren Umgebung abliefen, ist ja auch etwas, was uns im späteren Leben begleitet hat.

ⓘ Leben und Werk des Vaters Friedrich Wolf; dessen Freundschaft zu Heinrich Vogeler; Tod des Vaters; zur jüdischen Identität; über den Bruder Konrad Wolf als Rotarmist, Filmemacher und Präsident der AdK (Ost); über die Emigration nach Moskau, Kindheit und erste Erlebnisse in der fremden Stadt; Leben in der Sowjetunion in den 30er Jahren; Erinnerungen an die Emigrantenschule Karl Liebknecht; über die Schulung für psychologische Kriegsführung in Alma Ata, zusammen mit Wolfgang Leonhard; Berichte aus Deutschland; die Theaterstücke des Vaters Friedrich Wolf werden im Zuge des Hitler-Stalin-Paktes abgesetzt; über den Vater, der im Spanienkrieg kämpfen wollte und ins Lager Vernet gerät; Versuche, ihn herauszuholen; über die Mutter, die die Familie Wloch, Opfer des Stalin-Terrors, aufnimmt; Überfall auf die Sowjetunion 1941; die Gruppe Ulbricht; 1945 Rückkehr nach Deutschland; Heimweh nach Moskau; Berichterstatter beim Hauptkriegsverbrecherprozess in Nürnberg; Abwerbung von Westjournalisten; Berlin-Blockade; sein Entschluss, für den

Geheimdienst zu arbeiten; Stalins Tod; XX. Parteitag der KPdSU; über das Schweigen im Exil und das Verdrängen nach 1945; Herbert Wehner und ▸ Willy Brandt; was ihn an ▸ Stefan Heyms Roman *Collin* ärgert; zur Biermann-Affäre; über sein Ausscheiden aus dem Stasi-Ministerium; Entschluss, die *Troika* zu schreiben; Demonstration am 4. November 1989 auf dem Alexanderplatz und die Erkenntnis, man entrinnt seinem Schicksal nicht; die »Tragik« des Sozialismus und über Parteidisziplin; zu Erich Mielke; zur deutschen Wiedervereinigung am 3. Oktober 1990; Flucht vor der Verhaftung; zu den strafrechtlichen Verfahren gegen ihn; Antifaschismus-Begriff; zu den politischen Prozessen gegen ehemalige DDR-Politiker und ranghohe Mitarbeiter der Staatssicherheit; zu ▸ Wladimir Putins Tätigkeit in der DDR vor 1989; der KGB in der DDR; KGB-Entwicklung in der Sowjetunion in den 50er und 60er Jahren; über seine Bücher *Troika* und *Freunde sterben nicht*; die Treue als Schlüssel zum Wesen des Menschen Markus Wolf; seine Erinnerungen an den Arbat in den 30er Jahren und über den Roman von Anatoli Rybakow *Die Kinder vom Arbat*; die Widerstandsgruppe »Rote Kapelle«; Wolfgang Leonhard heute und im Kalten Krieg; Leonhards Buch *Die Revolution entlässt ihre Kinder*; Zusammenarbeit des Staatssicherheitsdienstes mit westdeutschen Politikern und was die Stasi für die Entspannungspolitik tat; die Tragik der sozialistischen Kundschafter und über freundschaftliche Beziehungen zu westlichen Spionen seiner Generation; warum Nachrichtendienstler sich besser einig werden können als Politiker oder Historiker; das letzte Treffen mit Erich Honecker; wie er den Putsch gegen Gorbatschow am 21. August 1991 in Moskau erlebte; zur Verfilmung des Lebens seiner Familie

Interview: Engelberg, Grimm

Väter und Söhne. Lebensläufe zwischen Moskau und Berlin (Berliner Lektionen). 1995. 45 min.

Geheimakte Putin. 2000. 44 min.

Markus Wolf über sein Buch *Freunde sterben nicht* (Buchzeit). 2002. 44 min.

1995; 2000; 2002. 520 min.

Wolff, Friedrich (1922)

Rechtsanwalt; geboren in Berlin, Vater Arzt; 1941 Abitur, danach Ausbildung zum Kaufmann; wegen jüdischer Herkunft bis Kriegsende dienstverpflichtet; 1946–1949 Studium der Rechtswissenschaften an der HU Berlin; 1951–1953 beim Berliner Magistrat als Jurist tätig, dort 1953 aus »kaderpolitischen Gründen« Entlassung; 1953 Gründer des Rechtsanwaltskollegiums Berlin und zeitweise dessen Vorsitzender; ab 1981 Moderator der Fernsehreihe Alles was Recht ist

Es war eine relativ kleine Zahl, die das Rechtsanwalts-Kollegium gründete, etwas über zwanzig Mitglieder sehr unterschiedlicher Art. Es gab einige, die aus sogenannten »kaderpolitischen Gründen« nicht mehr in der Justiz tätig sein konnten und die deswegen Rechtsanwälte werden mussten. Das waren vor allem die Kollegen, die in westlicher Gefangenschaft gewesen waren. Dann kamen die von bürgerlicher Herkunft, die auch nicht in die Justiz sollten, weil die in erster Linie der Arbeiterklasse vorbehalten war.

Kindheit und Jugend in Berlin-Neukölln; Situation als Halbjude in der Schule; über die Ausbildung zum Kaufmann und Arbeit in einer Munitionsfabrik; Eintritt in die KPD; zum Antisemitismus in der SED; die Entwicklung des Rechtssystems der DDR im Vergleich zur BRD; der 17. Juni 1953 und Tätigkeit als Pflichtverteidiger von Demonstranten; über Clemens und ▸ Lothar de Maizière; über seine Begegnungen mit Hilde Benjamin; über die Prozesse gegen ▸ Walter Janka und ▸ Wolfgang Harich; zur Verteidigung des »Kanzlerspions« Günter Guillaume; über Wolfgang Vogel, der die Verteidigung ▸ Erich Honeckers an Wolff übergab; Entwicklung der Anklage gegen Honecker über Amts-

missbrauch, Staatsverrat bis zu Totschlag vor und nach der Wiedervereinigung; über die Unterbringung Honeckers bei Pfarrer ▸ Holmer in Lobetal und dessen Gespräche mit Honecker über Religion; über Honeckers Aufenthaltsort in Beelitz, die Flucht nach Moskau und seine Auslieferung; zur Krankheit Erich Honeckers; über den Prozesverlauf bis zur Durchsetzung der krankheitsbedingten Verhandlungsunfähigkeit; Honeckers Ausreise nach Chile; Vergleich zwischen dem Rechtswesen der DDR und dem der BRD; zum Buch *Verlorene Prozesse*
Interview: Grimm
Honeckers Flucht. 2002. 45 min.
1999. 130 min.

Womacka, Walter (1925)
Maler; geboren in Obergeorgenthal (ČSR), Vater Gärtner; 1940–1943 handwerklich-keramische Ausbildung in Teplice; 1946–1948 Studium Gestaltendes Handwerk in Braunschweig und 1949–1951 Wandmalerei in Weimar; 1963–1968 Lehrtätigkeit; 1968–1988 Rektor der Kunsthochschule Berlin-Weißensee; ab 1974 Leiter einer Meisterklasse in Dresden
Der Spruch von Käthe Kollwitz »Ich will wirken in meiner Zeit«, hat für mich auch heute noch Gültigkeit. Und ich halte das für ein Hauptanliegen der Kunst. Wenn das auch vielerorts anders gesehen wird, auch von vielen Künstlern. Aber vieles, was heute gemacht wird – bei aller Toleranz – hat eben mit Kunst wenig zu tun.
Ablehnende Haltung gegenüber Aufträgen; über staatliche Aufträge und häufiges Desinteresse der Auftraggeber am Ergebnis; Gestaltung von Porträts; zum Porträt von Erika Steinführer; das Porträt des Bauern und LPG-Vorsitzenden Fritz Dallmann; über die Bauern in der DDR; über die Entstehung des Porträts von Walter Ulbricht; über Ulbrichts Interesse für Architektur, Kunst und Kultur; ▸ Erich Honeckers Verhältnis zu Künstlern; über das Siebdruckverfahren; Darstellung

des Menschen als sein künstlerisches Hauptanliegen; sein Bild *Am Strand*; über den »Bauschmuck« am Haus des Lehrers in Berlin; sein Credo als realistischer Maler
Interview: Grimm
Auftragskunst in der DDR. 1995. 86 min.
1994. 91 min.

Wössner, Frank (1941)
Volkswirt; geboren in Berlin; Studium der Wirtschaftswissenschaften; 1972–1981 Leiter einer Versicherungsniederlassung; seit 1985 Mitglied des Bereichsvorstandes »Internationale Buch- und Musikclubs«; seit 1989 im Vorstand der Bertelsmann AG, ab 1994 Vorstandsvorsitzender der neugegründeten Bertelsmann Buch AG

Ich erfreue mich am schönen Buchtitel, ich erfreue mich am schönen Einband, ich erfreue mich aber auch an der Form, wie ein Buch gestaltet ist. Aber ganz besonders freue ich mich über Inhalte, die mich interessieren. Und wenn ich ein Buch in der Hand halte, darin blättere und nachblättere und seinen Körper in meiner Hand spüre ... Dieser Vorgang, das Knistern des Buchumschlags, des Seitenumschlags – das ist schon eine Form des Genusses.

Über die Schönheit des Buches; Unternehmensphilosophie; Ansprüche an einen guten Verleger; Verlage und Honorare für Bestsellerautoren am Beispiel von John Grisham; Zukunft des Buches; Vorteil des Buches bei Sachinformationen; Studie zur Leseintensität und Sprachbegabung; Buchclub als Verbreitungsinstanz; Aktivitäten von Bertelsmann zur Literaturförderung; über die Chancen junger Autoren in Deutschland; Verlagsstrukturen in Deutschland; über das Verhältnis von Staat und Kultur; Bedeutung der Buchpreisbindung
Interview: Grimm

Szenen aus dem Buchmarkt 1996 (Buchzeit) 1996. 53 min.

Zukunft des Buches? 1996. 51 min.

1996. 69 min.

Wroblewsky, Clément de (1943)
Musiker; geboren in Aubusson (Frankreich); Sohn jüdischer Emigranten; seit 1950 in der DDR; 1984 Ausreise nach Westberlin

Zusammen mit dem Bruder ▸ Vincent von Wroblewsky über die Rückkehr nach Ostberlin 1950; Leben in der DDR ab 1950; über das DDR-Publikum; politische DDR-Witze; aktuelles Verhältnis zu Deutschland

Paris – Gegenbild und Hoffnung. 1993. 52 min.

Wroblewsky, Vincent von (1939)
Philosoph, Übersetzer, Publizist; geboren in Clermont-Ferrand (Frankreich); Sohn jüdischer Emigranten; seit 1950 in der DDR; Romanistik- und Philosophiestudium; 1967–1991 wissenschaftlicher Mitarbeiter an der AdW der DDR; seit 1992 freiberuflich; Herausgeber des Werkes von Jean Paul Sartre für den Rowohlt Verlag; Zwischen *Thora und Trabant. Juden in der DDR* (1993)

Es war typisch für die DDR, dass die antisemitischen Formen, die es in der Sowjetunion und in Polen gab – dass die wegen Auschwitz, wegen der Legitimationsgrundlage im Antifaschismus, vermieden wurden.

Gemeinsam mit dem Bruder ▸ Clément de Wroblewsky über das Leben in Frankreich und ab 1950 in der DDR; über die Großeltern und Eltern; politische Aktivitäten der Mutter – Zusammen mit ▸ Thomas Kuczynski im Gespräch mit Wolfgang Herzberg über Antifaschismus als tragende Erfahrung der Elterngeneration; Differenzierungen in den Verhaltensweisen jüdischer Remigranten in der DDR; über das Verhältnis der DDR zu Israel und zur arabischen Welt; Antizionismus und Antisemitismus; das Ausblenden von jüdischer Geschichte; über Intelligenzfeindlichkeit, Ablehnung von Individualität und über fehlenden Pluralismus in der DDR; die eigenen Erfahrungen; über Wertungen von Michael Wolffsohn in *Deutschland-Akte*

Paris – Gegenbild und Hoffnung. 1993. 52 min.

Leben in der DDR. Die zweite Generation jüdischer Rückkehrerfamilien im Gespräch (Kunst und Geschichte im 20. Jahrhundert). 1995. 54 min.

Wyst, Rudi (1936)
Zeitzeuge mit Kenntnissen über den Verbleib des bei Kriegsende von den Nazis geraubten Bernsteinzimmers
Über den Fund der Kartentasche des Vaters mit alten Papieren und Ausweisen Ende der 40er Jahre im Keller des Wohnhauses der Familie; zum Inhalt, u.a. eine Transportbescheinigung für die Evakuierung des Bernsteinzimmers, eine Übernahmequittung sowie der Bescheid über die Ausführung des Auftrages; von 1944 bis 1947 Umsiedlung und Umzüge der Familie Wyst; die Rückkehr des

Thomas Grimm und Rudi Wyst

Vaters aus dem Krieg im Februar 1945; über den Onkel Kurt Köhler und Spaziergänge mit dem Vater; das Verhältnis zwischen Mutter und Vater; der Tod des Vaters Mitte Oktober 1947 unter nie ganz geklärten Umständen; der ebenfalls mysteriöse Tod eines Onkels und der Mutter; die ehemalige Pension »Diana«, in der die Familie Ende 1944 lebte; Gespräch mit damaligen Nachbarn z.B. über Besuche der Stasi, die ebenfalls auf der Suche nach dem Bernsteinzimmer war
Interview: Grimm
1994; 1997. 216 min.

Zadek, Walter (1900–1992)
Schriftsteller, Journalist, Presse-Fotograf, Verleger und Herausgeber; geboren in Berlin; Vater jüdischer Arzt aus Posen; Buchhändler, Hilfsredakteur für Kurt Tucholsky, Redakteur des Magazins Uhu und der Beilage des Berliner Tagblatts; 1933 Festnahme durch die Nazis und Festungshaft in Spandau; Ende 1933 Flucht nach Palästina; nach seiner Rückkehr in die Bundesrepublik Deutschland Herausgabe des Taschenbuches *Sie flohen vor dem Hakenkreuz* und eines sozialkritischen Palästina-Fotobandes
Als er die Rote Fahne herausbrachte, erzählte Karl Liebknecht seiner Frau Sonja, sie hat es mir später erzählt: »Der vierte Abonnent ist ein Schüler«. Das war ich.
Ich habe ein Liebesverhältnis mit dem Zufall. Ich strenge mich immer auf alle möglichen Arten an, aber wenn es mir ganz besonders mies geht, dann kommt die Fortuna Zufall und schenkt mir was.
Sein Judentum als Bewusstsein, nicht als Tradition; Zadeks Charakterzüge, politische Haltung und Praxis; sein Selbstverständnis als Einzelgänger gegenüber den politischen Bewegungen; Gründe für seinen Internationalismus; das proletarische Milieu des Berliner Bezirkes Kreuzberg zu Anfang des Jh. und soziale Prägungen dadurch; über den Vater, dessen Herkunft, politisch-soziales Engage-

ment, Herausgabe der Zeitschrift Der sozialistische Arzt; Anschauungsunterricht durch den Vater und Teilnahme an Mai-Demonstrationen; über den Anlass für den Vater, den Arbeiter-Samariter-Bund zu gründen; familiäre Beziehungen; über die Beliebtheit seines Bruders als Arzt und Mensch; Arbeit als Buchhändler und Begegnung mit Hermann Ullstein; Begegnung mit Kurt Tucholsky und Arbeit als Redakteur in der Zeitschriftenabteilung des Ullstein Verlages am ersten deutschen Magazin Uhu; Arbeitsweise des Verlages, Kündigung und Arbeitssuche; Anruf bei Rudolf Mosse und Tätigkeit im Mosse Verlag für die Beilage des Berliner Tageblattes; Theodor Wolff und Beziehung zur Familie Wolff; über einen Artikel Staatsanwalt und künstlerische Freiheit gegen die Zensur von Zilles Zeichnungen; Enthüllungsjournalismus am Beispiel eines Artikels von Kurt Held über Leuna; Idee für ein »Internationales Geschichtsbuch« mit Schilderungen politischer Ereignisse von Autoren verschiedener Nationalitäten; ein Versuch nach Deutschland zurückzukehren; Kontakt mit Heinrich Böll; die Sozialdemokratie und der Heimatbegriff; Exkurs in die Geschichte der SPD um die Jahrhundertwende; Erlebnis und Interpretation der Revolution 1918; Theodor Lessing und dessen Ermordung; militärischer Geist in Deutschland; Verhältnis zwischen Kommunisten und Sozialdemokraten; Jugendartikel zur Revolution 1918 als »halbe Revolution«; der Kommunismus Rosa Luxemburgs und Karl Liebknechts als idealistische Bewegung; über Wilhelm Pieck; ein Artikel von Max Pechstein; warum 1933 ein geplanter Generalstreik nicht stattfand und über Hitlers Rede vor den Gewerkschaften am 1. Mai 1933; über »the other Germans«, die Nazis, die vom Ausland nicht als (Kultur)deutsche angesehen wurden; Ursprünge des Nationalsozialismus; Otto Strassers Artikel zum »Verrat« Hitlers an der nationalsozialistischen Idee; über fehlende Wahrnehmung der faschistischen Bewegung in demokratischen und linksintellektuellen Kreisen; Hintergründe und Verlauf von Zadeks Verhaftung in der Künstlerkolonie am Laubenheimer Platz; Schilderung seiner Haft in einer Massenzelle; Tätigkeit mit eigener Zeitungskorrespondenz nach der Entlassung; Terror und »Normalität«; Glaube an das baldige Ende der Naziherrschaft; Flucht, Ankunft in Holland und Rettung; über Erziehung in Deutschland und Mentalität der Deutschen; Problem der Identität und Geschichtsverdrängung bis in die Gegenwart
Interview: Kolano
Walter Zadek erinnert sich.
Teil 1: In der Ausstellung Juden in Kreuzberg.
Teil 2: Über die politische Entwicklung in Deutschland 1918–1933. 1995. 57 min.
1991. 156 min.

Ziegler, Jean eigtl. Hans Ziegler (1934)
Soziologe; geboren in Bern; Professor für Soziologie an der Universität Genf
Jetzt, 1943, hatte Hitler ein Problem: Er war vom Weltmarkt abhängig. Die Reichsmark taugt nichts als konvertible Währung. Er hatte Berge von Raubgold. Keiner wollte die nehmen außer den Schweizer Ökonomen.
Öffnung der letzten Geheimdienstarchive der USA zum II. WK, die OSS- und die Morgenthau-Archive und Folgen für die Schweiz; Wirtschaftskrieg im militärischen Krieg, Ziele, Bedeutung, beteiligte Personen; Rolle des OSS und des »Save Heaven Programms« in diesem Wirtschaftskrieg; über Allen Dulles und Henry Morgenthau; Zahlenbeispiele für den wirtschaftlichen Grund des Zusammenbruchs des Dritten Reiches; Beleg für Hitlers Bankrott vor dem II. WK; Raubzüge in den von Deutschland besetzten Ländern, Aufgaben der Devisenschutzkommandos; Ablauf der Geldwäsche für Hitler durch Schweizer Banken; wirtschaftliche Situation Deutschlands 1943 und Abhängigkeit von den Schweizer Hehlern; wie man mit dem »Totengold« aus den Konzentrationslagern

verfuhr; wie die Informationen über Konzentrationslager und die Plünderungen der Ermordeten zu den Entscheidungsträgern der westlichen Welt gelangten; wie die Gestapo das evakuierte französische, belgische und polnische Staatsgold aus dem Senegal (Französisch-Westafrika) nach Berlin brachte; Folgen für die Schweiz durch die Annahme dieses Goldes und nun »herrenlosen Vermögens« jüdischer Familien; wie es dazu kam, dass die USA ihre Geheimdienstarchive öffneten und Druck auf die Schweizer Banken ausübten; Planung der Finanzgrundlage für ein »Viertes Reich« 1944 in Straßburg; warum die SS den Krieg »erfolgreich« überstand; warum die Schweiz kein Staat, sondern eine »Abwehrgemeinschaft« ist; Neutralitätslüge als Motivationsstruktur am Beispiel von Hans Sulzer, Lieferant der SS; Ablehnung eigener Verantwortung und isolatorische Haltung der Schweiz

Die Schweiz, das Gold und die Toten. 1997. 56 min.

Zwerenz, Gerhard (1925)
Schriftsteller, Journalist; geboren in Gablenz (bei Crimmitschau); Vater Ziegeleiarbeiter, Mutter Textilarbeiterin; Volksschule; Kupferschmied; 1942 Wehrmacht, 1944 Desertion, bis 1948 sowjetische Kriegsgefangenschaft; bis 1951 VP; ab 1952 Philosophiestudium bei Ernst Bloch; seit 1956 freiberuflich; 1957 Flucht in die Bundesrepublik; 1982 Austritt aus dem dortigen Schriftstellerverband; lebt im Taunus und publiziert auch unter verschiedenen Pseudonymen

Die Feindschaft zwischen Wolfgang Harich und Walter Janka hat mich persönlich sehr betroffen, weil ich darauf beharrt habe, mit beiden freundschaftlich verbunden zu bleiben und weil jeder mir übelgenommen hat, dass ich mit dem anderen nicht gebrochen habe. Ich habe jedenfalls den Versuch gemacht, sie miteinander zu versöhnen. Harich war geneigt, Janka nicht. Ich habe das dann verstanden. Ich habe einen zwanzig Seiten langen Brief von Walter Janka bekommen, in dem er versucht, mir auseinanderzusetzen, was er Gravierendes gegen Harichs Verhalten einzuwenden hat. Und das bezieht sich dann doch in der Hauptsache auf Harichs Verhalten in der Haft, also auf die Kooperation Harichs mit der Staatsicherheit. Ich hab' das sehr bedauert. Ich hab' allerdings das Gegenargument von Harich durchaus auch akzeptiert, nämlich, dass er gesagt hat, ihm hätte die Todesstrafe gedroht.

Frühjahr 1956, XX. Parteitag der KPdSU und Wirkung der Rede von Chruschtschow auf junge Intellektuelle als »eine Art 17. Juni der Intellektuellen in der DDR«; Hoffnung auf Reformen in der sozialistischen Gesell-

schaft als »letzte Chance für das sowjetische Sozialismus-Modell, sich ernsthaft zu reformieren«; das Philosophische Institut Leipzig und der Schriftstellerverband als zwei Fronten; Arbeit in der Redaktion der Wochenzeitung Sonntag und Bekanntschaft mit ▸ Wolfgang Harich, ▸ Walter Janka, ▸ Gustav Just und Heinz Zöger; Entstehung des Feuilletons *Leipziger Allerlei* und sein Gedicht *Die Mutter der Freiheit heißt Revolution*; über seinen Parteiausschluss aus der SED während einer Veranstaltung in der Leipziger Kongresshalle; Kontakte zu Carola Bloch und Georg Lukács; der Petöfi-Klub als Vorbild; Warnung durch Jochen Wenzel, der Harich in Berlin getroffen hat, als dieser gerade von Walter Ulbricht kam; Reaktion von Ernst Bloch auf die Verhaftung Harichs; über das Ost-Büro der Westberliner SPD als Agentennetz und seine Verwunderung über Harichs Kontaktaufnahme zu diesem Büro; Suche nach dem Sterbehaus von Felix Mendelssohn Bartholdy in der Goldschmidtstraße während der »goldenen Leipziger Jahre«; über die eigene Betroffenheit wegen der Feindschaft zwischen Janka und Harich und der gescheiterte Versuch, beide miteinander zu versöhnen; darüber, dass Harich als »zeitlebens vorzüglicher Analytiker« frühzeitig erkannt hat, dass die Linke weltweit – aber besonders in Deutschland – stets um eine Geschichtsepoche zurück liegt und Anwendung dieser Erkenntnis auf die deutsche Wiedervereinigung; zur Kritik Harichs an den DDR-Linken, an der PDS mit ▸ Gregor Gysi und an den Grünen; Harichs Memorandum von 1956
Interview: Franksen
2000. 28 min.

FILME UND SACHDOKUMENTE

Demokratischer Aufbruch

1987–1989

Demokratischer Aufbruch. Rot-grüne Ökologen, gelbe Marktwirtschaftler, schwarze Wiedervereiniger

Redaktion: Horst Edler

Ein Film über die Gründung des Demokratischen Aufbruch: Verhinderter Gründungstag; Gründungsversammlung mit ▸ Rainer Eppelmann, ▸ Wolfgang Schnur und ▸ Friedrich Schorlemmer am 29. Oktober 1989; Selbstdarstellung vom 2. Dezember 1989 mit Rainer Eppelmann, Wolfgang Schnur und ▸ Edelbert Richter; an der Diskussion über Statut, Aufgaben und Ziele des DA (Demokratischer Aufbruch) sind darüberhinaus Daniela Dahn, ▸ Ehrhart Neubert, Günter Nooke und Rudi Pahnke, beteiligt.

1989. 43 min.

380 min.

Evangelischer Kirchentag Berlin 1987

Kirche am Fennpfuhl: Beobachtung der Arbeit der Basisgruppen; Erlöserkirche: KSZE-Forum mit Gaus, Eppler, Krabatsch, Krusche; Hoffnungskirche: Zeitzeugen Scharf, Schönherr, Alberts; Marienkirche: ökumenisches Forum mit C. F. v. Weizsäcker, Stolpe, Misselwitz u.a.; Französischer Dom: Inge Jens über die Geschwister Scholl; Wuhlheide: Abschlussveranstaltung

1987. 1200 min.

Frie ost

Regie: Thomas Grimm

Dokumentation über den Berliner Jugendklub Friedrichsfelde-Ost; Jugendkultur in der DDR: Punks, Grufties, Stinos; Klubrat; Beobachtungen der Jugendszene im Berliner Jugendklub »Frie ost«; Punkkonzerte, Polizeieinsatz, Klubratssitzungen, Interviews mit Jugendlichen und Punk- und Rockbands; die Filmaufnahmen entstanden im Zeitraum Dezember 1987 bis August 1988;

es sind Momentaufnahmen aus dem Leben eines Berliner Jugendklubs. Die »Helden« des Films sind Mitglieder des Klubaktivs, der FDJ-Kreissekretär für Jugend und Sport, ein Abschnittsbevollmächtigter (Polizist), Musiker und ein DJ. Diese Filmdokumentation ist eine der ganz wenigen unabhängigen, kritischen Zeugnisse über die Jugend in der DDR.
1988. 50 min. – Teil 2 ▸ Off ground
520 min.

Ihr redet alle, aber keiner hört zu.
Cato Bontjes van Beek
Ein Film von Regina Griebel und Thomas Grimm
Interviews mit ▸ Olga Bontjes van Beek, der Mutter Catos, sowie ihren Geschwistern ▸ Mietje Bontjes van Beek und ▸ Tim Bontjes van Beek; über das Leben von Cato und Tim Bontjes van Beek und die Rote Kapelle
1989. 54 min.

Off ground
Regie: Thomas Grimm
Dokumentation über den Berliner Jugendklub Friedrichsfelde-Ost; Aussagen von Polizisten, Klubmitarbeitern und DJs; Dokumentation der »Einstufung« einer Amateurband; diverse Alltagsszenen; Jugendklub »Tierpark« in Berlin-Lichtenberg: Interview mit dem Dezernent für Jugend, Sport und Familie Bezirksamt Lichtenberg und mit der ehemaligen Leiterin des Zentrums für Jugendklubarbeit, über die Perspektive der Jugendklubs nach der Wiedervereinigung; Franz-Klub: Beratung der Jugendklubleiter; »Off Ground« ist ein Film über eine Berliner Jugendszene. Samstags wird der Klub Friedrichsfelde-Ost zum allgemeinen Treffpunkt: Punks pogen, Grufties trauern, Stinos gucken zu, Skins liegen draußen auf der Lauer. Musiker zwischen Bürokratie und Kommerz, Politik und Pubertät; Jugend zwischen FDJ und Jenseits, Schule und Schutzwall, im Niemandsland zwischen Norm und Eigensinn.

Demokratischer Aufbruch

Frie ost/
Off ground

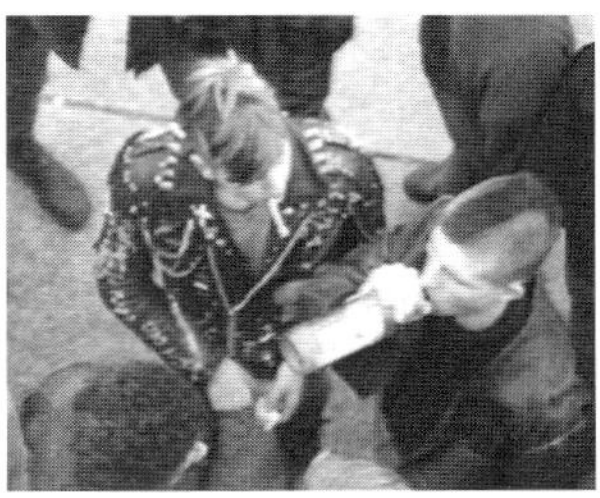

Sinn und Form

DDR-Archäologie

1989. 46 min. – Erstausstrahlung (EA): DFF, 1990. – Teil 1 ▸ Frie ost
63 min.

Sinn und Form
Ausstellung, Gratulationen zum 40jährigen Jubiläum in der Akademie der Künste mit ▸ Wieland Förster, ▸ Fritz Mierau, Ursula Ragwitz, ▸ Max Walter Schulz, ▸ Manfred Wegwerth; die Redaktion über sich; Ansprachen von ▸ Erwin Geschonneck, ▸ Gerd Irrlitz, ▸ Sebastian Kleinschmidt, Armin Zeißler; Teilnahme an einer Redaktionssitzung
40. Jahrestag. 66 min.

Verlorene Lieder – verlorene Zeiten
Ost-West-Liedermacher. Konzert am 2. Dezember 1989 im Haus der Jungen Talente; Teilnehmer: Lutz Bertram, Emma Biermann, Wolf Biermann, Jürgen Fuchs, Eva-Maria Hagen, Toni Krahl, Stephan Krawczyk, Steffen Mensching, Gerulf Pannach, Gerhard Schöne, ▸ Friedrich Schorlemmer, Barbara Thalheim, ▸ Bettina Wegner, Hans-Eckardt Wenzel
48 min. – EA: FAB, 1994

1990

DDR-Archäologie. Momentaufnahmen aus Ostberlin 1989/90
Milieubilder, Straßenbilder und Häuserfassaden (Rosenthaler Platz, Senefelder Platz, Dimitroffstraße, Bölschestraße, Egon-Schultz-Straße, Alt-Köpenick, Wuhlheide, Nalepastraße); Straßenbahnen, parkende Autos »Made in GDR«; Passanten und Kurzinterviews mit Ostberlinern; Geschäfte; »Straßenkunst«, Plakate und Schilder (NF, DA, Betriebspoliklinik, Altstoffhandel, Gedenkstätten Köpenick und Friedrichshain, Kabelwerk Köpenick); Kanzlei Wolfgang Schnur (außen); Podiumsrunde Jugendklubleiter; Jugendklub der FDJ Theodor Neu-

bauer; Berliner Markthalle, Postamt, DDR-Emblem; Straßenflucht (spätere East-West Galerie); Mauer mit Wachturm; Wahlkampfbüro der Vereinigten Linken (außen, innen und Interviews); Unabhängiger Frauenverband, Interview mit Mitgliedern; Rathaus Köpenick; Pionierpark Ernst Thälmann mit Pioniereisenbahn; Kleingartenanlage Wilhelmstrand; IFA Berlin; Rundfunk der DDR; VEB Taxi

67 min.

Deutsch und frei.
Geschichten aus dem Weihnachtsland

Regie: Thomas Grimm

Geschichten aus dem Westerzgebirge anno 1990. Der Film skizziert in Begegnungen, Gesprächen und Beobachtungen die geistige Physiognomie einer Region im Süden der DDR. Es mag ein Zerrbild sein – dennoch enthält es Wahrheiten, die auch für deutsche »Vergangenheitsbewältigung« bedeutsam sein könnten. Die Zukunft hat wieder einen Namen: Deutschland. Bei der letzten Volkskammerwahl der DDR 1990 wird die DSU stärkste Kraft, Bockau wählt seine erste »Miss Angelika«, der Direktor des Volkskundemuseums erzählt von Heimatbergen, Burschen errichten einen Galgen für »Wendehälse« und allerorten singt man das alte Lied *Deutsch und frei woll'mer sei...* – Rohmaterial zur Wahlkampfveranstaltung der DSU/CSU, Wahlakt, Feier der DSU-Wähler, Meinungen verschiedener Leute zu den Veränderungen im Land und zur Stimmung im Ort (Pfarrer, Schuldirektor, Kneipier, Arbeiter...)

45 min. – EA: DFF, 1991

Volkskammerwahl in Sosa (Erzgebirge) 15. bis 18. März 1990. 380 min.

Der Gegner-Kreis

Tagung Evangelische Akademie Berlin (West) zum Gegner-Kreis: Arnold Bauer, Herbert Dahl, ▸ Werner Dissel, Alexander Dolosalek und ▸ Robert Jungk über die Geschich-

Deutsch und frei

te des Gegner-Kreises; Zeit der 20er und 30er Jahre; die eigene Jugend und erste Kontakte zum Gegner-Kreis; über Hans Coppi, Harro Schulze-Boysen, Fred Schmidt und Adrian Tuerell, Verhältnis der Mitglieder des Kreises zur Sowjetunion, Situation des Kreises um die und nach der Zeit der faschistischen Machtübernahme; politische Illusionen des Kreises und sein Ende
122 min.

Der General-Spieler
Langzeitdokumentation über die Wende ab 1990 aus einem kleinen brandenburgischen Dorf: Wolfgang L. hat zunächst beim General-Spiel ein Vermögen gewonnen und später den Besitz der gesamten Familie durch dieses Spiel verloren. Gespräche mit Corinna und Wolfgang L. über den Aufbau einer Videothek im Dorf in der eigenen Garage, über das Leben in der Freiheit, die Zerstörung der Familie und den Verlust von Haus und Hof – Schnittbilder aus einem Dorf in Brandenburg
1990; 1993. 540 min.

Die Mauer
Dokumentation über die ehemalige Grenzanlage der DDR in Berlin und deren Abriss aufgenommen im Frühjahr 1990; ein Kamerateam ist mehrere Tage die Berliner Mauer zwischen Wedding und Reinickendorf, Schöneberg, Kreuzberg und Treptow abgefahren; noch steht die Mauer, nur an einigen Stellen ist sie geöffnet
503 min.

Protokollstrecke: Kunst in der DDR
Forum mit Sascha Anderson, Heiner Müller und A. R. Penck. Ausschnitte aus einem Gespräch im Foyer des Berliner Fernsehturms vom 6. Januar 1990. – Rohmaterial zu folgenden Themen: Künstler und Gesellschaft in der DDR – A. R. Penck und Sascha Anderson im Gespräch mit Heiner Müller, 6. Januar 1990; die beargwöhnte heitere

Muse – Lutz Stückrath und Hans-Georg Stengel, 5. Januar 1990; über seinen Hinauswurf aus der DDR – Dieter Schmidt im Gespräch mit Ralf Xago Schröder, 8. Januar 1990; über die Ungeliebtheit des Büchermachens – Erhard Frommhold im Gespräch mit Gabi Muschter, 9. Januar 1990; aus dem Leben eines ungespielten Autors – Klaus Wolf, 10. Januar 1990; Wie macht man (k)eine Literaturzeitschrift? Die Redaktion Temperamente – Laabs, Melchert, Kopka, 10. Januar 1990; Rockmusiker und Liedermacher zur Sache – Toni Krahl und Jürgen Eger, 11. Januar 1990; Kunst und Literatur als Gegenöffentlichkeit – *Mikado*, eine Zeitschrift und ihr Kreis, 12. Januar 1990; linke Kunst im Rechtsstreit – ▸ Klaus Staeck im Gespräch mit Klaus Werner, 13. Januar 1990; Erlebnisse mit der realsozialistischen Kulturbürokratie – ▸ Bettina Wegner und Jutta Braband

13. Januar 1990

43 min.

1140 min.

Untersuchungsausschuss der Volkskammer. Die Anhörung

Regie: Thomas Grimm

Der Zeitweilige Ausschuss zur Überprüfung von Fällen des Amtsmissbrauchs, der Korruption, der persönlichen Bereicherung und anderer Handlungen, bei denen der Verdacht von Gesetzesverletzungen besteht (Untersuchungsausschuss); Aussagen von ▸ Edelfried Buggel, ▸ Günter Erbach, ▸ Werner Hennig, ▸ Joachim Herrmann, ▸ Willi Kreisel, ▸ Rudi Mittig, ▸ Hans Reichelt, ▸ Günter Schabowski, ▸ Wolfgang Schwanitz, Konrad Naumann; Nachbetrachtung von Volker Klemm; Abschlusssitzung und Interview mit ▸ Heinrich Toeplitz, Vorsitzender des Untersuchungsausschusses

46 min.

840 min.

Protokollstrecke: Kunst in der DDR

Widerstand gegen Walter Ulbricht. (Kassation Wolfgang Harichs)

Widerstand gegen Walter Ulbricht
Regie: Thomas Grimm
Die Jahre 1956 und 1957 waren für die DDR richtungsbestimmende und gleichzeitig disziplinierende Jahre. ▸ Walter Janka hat das in seinem Buch *Schwierigkeiten mit der Wahrheit*, ▸ Gustav Just in seinem Band *Zeuge in eigener Sache* beschrieben. In beiden Erinnerungen spielen die Aussagen ▸ Wolfgang Harichs eine entscheidende Rolle. Mitte der 50er Jahre arbeitete Harich als Philosoph und Lektor im Aufbau Verlag und gehörte jener innerparteilichen Oppositionsgruppe an, die einen Gegenentwurf zur offiziellen SED-Linie konzipiert hatte. 1957 wurde er zu zehn Jahren Zuchthaus verurteilt. Wolfgang Harich äußerte sich im Gespräch mit Thomas Grimm erstmals öffentlich zu seiner Person im Zusammenhang mit den damaligen Ereignissen und Beteiligten: Walter Janka, Anna Seghers, Walter Ulbricht, Georg Lukács.
52 min. – EA: 1990

Die Wydoks. Hausbesetzerszene in Berlin
Der Verein wurde im Januar 1990 im Prenzlauer Berg gegründet, mit dem Ziel, ein alternatives Wohn- und Kulturzentrum in der Schönhauser Allee 5 zu schaffen und Einfluss auf die kommunale Kulturpolitik zu nehmen. Über Radio P – der Piratensender und Aljoscha Rompe
120 min.

1991

Abenteuer Osten...
Ostprodukte – der andere Markt
Regie: Kerstin Süske
Ostprodukte – Der andere Markt. Beleuchtet wird das Geschäft mit Waren, die noch in der DDR hergestellt wurden bzw. aus den neuen Bundesländern kommen. Es werden die Personen beobachtet, die damit das große Geschäft machen wollen, z.B. eine

Gruppe junger Berliner, die eine eigene Ladenkette mit ihrem Trabi-Kombi beliefern.
30 min. – EA: DFF, 1991

Abgeschlossen.
Vom Ost- in den Westknast
Ein Film von Uta Kolano und Corinna Boldt
In der Zeit der Wende erkämpften sich die Inhaftierten im DDR-Strafvollzug einige Rechte und Freiheiten; die Schließung des Ostberliner Strafvollzugs verändert die Situation völlig. Sozialreportage, die den Übergang von Frauen aus dem Ostberliner in den Westberliner Strafvollzug und die dabei auftretenden Schwierigkeiten nachzeichnet.
29 min. – EA: DFF, 1991

Chaos in den Ämtern?
Jugendamt Berlin-Mitte
Ein Film von Uta Kolano und Manuela Martinson
Sozialreportage über die Probleme bei der Umstrukturierung der DDR-Jugendfürsorge nach bundesdeutschem Recht zum Jugendamt und gleichzeitige Beschreibung der fließenden Grenze zur Neuen Armut.
29 min. – EA: DFF, 1991

Glanz und Elend des Irrationalismus in Deutschland
Ausschnitte aus einer Podiumsdiskussion in der Akademie der Künste
Podiumsdiskussion anlässlich der Aufführung von Syberbergs Hitler-Film am 14. Oktober 1990 in der AdK mit ▸ Werner Mittenzwei, ▸ Heiner Müller, Bernhard Sobel, Susan Sontag, ▸ Hans-Jürgen Syberberg, Werner Stötzer und Klaus Theweleit
44 min.
157 min.

Go West. Arbeiten im Harz
Ein Film von Uta Kolano, Stefan Zimmer und Thomas Hartmann
Sozialreportage über die Arbeitsmarktsituation im Harz und das entsprechende

Glanz und Elend des Irrationalismus in Deutschland

Harz Reise
Anno 1991

Reagieren der Ostharzer Pendler zwischen Arbeit im Westen und Wohnen im Osten.
29 min. – EA: DFF, 1991

Harz Reise Anno 1991
Ein Film von Uta Kolano
Wie hätte Heinrich Heine heute wohl seine Harzreise beschrieben? Ost- und Westharzer können nach der deutschen Wiedervereinigung endlich gemeinsam ihrer Heimatliebe frönen. Ein Film über die Neubelebung des Harzer Brauchtums im Osten und über den solidarischen Beistand der Westharzer.
28 min. – EA: DFF, 1991

In dubio pro reo. Büße, fremder Bruder!
Regie: Holmar Attila Mück
Sozialreportage über Ausländer im Berliner Strafvollzug. Zu Wort kommen Clemens-Maria Boehm, Siegfried Helm, Barbara John, Wolfgang Skipper, Pater Vincens. Rohmaterial: Außen- und Innenaufnahmen der Justizvollzugsanstalt Berlin-Tegel: Interview mit Barbara John über die Situation ausländischer Strafgefangener und Reintegration; Interview mit Pater Ignatius (polnischer Gefängnispfarrer) und Pater Vincens; Interview mit dem ehemaligen Gefangenensprecher über die Bedingungen für ausländische Gefangene, Ausweisung, Vollzugspläne, Strafmaß, kulturellen Bedingungen und Weiterbildungsmöglichkeiten; Landgericht Berlin, Amtsgericht Tiergarten (Außen- und Innenaufnahmen); Interview mit Clemens-Maria Boehm über Straffälligkeit von Ausländern und von Ex-DDR-Bürgern, über das Strafmaß, die Beiordnung von Verteidigern und Dolmetschern für Ausländer, über Kriminalitätsstatistik, Ausweisung und Abschiebung, über steigende Kriminalität von Deutschen und Ausländern und Gegenmaßnahmen, über mangelnde Ausstattung der (Berliner) Justiz, über die Wende und Justiz
30 min. – EA: DFF, 1991
123 min.

Lesbisch leben.
Homosexuelle Frauen im Osten
Film von Uta Kolano
Sozialreportage über weibliche Homosexualität mit Kurzporträts lesbischer Frauen. Über den Überfall von Skinheads auf eine Homosexuellenparty
30 min. – EA: ORB, 1992

Rabenkreischen oder Ihr sterbt mit allen Tieren
Ein Film von Jörg Neumann, Manfred Steuer und Thomas Grimm
Begegnung und Erinnerung auf dem Stahnsdorfer Zentralfriedhof im Südwesten Berlins. Hier haben berühmte Persönlichkeiten ihre letzte Ruhestatt gefunden, z.B. Lovis Corinth, Friedrich Wilhelm Murnau, Werner von Siemens, Heinrich Zille, Joachim Gottschalk, Hugo Distler. Ein Friedhof als Ort der Besinnung und des Nachdenkens über Berliner und deutsche Geschichte. Herbert Werthmann vom Berliner Stadtsynodalverband und Richard Mitschke, St. Mattäus Gemeinde Schöneberg, kommen zu Wort.
30 min. – EA: DFF, 1991
270 min.

Rote Socken im Grauen Kloster
Regie: Evelyn Schmidt
Ein Film über das bekannte Berliner Gymnasium »Graues Kloster« und seine Geschichte(n), erzählt von der einstigen Schülerin, der Regisseurin Evelyn Schmidt.
29 min. – EA: DFF, 1991

Revolution der Fernsehlandschaft Ost.
Zusammenbruch und Aufbruch
Medienpolitisches Hearing in der Akademie der Künste Ost am 7. September 1991 zur Umgestaltung von Rundfunk und Fernsehen im Osten Deutschlands mit ▸ Rudolf Mühlfenzl und Ulrich Roloff-Momin. Utopien eines anderen Fernsehens
55 min.
301 min.

Harz Reise Anno 1991

Revolution der Fernsehlandschaft Ost

Spuren und Anfänge – Zwischen Mulack- und Steinstraße

Leningrad (Sankt Petersburg)

Originalmaterial aus Leningrad während des Putschversuchs vom 20. bis zum 24. August 1991: u.a. Einholen der sowjetischen und Hissen der russischen Fahne auf dem Rathaus von Leningrad mit Anatolij Sobtschak; Leningrader Barrikaden

60 min.

Sekten in Sachsen. Massen und Seele

Regie: Manuela Martinson

Goldene Zeiten für Seelen-Fänger, die ein Glück versprechen, das so manche Familie zerstört und Menschen in Armut stürzt! Über den wachsenden Einfluss von religiösen Gesellschaften wie die Scientology Kirche oder die Hare-Krishna-Bewegung, die auch in den neuen Bundesländern nach der Wende im Herbst 1989 aktiv geworden sind.

30 min. – EA: MDR, 1992

Spuren und Anfänge.
Zwischen Mulack- und Steinstraße

Ein Film von Jürgen Ast und Maik Roth

Reportage über die städtebaulichen und sozialen Pläne sowie Veränderungen im Scheunenviertel Berlin-Mitte. Noch glauben viele Bewohner, Häuser und Wohnungen eines der ältesten Viertel der Stadt durch Eigeninitiative und Selbsthilfe instand setzen zu können. Eine Wiederbelebung des historischen Viertels wird es aber trotz aller Bemühungen nicht geben. – Schnittbilder vom Scheunenviertel. Straßenzüge, Details u.a. vom zerfallenen Zustand, besonders Stein- und Mulackstraße.

30 min.

90 min.

Unternehmen Bockwurst

Regie: Martin Hübner

Eine Dokumentation über den Imbissbuden-Boom in Leipzig, über westdeutsche Geschäftemacher und deren ostdeutsche Opfer. Der Besitzer von etwa einem Dutzend Imbissbuden und deren Stellflächen kannte

wohl Bertolt Brechts Spruch: »Was ist der Einbruch in eine Bank gegen die Gründung einer Bank?«, denn ganz nach diesem Motto versucht er, der Pate des Leipziger Imbissgeschäftes zu werden.
30 min. – EA: DFF, 1991

Spuren und Anfänge – Zwischen Mulack- und Steinstraße

1992

Die Anpassung. Vom Mann zur Frau
Ein Film von Kathrin Meß und Torsten Götz
Ein Film über Sorgen und Nöte von Menschen, die »sich in der falschen Haut«, mit dem »falschen Geschlecht« geboren fühlen und sich deshalb einer operativen Geschlechtsumwandlung unterziehen.
30 min. – EA: ORB, 1992

Burgunder von Pillnitz
Ein Film von Thomas Grimm und Thomas Hartmann
Ein Film über den Weinbauer und Böttchermeister ▸ Rolf Götze, ein Mensch von heute mit einem Handwerk von gestern. Er stellt nach altem Vorbild wie vor hundert Jahren in mühevoller Handarbeit Holzfässer und -kübel für Schloss Pillnitz her. Nebenbei betreibt er an den Hängen um Dresden, ebenfalls in historischer Tradition ein kleines Weingut.
30 min. – EA: MDR, 1992

Burgunder von Pillnitz

Ein Heiliger, der konspiriert. Dietrich Bonhoeffer
Ein Film von Hans-Joachim Curth und Horst Edler
Am 9. April 1945 wurde Dietrich Bonhoeffer im Konzentrationslager ermordet. Bereits zwei Jahre zuvor, im April 1943, wurde er im Haus seiner Familie in Berlin von der Gestapo verhaftet. Doch erst nach dem 20. Juli 1944 erkannten die Verfolger das Ausmaß der Konspiration. Dietrich Bonhoeffer ist der weltweit bekannteste Theologe des deutschen Protestantismus in diesem Jahr-

Der Fiedler auf dem Faß

hundert. Die Aufnahmen zu diesem Film entstanden in der Marienburger Allee 43, dem früheren Wohnhaus der Familie Bonhoeffer. Ehemalige Schüler und Zeitzeugen, darunter sein Biograph Eberhard Bethge und Altbischof Albrecht Schönherr, erinnern sich an Bonhoeffers Kampf gegen den bevorstehenden Krieg, an die Zeit der Illegalität und des politischen Widerstandes.
45 min.

Der Fiedler auf dem Faß

Regie: Lutz Rentner und Frank-Otto Sperlich
Der Erzgebirgler Christian Fiedler kauft nach der Wende eine Brauerei in seiner Heimat und gründet Fiedler-Bräu, die kleinste Bierbrauerei des Erzgebirges. Ein Film über den Jungunternehmer, über Schwierigkeiten und Vorteile der Selbständigkeit. Unter dem selbstgewählten Motto »'s wird scho'« hilft die gesamte Familie beim Entstehen des Gerstensaftes mit. Mit einem einzigen Angestellten beliefert Fiedler die Gegend rund um den Fichtelberg mit seinem Bier. Trotz des harten Konkurrenzkampfes konnte die Brauerei bis heute überleben.
30 min.

Literaturwerkstatt. Selbstbefragung

Über die Reglementierung des Literaturbetriebs in der DDR; Einführung und Leitung der Diskussion: Karin Hirdina; über ihr Literaturverständnis und Christa Wolfs *Kassandra*; B. K. Tragelehn über Theater in der DDR, die 60er Jahre, Heiner Müller, Peter Hacks und über die Schwierigkeit, Distanz zu gewinnen und Mechanismen zu durchschauen; Hans Marquardt über Wolfgang Hilbig, Franz Fühmann und den Reclam-Verlag; Werner Liersch über Reglementierung und ihre Durchbrechung; Dieter Schlenstedt über das Prinzip Selbstzensur und Volker Brauns *Hinze und Kunze*; Klaus Höpcke über seine Tätigkeit als Minister, über Monika Marons *Flugasche*
134 min.

Max braucht Holz.
Geschichten aus dem Weihnachtsland
Ein Film von Andreas Kuno Richter und Thomas Grimm
De Randfichten
Regie: Thomas Grimm

Die Schnitzer am Auersberg sind kauzige Leut'. Im Winter, wenn Berge und Wege tief verschneit sind, sitzen sie in ihren Stuben und schälen mit Messer und Stechspeitel Figuren aus weichem Holz. Wenn dann aber die Schneefräsen die Straßen begehbar machen, treffen sie sich zu Bier und Gesang. Das Schnitzen, eine jahrhundertealte Tradition an der deutsch-böhmischen Grenze, wird in diesem Film wieder lebendig.

Max Unger, Möbeltischler und Hobbyschnitzer, über seine geschnitzten Figuren (Arbeiter, Raumfahrer); Erzgebirgische Schwippbogen; wie er zum Schnitzer wurde, erste Vorlagen; warum er schnitzt; verschiedene Schritte der Anfertigung einer Holzfigur; wie er seine Nachbildung der Kirche von Johanngeorgenstadt anfertigte; über Vorlagen für Tierfiguren; Geschichten aus dem Weihnachtsland; über Max Ungers Schnitzereihandwerk, das Erzgebirge und Weihnachten – Weiteres Originalmaterial: Aufnahmen vom Erzgebirgsmuseum, der Schnitzereiwerkstatt u.a. Gebäude; faszinierende Winterlandschaft aus dem Erzgebirge; Bilder von der Eröffnung des Technischen Denkmals »Historischer Pferdegöpel« Johanngeorgenstadt am 30. Oktober 1993 – über die Gruppe De Randfichten

je 30 min. – EA: MDR, 1992

321 min.

Oktoberrevolution an der Humboldt-Universität zu Berlin

Diskussion über das Ereignis von 1917 mit Gregor Gysi, Oskar Negt und Ernest Mandel

46 min.

Max braucht Holz.

Schaut euch noch mal um... Die Geschwister Werner

Rabeneltern

Ein Film von Gudrun Grimm und Lutz Rentner

Mütter und Väter verschwanden im Herbst 1989 in den Westen und ließen ihre Kinder im Stich. Die Reportage schildert Schicksale damals Verlassener; ohne Vorverurteilung ist man Motiven der Eltern auf der Spur. Ein Film, der aufklärt, aber auch richtigstellt.

44 min. – EA: ARD, 1993

Schaut euch nochmal um... Die Geschwister Werner

Regie: Thomas Grimm

Nach über zwanzig Jahren kehrt Käthe Pfeffer, geborene Werner, zusammen mit ihrem Enkelkind an den Ort ihrer Kindheit nach Schönau zurück. Im Film spricht sie über ihre Bindung zu dem schlesischen Heimatort Schönau, heute Kromolin (Polen), wo sie mit ihrem Bruder ▸ Kurt Werner aufwuchs. Zusammen mit Christa Ratzer erinnert sie sich an die Zwangsumsiedlung 1945, an Besuche in und Verbindungen zu der alten Heimat. Sie beschreibt das Verhältnis zu den aus Russland vertriebenen Nachfolgern auf dem elterlichen Hof und berichtet, was sich in der alten Heimat verändert hat. Während die Großmutter ihren Kindheitsspuren nachgeht, findet ihr Enkel mit den polnischen Kindern schnell Gemeinsamkeiten beim Spiel mit Hund Budscheck und dem Gameboy.

30 min. – EA: MDR, 1993; ORB, 1993; unter dem Titel »Schönau – Kromolin. Besuch in der alten Heimat« arte, 1995

418 min.

Der Schwarze Kanal oder Armes Deutschland. Eine Begegnung mit Karl-Eduard von Schnitzler

Buch und Regie: Thomas Grimm und Lutz Rentner

Adel verpflichtet. ▸ Karl-Eduard von Schnitzler war seit seiner Geburt etwas be-

sonderes; das ist er bis heute geblieben. Fast 30 Jahre bekämpfte er mit seinem Schwarzen Kanal den westdeutschen Klassenfeind – die Einheit holte ihn zurück nach Deutschland, ins gehasste Land. Karl Eduard von Schnitzler wird in diesem Film mit Aussagen aus seinen früheren TV-Sendungen konfrontiert, er besichtigt noch einmal sein altes Arbeitszimmer im ehemaligen DDR-Fernsehen und darf, nur für diesen Film, ein allerletztes Mal einen Schwarzen Kanal gestalten.
45 min. – EA: ARD, 1992

Schwester Linda
Regie: Beate Schönfeld
Porträt einer Diakonieschwester aus Gera, ihr Lebens- und Menschenbild
30 min. – EA: MDR, 1992

Die Vision des Dr. Becker
Ein Film von Lutz Rentner und Frank-Otto Sperlich
Porträt des Ingenieurs Dr. Karl Becker, der durch Ideen und Technologien Hoffnungen für das Leunaer Chemie-Revier schafft, das durch die Elf-Minol-Gruppe von der Treuhand übernommen wurde.
30 min. – EA: MDR, 1992

1993

Aufarbeitung von Geschichte und Folgen der SED-Diktatur in Deutschland
Eine Sitzung der Enquête-Kommission des Deutschen Bundestages im Gebäude der ehemaligem AdK der DDR. 5. Mai 1993. Zeitzeugen zur kulturpolitischen Situation 1961–1976. Anhörung zu Kunst und Kultur in der DDR, u.a. mit Manfred Jäger, Klaus Schlesinger und Freya Klier; unter der Gesprächsleitung von ▸ Wolfgang Thierse Diskussion mit ▸ Jurek Becker, ▸ Hans Bentzien, ▸ Frank Beyer, Hartwig Ebersbach, Günter Feist und Jutta Wachowiak

Aufarbeitung von Geschichte und Folgen der SED-Diktatur

Teil 1. 56 min.; Teil 2. 55 min.
600 min.

Deutsche Zeitungen in New York
Regie: Holmar-Attila Mück und Thomas Grimm
Henry Marx, Verleger der Zeitung Aufbau und Jes Rau, Verleger der Staats-Zeitung reden über deutsche Immigranten in den USA und über ihre Arbeit
100 min.

Deutscher Denkmal-Streit. Abreißen – Umdeuten – Bewahren. Denkmäler der Teilung
Mitschnitt einer Veranstaltung der Deutschen Gesellschaft e.V. am 26. September 1993 im Schauspielhaus mit Richard Dahlheim. Ludwig Deiters, Friedrich Dieckmann, Rainer Hildebrandt, Hans Müller, Peter Steinbach
56 min.

Deutscher Denkmal-Streit. Hauptstadt Berlin: Geschichtslandschaft und Denkmal
Mitschnitt einer Veranstaltung der Deutschen Gesellschaft e.V. am 26. September 1993 im Schauspielhaus mit Joachim Braun, Helmut Engel, Christine Hoh-Slodczyk, Lutz von Pufendorf, Rabbiner Stein, Wolfgang Thierse
53 min.

Friedensgespräche: Der Dalai Lama
S. H. der Dalai Lama, Friedensnobelpreisträger 1989, spricht und beantwortet Fragen aus dem Publikum
61 min.

Frieden durch Völkerverständigung und gewaltfreie Konfliktlösung
Ausschnitte aus einer Veranstaltung der Fördergemeinschaft zur Gründung einer Friedensuniversität (FGF) im Schauspielhaus Berlin. Am Forum beteiligen sich Herman

van Veen, Manina Lassen-Grzech, Friedrich Schorlemmer, Johan Galtung, Luise Rinser, Karl Pribram und Klaus Stephan Otto
50 min.

Kultur-
brauerei

Wandel durch Annäherung

Ein Gespräch mit Henry Kissinger, Egon Bahr und Valentin Falin über Hintergründe und Zusammenhänge des Berlin-Abkommens
53 min.

Der Kampf um Anerkennung

Ein Forum der Deutschen Gesellschaft e.V. zur Geschichte der DDR. Teilnehmer am Forum sind Manfred Gerlach, Rolf Reißig, Max Schmidt, Gerhard Schürer und Konrad Weiß
51 min.

Kulturbrauerei

Regie: Horst Edler

Ein Film über die Arbeit der Berliner Kulturbrauerei zwischen Kultur und Kommerz; Ostberliner Kulturprojekte – Dazu Originalmaterial: Interview mit dem Bierbrauer Arthur Lange, Gespräch mit der Sängerin Angelika Weiz; zur Immobilie und Geschichte der Kulturbrauerei Berlin; Schnittbilder vom Gebäude
54 min.
108 min.

Mühlrad, Whisky und Asphalt

Ein Film von Lutz Rentner und Frank-Otto Sperlich

Dokumentiert wird das Schicksal des deutschen Aussteigers Wolfgang Hege. Mit seiner brasilianischen Frau führt er im Norden Brasiliens eine Bar mit Pension. Die Geschäfte liefen gut – bis die Bundesstraße 364 asphaltiert wurde. Nun donnern die Lastwagen vorbei. Doch Hege ignoriert die neuen Tatsachen, er hält den Bar-Betrieb wie eh und je aufrecht und wenn doch ein Gast hereinkommt, erzählt er gern von überstande-

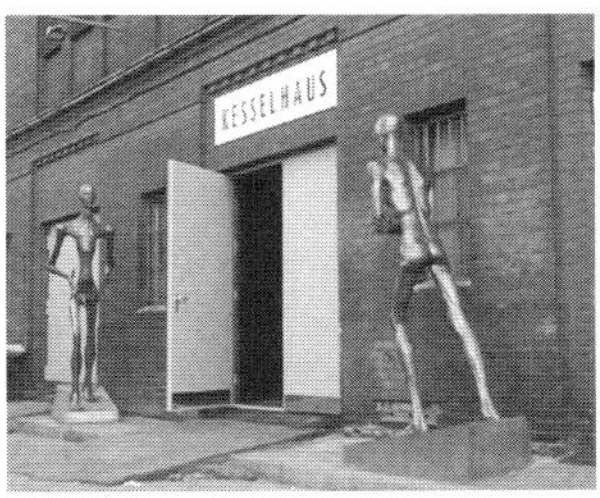

Wolfgang Hilbig

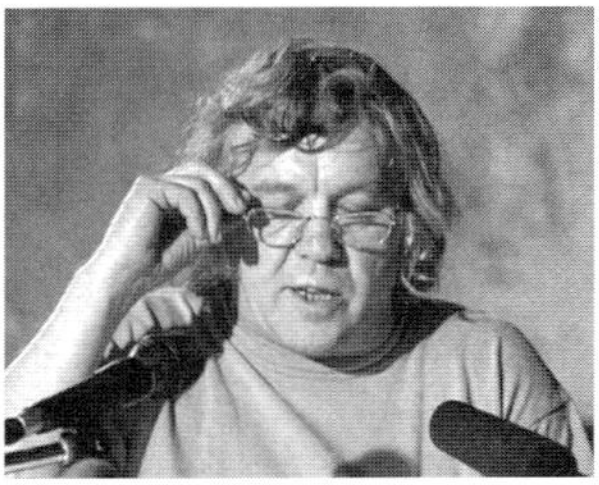

Archäologie der Wende

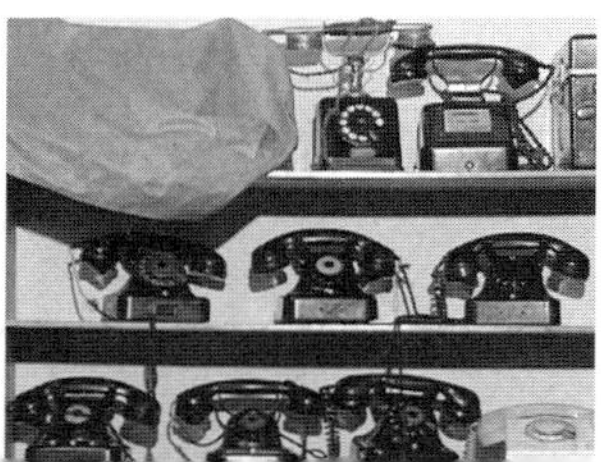

nen Überfällen und dem früheren Leben in Europa. Heges kleine Welt bewegt sich heute zwischen seiner Waschstelle am Mühlrad, dem Whisky seiner Bar und dem Lärm der Asphaltstraße.

30 min. – EA: MDR, 1993

Wolfgang Hilbig

Lesung im Berliner Café »Übereck«

59 min.

1994

Adam Hundesohn. Absurde Clownerie um den Irrsinn des Holocaust

Ein Film von Horst Edler

Das Geisha-Theater aus Tel Aviv inszeniert eine Groteske nach dem gleichnamigen Roman von Yoram Kaniuk über Adam Steiner, der den Holocaust überlebt, weil er den Hund des Kommandanten Klein »macht«. Der Holocaust als grotesker Zirkus – in Israel ein herausragendes Theaterereignis! Adam Stein, ein deutscher Jude, begnadeter Clown und Artist, war einst der Besitzer des größten Zirkus' von Berlin. Das Ensemble, bestehend aus russischen Einwanderern, spielt in hebräischer Sprache. Es gastiert in Deutschland in einem Zirkuszelt. Der Film verbindet Ausschnitte aus der Aufführung des Geisha-Theaters Tel Aviv und Gespräche mit dem Autor.

17 min.

Archäologie der Wende. Ein Seh- und Hörbericht

Aufwendig gedrehte Bestandsaufnahme in Ostberlin und den neuen Bundesländern von stillgelegten Betrieben, LPG-Maschinenparks, Häuserabrissen, u.a. Zentralviehhof Berlin, Vergaserwerk, DDR-Rundfunkarchiv in der Nalepastraße, Stasizentrale Magdalenenstraße, Arbeitsamt, Kaufhaus am Alex, Rüdersdorfer Zementwerk

350 min.

Berlin Document Center (BDC)
Interviews von Veronica Hass mit ▸ Götz Aly, ▸ Siegfried Büttner, ▸ Michael S. Cullen, ▸ David Marwell, ▸ Kurt Rosenow und ▸ Wolfgang Schäffler zur Geschichte und Zukunft des BDC; über Bestände und Nutzungsbedingungen
240 min.

Die Bernsteinzimmer-Saga. Das Silber der Wettiner
(Kunst und Geschichte im 20. Jahrhundert)
▸ Günter Wermusch darüber, wie er zu dem Thema kam; die Suche nach dem Bernsteinzimmer am Kriegsende durch die Russen; über Schwierigkeiten zwischen Deutschland und Russland, geraubte Kunstschätze auszutauschen bzw. zurückzugeben; Georg Kretschmann zur Geschichte des Silbers der Wettiner; zum Verbleib des Schatzes während des II. WK; wie die russische Besatzungsmacht von dem Versteck erfuhr; seit wann er sich mit dem Thema beschäftigt; wie er auf erste Spuren in Moskau stieß; warum der Schatz im Vergleich zum Bernsteinzimmer nicht zur Legende wurde
46 min. EA: FAB, 1995
160 min.

Drei Sachsen in Berlin
Lesung in der Kulturbrauerei mit Siegmar Faust, ▸ Wolfgang Hilbig und Gert Neumann
44 min. EA: FAB, 1994
145 min.

Die Hinterbliebenen oder Was von den Träumen blieb
Regie: Thomas Grimm und Maik Roth
Eine Dokumentation zum gleichnamigen Buch (Siedler Verlag, 1993) über Kunst und Kulturpolitik der DDR von und mit ihren einstigen Protagonisten wie z.B. ▸ Jürgen Kuczynski, ▸ Stefan Heym, ▸ Erwin Strittmatter, ▸ Heiner Müller, ▸ Willi Sitte u.a.
18 min.

Archäologie der Wende

Berlin Document Center (BDC)

Berlin Document Center (BDC)

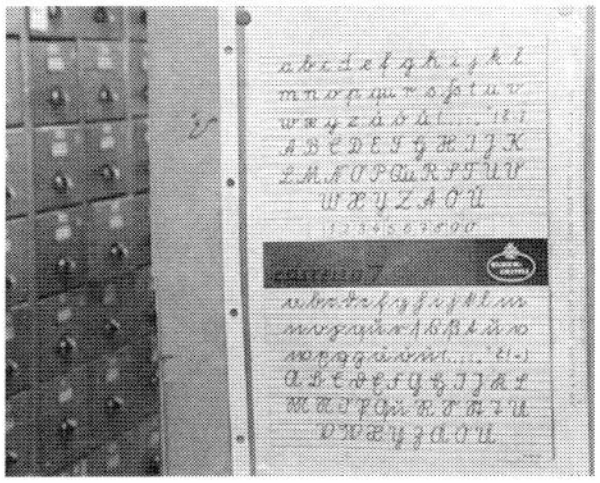

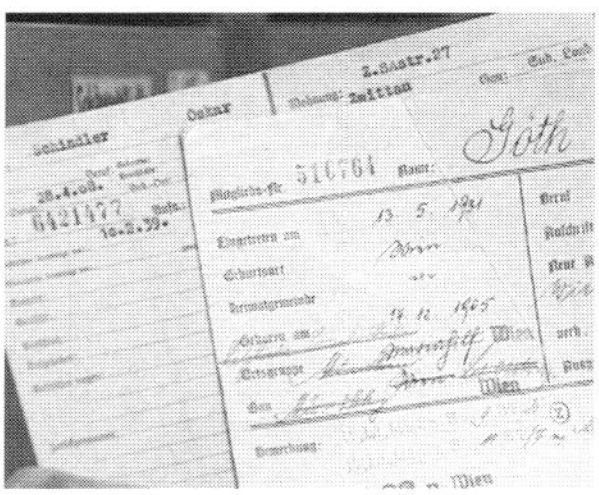

Das Imperium.
Lesung mit Ryszard Kapuscinski

Redaktion: Thomas Grimm

Mitschnitt der Veranstaltung mit Ryszard Kapuscinski am 16. Februar 1994 im Berliner Ensemble. Lesung mit Heiner Müller

51 min.

118 min.

Der nackte Osten.
Erotik zwischen Oben und Unten

Regie: Uta Kolano

Heiner Carow, Manfred Gebhardt, Jutta Resch-Treuwerth, Günter Rössler, Brigitte Sellin und Kurt Starke über Erotik und Sexualität in der DDR

45 min. – EA: ARD, Sommer 1994

Rückblicke, Einblicke – Medien in der DDR. Ein Medienpaket des Adolf Grimme Instituts in Zusammenarbeit mit dem ORB:

Im Westen nichts Neues.
Das Bild der BRD im DDR Fernsehen

Regie: Lutz Rentner

Am propagandistischen Aufbau der DDR und der ideologischen Demontage der BRD hatten vor allem drei Sendungen des DDR-Fernsehens mitzuwirken: die Aktuelle Kamera (Nachrichtensendung), Der Schwarze Kanal und Alltag im Westen. Sie stehen im Mittelpunkt dieses Films.

44 min.

Eine Reise ins Leseland – Verleger, Autoren und Leser. Rückblicke, Einblicke – Medien in der DDR.

Regie: Thomas Grimm

Es äußern sich Volker Braun, Elmar Faber, Stefan Heym, Klaus Höpcke, Walter Janka, Erich Kundel, Günter Kunert, Heiner Müller, Erwin Strittmatter, Christa Wolf, Gerhard Wolf zu Kunst, Kulturpolitik und Verlagswesen in der DDR

45 min.

Die Revuetreppe. Schokolade aus Adlershof. Rückblicke, Einblicke – Medien in der DDR.
Ein Film von Lutz Herden und Mario Manns
ⓘ Wolfgang Roeder (Vier Brummers), Heinz Quermann und Karlgerhard Seher über Fernsehen der DDR und die Unterhaltungssendungen Da lacht der Bär, Mit dem Herzen dabei und Ein Kessel Buntes
45 min.

Zwischen Liebe und Zorn. Jugendmedien in der DDR
Ein Film von Lutz Rentner und Otto Frank Sperlich
ⓘ Zur Geschichte des Jugendfernsehens der DDR, von der Fernsehsendung Gut Aufgelegt (1959) über basar (1965), rund (1973) bis zu Elf 99 (1990) und über Jugendradio DT 64 (1964); es berichten Jan Carpentier, Klaus Jentzsch (Renft), Werner Karius, Karl-Heinz Neumann (Kalle Neumann), Lutz Rentner und Jörg Wagner
45 min.

Wo ich meinen Hut hinhäng...
Ein Film von Frank-Otto Sperlich
ⓘ Porträt des Rockmusikers ▸ Udo Lindenberg. Der Musiker redet über die Musikszene in Deutschland, über Rockmusik, seine Lebensphilosophie und Beziehungen zu Frauen. Er engagiert sich für eine weltoffene und multikulturelle Gesellschaft gegen Neonazismus. Er spricht über das »Sich-durchboxen«, über Sensibilität und Cool-Sein, um im Rock-Geschäft zu bestehen und widerlegt Klischees, man könne im Alter keine Rock- und Popmusik mehr machen.
30 min. – EA: MDR, 1994

1995

Fünfzig Jahre Aufbau-Verlag. Junge Autoren im Aufbau-Verlag
(Kunst und Geschichte im 20. Jahrhundert).

Eine Reise ins Leseland

Gespräch mit Martin Ahrends, Angela Drescher, Tilman Krause und Mario Wirz über den Verlag und das Verlagswesen
57 min.

Fünfzig Jahre Aufbau-Verlag. Die Jahre um 1989. Erinnerung und Ausblick
(Kunst und Geschichte im 20. Jahrhundert).
Gotthard Erler im Gespräch mit Volkhard Bode und ▸ Christoph Hein über den Aufbau-Verlag; Leben, Arbeiten und Literatur in der DDR; Zensur; Christoph Heins Bücher *Der Tangospieler* (1989); *Horns Ende*; über ▸ Elmar Faber; ▸ Christa Wolfs *Kassandra*; die Wende und das Jahr 1989; Gründung eines Autorenrates
51 min.

Ist das schöne Buch noch zeitgemäß?
(Kunst und Geschichte im 20. Jahrhundert).
▸ Elmar Faber im Gespräch mit Manfred Bofinger, Michael Faber und Jürgen Seuss über die Gestaltung aufwendig ausgestatteter Bücher und Buchkunst; die heutige Situation von Verlagen; über Massenbuchproduktionen
55 min.

Kaufrausch grenzenlos
Ein Film von Thomas Grimm
Handel und Markt an der deutsch-tschechischen Grenze
29 min. – EA: MDR, 1997

Auftragskunst in der DDR. Künstler zwischen Ästhetik und Politik
Zur Ausstellung des Deutschen Historischen Museums (DHM) »Auftrag: Kunst 1949–1990«; über bildende Künstler in der DDR, die über ihr Schaffen und Credo berichten; über den Umgang mit Aufträgen; Auftragskunst und Kunst in der DDR; Theo Balden, ▸ Gudrun Brüne, ▸ Wilfried Falkenthal, ▸ Peter Feist, ▸ Erich Gerlach, ▸ Hans-Hendrik Grimmling, ▸ Heidrun Hegewald, ▸ Bernhard Heisig, ▸ Heinz Löffler, Bärbel

Mann, ▸ Willi Neubert, ▸ Uwe Pfeifer, ▸ Hermann Raum, ▸ Frank Ruddigkeit, ▸ Herbert Schirmer, ▸ Walter Womacka
86 min. – EA: FAB, 1995
750 min.

Auftragskunst in der DDR. Künstler zwischen Ästhetik und Politik

Tradition und Zukunft einer dreihundertjährigen Akademie der Künste (Kunst und Geschichte im 20. Jahrhundert).
Astrid Kuhlmey im Gespräch mit Frank Michael Beyer, Matthias Flügge, ▸ Walter Jens und Wolfgang Kohlhaase
55 min.

Wer diskutiert, wirft nicht mit Steinen? (Kunst und Geschichte im 20. Jahrhundert).
Im Gespräch mit Sybille Ploog und ▸ Falco Werkentin über die Situation in Westberlin und innerhalb der Polizei; neue Konzepte, Gewalt ins Leere laufen lassen; über das staatliche Gewaltmonopol der Polizei; Argumente für Kritik am Gewaltmonopol und Waffenungleichheit zwischen Demonstranten und Polizei; über die Polizeireform in Westberlin; Polizeiausbildung; Verfassungsschutz und Radikalenerlass; SEK; polizeilicher Schusswaffeneinsatz; Bekämpfung des Terrorismus; 1979 Initiative »Bürger beobachten die Polizei«; gegenwärtige Situation der Polizei und Kriminalität; Schengener Abkommen; Ausblick für die Arbeit der Polizei in der Bundesrepublik Deutschland und Berlin
59 min.

1996

Akademie-Debatte. (Teil I bis X)
Veranstaltungsreihe in der Akademie der Künste
I. Theatertexte – Texte für das Leben?
Debatte mit Frank Castorf, Thomas Langhoff, Volker Pfüller, Henning Rischbieter und Hans-Joachim Ruckhäberle
53 min.

Akademie-Debatte

II. Was ist neu an der neuen Musik?
Mit Frank Badur, Frank Michael Beyer, Elmar Budde, Dieter Schnebel und Hans Zender
56 min.

III. Die Zukunft der europäischen Stadt
Moderation: Hartmut Häußermann; Teilnehmer: Gabriel Epstein, Hardt-Waltherr Hämer, Friedrich Spengelin und Peter Zlonicky über Architektur und Städtebau
47 min.

IV. Zwei Welten im deutschen Film. Zur DEFA-Gründung vor 50 Jahren
Moderation: Reinhard Hauff; mit Heiner Carow, Ulrich Gregor, Wolfgang Kohlhaase, Günter Reisch, Volker Schlöndorff
57 min.

V. Zum Wandel des künstlerischen Selbstverständnisses in der Mediengesellschaft
Moderation: Regina Wyrwoll; mit Ute Meta Bauer, Jochen Gerz, Walter Grasskamp, Paul Liessmann und Klaus Staeck
Teil 1: 50 min.

VI. Zum Wandel des künstlerischen Selbstverständnisses in der Mediengesellschaft
Teil 2: 49 min.

VII. Tanz
Moderation: Norbert Servos; Teilnehmer: Reinhild Hoffmann, Arila Siegert, Thomas Thorrausch und Christoph Marthaler
54 min.

VIII. Schreiben und Berichterstatten – Schriftsteller und Staatssicherheit
Einführende Worte: Walter Jens; Moderation: Christoph Dieckmann; Teilnehmer der Diskussion: Egon Bahr, Volker Braun; Jan Faktor, Stefan Heym, Katja Lange-Müller, Friedrich Schorlemmer
56 min.

IX. Musik – Sprache – Sprachlosigkeit
Mit Frank Michael Beyer, Manfred Bierwisch, Elmar Budde, Karl Mickel, Wolfgang Rihm
55 min.

X. Gute Unterhaltung! –
Mit deutschen Produktionen
ⓘ Moderation: Georgia Tornow; Teilnehmer: Jutta Brückner, Andreas Dresen, Alfred Holighaus, Barbara Sichtermann, Peter Timm
56 min., 1997

Berliner Lektionen
Eine Auswahl aus den Jahren 1991-1996.
ⓘ Zusammenstellung von Ausschnitten aus verschiedenen Berliner Lektionen mit ▸ Jelena Bonner, ▸ Horst Buchholz, ▸ Ernesto Cardenal, ▸ André Glucksmann, ▸ Nadine Gordimer, ▸ Ayya Khema, ▸ Inge Morath, ▸ Marcel Ophüls, ▸ Helmut Schmidt und ▸ Jakob von Uexküll
100 min.

Deutsch und frei. Neue Geschichten aus dem Weihnachtsland. Zusammengetragen anno 1990-1995
Film von Thomas Grimm und Uta Kolano
ⓘ Langzeitdokumentation – Wende und Wendungen im Erzgebirge. Bei der Bundestagswahl 1995 wurde die CDU stärkste Kraft, die DSU gibt es fast nicht mehr. In Bockau finden keine Miss-Wahlen mehr statt, der Museumsdirektor ist wegen Stasi-Kontakten entlassen, die Burschen sind erwachsen geworden und allerorten singt man das alte Lied *Deutsch und frei woll' mer sei...* Zweiter Teil des Dokumentarfilms, der fünf Jahre deutsche Einheit in einem kleinen Dorf in den Bergen optisch eindrucksvoll schildert.
25 min. – EA: 3Sat, 19.02.1996; 45 min. – EA: MDR, 3.10.1996

Gründung der Sächsischen Akademie der Künste
ⓘ Originalmaterial von der Gründungsveranstaltung in Dresden am 29.02.1996. Interviews mit ▸ Friedrich Dieckmann, ▸ Wieland Förster, Angela Kraus und ▸ Udo Zimmermann
73 min.

Akademie-Debatte

Noel Field. Der erfundene Spion

Ich sehe etwas, was Du nicht siehst. Frank, 8 Jahre, blind

Regie: Gudrun Grimm

Ⓘ Frank Schirlitz, ein Junge, der schon als kleines Kind sein Augenlicht verlor, entdeckt die Welt auf seine Weise. Momentaufnahmen aus dem Leben eines blinden Kindes: das Zuhause, Kinderfest, Zank und Spiel, Schulanfang, Punktschrift – Franks kleine Welt und wie er sie sich im Großen vorstellt. Der Junge wurde über ein Jahr lang begleitet. Dabei ging es nicht um eine Sozialreportage über Chancen und Möglichkeiten Sehbehinderter, sondern um eine Bildgeschichte zum Dabeisein.

30 min. – EA: MDR, 20.11.1996

Karl May. Eine unendliche Geschichte

Regie: Uta Kolano

Ⓘ Über Karl May und wie er in der DDR gelesen wurde; Gespräch mit ▸ Hans Bentzien über das Verlegen von Karl-May-Büchern; weiter kommen zu Wort Ekkehard Bartsch, Martin Böttcher, Christian Heermann, Gojko Mitič, Lothar Schmid, Horst Wendlandt und Hermann Wiedenroth

44 min. – EA: arte, 1998

Noel Field. Der erfundene Spion

Buch, Recherche, Regie: Werner Schweizer, in Zusammenarbeit mit René A. Zumbühl, Thomas Grimm, Kathrin Plüss und Susi Koltai

Ⓘ Filmdokumentation zu Biografie und Schicksal von Noel Field in der Zeit des Kalten Krieges

104 min.

Die Stadt Wolfsburg in der Zeit des Wirtschaftswunders

Dokumentation für das Deutsche Historische Museum (DHM) 1996

Ⓘ ▸ Hugo Bork, ▸ Ihno Detmers, ▸ Josef Gerstel, Bernd Giebel, ▸ Carl H. Hahn, Margot Hahn-Schael, ▸ Helmut Henseler, Ernst und Vera Siedentopf über Heinrich

Nordhoff, Automobilproduktion, die VW-Familie und Gemeinschaft, über das VW-Werk und Wolfsburg, das Verhältnis zur Stadt, die auch Heimat geworden ist und über damalige Konventionen; ▸ Peter Koller jun. über seinen Vater Peter Koller sen., über Stadtplanung, Städtearchitektur und Wohnen

67 min.

VW – mein Zuhause.
Ein Leben mit dem »Käfer«

Ein Film von Thomas Grimm

VW-Arbeiter erinnern sich an die Automobilproduktion in der Wirtschaftswunderzeit, in der der heute legendäre »Käfer« das einzige bezahlbare Auto im Lande war und auf besondere Weise ein »Wir-Gefühl« verkörperte. Der frühere Vorstandsvorsitzende ▸ Carl. H. Hahn erklärt die berühmte Werbekampagne für den »Käfer« in den USA; der Film zeigt erstmals die damals eingesetzten Werbespots. Ihno Detmers, Hanneliese Giebel, Besitzerin einer Tanzschule, der Fotograf ▸ Heinrich Heidersberger, der Architekt ▸ Peter Koller jun., Familie Schulz und Ernst Siedentopf erzählen über ihre Verbundenheit mit Wolfsburg und zur Geschichte des VW »Käfer«; man erinnert sich an die erste Urlaubsreise nach Italien, die mit dem nagelneuen »Käfer« über den Brennerpass führte. Manfred Rautenberg, ostberliner Autohändler, erzählt über den florierenden Ersatzteilhandel für den VW im Osten Deutschlands.

30 min. – EA: RTL, 21.07.1996

Wo Deutschland endet... Eine Reise durch das ostdeutsche Grenzgebiet

Reportage von Thomas Grimm, Thomas Heise und Thomas Schaefer (Spiegel-TV-Reportage).

Für diesen Dokumentations-Dreiteiler waren die drei Reporter 1996 vier Wochen lang an Deutschlands Ostgrenze unterwegs. Sie folgten Menschen und ihren Schicksalen,

VW – mein Zuhause. Ein Leben mit dem »Käfer«

Wolfgang Koeppen. Nachlassauflösung

dokumentierten Ereignisse im »Grenzdschungel« zwischen Ost und West. Die Reise geht von der Insel Rügen über Frankfurt/Oder bis zum deutsch-tschechischen Übergang Johanngeorgenstadt, wo sich bis zu 50.000 Schnäppchenjäger durch die weitverzweigte »Holzbudenstadt« von Potucky drängeln.

Teil 1–3 je 40 min. – EA: Sat1, 01., 08. und 15.09.1996;
Teil 1–3 je 100 min. – EA: Vox, 14., 21. und 28.12.1996

Wolfgang Koeppen. Nachlassauflösung
Schnittbilder
58 min.

1997

Jubilee. Zehn Jahre L'art de passage. Eine musikalische Zeitansage
Geburtstagskonzert mit Linard Bardill, Corin Curschellas, Tino Eisbrenner, Matthias Freihof ▸ Gisela May, Gerhard Schöne und Hans-Eckardt Wenzel, der Zotos Compania sowie Interviews mit Tobias Morgenstern und Rainer Rohloff von L'art de passage
55 min.

Kate und Hermann Field lesen aus Departure Delayed. Stalins Geisel im Kalten Krieg
Einleitung: György Dalos
42 min.

Kubas Fäuste. Boxen und Überleben auf Fidel Castros Insel
Regie: Thomas Grimm
Boxen heißt Überleben. Das wissen schon die Kinder auf den Straßen Havannas und sie kennen die Namen ihrer Idole: Stevenson, Savon, Hernandez, Romero… – die Box-Olympiasieger Kubas der letzten Jahre. Castros Vorzeigekämpfer sind Idole für ein

besseres Leben. Im Alltag der Mangelwirtschaft sind sie Hoffnung für die kleinen Leute; den Funktionären stärken sie das Selbstbewusstsein im Kampf gegen die US-Blockade. Die Karibik-Insel ein einziger Boxring? Tatsächlich befindet sich Kuba im Umbruch. Die Reportage entdeckt hinter den Kulissen der Boxeliten den Überlebenskampf des kubanischen Volkes. Ein Fernsehteam begleitet die Sportler während ihres harten Trainings; diese gewähren dem Team auch Einblicke in den rauhen Alltag ihrer Familien. Auf einem internationalen Boxturnier beobachtet die Kamera aus nächster Nähe die Wucht der Faustschläge von Savon und Hernandez. Ein Besuch beim großen Stevenson wird ebenso zur Überraschung wie die Entdeckung Castros in Boxhandschuhen.
30 min. – EA: MDR, 1997; ARD, 1998

Polen – Tschechien – Ungarn. Eigene Wege in Europa?
(Potsdamer Gespräche).
Eine Veranstaltung der AdK und des Hans-Otto-Theaters Potsdam mit Hardy Kühnrich (Gesprächsleitung) und György Konrád, Adam Krzeminski, Antonin Liehm, Mieczyslaw Rakowski, Ludmila Rakusanova und Karsten D. Voigt
46 min.

Der Rotlichtgürtel
Regie: Thomas Grimm
Die neue deutsche Ostgrenze zu Polen und Tschechien ist so neu nicht, zumindest nicht für die Bewohner der neuen Bundesländer. Neben dem Zigaretten- und Alkohol-Tourismus hat sich insbesondere der Erotik-Tourismus entwickelt. Aufgereiht wie an einer Perlenschnur ziehen sich die Bordelle an der Grenze entlang. Die Besucher erkennen die Etablissements an ihren rotleuchtenden Schildern: Nigthclub, Massagesalon, Erotikcenter oder einfach Pension. Eine Dokumentation über den Rotlichtgürtel, die von Gorzcelez (Polen) über Karlsbad bis nach

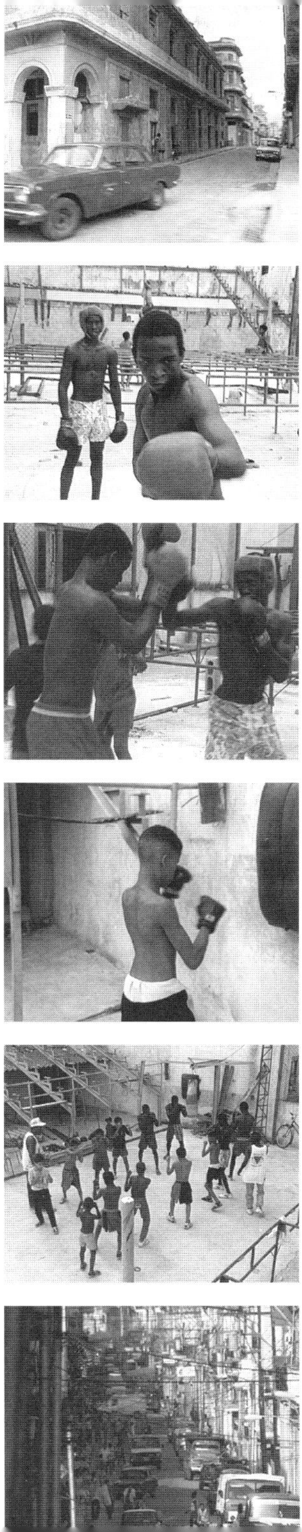

Kubas Fäuste. Boxen und Überleben auf Fidel Castros Insel

Winter in den Karpaten. Bären, Brauchtum und Graf Dracula

Rozvadov in Tschechien führt und die das boomende Gewerbe an der innereuropäischen Grenze zwischen Reich und Arm zeigt.
30 min. – EA: MDR, 26.03.1997; 3Sat, 08.01.1998

Spiel mit dem Leben

Regie: Gudrun Grimm

Über »rechte« und »linke« Jugendliche in Magdeburg-Olvenstedt; über Rechtsradikalismus und Gewalt; über Punk, Punker und den Tod von Frank Böttcher

30 min.

Winter in den Karpaten. Bären, Brauchtum und Graf Dracula

Regie: Thomas Grimm

Die meisten Deutschen denken bei den rumänischen Karpaten vor allen Dingen an Siebenbürgen und deutsche Minderheiten; aber auch an die transsilvanische Heimat des blutrünstigen Fürst Dracula. Der Film ist eine Winterreise in bizarre Landschaften, zu alten Traditionen und einer Gesellschaft im Umbruch. U.a. besuchen wir das Dorf Weilau, wo einst über hundert Siebenbürger Sachsen ihre Heimat hatten; heute leben dort neue Bewohner, meist Roma, die die protestantische Religion übernommen haben und Deutsch nach sächsischer Mundart lernen. In Viseu de Sus begleiten wir Waldarbeiter auf einer abenteuerlichen Dampfbahnfahrt durch Schluchten und Wälder zu ihrem Arbeitsplatz. Mit der Karpaten-Jagd-Gesellschaft und ihren ausländischen Gästen nehmen wir an einer Treibjagd auf Bären und Wildschweine teil. Ein Unternehmer aus Brasov zeigt uns mit seinem Hubschrauber entlegene Bergwelten, und ein deutscher Geschäftsmann führt uns mit einem Jeep über die Route des Transsilvanien-Trecks und zum Wohnsitz Draculas. In Sinaia sehen wir die neuen Reichen Rumäniens zwischen luxuriösen Hotels und Skiliften.

45 min. – EA: ARD, 1997

Wohin vom Kommunismus aus?
Polnische Erfahrungen.
ⓘ Podiumsdiskussion mit Karol Modzelewski zu seinem gleichnamigen Buch, erschienen im BasisDruck-Verlag. Veranstaltung – organsisiert vom BasisDruck-Verlag – mit ▸ Gregor Gysi, ▸ Wolfgang Engler, Klaus Wolfram, Hans-Jochen Tschiche und Walter Romberg über Polen und das Außergewöhnliche der polnischen Opposition unter sozialistischer Regierung; das Dilemma nach dem Zusammenbruch des Systems; Charakterisierung der postkommunistischen Parteien in Polen und aktuelle Parteipolitik; Probleme in der Wirtschaftspolitik und bei der Privatisierung; Nutzung von Modzelewkis Schriften durch postkommunistische Parteien; über Konsequenzen, die diese daraus und aus den Wahlergebnissen ziehen; Verkaufsstand vom BasisDruck-Verlag
47 min.

Wolfsburg – Eisenhüttenstadt: Heimat vom Reißbrett
Ein Film von Thomas Grimm und Uta Kolano
ⓘ Zuerst kam das Werk, dann die Stadt. Über die bedeutendsten deutschen Stadtgründungen unseres Jahrhunderts: die VW-Stadt Wolfsburg (Automobilbau) und Eisenhüttenstadt mit dem Eisenhüttenkombinat Ost (EKO). In den Nachkriegsjahren verkörperten beide Wirtschaftswunder, Aufbau-Euphorie und Zukunftsvertrauen. »Symbol unseres Lebens« und »Stadt des Morgen« – dahinter steckte auf jeder Seite die Überzeugung, dass ihrem Staat die Zukunft gehöre. Wolfsburg und Eisenhüttenstadt standen als Städte für die marktwirtschaftliche und planwirtschaftliche Idee. Der Film enthält Interviews über das Leben und Arbeiten einiger Bewohner beider Städte, wie z.B. mit Ruth Bölke, ▸ Hugo Bork, ▸ Heinz Bräuer (Pfarrer), Ihno Detmers, Manfred Drodowsky, ▸ Josef und Wally Gerstel, Hanneliese und Bernd Giebel, ▸ Carl H. Hahn und Mar-

Wolfsburg – Eisenhüttenstadt: Heimat vom Reißbrett.

got Hahn-Scheel, Heinrich Heidersberger, Helmut Henseler, Peter Koller jun., B. Kubitsch, Werner Pehle, Renate Reddemann, Ernst und Vera Siedentopf.
45 min. – EA: ORB, 16.06.1998

1998

Der Krieg der Händler
Regie: Thomas Grimm

Unterwegs im »Bauch von Leipzig«. Vier Uhr morgens, wenn die Großstadt noch schläft, treffen sich hier die kleinen und großen Profis des Obst- und Gemüsehandels. Die Besitzer kleiner Läden und Stände vergleichen die Preise der Großhändler, bevor sie ihre Paletten mit Orangen, Tomaten und Erdbeeren füllen. Handeln, feilschen, tricksen – das gehört zum Handwerk eines Gemüsehändlers. Wer im Obst- und Gemüsegeschäft überleben will, muss sich einer harten Konkurrenz erwehren. Das haben die deutschen Einzelhändler leidvoll zu spüren bekommen. Araber und Vietnamesen betreiben jetzt vielerorts das fruchtige Geschäft. Das erzeugt deutschen Hass auf die erfolgreichen ausländischen Konkurrenten. Die Reportage begleitet u. a. drei Personen im Obst- und Gemüse-Dschungel: Harry, den deutschen Händler, der seinen Leipziger Laden aufgeben muss; Schahin, den erfolgreichen arabischen Geschäftsmann, der neben mehreren Läden auch ein Lokal mit Bauchtanz sein eigen nennt und Gurken-Wundrak, einen pfiffigen Sachsen mit der kleinsten Gemüsefabrik der Welt.
30 min.

Tropicana.
Das Moulin-Rouge von Havanna
Regie: Thomas Grimm

Das Tropicana ist Havannas berühmtestes Revue-Theater. Jährlich werden aus 500 Tänzerinnen und Tänzern die 20 besten für das Ensemble ausgewählt. Jede Nacht finden

die begehrten Vorstellungen unter freiem Himmel – hauptsächlich für devisenzahlende Touristen – statt. Der Film dokumentiert den harten Beruf und schwierigen Alltag einiger Künstlerinnen und Künstler des Ensembles.
(deutschsprachige und spanische Version) 30 min. – EA: MDR, 1998; ARD, 2000

1999

Die Dauercamper. Leben zwischen Rostbrätl und Chemoklo
Regie: Thomas Grimm
Über Menschen, die ihr Leben am liebsten beim Camping verbringen.
30 min. – EA: MDR, 1999; ARD, 2000; Phönix, 2000

Eingesperrt und freigekauft. Politische Gefangene in der DDR
Regie: Horst Edler
Rund 39.000 politische Gefangene wurden zwischen 1963 und 1989 aus Haftanstalten aus der DDR freigekauft. Die Betroffenen schildern aus ihrer Sicht, wie sie Verhaftung, Gefängnis und den Gefangenenfreikauf erlebt haben. Interviews mit ▸ Wilhelm Flecken, ▸ Joachim Matthes, ▸ Heidi und Peter Niebergall und Dieter von Wichmann. Sie berichten über ihre Verhaftung, Untersuchungshaft, Vernehmungen, Anklage, Verhandlung und Urteil. Weiter beschreiben sie ihre jeweilige Situation in der Haft, erinnern sich an schlechte Arbeitsbedingungen und die Verletzung von Arbeitsschutzbestimmungen. Sie erzählen, wie es zur Entlassung kam, über die sich anschließende Ausreise, die Zeit im Notaufnahmelager Gießen, die ersten Jahre in Freiheit und über bis heute spürbare Folgen des Psychoterrors.
41 min.

Tropicana. Das Moulin-Rouge von Havanna

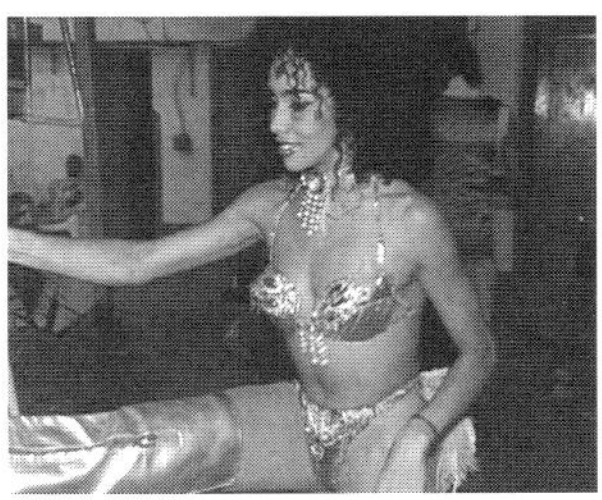

Die de Maizières – eine deutsch-deutsche Familie

Der Kommandant der Exodus. Gespräch mit Yossi Harel und Yoram Kaniuk

Regie: Horst Edler

Gerade 28 Jahre alt ist der Kapitän Yossi Harel als er im Jahr 1947 ein schrottreifes Schiff mit Überlebenden des Holocaust in den Hafen von Haifa steuert. Doch die britische Mandatsregierung verweigert die Einreise ins Gelobte Land und schickt die Flüchtlinge zurück in ein ehemaliges Arbeitslager im kriegszerstörten Deutschland. Das Schicksal der Exodus-Passagiere ist Anlass für die Vereinten Nationen (damals: Völkerbund), Palästina in zwei Staaten zu teilen; auch die sozialistischen Länder unterstützen anfangs die Gründung des Staates Israel. Der bekannte israelische Schriftsteller Kaniuk (Adam Hundesohn) beschreibt in dem Roman *Und das Meer teilte sich* die Geschichte der Exodus aus Sicht des heute über 80jährigen Kommandanten. Kaniuk erzählt, mit Unterstützung eines wichtigen Zeitzeugen, die wirkliche Geschichte der Exodus.

29 min.

Die de Maizières – eine deutsch-deutsche Familie

Regie: Thomas Grimm

Die Familie de Maizière hat deutsch-deutsche Geschichte geschrieben und repräsentiert wie kaum eine andere das Thema der deutschen Teilung. ▸ Ulrich und ▸ Lothar de Maizière – zwei Lebensläufe in zwei Systemen. Jahrelang durften sich beide nicht sehen. Ulrich de Maizière hat die Gründerjahre der Bundesrepublik Deutschland mitgestaltet und beendete seine berufliche Laufbahn als Generalinspekteur der Bundeswehr. Lothar de Maizière steht für die deutsche Einheit. Als erster freigewählter Ministerpräsident der DDR hatte er entscheidenden Einfluss auf die Gestaltung des Einigungsvertrages. Trotz der unterschiedlichen Lebenswege gibt es Gemeinsamkeiten, die die Familie verbinden. Ihre Wurzeln: eine hugenottische Familie aus Metz, die nach

Aufhebung des Edikts von Nantes 1685 nach Preußen floh. Ihre Leidenschaft: die Musik. Ihre politische Haltung: christlich geprägter Konservativismus. Beide Männer fanden nach der Wende auch über Thomas, den Sohn Ulrich de Maizières, zusammen.

Thomas de Maizière wurde 1990 Berater des CDU-Vorsitzenden und Ministerpräsidenten Lothar de Maizière. »Ich tue es, weil es meine Pflicht ist«, mit diesen Worten stellte sich Lothar de Maizière 1990 der Wahl zum DDR-Regierungschef. Ähnlich nannte Ulrich de Maizière eine seiner Autobiographien: *In der Pflicht*. Der Film zeichnet die Lebenswege der de Maizières nach und versucht, sich der Lebensphilosophie der hugenottisch-preußischen Familie anzunähern.

45 min. – EA: arte, 30.09.1999

Singen für Amerika.
Ein sächsisches Dorf im Lampenfieber

Regie: Thomas Grimm

Das Dorf Priester will die Welt mit einem Musical erobern.

30 min. – EA: MDR, 1999

Sinn und Form.
Eine Kulturzeitschrift im Gespräch

Die Zeitschrift Sinn und Form, 1949 wenige Monate vor Gründung der DDR von Johannes R. Becher und Paul Wiegler ins Leben gerufen, bis 1962 von Peter Huchel geleitet, ab 1950 von der Ostberliner Akademie der Künste, seit 1994 von der Gesamtberliner herausgegeben. Sinn und Form zählt zu den herausragenden und noch heute maßgebenden Kulturzeitschriften Deutschlands. In der Sendung zum 50. Jahrestag von Sinn und Form werden außergewöhnliche und einmalige Filmdokumente vom 40. Jahrestag der Zeitschrift im Juni 1989 veröffentlicht. Im Gespräch mit dem heutigen Chefredakteur

Sebastian Kleinschmidt spricht Thomas Grimm über die Zeitschrift als »Stimme und Spiegel« in fünf Jahrzehnten. Ausschnitte von der Festveranstaltung zum 50. Jahrestag

Sinn und Form. Eine Kulturzeitschrift im Gespräch

in der Akademie der Künste mit György Konrád, Gustav Seibt, Walter Jens, Volker Braun u.v.a. ergänzen die Buchzeit-Sendung von Zeitzeugen TV. Literaturwerkstatt Berlin: ▸ Sebastian Kleinschmidt, ▸ Fritz Mierau und Benjamin Stein im Gespräch über Literatur-, Kunst- und Kulturzeitschriften; Gespräch zwischen ▸ Gerd Irrlitz, ▸ Sebastian Kleinschmidt, ▸ Friedrich Schorlemmer, ▸ Max Walter Schulz und Gustav Seibt
45 min.
116 min.

Sklaven
Jubiläumsausgabe Heft Nummer 50, Verlag BasisDruck; Redaktion und Verlagsräume; Verleger Stefan Ret, Klaus Wolfram
29 min.

Uhrwerk Mensch: Auf der Suche nach dem inneren Takt
Regie: Uta Kolano
Der Film erzählt, wie Zeit und Rhythmen im Menschen angelegt sind und stets auf's Neue entstehen; er ist gewissermaßen eine philosophische Spurensuche im unermesslichen Reich der menschlichen Physiologie. Es geht ebenso um Phänomene wie »Morgenmuffel« und »Mittagsschläfer« wie um Winterdepressionen oder Geburtenzyklen. Wissenschaftler, die international als führend in der Chronobiologie anerkannt sind, kommen zu Wort. Das sind der Psychologe Till Roenneberg, der Schlafforscher Jürgen Zulley und der Chronopharmakologe Björn Lemmer.
44 min. – EA: arte, 06.01.2000

Wenn das Hitler wüßte...
Regie: Horst Edler
Ein Film über deutsche Freiwillige in England und Israel. Sie betreuen innerhalb des kirchlich getragenen Hilfswerkes Aktion Sühnezeichen Kinder und Schwerbehinderte, sind in der Altenpflege tätig.
45 min. – EA: FAB, 1999

2000

Jeder will gewinnen. Der neue Spaß am Spiel
Regie: Uta Kolano
Über fünfzig neue Spiele-Ideen bekommt der Ravensburger Spieleverlag wöchentlich zugeschickt. Professionelle Tester prüfen die Vorschläge auf ihre Vermarktbarkeit. Die Dokumentation erzählt Geschichten von Spielen und leidenschaftlichen Spielern. Es geht um Phantasie, Strategie, Glück, gute Laune und um den menschlichen Drang zu gewinnen. ▸ Klaus Teuber, Mitgründer der Firma TM-Spiele, erzählt u.a., woher die Idee für das derzeit beliebteste Spiel *Die Siedler von Catan* stammt.
43 min. – EA: arte, 2000

Konzert im Kesselhaus. Erinnerungskonzert zum Tode von Aljoscha Rompe
Unter anderem mit Feeling B und Di Grine Kuzine
129 min.

Das Nationalarchiv des Kubanischen Fernsehens
Zoila Estrada, Archivdirektorin des Nationalarchiv des Kubanischen Fernsehens, führt durch das Film- und Fotoarchiv; Zusammenschnitt von Archivaufnahmen; Archivmaterial: erste Stadtaufnahmen Havannas aus den 30er und 40er Jahren, Musiker, Glücksspiel und Mafia; die Kubanische Revolution; Fidel Castro; Ernest Hemingway; Joséphine Baker; Che Guevara
14 min.

2001

Zeppelin – Die Rückkehr der Luftschiffe
Regie: Thomas Grimm, Steffen von Drathen
35 min. – EA: Vox, Spiegel TV extra, 2001
117 min.

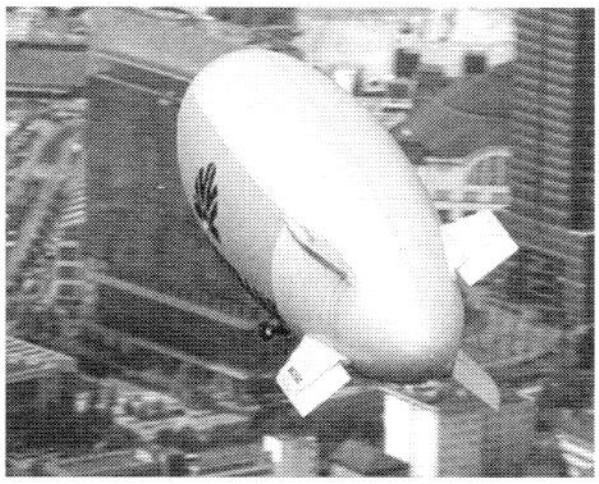

Berlin aus der Luft

Luftschiff über Berlin

Berlin aus der Luft

Bildregie und Schnitt: René Mosgraber

Reise mit dem Luftschiff über Berlin durch die Bezirke Hellersdorf, Marzahn, Lichtenberg, Friedrichshain, Mitte, Charlottenburg, Wilmersdorf, Tempelhof, Tiergarten, Kreuzberg, Treptow und Plänterwald; Luftbildaufnahmen vom Tierpark Friedrichsfelde, dem Frankfurter Tor, der Karl-Marx-Allee, dem Alexanderplatz, dem Hackeschen Markt und Gendarmenmarkt, von der Straße Unter den Linden, der Friedrichstraße, dem Reichstagsgebäude und dem Bundeskanzleramt, dem Brandenburger Tor, dem Potsdamer Platz, dem Lützowplatz, der Gedächtniskirche, dem Kurfürstendamm, der Siegessäule, dem Ernst-Reuter-Platz, dem Theodor-Heuss-Platz, dem Funkturm, dem ICC, dem Olympiastadion und der Waldbühne

39 min.

180 min.

Luftschiff über Berlin

Regie. Thomas Grimm

Über den Bau eines Luftschiffes in Los Angeles, seinen Transport nach Neuhardenberg, Aufbau und Probeflüge; Interview mit dem Ingenieur Igor Pasternak und dem deutschen Betreiber Gerd Mangelsdorf (Argos AG) in Kalifornien; Luftbildaufnahmen

29 min. – EA: SFB1, 2001

120 min.

Ski heil am Fichtelberg

Doku-Serie in fünf Teilen

Regie: Thomas Grimm

Geschichten, die das Leben schreibt. Der Fernsehzuschauer taucht ein in den winterlichen Trubel rund um den Fichtelberg.

Mondfinsternis (Teil 1).

Seltenes Ereignis – eine Mondfinsternis. Und wo könnte man sie besser beobachten, als auf dem höchsten Berg Ostdeutschlands, dem Fichtelberg? Eine Gruppe von Skifahrern macht sich auf, um zu feiern. Mit von der Partie: Wetterfee Katie. Sie berichtet für Jump von der Nacht der Nächte.

24 min. – EA: MDR, 12.02.2001

Skischule (Teil 2).

Aller Anfang ist schwer. Das bemerken auch Urlauberinnen wie Ramona und ihre Bekannten. Sie stehen zum ersten Mal auf den Brettern, und so mancher schmunzelt über die Eleganz ihrer Stürze. Ob beim Schneepflug oder am Skilift, blaue Flecken sind vorprogrammiert.

24 min. – EA: MDR, 13.02.2001

Gipfeltour (Teil 3).

Ein Ski-Langlauf-Trip führt über die Grenze vom Fichtelberg zum Keilberg. Auch mit Mountain-Bikes gehen zwei andere Top-Athleten auf den vereisten Pisten ins Rennen Richtung Gipfel.

24 min. – EA: MDR, 14.02.2001

Snowboarder (Teil 4).

Didi und seine Freunde machen mit waghalsigen Sprüngen die Piste unsicher. Für ein Musikvideo legen sie sich richtig ins Zeug. Und solange nur die Boards und nicht die Knochen in die Brüche gehen, ist ihnen kein Sprung zu verrückt. Am Abend geht's zum Aprés Ski in die gläserne Pistenbar.

23 min. – EA: MDR, 15.02.2001

Rodelrennen (Teil 5).

Aufregung in Oberwiesenthal. De Randfichten, die Kultband aus dem Erzgebirge, Wetterfee Katie und Jens Weißflog rodeln um die Wette. Bei der Preisverleihung gibt es dann eine Premiere: Erstmals spielen die Randfichten den neuen Hit *Ski heil am Fichtelberg ist geil!*, den Titelsong der Doku-Soap.

23 min. – EA: MDR, 16.02.2001

Wir geben dem Frieden eine Stimme

Eine Veranstaltung am 8. Oktober 2001 in der Gethsemanekirche mit Serpil Aydinli, Michaela Bank, Daniela Dahn, Jürgen Eger und Gina Pietsch für Afghanistan und gegen den Krieg

42 min.

79 min.

Ski heil am Fichtelberg

Albert Speer. Ausschnitte aus einer Diskussion mit Gitta Sereny

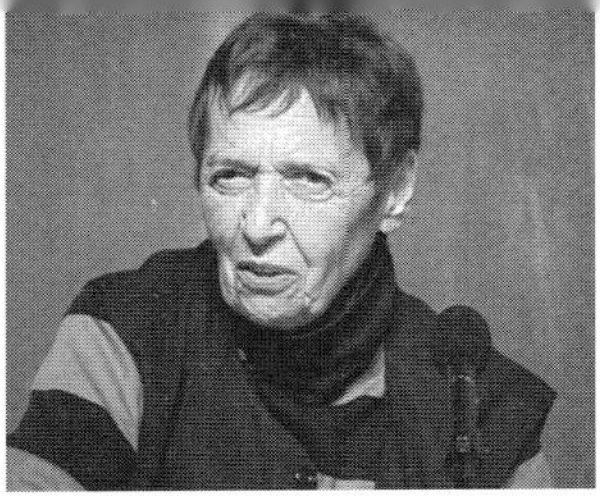

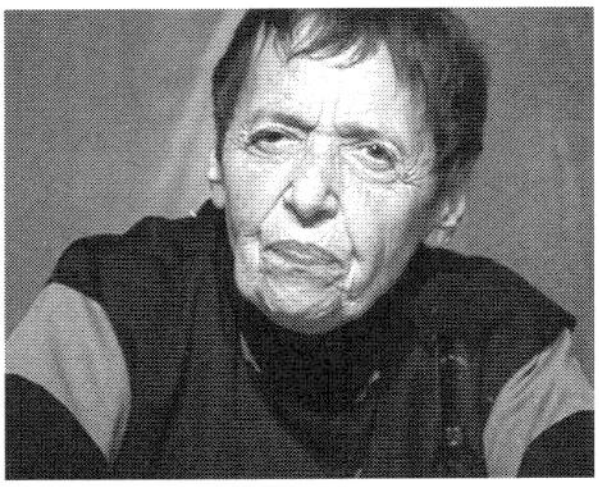

Honeckers Flucht. Das Ende eines deutschen Kommunisten

Die Honeckers in Chile

2002

Albert Speer. Ausschnitte aus einer Diskussion mit Gitta Sereny

Aufgezeichnet in der Potsdamer Reithalle am 5. Mai 2002

40 min.

Honeckers Flucht.
Das Ende eines deutschen Kommunisten

Regie: Thomas Grimm.
Mitarbeit am Drehbuch: Thomas Kunze.
Produktion in Chile: Carlos Puccio

Mit dem Ende der DDR beginnt im Herbst 1989 für Erich Honecker eine dreijährige Flucht. Die erste Station ist das Pfarrhaus in Lobetal, dann erhält Honecker Schutz im sowjetischen Militärhospital in Beelitz. Weiter flüchtet er nach Moskau, später in die dortige chilenische Botschaft und findet dann in Chile seine letzte Bleibe. Der Fall entwickelt sich zum politischen Spektakel. In diesem Film kommen damalige Protagonisten zu Wort, u.a. Pfarrer Holmer, General Snetkov, Klaus Kinkel, Jutta Limbach und Ex-Präsident Aylwin, der Honecker letztendlich Asyl in Chile gewährte. Um die Dokumente des Lebens ihres inzwischen verstorbenen Mannes zu zeigen, gestattet Margot Honecker dem Autor Thomas Grimm erstmals Filmaufnahmen mit ihr in ihrem Haus.

44 min. – EA: ARD, 09.10.2002

Die Honeckers in Chile

Regie: Thomas Grimm

Bisher unveröffentlichte Filmbilder geben einen persönlichen Einblick in das Leben der Honeckers in Santiago de Chile. Dort hält Erich Honecker am 66. Geburtstag seiner Frau Margot eine letzte öffentliche Rede. Seit November 1993 ist Honecker wegen seiner fortgeschrittenen Krebserkrankung auf die tägliche Hilfe seiner Frau angewiesen. Er stirbt 1994 und wird auf dem Zentralfriedhof der chilenischen Hauptstadt aufgebahrt. Danach wird es still um Margot Honecker. Zusammen mit ▸ Luis Corvalán arbeitet sie an einem Erinnerungsbuch. Während der Pressekonferenz anlässlich des Erscheinens ihres Buches 1999 spricht Frau Honecker erstmals wieder in der Öffentlichkeit. An das Auftreten der einstigen Volksbildungsministerin der DDR erinnern sich der Komponist Hanns Stein, der Diplomat Osvaldo Puccio und der deutsche Verleger Matthias Oehme.

29 min. – EA: MDR, 6.11.2002

Auf deutschen Spuren durch Chile

Ein Film von Thomas Grimm und René Mosgraber

Auf dem Weg vom Pazifik zu den Anden durchqueren wir Chile von West nach Ost auf einer Länge von nur 200 Kilometern. Und doch erleben wir das ganze Panorama eines traumhaft schönen Landes und verfolgen dabei deutsche Spuren. Unter anderem treffen wir in Valparaíso am Pazifik den gebürtigen Ostdeutschen Wolfgang Scheuber, in dessen Hafenlokal »Hamburg« Rollmops ebenso wie Eisbein mit Sauerkraut auf der Karte stehen. Wir besuchen eine Rodeo-Veranstaltung und dort die deutschstämmige Familie Kindermann, die seit drei Generationen in Chile den beliebten Pferdesport betreibt. Mit dem Nachtleben der der Hauptstadt Santiago de Chile – einer 5 Millionen Metropole – machen uns die deutsche Schauspielerin Heidrun und ihr chilenischer Mann Daniel bekannt. Die Reise geht weiter hinauf in die Bergwelt der Anden. Wir begegnen dem 90jährigen Don Astorgas, der auf einem Hochplateau aus einer Steinwüste einen Garten Eden entstehen lässt. Mit einer Touristen-Gruppe reiten wir bis auf 3000 Meter über die Bergketten der Anden. Und wir folgen den Schienen der alten Trans-Andenbahn, die früher Chile mit Argentinien verband.

30 min. – EA: MDR, 28.12.2002

Die Honeckers in Chile

Auf deutschen Spuren in Chile

PERSONENVERZEICHNIS

Von den in **fetter** Schrift aufgeführten Zeitzeugen befinden sich O-Ton-Videoaufnahmen im Zeitzeugen-Archiv und Einträge im Kapitel »Zeitzeugen von A bis Z«. Die *kursiv* aufgeführten Personen haben keinen Eintrag im Kapitel »Zeitzeugen von A bis Z«, sind jedoch im Zeitzeugen-Archiv vorhanden. Alle anderen Personen finden in Filmdokumenten Erwähnung. Aus dem Kapitel »Zeitzeugen von A bis Z« sind im Personenregister nur Angaben des Abschnitts Inhalt (ⓘ) berücksichtigt.

A

B

F

G

S

Y

Z

SACHWORTVERZEICHNIS

Im Sachwortregister sind Angaben der Abschnitte Zitat ( ), Inhalt ( ) sowie Filmtitel berücksichtigt.

C

D

E

S

T

U

FILMOGRAFIE VON A BIS Z

Die in **fetter** Schrift aufgeführten Filmtitel haben einen Eintrag im Kapitel »Filme und Sachdokumente«.

A

Abenteuer Osten ... Ostprodukte – der andere Markt. 1991. 30 min. **222**
Abgeschlossen. Vom Ost- in den Westknast. 1991. 29 min. **223**
Abschied von den Lebenslügen. 1992. 55 min.
Adam Hundesohn. Absurde Clownerie um den Irrsinn des Holocaust. 1994. 17 min. **234**
Adel verpflichtet. Ein Leben für Film und Theater. Jürgen von Alten. 1999. Teil 1–3: 45/48/45 min.
Ahnenpaß. Ein Buch über Wolfgang Harich von Thomas Grimm. (Buchzeit). 1999. 18 min.
Albert H. Friedlander. 1997. 52 min.
Albert Speer. Ausschnitte aus einer Diskussion mit Gitta Sereny. 2002. 40 min. **256**
Alexander Rahr über sein Buch Wladimir Putin. Der »Deutsche« im Kreml. (Buchzeit). 2001. 42 min.
Am kürzeren Ende der Sonnenallee. Thomas Brussig. (Buchzeit; Berliner Salon). 1999. 45 min.
Amerika entdeckt Berlin. Gordon A. Craig. (Berliner Lektionen). 1998. 45 min.
André Leysen im Gespräch mit Thomas Grimm. 1996. 51 min.
Angebot und Nachfrage. 1991. 30 min.
Anhörung, Die. Günter Schabowski vor dem Untersuchungsausschuss der Volkskammer. 1990. 28 min.
Anhörung, Die. Joachim Herrmann vor dem Untersuchungsausschuss der Volkskammer. 1990. 53 min.
Anhörung, Die. Wolfgang Schwanitz vor dem Untersuchungsausschuss der Volkskammer. 1990. 25 min.
Anima oder die Seele im Menschen... Eine Begegnung mit dem Hirnforscher Hubert Urban, Jahrgang 1904. 1991. 29 min.
Anpassung, Die. Vom Mann zur Frau. 1992. 30 min. **227**
Ansichten eines Präsidenten. Roman Herzog. 1998. 43 min.
Auf deutschen Spuren in Chile. 2002. 30min. **257**
Aufarbeitung von Geschichte und Folgen der SED-Diktatur in Deutschland. 1993. Teil 1–2: 56/55 min. **231**
Aufbruch und Ende. Lesung mit Hans Modrow. 1991. 22 min.
Auftragskunst in der DDR. Künstler zwischen Ästhetik und Politik. 1995. 86 min. **238**
Ausgeschlagene Erbschaft. Eine Deutschstunde mit Inge Deutschkron (Berliner Lektionen). 1992. 54 min.

B

Begegnung mit einer Hundertjährigen. Die Kinderärztin Erna Eckstein, geb. Schloßmann. 1999. 30 min.
Berlin – Tagebuch einer Rückkehr. Cees Nooteboom. (Berliner Lektionen). 1997. 44 min.
Berlin aus der Luft. 2001. 39 min. **254**
Berliner Geschichten. Elfriede Brüning und Fritz Teppich. 1995. 58 min.
Berliner Kunsthändler in Frankreich, Ein. Heinz Berggruen. (Berliner Lektionen). 1996. 39 min.
Berliner Lektionen. Eine Auswahl aus den Jahren 1991–1996. 1996. 100 min. **241**
Bernsteinzimmer-Mäzen, Der. Baron Eduard von Falz-Fein. 1998. 43 min.
Bernsteinzimmer-Saga, Die. Das Silber der Wettiner. 1994. 46 min. **235**
Beruf Aktfotograf. Günter Rössler. 1996. 30 min.
berühmteste Urgroßvater der DDR – Jürgen Kuczynski, Der. 1994. 45 min.
Bevor Berlin zur Weltstadt wurde. 2002. 18 min.
Billy Wilder. (Berliner Lektionen; 1987). 2002. Teil 1–2 je 45 min.
Birgit Haustedt: Die wilden Jahre in Berlin. (Buchzeit; Berliner Salon). 1999. 24 min.
Birgit Koß im Gespräch mit Victor Grossman. 1998. 48 min.
Buchzeit. Szenen aus dem Buchmarkt 1996. 1996. 53 min.
Burgunder von Pillnitz. 1992. 30 min. **227**

C

Cabinets des Dr. Caligari, Die. (Berliner Lektionen). 1998. 45 min.
Carl H. Hahn, Industriemanager. 1997. 45 min.
Chaos in den Ämtern? Jugendamt Berlin-Mitte. 1991. 29 min. **223**
Christian Führer – Pfarrer und Bürgerrechtler. 1997. 19 min.

D

Das ist mir das liebste Bild. Ella Müller. Erinnerungen einer Mutter. Eine Materialzusammenstellung zu einem möglichen Film. 1992. 47 min.
Dauercamper, Die. Leben zwischen Rostbrätl und Chemoklo. 1999. 30 min. **249**
Davon redet man nicht... Henry Ries liest aus seinem Buch Abschied meiner Generation. 1992. 48 min.
Demokratischer Aufbruch. Rot-grüne Ökologen, gelbe Marktwirtschaftler, schwarze Wiedervereiniger. 1989. 43 min. **216**
Denk ich an Deutschland... Walter Laqueur. (Berliner Lektionen). 1997. 45 min.
Deutsch und frei. Geschichten

aus dem Weihnachtsland. 1990. 45 min. **219**
Deutsch und frei. Neue Geschichten aus dem Weihnachtsland. 1996. 25 min. **241**
Deutsche Wegmarken. Willy Brandt. (Berliner Lektionen). 1988. 70 min.
Deutscher Denkmal-Streit. Abreißen – Umdeuten – Bewahren. Denkmäler der Teilung. 1993. 56 min. **232**
Deutscher Denkmal-Streit. Hauptstadt Berlin: Geschichtslandschaft und Denkmal. 1993. 53 min. **232**
Deutsch-französische Erfahrungen und europäische Perspektiven. Jean Francois-Poncet. (Berliner Lektionen). 1996. 49 min.
Deutschland – die sterbende Demokratie. Frederick Forsyth. (Berliner Lektionen). 1998. 42 min.
Doppelgesicht des Intellektuellen, Das. Walter Jens. 1993. 56 min.
Drehbuch: Ulrich Plenzdorf. 1993. 29 min.
Drei Jahre, die die Welt veränderten. James A. Baker. Einf.: Hans-Dietrich Genscher. 1996. 29 min.
Dreihundert Jahre Juden in Berlin – was nun? Michael W. Blumenthal. (Berliner Lektionen). 1999. 45 min.
Durch die Maschen des Netzes. Eleonore Hertzberger. (Buchzeit). 2000. 42 min.

E

Eberhard Göschel, Maler in Dresden. 1991. 30 min.
Egon Bahr. (Weimarer Reden). 1997. 56 min.
Ehrung für einen Verleger. B'NAI B'RITH. 1998. 43 min.
Einführung in die Philosophie, Eine. Hans Heinz Holz. 2000. 43 min.
Eingesperrt und freigekauft. Politische Gefangene in der DDR. 1999. 41 min. **249**
Einmischung in die eigenen Angelegenheiten. Gregor Gysi. 1992. 51 min.
Empire: Die neue Weltordnung. 2002. 40 min.
Ende der Friedfertigkeit, Das. Nachdenken über männliche und weibliche Werte. Margarete Mitscherlich-Nielsen. (Berliner Lektionen). 2000. 44 min.
Episode und Epoche. Zur Geschichte des geteilten Deutschland. Peter Bender. 2002. 45 min.
Erinnerung an Theo Pinkus. 1993. 43 min.
Erinnerungen an die DEFA. 1999. 22 min.
Erinnerungen an Thomas Mann. 1997. 50 min.
Erinnerungen an Wolfgang Harich. Caroline De Luis. 1998. 37 min.
Erinnerungen eines Verlegers. Werner Mittenzwei im Gespräch mit Walter Janka 1994. 54 min.
Erinnerungsprotokoll, Ein. Joy Weisenborn. 1988. 55 min.
Erwin Geschonneck – Schauspieler. 1993. 50 min.
Erwin Geschonneck spricht über Ida Ehre, Helene Weigel und Bertolt Brecht. 1995. 25 min.
Erzählen zur Person. Günter Gaus. (Kunst und Geschichte im 20. Jh.). 1995. Teil 1–2: 50/54 min.
Europa und Amerika im 21. Jahrhundert. Henry A. Kissinger. Einf.: Hans-Dietrich Genscher. (Berliner Lektionen). 1994. 44 min.
Europa und die EU. (Berliner Lektionen). 1994. 58 min.
Exil im Exil. Hans Sahl. (Berliner Lektionen) 1992. 43 min.
exilierte Sprache, Die. Imre Kertész. (Berliner Lektionen). 2000. 44 min.
Exilort Shanghai, Der. Steve Hochstadt. 1997. 32 min.

F

feste Burg ist unser Gott …, Ein. Albrecht Schönherr. 1999. Teil 1–2: 45/42 min.
Fiedler auf dem Faß, Der. 1992. 30 min. **228**
Film ist immer noch meine Heimat. Annekathrin Bürger. Dokumentation. 2001. 138 min.
Flickflack. Die Turnerin Erika Zuchold. 1994. 29 min.
Fortsetzung der Lehre der Humanisten, Die. Max Bill. 1992. 39 min.
Fotografin in Berlin. Anke Jacob. 2000. 44 min.
Fragen an Jürgen Kuczynski zu seinem Buch *Dialog mit meinem Urenkel*. 1986. 28 min.
Frauen und Macht. Eine Begegnung mit Aleksandar Tišma. 2002. 46 min.
Freiheit des Schriftstellers, Die. Nadine Gordimer. (Berliner Lektionen). 1992. 52 min. (In englischer Sprache)
Freiheit wird die Welt erobern. Der Historiker Walter Markov. 1993. 1. Fassg.: 30 min.; 2. Fassg.: 50 min.
Freunde und gute Bekannte. Jürgen Kuczynski. 1997. Teil 1–8: 35/35/40/36/35/42/44/39 min.
Frie ost. 1988. 50 min. **216**
Frieden durch Völkerverständigung und gewaltfreie Konfliktlösung. Friedensgespräche. 1993. 50 min.
Friedensgespräche: Der Dalai Lama. 1993. 61 min. **232**
Friedrichstraße – Pflaster der Extreme, Die. Ralph Hoppe. (Buchzeit). 1999. 19 min.
Fritz Stern. (Dresdner Reden). 1998. 45 min.
Frozen Margaritas. Lebensgeschichten mit vermischten Texten. Adolf Endler. 1993. 29 min.
Fünfzig Jahre Aufbau-Verlag. Die Jahre um 1989. Erinnerung und Ausblick. (Kunst und Geschichte im 20. Jh.). 1995. 51 min. **238**
Fünfzig Jahre Aufbau-Verlag. Junge Autoren im Aufbau-Verlag. 1995. 57 min. **237**
Fünfzig Jahre DDR (Buchzeit).

Günther Drommer. 1999. 22 min.
Fünfzig Jahre Israel. Uri Avnery. 1998. 33 min.

G

Geboren in Deutschland. Vom Jungpionier zum Yuppie. Wolfgang Gerber. 1991. 30 min.
Geheimakte Putin. (Russland wohin?) 2000. 44 min.
Germanist in Deutschland. Hans Mayer. 1991. 30 min.
Gespräch mit dem Wirtschaftswissenschaftler, Ein. Jürgen Kuczynski. 1991. 52 min.
Gespräch mit Günter Kunert, Ein. 1994. 42 min.
Gespräche zur Selbstaufklärung. Im Streitgespräch: Hermann Kant und Friedrich Schorlemmer. 1992. 47 min.
Glanz und Elend des Irrationalismus in Deutschland. 1991. 44 min. **223**
Go West. Arbeiten im Harz. 1991. 29 min. **223**
Grenzgänger. Paul Oestreicher. 1993. 55 min.
Gründerparadiese – ein Buch von Wolfgang Kil. 2002. 44 min.
Guido Knopp. (Weimarer Reden). 1998. 44 min.
Günther Wagenlehner. 1998. Teil 1–3: 46/45/31 min.
Gute Unterhaltung! – Mit deutschen Produktionen. Akademie-Debatte X. 1997. 56 min. **241**
György Konrád im Gespräch mit Volker Müller. 1997. 25 min.
György Konrád. (Dresdner Reden). 1998. 50 min.

H

Haltestelle II (1988). Ellena Olsen. 1994. 6 min.
Hanns Joachim Paris im Gespräch mit Thomas Grimm. 1997. 39 min.
Hans Friderichs im Gespräch mit Thomas Grimm. 1997. 46 min.
Hans Koschnick und Friedhelm Brebeck. (Weimarer Reden). 1997. 44 min.
Harte Zeiten für die Medien der Welt. Peter Arnett. (Berliner Lektionen). 2001. 41 min.
Harz Reise Anno 1991. 1991. 28 min. **224**
Hat der Repertoirefilm noch eine Chance im Kino? Symposium (Kinozeit). 2000. 31 min.
Heiliger, der konspiriert, Ein. Dietrich Bonhoeffer. 1992. 45 min. **227**
Heiner Geißler: Wo ist Gott? 2000. 30 min.
Heinrich Lummer. (Berliner Köpfe). 1994. 45 min.
Herbert Grönemeyer, Rocksänger und Poet. Heimat im Land der Mitte. (Berliner Lektionen). 2001. 46 min.
Hier lebt auch Margot Honecker. Auf deutschen Spuren durch Chile. 2002. 30 min.
Hinter sieben Burgen. Der Siebenbürger Sachse Johann Hopprich. 2000. 47 min.
Hinterbliebenen oder Was von den Träumen blieb, Die. 1994. 18 min.
Hitlers willige Vollstrecker. Daniel J. Goldhagen. 1996. Teil 1–2 je 57 min.
Hoffen auf ein Wunder. Begegnung mit Ossip und Lilly Flechtheim. 1994. 47 min.
Honeckers Flucht. Das Ende eines deutschen Kommunisten. 2002. 44 min. **256**
Honeckers in Chile, Die. 2002. 29 min. **256**
Humor als Waffe – Berlin-Hollywood und die Juden. Marcel Ophüls. (Berliner Lektionen). 1991. 58 min.
Hundertfünfzig Jahre Zoologischer Garten Berlin. Heinz-Georg Klös. (Urania Berlin). 1994. 46 min.

I

Ich bin kein Lump. Wolfgang Harich. 1991. 52 min.
Ich bin mein Leben lang umgestiegen. Roland Gräf. Dokumentation. 2001. 145 min.
Ich denke, ich bin ich selber geblieben. Heidrun Elliger. (Kunst und Geschichte im 20. Jh.). 1995. 54 min.
Ich kann mich noch erinnern... Lothar Warneke. Dokumentation. 1999. 142 min.
Ich lebe von diesem Widerspruch: Kunst oder Politik. Klaus Staeck. 1991. 38 min.
Ich sage die Wahrheit, aber nicht alles. Gabriele Seyfert. 1993. 30 min.
Ich sehe etwas, was Du nicht siehst. Frank, acht Jahre, blind. 1996. 30 min. **242**
Ich traue meinen Augen. Inge Morath. (Berliner Lektionen). 1994. 52 min.
Ihr redet alle, aber keiner hört zu. Cato Bontjes van Beek. 1989. 54 min. **217**
Im Gespräch: Ernst Engelberg, Historiker. 1994. 46 min.
Im Gespräch: István Eörsi (Buchzeit). 2002. Teil 1–2: 47/45 min.
Im Gespräch: Stefan Heym, Schriftsteller. 1993. 55 min.
Im Gewöhnlichen das Außergewöhnliche finden. Rainer Simon. Dokumentation. 2000. 160 min.
Im Westen nichts Neues. Rückblicke, Einblicke – Medien in der DDR. 1994. 44 min. **236**
Immer noch Sozialist. Georg Knepler. 1992. 45 min.
Imperium, Das. Lesung mit Ryszard Kapuscinski und Heiner Müller. 1994. 51 min. **236**
Impressionen einer Buchpräsentation. Das Schlachtfeld der Zukunft. Peter Scholl-Latour. (Buchzeit). 1997. 43 min.
In der Verantwortung. Hans-Dietrich Genscher zum 70. Geburtstag. 1997. 48 min.
In dubio pro reo. Büße, fremder Bruder! 1991. 30 min. **224**
In memoriam Heiner Müller (1929–1995). 1996. 28 min.
Insel-Perspektiven. Paris – Berlin. 2001. 45 min.
Intellektuellen, Die. Werner

Mittenzwei über Literatur und Politik in Ostdeutschland 1945–2000. (Buchzeit). 2002. 48 min.
Ist das schöne Buch noch zeitgemäß? (Kunst und Geschichte im 20. Jh.). 1995. 55 min. **238**
István Szabó über Mephisto und andere Mächtige (Kinozeit). 2000. 32 min.

J

Janny Brandes-Brilleslijper. 1995. 38 min.
Jeder will gewinnen. Der neue Spaß am Spiel. 2000. 43 min. **253**
Jens Reich (Dresdner Reden). 1998. 40 min.
Joachim C. Fest: Speer. Lesung. 1999. 45 min.
Jubilee. Zehn Jahre L'art de passage. Eine musikalische Zeitansage. 1997. 55 min. **244**
Jude und Genosse. Der Schriftsteller Jan Koplowitz. 2002. 43 min.

K

Kampf um Anerkennung, Der. Konrad Weiß. 1992. 51 min. **233**
Karl May. Eine unendliche Geschichte. 1996. 44 min. **242**
Karl-Eduard von Schnitzler. Eine gesamtdeutsche Biographie. 1992. 52 min.
Kate und Hermann Field lesen aus Departure Delayed. Stalins Geisel im Kalten Krieg. 1997. 42 min. **244**
katholische Kirche und der Holocaust, Die. Daniel Jonah Goldhagen. (Berliner Lektionen). 2002. 48 min.
Kaufrausch grenzenlos. 1995. 29 min. **238**
Kind der Berge, Ein. Karin Roth. 1992. 29 min.
Klaus Bednarz (Weimarer Reden). 1997. 56 min.
Klaus Staeck: Ohne Auftrag. 2000. 47 min.
Klima, Mensch und Politik. Umweltgipfel. 1995. 46 min.
Kommandant der Exodus, Der. 1999. 29 min. **250**
Kraft der Stille, Die. Tore Hamsun, der Maler vom Norholm-Fjord. 1994. 30 min.
Krieg der Händler, Der. 1998. 30 min. **248**
Kriminalgeschichte des Christentums, Die. Karlheinz Deschner. 1994. 35 min.
Kubas Fäuste. Boxen und Überleben auf Fidel Castros Insel. 1997. 30 min. **244**
Kultur und Politik. Kurt Biedenkopf. (Berliner Lektionen). 1990. 52 min.
Kultur und Politik. Kurt Masur. (Berliner Lektionen). 1990. 52 min.
Kulturbrauerei. 1993. 54 min.
Kunst und Zinsen. Ein Hamburger sieht Berlin. Uwe Knuth. 2000. 12 min. **233**
Kunst und Zivilcourage. Walter Jens. 1997. 46 min.
Künstler in der DDR zwischen Ästhetik und Politik. 1995. 54 min.
Künstler zwischen Politik und Kultur, Der. Andrzej Waida. (Berliner Lektionen). 2000. 39 min.

L

lange Weg zum Frieden, Der. Reuwen Moskowitz. (Kunst und Geschichte im 20. Jh.). 1995. 55 min.
Laß Dir das Schöne nicht entgehen. Sarah Haffner. (Kunst und Geschichte im 20. Jh.). 1995. 54 min.
Leben für die Menschenrechte, Ein. Rainer Hildebrandt. (Kunst und Geschichte im 20. Jh.). 1995. 48 min.
Leben im Dienste des Wortes, Ein. Helmut Kindler. 1992. 54 min.
Leben in der DDR. Die zweite Generation jüdischer Rückkehrerfamilien im Gespräch. (Kunst und Geschichte im 20. Jh.). 1995. 54 min.
Leben ist anderswo, Das. Die Halbjüdin Pepi Vogel aus Berlin. 2000. 14 min.
Lebenswege. Lothar de Maizière im Gespräch mit Friedrich Schorlemmer. 1998. 44 min.
Lesbisch leben. Homosexuelle Frauen im Osten. 1991. 30 min. **225**
Lila Liebe. Lesben in der DDR. 1991. 39 min.
Living Theatre: Feuertaufen in Berlin, The. Judith Malina. (Berliner Lektionen). 1991. 45 min.
Luftschiff über Berlin. 2001. 29 min. **254**
Lust am Wort oder Von der Schwierigkeit, gedruckt zu werden, Die. Gerhard Wolf. (Kunst und Geschichte im 20. Jh.). 1995. 55 min.

M

Maizières – eine deutsch-deutsche Familie, Die de. 1999. 45 min. **250**
Manfred Stolpe im Dienst der Kirche und Demokratie. 1990. 45 min.
Manfred Stolpe in der Gethsemanekirche. 1992. 51 min.
Manfred von Ardenne im Gespräch mit Klaus Bölling. (Berliner Lektionen). 1987. 85 min.
Mann ist seine Legende, Ein. Stefan Heym.1993. 30 min.
Männerbilder. George L. Mosse. 1997. 43 min.
Markus Wolf über sein Buch *Freunde sterben nicht.* (Buchzeit). 2002. 44 min.
Max braucht Holz. Geschichten aus dem Weihnachtsland. 1992. 30 min. **229**
Mein Leben mit dem Zeichenstift. Lizzie Hosaeus. 1995. 57 min.
Mein Weg zum Widerstand. Heinrich Scheel. 1991. Teil 1–2: 55/53 min.
Meine Affäre mit Deutschland, Michel Tournier. (Berliner Lektionen). 1996. 50 min.
Melvin Lasky im Gespräch. 1997. 53 min.
Mensch fällt aus Deutschland, Ein. Konrad Merz. (Berliner

Lektionen). 1992. 54 min.
Menschen machen Politik, Menschen machen Geschichte. Zum Vermächtnis von Willy Brandt. Michael Gorbatschow. (Berliner Lektionen). 1992. 42 min.
Michel Friedman. Einf. von Rita Süssmuth. (Weimarer Reden). 1998. 44 min.
Mitte Europas, Die. Nachbarschaften und Veränderungen. Tadeusz Mazowiecki. (Berliner Lektionen). 1991. 46 min.
moralische und intellektuelle Dilemma der palästinensischen Frage, Das. Edward W. Said. (Berliner Lektionen). 2001. 42 min.
Mühlrad, Whisky und Asphalt. 1993. 30 min. **233**
Musik – Sprache – Sprachlosigkeit. Akademie-Debatte IX. 1996. 55 min. **240**

N

nackte Osten, Der. Erotik zwischen Oben und Unten. 1994. 44 min. **236**
Nationalarchiv des Kubanischen Fernsehens, Das. 2000. 14 min. **253**
Neben allen Stühlen. In memoriam Wolfgang Harich. 1995. 51 min.
neue Rolle Berlins im Zentrum Europas, Die. Klaus Toepfer. (Berliner Lektionen). 1999. 45 min.
Noel Field. Der erfundene Spion. 1996. 104 min. **242**
Nur nicht stehenbleiben. Horst Buchholz. (Berliner Lektionen). 1992. 45 min.

O

Off ground. 1989. 46 min. **217**
Oktoberrevolution an der Humboldt-Universität zu Berlin. 1992. 46 min. **229**
Orte und Träume. Walter Nessler. 1991. 44 min.
Ostdeutschen: Die Kunde von einem verlorenen Land, Die. Wolfgang Engler. (Buchzeit). 1999. 43 min.

P

Paris – Gegenbild und Hoffnung. Clément de und Vincent von Wroblewsky. 1993. 52 min.
Paul Oestreicher – Wartburgpreisträger. 1997. 23 min.
Perspektive der Freiheit, Die. Amartya K. Sen. (Berliner Lektionen). 2000. 40 min.
Peter Scholl-Latour. 1997. 51 min.
Petros Markaris, Jahrgang 1937 (Buchzeit). 2001. 42 min.
Philip L. Carret – eine Wall-Street-Geschichte. 1997. 30 min.
Polen – Tschechien – Ungarn. Eigene Wege in Europa? 1997. 46 min. **245**
Politik eines ehemaligen SED-Bezirkssekretärs, Die. Günter Schabowski vor dem Untersuchungsausschuss der Volkskammer. 1997. 54 min.
Protokollstrecke: Kunst in der DDR. Forum mit Sascha Anderson, Heiner Müller und A. R. Penck. 1990. 43 min. **220**
Putins KGB-Report. 2000. 12 min.

Q

Quantensprung in die Zukunft. Michio Kaku. (Berliner Lektionen). 2000. 41 min.

R

Rabeneltern. 1992. 44 min. **230**
Rabenkreischen oder Ihr sterbt mit allen Tieren. 1991. 30 min. **225**
Randfichten, De. 1992. 30 min.
Rationalität als Hoffnung? Gerd Irrlitz. 1993. 7 min.
Reise ins Leseland – Verleger, Autoren und Leser, Eine. Rückblicke, Einblicke – Medien in der DDR. 1994. 45 min. **236**
Reiselieder mit böhmischen Quinten. Hans-Werner Henze. 1997. 44 min.
Renaissance? Rolf Liebermann. (Berliner Lektionen). 1994. 45 min.
Revolution der Fernsehlandschaft Ost. Zusammenbruch und Aufbruch. Rudolf Mühlfenzl. 1991. 55 min. **225**
Revuetreppe, Die. Schokolade aus Adlershof. Rückblicke, Einblicke – Medien in der DDR. 1994. 45 min.
Rolle der Architektur in einem neuen Europa, Die. Richard Meier. (Berliner Lektionen). 1998. 43 min.
Rote Socken im Grauen Kloster. 1991. 29 min. **225**
Rotlichtgürtel, Der. 1997. 30 min. **245**
Rückblick auf den Fall der Mauer. 1994. 26 min.

S

Schaut euch nochmal um... Die Geschwister Werner. 1992. 30 min. **230**
Schlafen mit offenen Augen oder Die Überwindung der abendländischen Kosmologie. 1995. Teil 1–2. 57/48 min.
Schlinge, Die. Rolf Henrich. (Buchzeit). 2001. 49 min.
Schönau – Kromolin. Besuch in der alten Heimat. Retour sur le passé. 1995. 26 min.
Schreiben und Berichterstatten – Schriftsteller und Staatssicherheit. Akademie-Debatte VIII. 1996. 56 min. **240**
Schwarze Kanal oder Armes Deutschland, Der. Eine Begegnung mit Karl-Eduard von Schnitzler. 1992. 45 min. **230**
Schweiz, das Gold und die Toten, Die. Jean Ziegler. 1997. 56 min.
Schwester Linda. 1992. 30 min. **231**
Sehnsucht nach dem Unerreichbaren, Die. Anja Silja. (Berliner Lektionen). 2000. 43 min.
Sekten in Sachsen. Massen und Seele. 1991. 30 min. **226**
Sieben Jahre, sieben Brücken. Ein Rückblick in die Zukunft. Manfred Stolpe. 1997. 41 min.
Singen für Amerika. Ein sächsisches Dorf im Lampenfieber. 1999. 30 min. **251**

Sinn und Form. Eine Kulturzeitschrift im Gespräch. 1999. 45 min. **251**
Sinn und Sinnlichkeit. Anmerkungen zu einer neuen Hauptstadt. André Heller. (Berliner Lektionen). 1999. 45 min.
Sinnlichkeit des Denkens, Die. Hans Heinz Holz. 2001. 40 min.
Sir Georg Solti. (Berliner Lektionen). 1995. 56 min.
Ski heil am Fichtelberg. Doku-Serie. 2001. Folge 1–5, je 23 bzw. 24 min. **254**
Soldat für Deutschland. Ulrich de Maizière. 1998–1999. Teil 1–3: 45/44/40 min.
sozialdemokratische Geschichte, Eine. Hermann Kreutzer. (Kunst und Geschichte im 20. Jh.). 1995. 54 min.
Spiel mit dem Leben. 1997. 30 min. **246**
Spuren und Anfänge. Zwischen Mulack- und Steinstraße. 1991. 30 min. **226**
Spurenmacher. Klaus Staeck. 1994. 50 min.
Stadt Wolfsburg in der Zeit des Wirtschaftswunders, Die. 1996. 67 min. **242**
starke Grund, zusammen zu sein, Der. Erinnerungen an die Erfindung des Volkes. Peter Sloterdijk. (Berliner Lektionen). 1997. 48 min.
... stets das Böse will und stets das Gute schafft. Rolf Hoppe. 1992. 28 min.
stille Schrei, Der. Schauspielerin Käthe Reichel, eine Brecht-Legende. 1995. 44 min.
stiller Rebell, Ein. Der Bildhauer Wieland Förster. 1992. 30 min.
Szenen aus dem Leben eines Szenaristen. Ulrich Plenzdorf. 1994. 55 min.

T

Tanz. Akademie-Debatte VII. 1996. 54 min. **240**
Theater und Geschichte. Rolf Hochhuth. 1995. 55 min.
Theatertexte – Texte für das Leben? Akademie-Debatte I. 1996. 53 min. **239**
Todesurteil und vier Leben, Ein. Inge Deutschkron. (Grenzdenker). 2001. 44 min.
Tote geben Auskunft – ein Gerichtsmediziner erinnert sich. Otto Prokop. (Kunst und Geschichte im 20. Jh.). 1995. Teil 1–2: 47/57 min.
Tradition und Zukunft einer dreihundertjährigen Akademie der Künste. 1995. 55 min. **239**
Traum vom Mitteleuropa, Der. Milan Uhde. (Berliner Lektionen). 1992. 44 min.
Traumfabrik, Die. (Buchzeit). 2000. 42 min.
Tropicana. Das Moulin-Rouge von Havanna. 1998. 30 min. **248**
Tschechow-Clan, Der. 2002. 20 min.

U

Über Gott und die Welt. Lothar de Maizière. 1999. 45 min.
Überleben im Verborgenen. Sieben Juden in Berlin. 2002. 26 min.
Uhrwerk Mensch: Auf der Suche nach dem inneren Takt. 1999. 44 min. **252**
Umgang mit Stasi-Akten, Der. Joachim Gauck. 1992. 27 min.
(Um)wege zu Laotse. Erwin Strittmatter, Schriftsteller. 1. Fassg.: 1991. Teil 1–2 je 30 min.; 2. Fassg.: 1994. 45 min.
Umweltminister vor dem Untersuchungsausschuss der Volkskammer, Der. Hans Reichelt. 1990. 56 min. **221**
Unerledigtes. Louis Begley. (Berliner Lektionen). 1998. 36 min.
Unsere Freunde, die Maler. Christa und Gerhard Wolf. 1996. 26 min.
Unternehmen Bockwurst. 1991. 30 min. **226**
Untersuchungsausschuss der Volkskammer. Die Anhörung. 1990. 46 min. **221**
Unverzagt und unverblümt. Norbert Blüm. 2002. 40 min.
Unvollendete Reise. Sir Yehudi Menhuin. (Berliner Lektionen). 1992. 55 min.

V

Väter und Söhne. Lebensläufe zwischen Moskau und Berlin. Markus Wolf. (Berliner Lektionen). 1995. 45 min.
Verdammte Lügnerin oder Meine Karriere als Nackttänzerin. Eine Begegnung mit der Deutsch-Amerikanerin Erica Glaser-Wallach, Jahrgang 1922. 1991. 1. Fassg.: 40 min; 2. Fassg.: 30 min.
Verlorene Lieder – Verlorene Zeiten. 1989. 48 min.
Verschwinden der DDR und der Untergang des Kommunismus, Das. Charles S. Maier. 1999. 45 min.
Vision des Dr. Becker, Die. 1992. 30 min.
Vision und Wirklichkeit. Der Bauhaus-Direktor Rolf Kuhn. 1992. 30 min.
Vom Jungpionier zum Yuppie. Beobachtungen einer Karriere zwischen 1989 und 1996. Wolfgang Gerber. 1996. 29 min.
Vom Kern Europas. Zur deutsch-französischen Zusammenarbeit. (Berliner Lektionen). 1996. 56 min.
Vom Leichenschauhaus zum Universitätsinstitut. 110 Jahre Gerichtsmedizin in Berlin-Mitte. Gunther Geserick. 1996. 53 min.
Vom Spreeufer zum Nirwana. Ayya Khema. (Berliner Lektionen). 1995. 50 min.
Vom Vagabunden zum Professor. Leo Kofler. 1992. 55 min.
Vom Widerspruch zum Widerstand. Erinnerungen einer Tochter aus gutem Hause. Lilli Segal. 1998. Teil 1–2: 43/37 min.
Von der Grenze zur Mitte oder Alt und Jung in Berlin. Richard von Weizsäcker. (Berliner Lektionen). 1997. 48 min.
Von der Medusa hast du ja gehört. André Glucksmann.

(Berliner Lektionen). 1992. 55 min.
Von Genen und Embryonen. Christiane Nüsslein-Volhard. (Berliner Lektionen). 2001. 43 min.
Vor den Schranken des Reichskriegsgerichts oder Widerstand als Hochverrat. Heinrich Scheel. (Kunst und Geschichte im 20. Jh.). 1995. Teil 1–2: 46/53 min.
Vorbild in der religiösen Kunst, Das. Formen der Wissensvermittlung. Moshe Barasch. 1994. 45 min.
Vorlesungen zu Walter Benjamin. 1992. 56 min.
VW – mein Zuhause. Ein Leben mit dem »Käfer«. 1996. 30 min. **243**

W

Wahlkampf 1994. Stefan Heym und Wolfgang Thierse im Streitgespräch. 1994. 45 min.
Wahrheit ist zumutbar, Die. Theo Pinkus. 1992. 43 min.
Walter Zadek erinnert sich. 1995. 57 min.
Wandel durch Annäherung. Henry Kissinger, Valentin Falin und Egon Bahr. Friedensgespräche. 1993. 53 min. **233**
Was ist Globalisierung? Ulrich Beck. (Bertelsmann-Gespräche). 1997. 44 min.
Was ist neu an der neuen Musik? Akademie-Debatte II. 1996. 56 min. **240**
Was war Auftragskunst in der DDR? Willi Nerubert. 1994. 24 min.
Weg der Vernunft – Vernunft als Weg, Der. Gerd Irrlitz. 1992. 45 min.
Wege zur reinen menschlichen Natur. Rationalität als Hoffnung? Rudolf Bahro. Gerd Irrlitz. 1993. 51 min.
Weggefährten. Helmut Schmidt. 1996. 49 min.
Welt und Umwelt. Jakob von Uexküll. (Berliner Lektionen) 1994. 49 min.
Weltpolitik und Weltethos – zum neuen Paradigma internationaler Beziehungen. Hans Küng. (Berliner Lektionen). 2002. 43 min.
Wenn das Hitler wüßte... Deutsche Freiwillige in England und Israel. 1999. 45 min. **252**
Wer diskutiert, wirft nicht mit Steinen? Klaus Hübner und Falco Werkentin. 1995. 59 min. **239**
Wer nicht mit dem Wolf heult. Gottfried Helferich Wagner. 1997. 51 min.
Wer schweigt, singt besser. Christa Ludwig. (Berliner Lektionen). 1994. 53 min.
Werbung und Herzattacke. Rainer Tschernay. 1995. 50 min.
Widerstand gegen Walter Ulbricht. Wolfgang Harich 1990. 52 min. **222**
Wie man mit Satire über die Runden kommt. Harald Kretzschmar. (Kunst und Geschichte im 20. Jh.). 1995. 47 min.
Wie man mit Satire über die Runden kommt. Lothar Kusche. (Kunst und Geschichte im 20. Jh.). 1995. 47 min.
Winter in den Karpaten. Bären, Brauchtum und Graf Dracula. 1997. 45 min. **246**
Wir geben dem Frieden eine Stimme. 2001. 42 min. **255**
Wir sind Sternenstaub. Ernesto Cardenal. (Berliner Lektionen). 1995. 56 min.
Wjatscheslaw I. Daschitschew im Gespräch mit Thomas Grimm. 2001. 42 min.
Wladimir Lindenberg erzählt. 1993. 52 min.
Wo Deutschland endet... Eine Reise durch das ostdeutsche Grenzgebiet. 1996. 1. Fassg.: Teil 1–3 je 40 min.; 2. Fassg.: Teil 1–3 je 100 min. **243**
Wo hört der Westen auf? Lennart Meri. (Berliner Lektionen). 2001. 38 min.
Wo ich meinen Hut hinhäng... Udo Lindenberg. 1994. 30 min. **237**
Wohin vom Kommunismus aus? Polnische Erfahrungen. 1997. 47 min. **247**
Wolf Jobst Siedler (Berliner Köpfe). 1995. 43 min.
Wolf Jobst Siedler. 2002. Teil 1–2: 40/42 min.
Wolfgang Schäuble. (Weimarer Reden). 1997. 49 min.
Wolfsburg – Eisenhüttenstadt: Heimat vom Reißbrett. 1997. 45 min. **247**
Wort Rache ist mir fremd, Das. Wie lebt ein Jude nach 1945 in Deutschland? Alfred Jachmann. 1994. 44 min.

Z

Zeitalter der Extreme, Das. Eric Hobsbawm. (Buchzeit). 1999. 45 min.
Zeppelin. Die Rückkehr der Luftschiffe. 2001. 35 min. **253**
Zukunft der europäischen Stadt, Die. Akademie-Debatte III. 1996. 47 min. **240**
Zukunft des Buches? Frank Wössner. 1996. 51 min.
Zum Wandel des künstlerischen Selbstverständnisses in der Mediengesellschaft. Akademie-Debatte V/VI. 1996. Teil 1–2: 50/49 min. **240**
Zur Lage der halben Nation. Regine Hildebrandt. 1992. 6 min.
Zur Sache: Deutschland. Günter de Bruyn. (Dresdner Reden). 1997. 46 min.
Zwangsarbeiterentschädigung. Thomas Kuczynski. 2000. 46 min.
Zwanzigste Jahrhundert – Zeitalter der Extreme, Das. Eric Hobsbawm. (Berliner Lektionen). 1999. 50 min.
Zwei Deutsche auf Widerruf. Stephan Hermlin und Hans Mayer. 1991. 42 min.
Zwei Welten im deutschen Film. Zur DEFA-Gründung vor 50 Jahren. Akademie-Debatte IV. 1996. 57 min. **240**

Zwischen den Meistern in den Zeiten. Jürgen Klauß. 1997. 52 min.
Zwischen den Proben. Theodoros Terzopoulos. 2001. 43 min.
Zwischen Liebe und Zorn. Jugendmedien in der DDR. Rückblicke, Einblicke – Medien in der DDR. 1994. 45 min. **237**
Zwischen Opposition und Anpassung. Albrecht Schönherr. 1991. 51 min.

VERZEICHNIS DER SYMBOLE UND ABKÜRZUNGEN

	Zitat
	Informationen über den Inhalt
	Geschnittene Fassung
	Rohmaterial
I. WK	1. Weltkrieg
II. WK	2. Weltkrieg
ABF	Arbeiter-und Bauernfakultät
ADAC	Allgemeiner Deutscher Automobilclub
AdK	Akademie der Künste
ADN	Allgemeiner Deutscher Nachrichtendienst
AdW	Akademie der Wissenschaften der DDR
Agitprop	Agitation-Propaganda
ai	amnesty international
Antifa	Antifaschismus
APO	Außerparlamentarische Opposition
ARD	Arbeitsgemeinschaft der öffentlichrechtlichen Rundfunkanstalten der BRD (Erstes deutsches Fernsehen)
ASTA	Allgemeiner Studentischer Ausschuss
b.	bei
BBC	British Broadcasting Corporation
Bd.	Band, Bände
BDC	Berlin Document Center
BE	Berliner Ensemble am Schiffbauerdamm
BEK	Bund der Evangelischen Kirchen
BRD	Bundesrepublik Deutschland
bzw.	beziehungsweise
CDA	Christlich-demokratische Arbeitnehmer
CDU	Christlich Demokratische Union
CIA	Central Intelligence Agency (amerikanischer Geheimdienst)
CKD	Automobil
ČSSR	Čekoslovenská Socialistická Republika (Tschechoslowakei)
CSU	Christlich Soziale Union
DA	Demokratischen Aufbruch
DAAD	Deutscher Akademischer Austauschdienst
DAK	Deutsche Akademie der Künste
DAW	Deutsche Akademie der Wissenschaften
DBA	Deutsche Bauakademie; Bauakademie der DDR
DBD	Demokratische Bauernpartei Deutschlands
DDR	Deutsche Demokratische Republik
DEFA	Deutsche Film AG
DFD	Demokratischer Frauenbund Deutschlands
DFF	Deutscher Fernsehfunk
DHM	Deutsches Historisches Museum
DHSF	Deutschen Hochschule für Filmkunst Potsdam-Babelsberg
DJ1-11	Deutsche Jugend gegründet am 1. November

DKP	Deutsche Kommunistische Partei
D-Mark	Deutsche Mark
DPZI	Deutschen Pädagogischen Zentralinstitut
DSF	Gesellschaft für Deutsch-Sowjetische Freundschaft
DSU	Deutsche Soziale Union
DSV	Deutschen Schriftstellerverband
DT	Deutsches Theater Berlin
DTSB	Deutscher Turn- und Sportbund
DZfPh	Deutschen Zeitschrift für Philosophie
e.V.	eingetragener Verein
EA	Erstausstrahlung
eigtl.	eigentlich
EKO	VEB Eisenhüttenkombinat Ost
Enth.	Enthält
ESG	Evangelischen Studentengemeinde
EU	Europäische Union
FAB	Fernsehen aus Berlin
FAZ	Frankfurter Allgemeinen Zeitung
FDGB	Freier Deutscher Gewerkschaftsbund
FDJ	Freie Deutsche Jugend
FGF	Fördergemeinschaft zur Gründung einer Friedensuniversität
frz.	französisch
FSB	Federal Security Service (sowjetischer Geheimdienst)
FU Berlin	Freie Universität Berlin
GdP	Polizeigewerkschaft
geb.	geborene
Gulag	Glawnoje uprawlenije lagerei (russ.: Hauptverwaltung der Straflager in der UdSSR)
GUS	Gemeinschaft Unabhängiger Staaten
HFF	Hochschule für Film und Fernsehen
HfÖ	Hochschule für Ökonomie Berlin-Karlshorst
HS	Hochschule
HU Berlin	Humboldt-Universität zu Berlin
HV	Hauptverwaltung
IBM	International Business Machines
IDFF	Internationale Demokratische Frauenföderation
IfG	Institut für Gesellschaftswissenschaften
IG	Industriegewerkschaft
IM	Inoffizieller Mitarbeiter des MfS
IMS	Inoffizieller Mitarbeiter des MfS zur Sicherung
Jh.	Jahrhundert
jr.	junior
KdF	Kraft durch Freude
Kfz	Kraftfahrzeug
KGB	Komitet gossodarstwennoi besopasnosti (russ.: Komitee für Staatssicherheit, sowjetischer Geheimdienst)

KJVD	Kommunistischer Jugendverband Deutschlands
KMU	Karl-Marx-Universität Leipzig
KoKo	Kommerzielle Koordinierung (Bereich im Ministerium für Außenhandel der DDR)
Komintern	Kommunistische Internationale
KP	Kommunistische Partei
KPD	Kommunistische Partei Deutschlands
KPdSU	Kommunistische Partei der Sowjetunion
KPÖ	Kommunistische Partei Österreichs
KZ	Konzentrationslager
LP	Langspielplatte
LPG	Landwirtschaftliche Produktionsgenossenschaft
MAARIV	(Israelische Zeitung)
MdA	Mitglied des Abgeordnetenhauses
MdB	Mitglied des Bundestages
MdI	Ministerium des Inneren
MfJ	Ministerium für Justiz
MfK	Ministerium für Kultur
MfS	Ministerium für Staatssicherheit
NATO	North Atlantic Treaty Organization (Nordatlantik Pakt)
ND	Neues Deutschland
NF	Nationale Front (der DDR)
NKFD	Nationalkomitee Freies Deutschland
NKWD	Narodnyj kommissariat wnutriennich diel (russ.: Volkskommissariat für innere Angelegenheiten; sowjetischer Geheimdienst)
NPD	Nationaldemokratische Partei Deutschlands
NSDAP	Nationalsozialistische Deutsche Arbeiterpartei
NVA	Nationale Volksarmee
NWDR	Nordwestdeutscher Rundfunk
NYU	New York University
OdF	Opfer des Faschismus
OSS	Office of Strategic Services (amerikanischer Geheimdienst; Vorläufer der CIA)
OSZE	Organisation für Sicherheit und Zusammenarbeit in Europa
PDS	Partei des Demokratischen Sozialismus
PEN	Internationale Schriftstellervereinigung mit nationalen Sektionen (Poets, Essayists, Novelists)
PKW	Personenkraftwagen, Auto
PLO	Palestine Liberation Organization (Palästinensische Befreiungsorganisation)
Ps.	Pseudonym
RAD	Reichsarbeitsdienst
RFB	Roter Frontkämpferbund
RIAS	Rundfunk im amerikanischen Sektor
SA	Sturmabteilung, Kampf- und Propagandatruppe der NSDAP
SAJ	Sozialistische Arbeiterjugend

SBZ	Sowjetische Besatzungszone
SDAG Wismut	Sowjetisch-Deutsche Aktiengesellschaft
SDS	Sozialistischer Deutscher Studentenbund
SED	Sozialistische Einheitspartei Deutschlands
SEK	Sondereinsatzkommando
sen.	senior
SFB	Sender Freies Berlin
SMAD	Sowjetische Miltitäradministration
SS	Schutzstaffel, Sonderorganisation zum Schutze Hitlers und anderer hoher NSDAP-Funktionäre
Stasi	Staatssicherheitsdienst der DDR
teilw.	teilweise
TOBIS	(Filmverleih)
TU	Technische Universität
TV-Sendung	Television/Fernsehsendung
UDF	Union pur la Democratie Française
UdSSR	Union der Sozialistischen Sowjetrepubliken
UFA	Universum Film AG
USA	United States of America
VAG	Volkswagen-Audi-Gruppe
VBK	Verband Bildender Künstler der DDR
VEB	Volkseigener Betrieb
VP	Volkspolizei
VVN	Vereinigung der Verfolgten des Naziregimes
VW	Volkswagen
Wdhg.	Wiederholung
WDR	Westdeutscher Rundfunk
WM	Weltmeisterschaft
ZDF	Zweites Deutsches Fernsehen
ZI	Zentralinstitut
ZK der SED	Zentralkomitee der SED
ZR der FDJ	Zentralrat der FDJ
ZV	Zivilverteidigung

RECHTEVERWEIS, EDITORISCHE HINWEISE, NUTZUNG DES ARCHIVS

Rechteverweis

Die Rechteinhaber der im Zeitzeugen-Archiv befindlichen Produktionen sind bekannt. Überwiegend, jedoch nicht in allen Fällen, liegen die Rechte bei Zeitzeugen TV. Informieren Sie sich darüber im Einzelfall bei Zeitzeugen TV.

Editorische Hinweise

Der vorliegende Katalog entstand in Eigenregie der Firma Zeitzeugen TV. Ein wissenschaftliches Herausgebergremium – wie etwa bei anderen biografischen Lexika – stand nicht zur Verfügung. Daher bitten wir um Verständnis, wenn trotz gewissenhafter Recherchen einzelne Daten nicht ermittelt werden konnten. Wichtig ist der Hinweis, dass die Inhalte der Katalogeinträge auf autobiografischen Aussagen und Erinnerungen der Zeitzeugen beruhen, für deren Wahrheitsgehalt wir keine Garantie übernehmen können. Ergänzende Hinweise nehmen wir dankbar entgegen.

Nutzung des Archivs

Die im Katalog vorgestellten Personen- und Sachdokumente beschreiben den größten Teil des Zeitzeugen-TV-Archives. Darüber hinaus gibt es weitere Dokumente, die hier nicht aufgeführt sind. Bei den Katalogeinträgen handelt es sich um inhaltliche Zusammenfassungen. In Abhängigkeit von der jeweiligen Rechteübertragung können gegen eine Aufwandsgebühr für jede einzelne Kassette detaillierte Inhaltsangaben mit Timecode bestellt und Nutzungsrechte über Lizenzverträge erworben werden. Die Sichtung des Materials ist nach Absprache im Zeitzeugen-TV-Archiv möglich. In der Datenbank von Zeitzeugen TV befinden sich ca. 50000 Einträge (Inhaltsangaben, Stichworte, Personeneinträge, Rechteverweise, Produktionshinweise u.v.a.m.). Die audiovisuellen Dokumente liegen zum überwiegenden Teil im professionellen und sendefähigen Beta SP und Digital Beta Format vor.

Wenden Sie sich bitte an:

ZEITZEUGENTV

Zeitzeugen TV GmbH
Schwedter Str. 13
D–10119 Berlin
Tel: (49) 030 449 63 30
Fax: (49) 030 449 59 56
e-Mail: zeitzeugen@aol.com
www.zeitzeugen-tv.de

Parthas edition zeitzeugen

Stresemannstr. 30
10963 Berlin

Gestaltung und Satz: Pina Lewandowsky
Gesamtherstellung: Oktoberdruck, Berlin

ISBN 3-932529-38-3

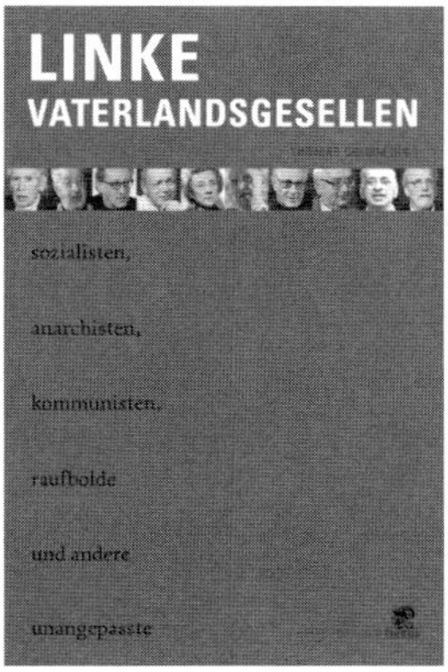

edition zeitzeugen • band 1

Thomas Grimm (Hg.)

Linke Vaterlandsgesellen
Linke Sozialisten, Anarchisten, Kommunisten, Raufbolde und andere Unangepasste

In diesem Lesebuch präsentiert der Berliner Filmemacher Thomas Grimm eine Auswahl ungewöhnlicher linker Lebensläufe, die das 20. Jahrhundert zwischen Kaiserreich, Weimarer Republik, Naziherrschaft, Exil, Remigration und Kaltem Krieg bis zur Wiedervereinigung und dem Niedergang der Sowjetunion hervorgebracht hat. Man muss sich nicht mit jedem identifizieren, aber einen Einblick zu gewinnen in jene Vielfalt eigenständigen Denkens und ungerader Lebenswege lohnt allemal: So berichten u.a. Bernhard Dyvel und Friedrich Bradtke von Saalschlachten während ihrer Zeit beim Rotfrontkämpferbund. Jürgen Kuczynski und Gregor Gysi unterhalten sich über die Idee des Sozialismus und das Scheitern des Kommunismus. Hans Mayer spricht über Markus Wolf und die Stasi. Heiner Müller gibt Auskunft über seine Kontakte zum MfS. Rudolf Bahro erzählt seine Autobiographie und benennt Standpunkte und Irrtümer seiner ökologischen Philosophie. Weitere Einblicke gewähren u.a. Klaus Staeck, Walter Jens, Günter Gaus.

ca. 250 Seiten, mit zahlreichen s/w Abbildungen, Pappband, 13,5 x 21 cm

ISBN 3-932529-39-1

Parthas edition zeitzeugen € 25,–

Rita Kuczynski

Die Rache der Ostdeutschen

Warum, so fragten viele nach der letzten Wahl zum Berliner Abgeordnetenhaus, hat jeder zweite Ostberliner die PDS gewählt? Verklären die Ostberliner zwölf Jahre nach dem Mauerfall nun nicht nur die DDR, sondern auch die SED?

Ein großer Teil der Ostberliner hat in geheimer Wahl getan, wozu ihm öffentlich Mut und Gelegenheit fehlt. Sie haben sich gerächt für Bevormundung und Besserwisserei, für Abwicklung und dafür, dass die neuen Herren ihrer Stadt es nicht besser konnten als die alten, nämlich die Hauptstadt durch Korruption und Dummheit in den finanziellen Ruin zu wirtschaften.

Rita Kuczynski verabredete sich mit 30 Ostberliner PDS-Wählern verschiedenster Profession an unterschiedlichen Orten in Berlin und spürt in Gesprächen den ganz persönlichen Gründen ihrer Entscheidung nach.

144 Seiten, Klappenbroschur, 13,5 x 21 cm

ISBN 3-932529-37-5

€ 14,50

Parthas

David Schoenbaum

Die Spiegel-Affäre
Ein Abgrund von Landesverrat

Als 1962 Polizisten in die Redaktionsräume des Hamburger SPIEGEL eindrangen und den Herausgeber Rudolf Augstein verhafteten, hatte die junge Bonner Republik ihre erste große Staatskrise: Menschen gingen wütend auf die Straße, Minister traten zurück, die politischen Mehrheiten wankten. Die Ära Adenauer ging zu Ende und gesellschaftliche Gegenkräfte formierten sich erstmals weit über die Daueropposition der SPD hinaus.

Der amerikanische Politikwissenschaftler David Schoenbaum, hat schon 1968 faktenreich die Pathologie dieser Zeit beschrieben. Damals erschien sein Buch über die Spiegel-Affäre erstmals. Doch sein politischer Kriminalroman ist bis heute aktuell geblieben.

256 Seiten, Klappenbroschur, 13,7 x 21 cm

ISBN 3-932529-53-7

€ 19,80

Parthas